图为财政部李勇副部长在全国财政金融年度工作会议上作重要讲话。

图为财政部金融司孙晓霞司长在全国财政金融年度工作会议上做工作总结。

国债发行工作例会2014年1月22日在北京召开

图为会议现场。

图为财政部国库司翟钢司长在会议上讲话。

图为中国国债协会张秉国常务副会长在会议上讲话。

财政部国库司周成跃副司长通报2013年国债承销团成员综合排名情况。

财政部国库司杨瑞金副主任主持会议。

图为中国人民银行国库局董化杰副局长讲话。

中国国债协会第四次会员大会2013年12月20日在江西召开

图为会议现场。

图为张秉国常务副会长在大会上作中国国债协会第三届理事会工作报告。

图为中国国债协会杨政副会长主持会议。

图为中国国债协会第三届理事会副会长王丽丽出席会议并宣读政府有关部门贺信。

金融债券市场形势分析座谈会2013年1月11日在上海召开

图为张秉国常务副会长主持会议并讲话。

图为财政部国库司周成跃副司长在会议上作专题报告。

图为中国国债协会副会长、中央国债登记结算有限责任公司吕世蕴董事长在会议上作专题演讲。

中国国债协会组织各类金融形势分析会、业务培训班和市场调研活动

图为2013年4月17日至18日，中国国债协会在宁波市举办“国债期货理论、实务与风险管理培训班”现场。

图为2013年6月25日至27日，中国国债协会联合中国人民银行长沙中心支行赴湖南省调研地方政府债券管理和使用情况。

图为2013年7月18日至19日，中国国债协会在银川市举办“宏观经济金融形势报告会暨债券市场投资培训班”现场。

图为国务院发展研究中心宏观经济研究部魏加宁副部长在“宏观经济金融形势报告会暨债券市场投资培训班”上作宏观经济金融形势报告。

图为2013年8月19日至23日，中国国债协会牵头组织赴江苏省进行储蓄国债业务省、市、县、乡四级调研。协会张秉国常务副会长带队，财政部国库司涂浩副处长、中国人民银行国库局李平处长参加调研。

图为2013年10月31日，中国国债协会在江苏省苏州市组织召开储蓄国债承销团成员座谈会。

图为2013年11月19日至11月21日中国国债协会赴浙江省调研地方政府债券发行与管理情况。

图为2013年11月24日至12月4日，中国国债协会组团赴法国进行“欧债危机背景下法国国债市场建设及其对我国借鉴作用”培训。

2013
中国国债市场年报

中国国债协会　编

中国财政经济出版社

图书在版编目（CIP）数据

2013中国国债市场年报／中国国债协会编．—北京：中国财政经济出版社，2014.7
ISBN 978－7－5095－5461－6

Ⅰ.①2…　Ⅱ.①中…　Ⅲ.①国债市场－中国－2013－年报　Ⅳ.①F812.51－54

中国版本图书馆CIP数据核字（2014）第121214号

责任编辑：肖　蕾　　　　　　　　　　责任校对：张　凡
封面设计：张德林

中国财政经济出版社出版

URL：http：//www.cfeph.cn
E－mail：cfeph@cfeph.cn

社址：北京市海淀区阜成路甲28号　邮政编码：100142
营销中心电话：88190406　北京财经书店电话：64033436　84041336
北京中兴印刷有限公司印刷 各地新华书店经销
880×1230毫米　16开　22.75印张　573 000字
2014年7月第1版　2014年7月北京第1次印刷
印数：1—2 000　定价：48.00元
ISBN 978－7－5095－5461－6/F·4415
（图书出现印装问题，本社负责调换）
本社质量投诉电话：010－88190744
打击盗版举报热线：010－88190492、QQ：634579818

编辑委员会名单

编 辑 说 明

2013年是全面贯彻落实党的十八大精神开局之年，面对十分复杂的国际形势和艰巨繁重的国内改革发展稳定任务，党中央、国务院团结带领全党全军全国各族人民，坚持以邓小平理论、"三个代表"重要思想、科学发展观为指导，加强党对经济工作的领导，把握经济大势，保持调控定力，坚持底线思维，按照宏观政策要稳、微观政策要活、社会政策要托底的思路，扎实做好各方面工作，经济社会发展稳中有进、稳中向好，实现了良好开局，取得了新的成效。

为有效落实党中央、国务院有关决策部署，2013年政府债券发行规模进一步增加，在承销团成员积极参与下，国债、地方政府债券发行平稳。全年发行国债再创历史新高，达到1.67万亿元（不含在香港发行人民币国债），较2012年增加0.24万亿元；地方政府债券发行3500亿元，比2012年增加1000亿元。2013年，财政部继续坚持市场化方向，进一步深化政府债券管理改革。一是深化记账式国债市场化改革。初步建立起国债续发行的基本机制；推出国债预发行试点；积极配合有关部门研究推进国债期货交易业务，推动国债二级市场发展。二是稳步推进储蓄国债管理改革，完善储蓄国债定价机制；扩大网上银行销售储蓄国债（电子式）试点范围。三是推动地方政府债券发行管理改革，完善代理发行地方政府债券安排；指导地方财政部门进一步做好自行发债试点工作。四是积极开展前瞻性研究。专题研究利率市场化环境下国债发行应对策略、换券技术在我国国债管理中的应用；积极研究地方政府债券信用评级、信息披露等问题，形成了推进地方政府债券自发自还改革的初步思路。五是加强国际交流合作。积极参加国际债务管理论坛，增进与各国债务管理部门的交流，拓展了工作思路。六是进一步加强与国债承销团成员的沟通互动。合作开展课题研究，完善考评机制，严格按规定处理违规违约行为。总之，我国政府债券管理和改革采取的上述措施，有力保障了积极财政政策的有效实施，服务了国家经济社会发展。

中国国债协会自2003年起编辑《中国国债市场年报》，现奉献给读者的是第十二册。《中国国债市场年报（2013）》共分为五篇。

第一篇"综合篇"。本篇包括三个部分。第一部分为宏观经济，重点反映2013年我国宏观经济运行情况和宏观经济政策实施情况。第二部分为2013年国债工作总结，概括总结了2013年政府主管部门国债发行管理改革以及市场成员国债承销工作情况。第三部分反映国债改革理论探索情况。

第二篇“国债市场”。本篇从政府主管部门、市场中介机构等方面和角度，系统回顾2013年国债管理改革和国债市场发展的情况及重大事件。同时，部分承销机构从市场成员角度介绍国债业务经验。

第三篇“数据统计”。本篇提供历年国债发行相关数据资料，重点反映2013年国债发行、兑付情况及国债二级市场交易情况。

第四篇“政府债券管理文告”。本篇收集整理政府主管部门印发的有关国债和地方政府债券发行管理的文件和公告，归纳为综合类、记账式附息国债发行类、记账式贴现国债发行类、凭证式国债发行类、储蓄国债（电子式）发行类和地方政府债券发行类六类。

第五篇“附录”。本篇提供2013年地方政府债券和金融债券相关发行兑付数据，为读者提供更为广泛的债券市场资料。

本年报编辑工作，得到财政部、中国人民银行、中国证监会等政府主管部门领导高度重视和政策指导；中央国债登记结算有限责任公司、上海证券交易所、深圳证券交易所等单位在有关篇章和数据收集方面给予了大力支持和帮助，在此一并致谢！

尽管我们不断努力改进年报编辑出版工作，但难免有不足、遗漏和错误之处，恳请广大读者给予批评指正，多提宝贵意见和建议，使年报内容更广泛、更全面、更符合市场需要。

《中国国债市场年报》编辑部

目　　录

第一篇　综合篇

第二篇　国债市场

第三篇 数据统计

第四篇 政府债券管理制度

第五篇 附 录

第一篇

综　合　篇

一、宏观经济

2013 年中央经济工作会议主要精神

中央经济工作会议 2013 年 12 月 15 日至 16 日在北京举行。

会议指出，2013 年以来，面对日趋严峻的国际经济形势和国内改革发展稳定的繁重任务，党中央、国务院团结带领全党全国各族人民，坚持以科学发展为主题，以加快转变经济发展方式为主线，按照稳中求进的工作总基调，及时加强和改善宏观调控，把稳增长放在更加重要的位置，经济社会发展呈现稳中有进的良好态势。经济运行总体平稳，物价涨幅稳步回落，农业基础地位进一步稳固，社会大局保持稳定。转变经济发展方式有新进展，科技创新有新成绩，改革开放有新突破，改善民生有新成效。

会议强调，现在，我们站在了更高的起点上。综合判断，我国发展仍然具备难得的机遇和有利条件，经济社会发展基本面长期趋好，国内市场潜力巨大，社会生产力基础雄厚，科技创新能力增强，人力资源丰富，生产要素综合优势明显，社会主义市场经济体制机制不断完善。同时，也要清醒地看到，我国发展仍面临不少风险和挑战，不平衡、不协调、不可持续问题依然突出，经济增长下行压力和产能相对过剩的矛盾有所加剧，企业生产经营成本上升和创新能力不足的问题并存，金融领域存在潜在风险，经济发展和资源环境的矛盾仍然突出。必须保持清醒头脑，增强忧患意识，深入分析问题背后的原因，采取有效举措加以解决。

会议认为，2014 年国际经济形势依然错综复杂、充满变数，世界经济低速增长态势仍将延续，各种形式的保护主义明显抬头，潜在通胀和资产泡沫的压力加大，世界经济已由危机前的快速发展期进入深度转型调整期。

会议指出，从国际环境看，我国发展仍处于重要战略机遇期的基本判断没有变。同时，我国发展的重要战略机遇期在国际环境方面的内涵和条件发生很大变化。我们面临的机遇，不再是简单纳入全球分工体系、扩大出口、加快投资的传统机遇，而是倒逼我们扩大内需、提高创新能力、促进经济发展方式转变的新机遇。我们必须深刻理解、紧紧抓住、切实用好这样的新机遇，因势利导，顺势而为，努力在风云变幻的国际环境中谋求更大的国家利益。

会议强调，2014 年是全面贯彻落实十八大精神的开局之年，是实施“十二五”规划承前启后的关键一年，是为全面建成小康社会奠定坚实基础的重要一年。做好明年经济工作，要深入学习和全面贯彻落实党的十八大精神，坚持以邓小平理论、“三个代表”重要思想、科学发展观为指导，紧紧围绕主题主线，以提高经济增长质量和效益为中心，稳中求进，开拓创新，扎实开局，进一步深化改革开放，进一步强化创新驱动，加强和改善宏观调控，积极扩大国内需求，加大经济结构战略性调整力度，着力保障和改善民生，增强经济发展的内生活力和动力，保持物价总水平基本稳定，实现经济持续健康发展和社会和谐稳定。

会议认为，做好 2014 年经济工作，要继续把握好稳中求进的工作总基调，立足全局，突出重点，扎扎实实开好局。

会议提出了2014年经济工作的主要任务：

一、加强和改善宏观调控，促进经济持续健康发展

必须坚持发展是硬道理的战略思想，决不能有丝毫动摇。党的十八大强调要推动经济持续健康发展，要求的是尊重经济规律、有质量、有效益、可持续的速度，要求的是在不断转变经济发展方式、不断优化经济结构中实现增长。要牢牢把握扩大内需这一战略基点，培育一批拉动力强的消费增长点，增强消费对经济增长的基础作用，发挥好投资对经济增长的关键作用。要增加并引导好民间投资，同时在打基础、利长远、惠民生、又不会造成重复建设的基础设施领域加大公共投资力度。要继续实施积极的财政政策和稳健的货币政策，充分发挥逆周期调节和推动结构调整的作用。实施积极的财政政策，要结合税制改革完善结构性减税政策。各级政府要厉行节约，严格控制一般性支出，把钱用在刀刃上。实施稳健的货币政策，要注意把握好度，增强操作的灵活性。要适当扩大社会融资总规模，保持贷款适度增加，保持人民币汇率基本稳定，切实降低实体经济发展的融资成本。要继续坚持房地产市场调控政策不动摇。要高度重视财政金融领域存在的风险隐患，坚决守住不发生系统性和区域性金融风险的底线。

二、夯实农业基础，保障农产品供给

把解决好“三农”问题作为全党工作重中之重，必须长期坚持、毫不动摇，决不能因为连年丰收而对农业有丝毫忽视和放松。我国有13亿人口，只有把饭碗牢牢端在自己手中才能保持社会大局稳定。要提高农业综合生产能力，严格保护耕地，大兴农田水利，加强科技服务，不断提升农业物质技术装备水平。要稳定完善强农惠农富农政策，充分保护和调动农民生产经营积极性，使务农种粮有效益、不吃亏、得实惠。要在坚持和完善农村基本经营制度基础上，创新农业经营体制，加快发展现代农业。要加强绿色生产，从源头上确保农产品质量安全。

三、加快调整产业结构，提高产业整体素质

实现尊重经济规律、有质量、有效益、可持续的发展，关键是深化产业结构战略性调整。要充分利用国际金融危机形成的倒逼机制，把化解产能过剩矛盾作为工作重点，总的原则是尊重规律、分业施策、多管齐下、标本兼治。要加强对各个产能过剩行业发展趋势的预测，制定有针对性的调整和化解方案。要着力增强创新驱动发展新动力，注重发挥企业家才能，加快科技创新，加强产品创新、品牌创新、产业组织创新、商业模式创新。要合理安排生产力布局，对关系国民经济命脉、规模经济效益显著的重大项目，必须坚持全国一盘棋，统筹规划，科学布局。

四、积极稳妥推进城镇化，着力提高城镇化质量

城镇化是我国现代化建设的历史任务，也是扩大内需的最大潜力所在，要围绕提高城镇化质量，因势利导、趋利避害，积极引导城镇化健康发展。要构建科学合理的城市格局，大中小城市和小城镇、城市群要科学布局，与区域经济发展和产业布局紧密衔接，与资源环境承载能力相适应。要把有序推进农业转移人口市民化作为重要任务抓实抓好。要把生态文明理念和原则全面融入城镇化全过程，走集约、智能、绿色、低碳的新型城镇化道路。

五、加强民生保障，提高人民生活水平

要按照“守住底线、突出重点、完善制度、

引导舆论”的思路做好民生工作。重点保障低收入群众基本生活，做好家庭困难学生资助工作。要注意稳定和扩大就业，做好以高校毕业生为重点的青年就业工作。要善待和支持小微企业发展，强化大企业社会责任。要加强城乡社会保障体系建设，继续完善养老保险转移接续办法，提高统筹层次。要继续加强保障性住房建设和管理，加快棚户区改造。要引导广大群众树立通过勤劳致富改善生活的理念，使改善民生既是党和政府工作的方向，也是人民群众自身奋斗的目标。

六、全面深化经济体制改革，坚定不移扩大开放

稳增长、转方式、调结构，关键是全面深化经济体制改革。要坚定信心、凝聚共识、统筹谋划、协同推进，坚持社会主义市场经济的改革方向不动摇，增强改革的系统性、整体性、协同性，以更大的政治勇气和智慧推动下一步改革。要落实好已经出台的改革措施，同时从解决当前突出矛盾出发，及时推出改革新举措。要深入研究全面深化体制改革的顶层设计和总体规划，明确提出改革总体方案、路线图、时间表。要坚持有效的改革路径，尊重人民首创精神，尊重实践、尊重创造，坚持全局和局部相配套、治本和治标相结合、渐进和突破相促进，鼓励大胆探索、勇于开拓，允许“摸着石头过河”。要稳定和扩大国际市场份额，发挥进口对结构调整的支持作用，促进国际收支趋向平衡。要加强外商投资权益和知识产权保护，稳定利用外资规模，扩大对外投资。要继续推进多双边经贸合作，加快实施自由贸易区战略。

会议强调，做好2014年经济工作，必须加快调整经济结构、转变经济发展方式，使经济持续健康发展建立在扩大内需的基础上；必须毫不放松抓好“三农”工作，推动城乡一体化发展；必须坚持实施科教兴国战略，增强经济社会发展核心支撑能力；必须坚持把人民利益放在第一位，进一步做好保障和改善民生工作，使发展成果更多、更公平惠及全体人民；必须全面深化改革，坚决破除一切妨碍科学发展的思想观念和体制机制障碍；必须实施更加积极主动的开放战略，创建新的竞争优势，全面提升开放型经济水平。

国务院总理温家宝在第十二届全国人民代表大会第一次会议上的政府工作报告（摘要）

一、过去五年工作回顾

第十一届全国人民代表大会第一次会议以来的五年，是我国发展进程中极不平凡的五年。我们有效应对国际金融危机的严重冲击，保持经济平稳较快发展，国内生产总值从26.6万亿元增加到51.9万亿元，跃升到世界第二位；公共财政收入从5.1万亿元增加到11.7万亿元；累计新增城镇就业5870万人，城镇居民人均可支配收入和农村居民人均纯收入年均分别增长8.8%、9.9%；粮食产量实现"九连增"；我国社会生产力和综合国力显著提高，人民生活水平和社会保障水平显著提高，国际地位和国际影响力显著提高。我们圆满完成"十一五"规划，顺利实施"十二五"规划。社会主义经济建设、政治建设、文化建设、社会建设、生态文明建设取得重大进展，谱写了中国特色社会主义事业新篇章。

五年来的主要工作及特点：

一是有效应对国际金融危机，促进经济平稳较快发展。过去五年，我们是在持续应对国际金融危机严重冲击中走过来的。我们沉着应对，及时果断调整宏观调控着力点，出台进一步扩大内需、促进经济平稳较快增长的十项措施，全面实施一揽子计划。两年新增4万亿元投资。五年来，新建各类保障性住房1800多万套，棚户区改造住房1200多万套；完成大中型和重点小型水库除险加固1.8万座，治理重点中小河流2.45万公里，新增节水灌溉面积770万公顷；新增铁路里程1.97万公里；新增公路60.9万公里；新建机场31个；新增万吨级港口泊位602个；一批跨江跨海大桥、连岛工程相继建成；西气东输、西电东送、南水北调等重大工程顺利推进或建成；非化石能源快速发展，水电、风电装机位居世界第一；重建后的汶川、玉树、舟曲等灾区发生了翻天覆地的变化。

我们始终注重处理好保持经济平稳较快发展、调整经济结构和管理通胀预期的关系，增强宏观政策的前瞻性、科学性、有效性，注意把握好政策的取向、力度和重点。在国际金融危机冲击最严重时，果断实施积极的财政政策和适度宽松的货币政策，综合运用多种财政政策工具，增加政府支出，实行结构性减税；有效运用存款准备金率、利率等货币政策工具，保持货币信贷合理增长。根据宏观经济走势的变化，我们及时调整政策力度，适时退出刺激政策，实施积极的财政政策和稳健的货币政策。2012年，在世界各大经济体增长全面减速、各种风险不断暴露的情况下，我们合理把握政策力度，保持财政预算支出规模不变，优化支出结构，扭转经济下滑趋势，全面实现年初确定的主要目标，国内生产总值增长7.8%，城镇新增就业1266万人，居民消费价格涨幅回落到2.6%，为2013年经济发展打下好的基础。

这五年，我国宏观经济总体上保持增速平稳较快、物价相对稳定、就业持续增加、国际收支趋于平衡的良好态势，国内生产总值年均增长9.3%，显著高于同期全球和新兴经济体的增速，通货膨胀率远低于其他新兴经济体。我国经济稳定，充满活力。

二是加快经济结构调整，提高经济发展的质量和效益。坚持实施扩大内需战略，内需对经济增长的贡献率明显提高，经常项目顺差占国内生产总值的比重从10.1%下降到2.6%。居民消费结构加快升级。坚持走中国特色新型工业化道路，大力推进产业转型升级。我国制造业规模跃居全球首位，高技术制造业增加值年均增长13.4%，成为国民经济重要先导性、支柱性产业；清洁能源、节能环保、新一代信息技术、生物医药、高端装备制造等一批战略性新兴产业快速发展。产品质量整体水平不断提高。服务业增加值占国内生产总值比重提高2.7个百分点，成为吸纳就业最多的产业。扎实推进节能减排和生态环境保护。深入实施区域发展总体战略，颁布实施全国主体功能区规划，制定西部大开发新十年指导意见和一系列区域发展规划，加快推进西藏、新疆等地区跨越式发展，制定实施新十年农村扶贫开发纲要，将扶贫标准提高到2300元(2010年不变价)，加强集中连片特殊困难地区扶贫攻坚。中西部和东北地区主要发展指标增速高于全国平均水平，东部地区产业转型升级步伐加快，各具特色、良性互动的区域发展格局正在形成。积极稳妥推进城镇化，五年转移农村人口8463万人，城镇化率由45.9%提高到52.6%，城乡结构发生了历史性变化。城乡、区域发展的协调性明显增强。

三是毫不放松地抓好“三农”工作，巩固和加强农业基础地位。我们坚持在工业化、信息化、城镇化深入发展中同步推进农业现代化，集中力量办成了一些关系农业农村长远发展、关系农民切身利益的大事。加大财政投入，中央财政“三农”累计支出4.47万亿元，年均增长23.5%。农业农村发展的好形势，为应对国际金融危机和各种自然灾害严重冲击、稳定经济社会发展大局提供了重要支撑。

四是坚持实施科教兴国战略，增强经济社会发展的核心支撑能力。我们加快实施国家中长期科学和技术发展规划纲要，制定实施国家中长期教育改革和发展规划纲要、国家中长期人才发展规划纲要和国家知识产权战略，推动科技、教育、文化事业全面发展，为国家长远发展奠定了坚实基础。

优先发展教育事业。国家财政性教育经费支出五年累计7.79万亿元，年均增长21.58%，2012年占国内生产总值比例达到4%。大力推动自主创新。中央财政用于科技的投入五年累计8729亿元，年均增长超过18%。全社会研究与试验发展经费支出占国内生产总值的比重由2007年的1.4%提高到2012年的1.97%，企业研发活动支出占比超过74%。深入实施人才强国战略。以高层次、高技能人才为重点，加强各类人才队伍建设。大力加强文化建设。

五是坚持把人民利益放在第一位，着力保障和改善民生。我们把就业作为保障和改善民生的头等大事，实施积极的就业政策。全面推进社会保障体系建设，城乡居民基本养老保险实现了制度全覆盖，各项养老保险参保达到7.9亿人。深化医药卫生体制改革，全民基本医保体系初步形成，各项医疗保险参保超过13亿人。健全城乡居民低保、医疗、教育、法律等救助制度。建立健全城镇保障性住房制度，2012年底已达到12.5%。

六是深化重要领域改革，增强经济社会发展的内在活力。大力推进财税体制改革，完善转移支付制度，全面建立县级基本财力保障机制，基层政府提供基本公共服务的能力有所提高；由公共财政预算、政府性基金预算、国有资本经营预算、社会保险基金预算组成的预算体系框架基本形成，预算外资金全部纳入预算管理；统一内外资企业税制，实现增值税转型，实施成品油价格和税费改革，开展营业税改征增值税试点，改革资源税制度，财税体制对加快转变经济发展方式的促进作用增强。全面深化金融体制改革，国有大型商业银行股份制改革顺利完成，政策性金融机构改革有序推进，农村信用社改革成效明显，银行业新监管标准实施，创业板、股指期货和融资融券业务相继推出，保险业改革开放深入推进，人民币汇率形成机制不断完善，利率市场化和资本项目可兑换改革稳步推进，建立宏观审慎政策框架，扩大人民币在跨境贸易和投资中的使用。我国银行、证券、保险业的抗风险能力和国际竞争力显著提升，为成功应对国际金融危机冲击奠定了坚实基础。国有企业改革不断深化，素质提高，竞争力明显增强。制定鼓励和引导民间投资健康发展的指导意见和实施细则，非公有制经济发展环境不断改善。建立生态补偿制度，开展排污权和碳排放权交易试点。事业单位分类改革积极推进。

七是坚定不移扩大对外开放，全面提升开放型经济水平。我们积极应对外部环境的急剧变化，及时出台稳定外需的政策措施，实施市场多元化战略，进出口总额年均增长 12.2%，从世界第三位提升到第二位，其中出口额跃居世界第一位，占国际市场份额比 2007 年提高 2 个多百分点，进出口结构优化，贸易大国地位进一步巩固。

八是切实加强政府自身建设，进一步深化行政体制改革。推进政府机构改革，初步建立职能统一的大部门体制框架。深化行政审批制度改革。大力推动政务公开。全面加强反腐倡廉建设。探索建立政府绩效管理制度，努力提高行政效能。

五年来，民族团结进步事业、宗教事务管理、贯彻侨务政策、国防和军队建设、港澳台工作和全方位外交工作均取得新的重大进展。

我们清醒地认识到，经济社会发展中还存在不少矛盾和问题。主要是：发展中不平衡、不协调、不可持续问题依然突出；经济增长下行压力和产能相对过剩的矛盾有所加剧；企业生产经营成本上升和创新能力不足问题并存；财政收入增速放缓和政府刚性支出增加的矛盾凸显；金融领域存在潜在风险；产业结构不合理，农业基础依然薄弱；经济发展与资源环境的矛盾日趋尖锐；城乡、区域发展差距和居民收入分配差距较大；社会矛盾明显增多，教育、就业、社会保障、医疗、住房、生态环境、食品药品安全、安全生产、社会治安等关系群众切身利益的问题不少，部分群众生活困难；制约科学发展的体制机制障碍较多；政府职能转变不到位，一些领域腐败现象易发多发。

二、2013 年经济社会发展的总体要求、主要预期目标和宏观经济政策

2013 年是全面贯彻落实党的十八大精神的开局之年，是实施“十二五”规划承前启后的关键一年，是为全面建成小康社会奠定坚实基础的重要一年。我国发展仍处于可以大有作为的重要战略机遇期，经济社会发展具备很多有利条件和积极因素，也面临不少风险和挑战。

2013 年工作的总体要求是：深入学习和全面贯彻落实党的十八大精神，高举中国特色社会主义伟大旗帜，以邓小平理论、“三个代表”重要思想、科学发展观为指导，紧紧围绕主题主线，以提高经济增长质量和效益为中心，深化改革开放，实施创新驱动战略，稳中求进，开拓创新，扎实开局，全面推进社会主义经济建设、政治建设、文化建设、社会建设、生态文明建设，实现经济持续健康发展和社会和谐稳定。

2013 年经济社会发展的主要预期目标是：国内生产总值增长 7.5% 左右，发展的协调性进一步增强；居民消费价格涨幅 3.5% 左右；城镇新增就业 900 万人以上，城镇登记失业率低于 4.6%；城乡居民人均收入实际增长与经济增长同步，劳动报酬增长和劳动生产率提高同步；国际收支状况进一步改善。这里，着重对经济增长和物价总水平两个指标作些说明。

关于经济增长目标。这是一个综合性指标，各方面高度关注。2013 年经济增长预期目标定为 7.5% 左右，主要基于两方面考虑：一方面，要继续抓住机遇、促进发展。这些年，我国制造业积累了较大产能，基础设施状况大为改善，支撑能力明显增强，储蓄率较高，劳动力总量仍然很大。必须优化配置和利用生产要素，保持合理的增长速度，为增加就业、改善民生提供必要条

件，为转方式、调结构创造稳定环境；必须使经济增长与潜在增长率相协调，与生产要素的供给能力和资源环境的承受能力相适应。另一方面，要切实按照科学发展观的要求，引导各方面把工作重心放到加快转变经济发展方式和调整经济结构上，放到提高经济增长的质量和效益上，推动经济持续健康发展。综合权衡，2013 年的经济增长目标定为 7.5% 左右是必要的、适宜的，实现这个目标需要付出艰苦努力。

关于物价总水平。保持物价总水平基本稳定始终是宏观调控的重要目标。2012 年居民消费价格涨幅回落到 2.6%。2013 年通货膨胀压力仍然较大，主要是：我国土地、劳动力等要素价格，农产品和服务类价格都存在上涨压力；主要发达国家实行宽松货币政策并不断加码，输入性通货膨胀压力不容忽视；理顺能源资源价格需要留出一定空间；2012 年价格上涨的翘尾影响约有 1 个百分点。把居民消费价格涨幅控制在 3.5% 左右，是充分考虑各方面因素后作出的选择。要切实保障重要商品供给，搞活流通，降低物流成本，加强市场价格监管，保持物价总水平基本稳定。

实现上述目标，必须继续实施积极的财政政策和稳健的货币政策，保持政策连续性和稳定性，增强前瞻性、针对性和灵活性。

继续实施积极的财政政策。更好地发挥积极财政政策在稳增长、调结构、促改革、惠民生中的作用。一是适当增加财政赤字和国债规模。2013 年拟安排财政赤字 1.2 万亿元，比 2012 年预算增加 4000 亿元，其中中央财政赤字 8500 亿元，代地方发债 3500 亿元。2013 年财政收入增长不会太快，但财政刚性支出增加，适当扩大财政赤字和国债规模是必要的。2013 年增加赤字后，赤字率在 2% 左右，总体上处于安全水平。二是结合税制改革完善结构性减税政策。三是着力优化财政支出结构。继续向教育、医药卫生、社会保障等民生领域和薄弱环节倾斜。四是继续加强地方政府性债务管理。妥善处理债务偿还和在建项目后续融资问题，积极推进地方政府性债务管理制度建设，合理控制地方政府性债务水平。

继续实施稳健的货币政策。把握好促进经济增长、稳定物价和防范金融风险之间的平衡。一是健全宏观审慎政策框架，发挥货币政策逆周期调节作用。广义货币 M2 预期增长目标拟定为 13% 左右。综合运用多种货币政策工具，调节市场流动性，保持货币信贷合理增长，适当扩大社会融资规模。完善货币政策传导机制，加强金融监管与货币政策的协调，不断优化监管标准和监管方式。二是促进金融资源优化配置。引导金融机构加大对经济结构调整特别是“三农”、小微企业、战略性新兴产业等的金融支持，满足国家重点在建续建项目资金需求。拓宽实体经济融资渠道，降低实体经济融资成本。促进资本市场稳定健康发展。三是守住不发生系统性和区域性金融风险底线。引导金融机构稳健经营，加强对局部和区域性风险以及金融机构表外业务风险的监管，提高金融支持经济发展的可持续性。

三、对 2013 年政府工作的建议

（一）加快转变经济发展方式，促进经济持续健康发展

要坚定不移地把扩大内需作为经济发展的长期战略方针，充分发挥消费的基础作用和投资的关键作用。扩大居民消费要在提高消费能力、稳定消费预期、增强消费意愿、改善消费环境上下功夫，不断提高消费对经济增长的拉动力。现阶段，投资在促进经济增长中的作用不可低估。关键在于选准方向、优化结构、提高投资的质量和效益。政府投资对社会投资具有十分重要的引导作用，但占全社会投资的比重越来越小，必须进一步放宽民间投资市场准入，激发民间投资活力。

要大力推进转变经济发展方式，加快产业结构调整。我国生产力发展水平具有多层次性，回旋余地很大，无论传统产业还是新兴产业、劳动密集型产业还是资金密集型产业，都有发展的空

间，重要的是优化资源配置和产业布局，解决产能过剩、核心技术缺乏、产品附加值低的问题，解决低水平重复建设和地区产业结构趋同的问题。必须加快改造提升传统产业，大力发展高新技术产业，提高产品质量和市场竞争力。要加强政策引导，鼓励企业跨行业跨区域跨所有制兼并重组，利用市场倒逼机制促进优胜劣汰。以扩大国内市场应用、重要关键技术攻关为重点，推动战略性新兴产业健康发展。积极推动信息化和工业化融合，加快建设新一代信息基础设施，促进信息网络技术广泛应用。坚持生产性服务业和生活性服务业并重，现代服务业和传统服务业并举，进一步发展壮大服务业。

要顺应人民群众对美好生活环境的期待，大力加强生态文明建设和环境保护。要坚持节约资源和保护环境的基本国策。要做好气象、地质、地震等方面工作，提高防灾减灾能力。优化国土空间开发格局，合理控制开发强度，调整空间结构。加强海洋综合管理，发展海洋经济，提高海洋资源开发能力，保护海洋生态环境，维护国家海洋权益。

要继续深入实施区域发展总体战略，促进区域经济协调发展。充分发挥各地比较优势，统筹规划、分类指导，优先推进西部大开发，全面振兴东北地区等老工业基地，大力促进中部地区崛起，积极支持东部地区率先发展，加大对革命老区、民族地区、边疆地区、贫困地区扶持力度，深入推进集中连片特殊困难地区扶贫攻坚。

（二）强化农业农村发展基础，推动城乡发展一体化

必须坚持把解决好“三农”问题作为全部工作的重中之重。农村土地制度关乎农村的根本稳定，也关乎中国的长远发展，其核心是要保障农民的财产权益，底线是严守18亿亩耕地红线。要坚持以家庭承包经营为基础，支持发展多种形式新型农民合作组织和多层次的农业社会化服务组织，逐步构建集约化、专业化、组织化、社会化相结合的新型农业经营体系，始终注重保护法律赋予农民的财产权利，调动农民积极性。毫不放松粮食生产，保障粮食和重要农产品的有效供给。要继续加大“三农”投入，加强农村基础设施建设和基本公共服务体系建设，推动城乡发展一体化。要采取有效措施，稳定农业生产经营队伍，积极培育新型农民。

城镇化是我国现代化建设的历史任务，与农业现代化相辅相成。要遵循城镇化的客观规律，积极稳妥推动城镇化健康发展。

（三）以保障和改善民生为重点，全面提高人民物质文化生活水平

千方百计扩大就业。

完善社会保障制度。

深化医药卫生事业改革发展。

逐步完善人口政策。

加强和创新社会管理。改进政府提供公共服务方式，加强基层社会管理和服务体系建设，完善村民自治、城市居民自治制度。改革社会组织管理体制，引导社会组织健康有序发展。

加强房地产市场调控和保障性安居工程建设。

继续推进教育优先发展。目前我国年度财政性教育经费支出总额已经超过2万亿元，今后还要继续增加。要进一步深化教育综合改革，切实解决社会普遍关注的重大问题。着力推动义务教育均衡发展，进一步促进教育公平，为国家发展提供强大的人力资源支撑。

深化科技体制改革。推动科技与经济紧密结合，着力构建以企业为主体、市场为导向、产学研相结合的技术创新体系。

扎实推进文化建设。把文化改革发展纳入经济社会发展总体规划，推动文化事业全面繁荣、文化产业快速发展。

大力加强社会公德、职业道德、家庭美德、个人品德教育。推动诚信体系建设，以政务诚信带动商务诚信和社会诚信，形成良好的社会风尚。

（四）以更大的政治勇气和智慧，深入推进改革开放

要进一步完善社会主义市场经济体制。毫不

动摇地巩固和发展公有制经济，毫不动摇地鼓励、支持、引导非公有制经济发展，形成各种所有制经济依法平等使用生产要素、公平参与市场竞争、同等受到法律保护的体制环境。深化国有企业改革以及重点行业改革。加快财税体制改革，理顺中央和地方财力与事权的关系，完善财政转移支付制度，健全公共财政体系，构建地方税体系，促进形成有利于结构优化、社会公平的税收制度。深化金融体制改革，健全促进实体经济发展的现代金融体系，提高银行、证券、保险等行业竞争力，加快发展多层次资本市场，积极发展债券市场，稳步推进利率、汇率市场化改革，扩大人民币跨境使用，逐步实现人民币资本项目可兑换。深化投融资体制改革，推进价格改革，健全资源性产品价格形成机制和生态补偿制度。继续积极稳妥推进事业单位分类改革。收入分配制度是经济社会发展中一项根本性、基础性的制度，是社会主义市场经济体制的重要基石。我们已经制定了深化收入分配制度改革若干意见，要抓紧研究制定具体政策，确保制度建设到位、政策落实到位，有效解决收入分配领域存在的问题，缩小收入分配差距，使发展成果更多更公平地惠及全体人民。

要推进社会主义民主法治建设。坚持人民主体地位，发展更加广泛、更加充分、更加健全的人民民主，保证人民依法享有广泛权利和自由，促进人的全面发展，维护社会公平正义。坚持依法治国。坚持转变政府职能。坚持改进工作作风。坚持民主监督。坚持反对腐败，加强廉政建设。

要坚持对外开放的基本国策，实行更加积极主动的开放战略。坚持把稳定出口与扩大进口结合起来；坚持把利用外资与对外投资结合起来；坚持把深化沿海开放与扩大内陆和沿边开放结合起来；坚持把向发达国家开放与向发展中国家开放结合起来。

关于2012年中央和地方预算执行情况与2013年中央和地方预算草案的报告（摘要）

财 政 部

一、2012年中央和地方预算执行情况

（一）公共财政预算执行情况

全国财政收入117209.75亿元，比2011年（下同）增长12.8%。加上从中央预算稳定调节基金调入2700亿元，使用的收入总量为119909.75亿元。全国财政支出125712.25亿元，增长15.1%。加上中央财政用超收收入补充中央预算稳定调节基金184.15亿元，以及地方政府债券还本支出2000亿元和地方财政结转下年支出13.35亿元，支出总量为127909.75亿元。全国财政收支总量相抵，差额8000亿元。

其中：中央财政收入56132.42亿元，完成预算的100.4%，增长9.4%。加上从中央预算稳定调节基金调入2700亿元，使用的收入总量为58832.42亿元。中央财政支出64148.27亿元，完成预算的100%，增长13.7%。其中：中央本级支出18764.8亿元，增长13.6%；中央对地方税收返还和转移支付45383.47亿元，增长13.7%。加上用超收收入补充中央预算稳定调节基金184.15亿元，支出总量为64332.42亿元。收支总量相抵，中央财政赤字5500亿元，与预算持平。2012年末中央财政国债余额77565.7亿元，控制在年度预算限额82708.35亿元以内。

地方本级收入61077.33亿元，增长16.2%。加上中央对地方税收返还和转移支付收入45383.47亿元，地方财政收入总量106460.8亿元。地方财政支出106947.45亿元，增长15.3%，加上地方政府债券还本支出2000亿元和结转下年支出13.35亿元，支出总量为108960.8亿元。收支总量相抵，差额2500亿元。

2012年中央预算收支执行具体情况如下：

1. 主要收入项目执行情况。国内增值税19678.47亿元，完成预算的97.2%，主要是工业增加值增幅和价格涨幅较低；国内消费税7872.14亿元，完成预算的102.2%；进口货物增值税、消费税14796.41亿元，完成预算的99.7%；关税2782.74亿元，完成预算的103.4%；企业所得税12082.18亿元，完成预算的108.7%，主要是汇算清缴2011年企业所得税收入超过预计；个人所得税3492.61亿元，完成预算的102.7%；出口货物退增值税、消费税10428.88亿元，完成预算的104.8%；非税收入2848.78亿元，完成预算的100.8%。

2012年中央财政收入比预算超收212.42亿元，按照有关规定，车辆购置税超收用于增加公路建设支出28.27亿元，其余184.15亿元超收收入全部用于补充中央预算稳定调节基金，留待以后年度经预算安排使用。

2. 主要支出项目执行情况。教育支出3781.52亿元，完成预算的100%，增长15.7%。科学技术支出2291.5亿元，完成预算的100.3%，增长12.7%。文化体育与传媒支出494.68亿元，完成预算的100.2%，增长18.9%。社会保障和就业支出5753.73亿元，完

成预算的100.1%，增长22%。住房保障支出2601.6亿元，完成预算的122.9%，增长44.6%。农林水事务支出5995.98亿元，完成预算的109.2%，增长25.3%。节能环保支出1998.43亿元，完成预算的113%，增长23.1%。交通运输支出3969.22亿元，完成预算的111.3%，增长20.3%。国防支出6506.03亿元，完成预算的100%，增长11.5%。公共安全支出1880亿元，完成预算的102.9%，增长10.9%。

3. 中央对地方税收返还和转移支付执行情况。中央对地方税收返还和转移支付45383.47亿元，完成预算的100.6%，增长13.7%。其中：一般性转移支付21471.18亿元，专项转移支付18791.52亿元。一般性转移支付占全部转移支付的53.3%，比2011年提高0.8个百分点。

（二）政府性基金预算执行情况

2012年全国政府性基金收入37517.01亿元，全国政府性基金支出36069.04亿元。其中：中央政府性基金收入3313.44亿元，完成预算的110.8%，增长5.8%。中央政府性基金支出3354.63亿元，完成预算的88.1%，增长8.1%。地方政府性基金本级收入34203.57亿元，下降10.5%，主要是国有土地使用权出让收入减少。加上中央政府性基金对地方转移支付1179.46亿元，地方政府性基金收入为35383.03亿元。地方政府性基金支出33893.87亿元，下降10.3%，其中国有土地使用权出让收入安排的支出28418.19亿元。地方政府性基金收大于支的部分结转下年使用。

（三）国有资本经营预算执行情况

2012年全国国有资本经营收入1572.84亿元，全国国有资本经营支出1479.66亿元。其中：中央国有资本经营收入970.83亿元，完成预算的115%，增长26.9%，中央国有资本经营支出929.79亿元，完成预算的106.3%，增长20.8%。地方国有资本经营收入602.01亿元，地方国有资本经营支出549.87亿元。

（四）落实全国人大预算决议有关情况

按照第十一届全国人民代表大会第五次会议有关决议，以及全国人大财政经济委员会的审查意见，努力做好并不断改进财政工作。一是扎实实施积极的财政政策。加大结构性减税力度，营改增试点由上海扩大到北京等9个省（直辖市）和3个计划单列市，有力地促进了服务业发展和产业结构优化，减轻了企业负担。提高增值税、营业税起征点，对小型微利企业减半征收企业所得税并扩大政策覆盖范围。增加财政补助规模，提高低收入群体的收入，扩大居民消费。优化财政支出结构，加大民生投入，推动教育、卫生、社保等社会事业发展。发挥财税政策的作用，推动经济结构调整和区域协调发展。二是增强基层政府履行职能的财力保障。完善县级基本财力保障机制，扩大保障范围、提高保障水平，中央财政奖补资金达到1075亿元，比2011年增加300亿元，省级政府也认真落实保障责任，基本消除了县级基本财力保障缺口，实现了基层政府“保工资、保运转、保民生”的既定政策目标。三是加强地方政府性债务管理。进一步完善制度，规范管理。认真落实偿债责任，2012年到期的地方政府债券按期偿还。清理化解基层政府性债务取得明显进展。四是深入推进预决算公开。按规定向社会公开了中央有关部门的预决算，在公开“三公经费”2011年财政拨款决算数和2012年预算数的同时，还公开了相关实物量信息，公开的内容更加细化、时间相对集中、格式基本规范。五是强化预算绩效管理。积极推动将绩效观念和绩效要求贯穿于预算管理的全过程和各环节，制定出台了预算绩效管理工作规划，扎实开展预算绩效管理工作试点。同时，狠抓预算支出执行管理，加快预算支出进度；强化财政监督，严肃财经纪律，较好保障了中央重大决策部署的落实。六是做好建议提案办理工作。2012年共承办建议提案3803件。同时加强了与代表委员沟通交流，进一步加大将建议提案转化为政策措施和实际行动的工作力度。

财政宏观调控作用有效发挥。国际金融危机爆发以来，财政部门全面贯彻落实积极的财政政策，综合运用多种调控工具，实施了一系列针对性强的政策措施。在政策运用上，坚持统筹兼顾，注重综合平衡，既扩大国内需求特别是刺激消费需求，努力扩大出口，又增加有效供给，提高农业综合生产能力，支持企业发展生产；既着力加强短期的调控，又着眼增强发展后劲，促进了经济平稳较快发展和民生持续改善。加强财政科学管理，合理把握政策实施力度和节奏，赤字率和债务负担率控制在安全水平，强化地方政府性债务管理，有效管控风险，保持了财政稳健运行和可持续性。

保障和改善民生成效显著。

推动经济结构调整和区域协调发展。

财税改革深入推进。构建有利于科学发展的财税体制机制取得重要进展。优化转移支付结构，一般性转移支付占转移支付总量的比重由2007年的50.8%提高到2012年的53.3%。县级基本财力保障机制全面建立，省直管县和乡财县管财政管理方式改革深入推进。政府预算体系更加完整，全面取消了预算外资金，将所有政府性收支纳入预算管理。改进超收收入使用办法，建立完善了预算稳定调节基金制度。部门预算制度改革全面推开，国库集中收付制度改革覆盖到县以上各级预算单位及有条件的乡级预算单位。增值税先转型后扩围的改革取得明显成效，消费税制度逐步完善，成品油税费改革顺利实施，房产税、资源税改革稳步推进，内外资企业税收制度实现统一，不断完善个人所得税制度，进一步规范了国家与企业和个人之间的收入分配关系。

财政管理不断加强。管理基础工作和基层建设进一步强化，财政科学化精细化管理全面推进。新的企业所得税法、车船税法颁布实施，预算法修订工作取得进展。地方预算编制的完整性明显增强，预算执行的及时性、均衡性、有效性和安全性显著提高。预算绩效管理有序推进。财政预决算公开实现常态化、机制化，“三公经费”公开取得重要进展。全面核实地方政府性债务，摸清了债务底数，出台了一系列加强地方政府融资平台公司债务管理的政策措施，积极防范财政金融风险。

二、2013年中央和地方预算草案

（一）财政工作和预算编制总体要求

继续实施积极的财政政策，深化财税体制改革，推动国民收入分配格局调整，坚持统筹兼顾原则，进一步优化财政支出结构，切实保障和改善民生，厉行节约，严格控制一般性支出，加强财政科学管理，提高依法理财水平和财政资金使用绩效，促进经济持续健康发展和社会和谐稳定。

（二）积极的财政政策的要点

一是适当增加财政赤字和国债规模，保持必要的支出力度。二是结合税制改革完善结构性减税政策，促进经济结构调整。三是进一步优化财政支出结构，保障和改善民生。四是推动经济发展方式转变，提高经济发展质量和效益。

（三）公共财政预算安排情况

2013年公共财政预算主要指标拟作如下安排：

中央财政收入60060亿元，比2012年执行数（下同）增长7%；从中央预算稳定调节基金调入1000亿元，合计收入总量为61060亿元。中央财政支出69560亿元，增长8.4%。其中，中央本级支出20203亿元；中央对地方税收返还和转移支付48857亿元；中央预备费500亿元。收支总量相抵，中央财政赤字8500亿元，比2012年增加3000亿元。中央财政国债余额限额91208.35亿元。

地方本级收入66570亿元，增长9%，加上中央对地方税收返还和转移支付收入48857亿元，地方财政收入合计115427亿元。地方财政支出117543亿元，增长9.9%，加上地方政府债券还本支出1384亿元，支出总量为118927亿元。地方财政收支差额3500亿元，国务院同意由财政部代理发行地方政府债券弥补，并列入省级预算管理。（地方财政收支预算由地方各级人民政府编制，报同级人民代表大会批准，目前尚

在汇总中。报告中地方财政收支安排数均为中央财政代编）

汇总中央和地方预算，全国财政收入126630亿元，增长8%。加上从中央预算稳定调节基金调入1000亿元，可安排的收入总量为127630亿元。全国财政支出138246亿元，增长10%，加上地方政府债券还本支出1384亿元，支出总量为139630亿元。收支差额12000亿元，增加4000亿元，赤字率为2%左右。

2013年中央预算主要收支项目安排情况如下：

1. 主要收入项目安排情况。国内增值税20950亿元，增长6.5%；国内消费税8550亿元，增长8.6%；进口货物增值税、消费税15875亿元，增长7.3%；关税2970亿元，增长6.7%；企业所得税13123亿元，增长8.6%；个人所得税3815亿元，增长9.2%；车辆购置税2426亿元，增长8.9%；出口货物退增值税、消费税11110亿元，增长6.5%；非税收入2755亿元，下降3.3%，主要是取消和免征部分行政事业性收费。

2. 主要支出项目安排情况。教育支出4132.45亿元，增长9.3%。科学技术支出2529.91亿元，增长10.4%。文化体育与传媒支出540.54亿元，增长9.3%。医疗卫生支出2602.53亿元，增长27.1%。社会保障和就业支出6550.81亿元，增长13.9%。住房保障支出2229.91亿元，比上年预算数增长5.3%，比上年执行数下降14.3%。农林水事务支出6195.88亿元，比上年预算数增长12.8%，比上年执行数增长3.3%。节能环保支出2101.27亿元，比上年预算数增长18.8%，比上年执行数增长5.1%。交通运输支出3973.86亿元，增长0.1%。国防支出7201.68亿元，增长10.7%。公共安全支出2029.37亿元，增长7.9%。一般公共服务支出1350.58亿元，增长1.5%。

3. 中央对地方税收返还和转移支付安排情况。中央对地方税收返还和转移支付48857亿元，增长7.7%。其中：一般性转移支付24538.35亿元，增长14.3%；专项转移支付19265.86亿元，增长2.5%。在一般性转移支付中，均衡性转移支付9812.25亿元，增长14.3%（其中：县级基本财力保障机制奖补资金1525亿元，增长41.9%；重点生态功能区转移支付423亿元，增长14%；产粮大县奖励资金318.25亿元，增长15%），革命老区、民族和边境地区转移支付621.9亿元，增长11.2%。

4. 中央预算稳定调节基金情况。2012年初预算调入使用2700亿元后，中央预算稳定调节基金余额为1069.78亿元；执行中用超收收入补充184.15亿元后，年底余额为1253.93亿元。2013年初预算调入使用1000亿元后，剩余253.93亿元。

汇总以上各项支出，2013年中央财政用在与人民群众生活直接相关的教育、医疗卫生、社会保障和就业、保障性安居工程、文化方面的支出安排合计15712.5亿元，比上年预算数增长13.5%，比上年执行数增长9.6%；用在公共交通运输、节能环保、城乡社区事务等方面与人民群众生活密切相关的支出安排合计17150.03亿元。中央财政用于“三农”的支出安排合计13799亿元，增长11.4%。其中：支持农业生产支出5426.83亿元，对农民的粮食直补、农资综合补贴、农作物良种补贴、农机购置补贴支出1700.55亿元，促进农村教育、卫生等社会事业发展支出6051.12亿元，农产品储备费用和利息等支出620.5亿元。中央对地方税收返还和一般性转移支付大部分也将用于保障改善民生和“三农”方面。

需要说明的是，民生和“三农”支出不是单独的预算科目，为了便于审议，将与民生和“三农”相关的支出项目综合反映出来，因而存在一些交叉重复。

（四）政府性基金预算安排情况

中央政府性基金收入3619.13亿元，增长9.2%。加上上年结转收入781.02亿元，中央政府性基金收入总量为4400.15亿元。中央政府性基金支出4400.15亿元，增长31.2%。其中：

中央本级支出 2564.01 亿元，增长 17.9%；对地方转移支付 1836.14 亿元，增长 55.7%。

地方政府性基金本级收入 33137.02 亿元，下降 3.1%。其中，国有土地使用权出让收入 27404.01 亿元，下降 3.9%。加上中央政府性基金对地方转移支付 1836.14 亿元，地方政府性基金收入为 34973.16 亿元。地方政府性基金支出 34973.16 亿元，增长 3.2%。其中，国有土地使用权出让收入安排的支出 28046.04 亿元，下降 1.3%。

汇总中央和地方预算，全国政府性基金收入 36756.15 亿元，下降 2%，加上上年结转收入 781.02 亿元，全国政府性基金收入总量为 37537.17 亿元；全国政府性基金支出 37537.17 亿元，增长 4.1%。

（五）国有资本经营预算安排情况

中央国有资本经营收入 1011 亿元，增长 4.1%。加上上年结转收入 72.11 亿元，中央国有资本经营收入总量为 1083.11 亿元。中央国有资本经营支出 1083.11 亿元，增长 16.5%。其中，调入公共财政预算用于社会保障等民生支出 65 亿元，增长 30%。

地方国有资本经营收入 558.4 亿元，地方国有资本经营支出 558.4 亿元。

汇总中央和地方预算，全国国有资本经营收入 1569.4 亿元，加上上年结转收入 72.11 亿元，全国国有资本经营收入总量为 1641.51 亿元；全国国有资本经营支出 1641.51 亿元。

社会保险基金预算已试编三年，相关制度体系和管理机制逐步建立。按照全国人大的要求，我们会同人力资源社会保障部、卫生部首次正式编制了 2013 年全国社会保险基金预算，包括社会保险法已明确的各项基金。汇总中央和地方预算，全国社会保险基金收入 32828.78 亿元，比 2012 年预计执行数增长 9.9%，其中保险费收入 24663.72 亿元、财政补贴收入 7180.31 亿元。全国社会保险基金支出 27913.31 亿元，比 2012 年预计执行数增长 16.8%。本年收支结余 4915.47 亿元，年末滚存结余 40943.1 亿元。

三、深化财税改革，加强科学管理，努力完成 2013 年预算

（一）抓好政策落实，厉行勤俭节约

（二）深化财税改革，完善体制机制

（三）强化财政管理，提高预算绩效

2013年中国货币政策大事记（摘录）

中国人民银行

1月18日，中国人民银行宣布启用公开市场短期流动性调节工具（Short - term Liquidity Operations，SLO），作为公开市场常规操作的必要补充，在银行体系流动性出现临时性波动时相机使用。

1月，中国人民银行创设"常备借贷便利"（Standing Lending Facility，SLF），对金融机构开展操作，提供流动性支持。

1月22日，中国人民银行印发《关于加强地方法人金融机构流动性管理 有效发挥短期再贷款流动性供给功能的通知》（银发［2013］22号），要求各分支机构充分认识再贷款对地方法人金融机构临时性流动性供给的积极作用，引导金融机构将短期再贷款作为解决短期流动性不足的正常资金来源渠道，有效运用短期再贷款工具满足金融机构合理的流动性需求。

1月25日，中国人民银行与中国银行台北分行签订《关于人民币业务的清算协议》。海峡两岸的金融机构除可通过代理行渠道为客户办理跨境人民币结算业务外，也可通过清算行渠道为客户办理跨境人民币结算业务。

2月7日，出台《中国人民银行办公厅关于做好2013年信贷政策工作的意见》（银办发［2013］26号），要求人民银行各分支机构和各银行业金融机构重点加强对"三农"、中小企业、城镇化建设、经济结构调整和产业升级、保障性安居工程、就业等民生工程和地方政府融资平台清理规范等方面的金融服务工作。

2月8日，根据中国人民银行和新加坡金融管理局就加强中国与新加坡金融服务领域合作的相关安排，经过评审，中国人民银行决定授权中国工商银行新加坡分行担任新加坡人民币业务清算行。

3月4日，中国人民银行印发《关于拓宽支农再贷款适用范围　做好春耕备耕金融服务工作的通知》（银发［2013］58号），在全国范围内推广拓宽支农再贷款适用范围政策，进一步发挥支农再贷款引导农村金融机构扩大"三农"信贷投放的功能，同时做好春耕备耕金融服务工作。

3月7日，中国人民银行与新加坡金融管理局续签了中新双边本币互换协议，互换规模由原来的1500亿元人民币/300亿新加坡元扩大至3000亿元人民币/600亿新加坡元，有效期三年，经双方同意可以展期。

3月13日，中国人民银行印发《关于合格境外机构投资者投资银行间债券市场有关事项的通知》（银发［2013］69号），允许符合条件的合格境外机构投资者（QFII）向中国人民银行申请投资银行间债券市场。

3月25日，为深入贯彻落实中发一号文件关于加快发展现代农业的总体部署，出台《中国人民银行关于加大金融创新力度 支持现代农业加快发展的指导意见》（银发［2013］78号），要求各银行业金融机构加大金融创新力度，有效满足现代农业发展尤其是专业大户、家庭农场、农民合作社等新型生产经营主体的合理金融需求，改进和提升"三农"金融服务水平。

3月25日，上海黄金交易所推出银行间黄金询价远期交易品种。

3月26日，中国人民银行与巴西中央银行签署了中巴双边本币互换协议，互换规模为1900亿元人民币/600亿巴西雷亚尔，有效期三年，经双方同意可以展期。

3月26日，中国人民银行与南非储备银行签署《中国人民银行代理南非储备银行投资中国银行间债券市场的代理投资协议》。

4月2日，中国人民银行与中国工商银行新加坡分行签订《关于人民币业务的清算协议》。新加坡及中国的金融机构除可通过代理行渠道为客户办理跨境人民币结算业务外，也可通过清算行渠道为客户办理跨境人民币结算业务。同日，中国人民银行和新加坡金融管理局签订了关于新加坡人民币业务的合作备忘录。

4月9日，经中国人民银行授权，中国外汇交易中心宣布完善银行间外汇市场人民币对澳大利亚元交易方式，开展人民币对澳大利亚元直接交易。

4月25日，中国人民银行发布《关于实施〈人民币合格境外机构投资者境内证券投资试点办法〉有关事项的通知》（银发［2013］105号）。

5月5日，为支持守法合规企业开展正常经营活动，防范外汇收支风险，国家外汇管理局发布《关于加强外汇资金流入管理有关问题的通知》（汇发［2013］20号），加强银行结售汇综合头寸管理、进出口企业货物贸易外汇收支分类管理以及外汇检查等。

5月31日，上海黄金交易所推出黄金、白银和铂金周五夜市交易，进一步与国际黄金市场交易时间接轨。

6月22日，中国人民银行与英格兰银行签署规模为2000亿元人民币/200亿英镑的双边本币互换协议，有效期为3年，经双方同意可以展期。

6月26日，中国人民银行办公厅印发《关于做好高校毕业生就业创业金融服务工作的指导意见》（银办发［2013］142号），要求银行系统采取切实有效的措施，本着尽可能方便高校毕业生享受政策的原则，积极探索和创新符合高校毕业生就业创业实际需求特点的金融产品和服务方式，合理调配金融资源，优化信贷结构，不断改进和完善对高校毕业生就业创业的各项金融服务工作。

6月28日，为贯彻落实国务院关于金融支持经济结构调整和转型升级政策措施的工作部署，引导信贷资金进一步支持实体经济，中国人民银行增加再贴现额度120亿元，对符合宏观审慎要求的金融机构提供流动性，支持金融机构扩大对小微企业和“三农”的信贷投放。

7月2日，中国人民银行发布［2013］第8号公告，要求银行间市场全部债券交易通过全国银行间同业拆借中心系统达成，交易一旦达成不可撤销和变更，进一步规范银行间债券市场交易结算行为，维护市场参与者合法权益，促进市场健康规范发展。

7月9日，中国人民银行发布《关于简化跨境人民币业务流程和完善有关政策的通知》（银发［2013］168号），简化了经常项下跨境人民币业务，放宽了账户融资的期限和额度，规范了境内非金融机构人民币境外放款业务和对外提供人民币担保等业务。

7月20日，中国人民银行决定全面放开金融机构贷款利率管制。一是取消金融机构贷款利率0.7倍的下限，由金融机构根据商业原则自主确定贷款利率水平。二是取消票据贴现利率管制，改变贴现利率在再贴现利率基础上加点确定的方式，由金融机构自主确定。三是对农村信用社贷款利率不再设立上限。四是为继续严格执行差别化的住房信贷政策，促进房地产市场健康发展，个人住房贷款利率浮动区间暂不作调整。

7月25日，商业银行开始在银行间市场试点发行二级资本债券，用于满足商业银行补充资本的需求。天津滨海农商行首家在银行间市场试点发行15亿元二级资本债券。

8月15日，国务院以国函［2013］91号文批复建立由中国人民银行牵头，银监会、证监会、保监会和外汇局参加的金融监管协调部际联席会议制度。

8月26日，为切实做好连片特困地区扶贫开发金融服务工作，中国人民银行办公厅印发《关于建立连片特困地区扶贫开发金融服务联动协调机制的通知》（银办发［2013］186号），要求人民银行各相关分支机构按14个片区分别建立金融服务联动协调机制，因地制宜，积极开展金融服务创新、信息共享、政策宣传和统计分析等工作。

8月27日，中国人民银行发布［2013］第12号公告，强化银行间债券市场券款对付结算要求，防范市场风险，提高市场效率，推动银行间债券市场健康规范发展。

8月28日，国务院常务会议确定要在严格控制风险的基础上，循序渐进、稳步推进进一步扩大信贷资产证券化试点工作。根据会议要求，人民银行会同有关部门组织实施。

9月9日，中国人民银行与匈牙利中央银行签署了中匈双边本币互换协议，互换规模为100亿元人民币/3750亿匈牙利福林，有效期三年，经双方同意可以展期。

9月11日，中国人民银行与冰岛中央银行续签了中冰双边本币互换协议，互换规模为35亿元人民币/660亿冰岛克朗，有效期三年，经双方同意可以展期。

9月12日，中国人民银行与阿尔巴尼亚中央银行签署了中阿双边本币互换协议，互换规模为20亿元人民币/358亿阿尔巴尼亚列克，有效期三年，经双方同意可以展期。

9月23日，中国人民银行发布《关于境外投资者投资境内金融机构人民币结算有关事项的通知》（银发［2013］225号），对境外投资者在境内新设、并购和参股金融机构等业务使用人民币结算进行了规范。

9月24日，市场利率定价自律机制成立暨第一次工作会议在北京召开。市场利率定价自律机制是由金融机构组成的市场定价自律和协调机制，旨在符合国家有关利率管理规定的前提下，对金融机构自主确定的货币市场、信贷市场等金融市场利率进行自律管理，维护市场正当竞争秩序，促进市场规范健康发展。会议审议通过《市场利率定价自律机制工作指引》、《贷款基础利率集中报价和发布规则》，选举了首任市场利率定价自律机制主任委员。

10月1日，中国人民银行与印度尼西亚银行续签了中印双边本币互换协议，互换规模为1000亿元人民币/175万亿印尼卢比，有效期三年，经双方同意可以展期。

10月8日，中国人民银行与欧洲中央银行签署了中欧双边本币互换协议，互换规模为3500亿元人民币/450亿欧元，有效期三年，经双方同意可以展期。

10月25日，贷款基础利率集中报价和发布机制正式运行。贷款基础利率是商业银行对其最优质客户执行的贷款利率，其他贷款利率可在此基础上加减点生成。在报价行自主报出本行贷款基础利率的基础上，指定发布人对报价进行加权平均计算，形成报价行的贷款基础利率报价平均利率并对外公布。贷款基础利率机制是市场基准利率报价从货币市场向信贷市场的进一步拓展，为金融机构信贷产品定价提供重要参考。

11月1日，中国人民银行印发《关于扩大深化中国农业银行“三农金融事业部”改革试点范围等有关事项的通知》（银发［2013］263号），将农业银行江苏、浙江、湖南、云南、江西、陕西、广东7个省、538个县的县域支行纳入到深化“三农金融事业部”改革试点范围，并延续差别化存款准备金率、监管费和营业税减免等扶持政策。

11月25日，上海黄金交易所推出银行间黄金询价掉期交易品种。

12月8日，中国人民银行发布《同业存单管理暂行办法》（中国人民银行公告［2013］第20号），规范同业存单业务，拓展银行业存款类金融机构的融资渠道，促进货币市场发展。12月12日至13日，中国银行、中国建设银行等10家金融机构分别发行了首批同业存单产品，发行总量为340亿元，期限涵盖1个月、3个月和6个月。

12月26日，中国人民银行与世界银行集团成员组织国际金融公司签署《中国人民银行代理国际金融公司投资中国银行间债券市场的代理投资协议》。

12月27日，金融债券开始跨市场发行，进一步促进场内和场外市场互联互通。国家开发银行首批在上海证券交易所公开发行金融债券120亿元。

12月31日，中国人民银行、银监会发布2013年第21号公告，进一步规范信贷资产证券化发起机构风险自留行为，明确发起机构可以灵活方式保留基础资产信用风险，特别是发起机构可以采用垂直型风险自留。

12月31日，中国人民银行发布《关于金融债券专项用于小微企业贷款后续监督管理有关事宜的通知》（银发［2013］318号），明确了发行前和存续期间对发行人、主承销商等机构在内控制度、报告报送等方面的要求，并提出了人民银行及其分支机构对商业银行发行金融债券专项用于小微企业贷款进行后续监督的内容，确保商业银行发行金融债券所募集资金用于小微企业贷款。

二、国债管理和国债市场的改革与发展

财政部国库司翟钢司长在2014年国债发行工作例会上的讲话

各位代表：

上午好！党的十八届三中全会《决定》对我国政府债券管理未来发展作出了重要部署，明确提出要“发展并规范债券市场”、“健全反映市场供求关系的国债收益率曲线”、“建立规范合理的中央和地方政府债务管理和风险预警机制”，为下一步政府债券管理改革指明了方向，同时也充分表明了政府债券管理、政府债券市场发展的重要性和紧迫性。为贯彻落实三中全会精神，进一步推进政府债券管理改革，今天把大家召集在一起，共同回顾2013年国债、地方债管理取得的成绩，总结交流工作经验，探讨2014年工作思路。首先，我要向长期以来支持财政部政府债券发行管理工作的中国人民银行、中国证监会、中国银监会、中央国债登记结算公司、中国证券登记结算公司、上海证券交易所、深圳证券交易所致以诚挚的谢意；向积极配合财政部开展国债发行管理工作的各家国债承销团成员表示衷心的感谢。下面，我讲几点意见，供大家参考。

一、2013年政府债券平稳发行

2013年，面对极为错综复杂的国内外形势，党中央、国务院把握经济大势，保持调控定力，坚持底线思维，统筹稳增长、调结构、促改革、惠民生，经济社会发展稳中求进，稳中向好。发行政府债券是财政筹资的重要手段，是国家宏观调控的重要工具，为有效落实党中央、国务院有关决策部署，2013年政府债券发行规模进一步增加，在承销团成员的积极参与下，全年国债、地方债发行平稳，有力保障了积极财政政策的有效实施，服务了国家经济社会发展。2013年国债、地方债发行主要有以下特点：

（一）国债发行规模、频次保持较高水平

2008年以前，我国国债发行年度规模低于9000亿元。2009年以后，在实施积极财政政策的背景下，2009—2012年连续四年国债发行规模超过1.4万亿元。2013年，发行国债再创历史新高，达到1.67万亿元（不含在香港发行人民币国债，下同），较2012年增加0.24万亿元。从发行频次看，2013年发行国债61次，比2012年增加8次，其中：52次招标发行记账式国债1.34万亿元，9个月安排发行储蓄国债3356亿元。

（二）国债发行品种、期限结构基本稳定

发行品种方面，2013年记账式国债、储蓄国债发行量占比分别为80%、20%，与2012年（84%、16%）相比，储蓄国债比重小幅上升。期限结构方面，2013年国债加权平均发行待偿期为7.29年，比2012年下降1.33年，较好地平衡了投资者需求、发行成本与再融资风险。其中：记账式国债期限在继续实现3个月至50年期“全覆盖”的基础上，关键期限国债（1、3、

5、7、10 年期）占记账式国债的比重保持在 80% 以上，进一步夯实了健全国债收益率曲线的基础。

（三）记账式国债发行利率上升幅度较大

受国内外经济金融环境影响，2013 年国债二级市场收益率升幅较大。记账式国债发行利率同步变动，全年加权平均发行利率 3.70%，比 2012 年上升 44 个基点。投资者需求随市场变化而波动，但总体比较稳定，记账式国债平均投标倍数为 1.84，高于 2012 年水平（1.62）。

（四）储蓄国债需求较为稳定

2013 年储蓄国债总体销售状况较好，平均售出百分比约 93.2%，比 2012 年提高 3.3 个百分点。其中，储蓄国债（电子式）、凭证式国债售出比例分别为 98.6%、93.2%，比 2012 年分别提高 8.6 个、3.4 个百分点。

（五）地方债发行规模增加，自发代还试点范围扩大

2013 年，地方债发行 3500 亿元，比 2012 年增加 1000 亿元，其中：财政部代理发行 2848 亿元；上海、浙江、广东、深圳、江苏、山东 6 个试点地区自行发债 652 亿元（江苏、山东为 2013 年新增试点地区）。2009 - 2013 年，累计发行地方债 1.2 万亿元，其中财政部代理发行 10830 亿元，试点地区自行发债 1170 亿元；2013 年末地方债余额为 8616 亿元。

二、政府债券发行管理创新不断推进

政府债券市场是财政政策与货币政策的重要结合部，是金融市场体系的重要基础。2013 年，在有关部门的大力支持下，财政部继续坚持市场化方向，进一步深化政府债券管理改革，积极发展政府债券市场，发挥国债调控经济、稳定金融的职能作用，推动建立规范的地方政府举债融资机制。

（一）进一步深化记账式国债市场化改革

一是完善制度机制。修订记账式国债招标发行规则等制度；配合国债期货交易，调整记账式国债招标安排，将国债期货主要交割券（5、7 年期记账式国债）中标时间调整至国债期货中午休市时，有效减少了信息不对称，保证投资者获取信息的公平性；科学拟定国债发行计划，优化国债发行品种和期限结构。二是健全国债续发行机制。在总结 2012 年续发行经验的基础上，2013 年按照 3、5 年期记账式国债续发 1 次，7、10 年期记账式国债续发 2 次的规律进行续发行，其中 7 年期形成了每季度第一个月新发、后两个月续发的模式，初步建立起国债续发行的基本机制。三是推出国债预发行试点。在前期工作基础上，3 月，财政部会同人民银行、证监会下发《关于开展国债预发行试点的通知》，正式启动预发行试点。7 月，确定 7 年期记账式国债为首批试点券种。10 月，预发行率先在交易所债券市场开展，运行平稳。四是推动国债二级市场发展。积极配合有关部门研究推进国债期货交易业务，与证监会期货监管一部共同牵头建立了国债期货跨部委协调机制；组织召开了国债期货交割业务协调会议，牵头落实国债期货交割相关事宜。2013 年 9 月，5 年期国债期货成功挂牌上市，运行平稳，交割顺利，国债期现货价格走势联动性良好，价格发现、风险规避等功能得到初步发挥。此外，在整理有关国际经验和国内现状基础上，研究国债做市支持方案，推动相关工作开展。

（二）稳步推进储蓄国债管理改革

一是完善制度机制。制定储蓄国债（电子式）管理办法、储蓄国债发行额度管理办法，建立储蓄国债（电子式）提前兑取资金收付信息反馈机制，指导中央国债登记结算公司制定新的储蓄国债（电子式）实施细则。二是完善储蓄国债定价机制。在利率市场化提速的背景下，为提高储蓄国债市场竞争力，更好完成筹资任务，在人民银行未调整金融机构存款基准利率的情况下，主动将 3、5 年期储蓄国债利率在 2012 年末基础上提高 24 个、9 个基点，有效促进了储蓄国债顺利发行。三是扩大网上银行销售储蓄国债（电子式）试点范围。为满足投资者通过

网上银行购买储蓄国债（电子式）的需求，2013年新增中国农业银行、中国银行、广发银行、招商银行、北京银行、上海银行6家银行开展网上银行销售储蓄国债（电子式）试点，使得试点机构数量达到9家，网上银行渠道优势进一步发挥，有效促进了储蓄国债（电子式）销售。

（三）推动地方债发行管理改革

一是完善代理发行地方债安排。修订发行兑付办法、招标发行规则等制度，进一步规范地方债代理发行管理和招标安排；密切跟踪国内外经济金融形势，在保证发行进度前提下，适时合理开展3年期、5年期地方债招标；进一步做好地方债相关信息统计和分析工作，强化承销团考核。二是指导地方财政部门进一步做好自行发债试点工作。新增山东、江苏开展自行发债试点；修订自行发债试点办法，明确如自行发债利率低于同期国债参考收益率，应进行重点说明，以进一步提高自发地方债的市场化程度；鼓励地方政府积极创造条件，逐步建立信息披露制度；实地调研试点省市自行发债情况，了解自行发债工作中存在的问题，认真听取地方政府建议，加强地方政府业务人员培训。

（四）积极开展前瞻性研究

一是专题研究国债市场化改革有关问题。为适应利率市场化逐步深化对国债管理、国债市场产生的影响，进一步提高国债管理市场化程度，组织有关单位成立了"利率市场化进程中的国债发行策略"、"记账式国债换券"、"储蓄国债品种创新"三个课题组，专题研究利率市场化环境下国债发行应对策略、换券技术在我国国债管理中的应用以及储蓄国债品种创新问题。这三个课题得到了有关方面的大力支持，中央国债登记结算公司作为三个课题的总协调单位，精心组织推进课题研究，中国工商银行、中国农业银行、上海证券交易所等单位作为课题成员单位，积极参与课题研究，在大家的共同努力下，目前课题研究工作已基本完成。二是研究推进地方债发行改革。认真总结地方债自发代还试点经验，广泛查阅、整理发达市场经济国家地方债发行管理的文献资料，主动与证监会、中国人民银行、国内各大信用评级公司等有关方面沟通交流，积极研究地方债信用评级、信息披露等问题，在此基础上形成了推进地方债自发自还改革的初步思路，为下一步顺利推进地方债自发自还改革试点奠定了良好基础。

（五）加强国际交流合作

一是参加世界银行、国际货币基金组织"公共债务管理指引"修订工作组。财政部国库司提出的"政府债务管理部门应采取充分措施发展政府债券市场"、"政府债务管理部门可以通过发行关键期限国债、续发行、预发行等机制提高政府债券流动性"、"政府债务管理部门应当根据市场发展水平，推动期货、期权等衍生品市场发展"等建议已在修订稿中采纳，对于进一步健全国际公共债务管理机制发挥了积极作用，同时也体现了我国作为经济大国、债券大国的话语权。二是参加国际债务管理论坛。参加了世界银行第四届债务管理设施论坛、货币基金组织第13届国债管理论坛和美国财政部第3届国债圆桌会议、联合国贸发会议第9届债务管理大会，进一步了解了全球债务管理趋势、理论和技术，增进了与各国债务管理部门的交流，拓展了工作思路。三是扎实推进世行、亚行技术援助项目。顺利完成世行技援项目"建立完善的中国国债二级市场"，发布《建立完善中国国债二级市场研究报告》，全面客观地阐述了中国国债二级市场的发展现状和存在问题，提出了有关政策建议和发展构想。完成亚洲银行技援项目下"中国地方政府债券市场发展研究"课题报告初稿，梳理了我国地方政府债务的发展脉络和地方政府债券管理的国际经验，提出了加强我国地方政府债务管理的政策建议。

（六）进一步加强与国债承销团成员的沟通互动

一是完善沟通机制。2013年，财政部通过加强走访、建立联系人制度、召开季度例会、电子邮件沟通等方式，进一步密切与承销团成员联系。针对储蓄国债投资群体特点，通过网上问卷、当面听取意见等方式听取承销团成员和普通投资者对储蓄国债的意见，在此基础上研究改进储蓄国债管理工作。二是合作开展课题研究，分享研究成果。鼓励承销团成员积极参与国债课题研究、会议主题演讲等工作，充分发挥承销团成员市场研究优势。三是完善考评机制。完善国债承销团综合排名计算方法，改进了考评得分计算方法、指标设置、指标权重分配等，并对工作组织情况加减分事项、分值进一步细化、明确，有效提高了考评的科学合理性，进一步调动承销团成员参与国债承销的积极性。需要说明的是，2013 年国务院决定取消各类评比表彰活动，为此，往年对国债、地方债承销工作表现优秀的承销团成员进行表彰的做法，今年以后就不再延续了，但我们将对承销团成员承销国债情况进行综合排名并予以公布，以反映大家在这方面的工作情况。四是严格按规定处理违规违约行为。2013 年，部分机构发生了违规销售储蓄国债、迟缴错缴发行款、晚报错报报表数据、未按约定完成投标量或承销量等行为，对此，财政部都严格按规定进行了处理。其中，按规定取消 4 家金融机构的记账式国债承销团成员资格，将 1 家承销团成员由甲类成员降格为乙类成员；取消 3 家承销团成员的地方债投标资格。

应该说，政府债券市场的发展离不开国债承销团成员的积极参与，政府债券管理的成绩离不开国债承销团成员的支持与配合。特别是积极财政政策实施以来，政府债券发行量较以前有明显增加，国债承销团成员克服压力，较好地履行了各项义务，为政府债券顺利发行做出了积极贡献。同时，承销团成员积极建言献策，踊跃参与多项课题研究，为相关工作开展提供了有力支持。在此，我代表财政部国库司再次向全体承销团成员表示衷心感谢！也真诚希望在今后的工作中承销团成员能继续给予支持、配合，共同推进我国政府债券市场不断向前发展。

三、进一步深化政府债券管理改革

2014 年是全面贯彻落实党的十八届三中全会精神、全面深化改革的第一年。中央经济工作会议等一系列重要会议，全面部署了 2014 年和今后一段时期的经济等工作，也对政府债券管理工作提出了明确要求。按照有关要求，2014 年财政部将继续积极加强与各有关部门、承销团成员的团结协作，深化国债、地方债管理制度改革，努力建立规范合理的中央和地方政府债务管理机制，着力健全反映市场供求关系的国债收益率曲线，推动国债、地方债市场健康发展。

（一）加快国债管理法制化建设进程

多年来国债市场持续发展，但我国国债法律制度建设则相对滞后，当前我国规范国债管理的主要依据仍是 1992 年国务院公布的《国库券条例》，已难以适应我国国债管理的要求。在前期研究基础上，2013 年财政部成立了《国债条例》起草工作小组，研究确定了《国债条例》基本框架，形成了《国债条例》（征求意见稿初稿），并实地征求了有关单位意见。2014 年，财政部将进一步推动国债法制建设进程，在前期工作基础上，进一步修改完善《国债条例》，条例将涵盖总则、发行、流通、登记托管结算、偿还、风险管理、法律责任等方面，对国债管理工作和国债市场建设进行全方位规范，以期为构建较完备的国债管理体系、促进国债管理改革的进一步深化发展提供法律保障。

（二）建立健全国债承销团组建和管理机制

今年是本届承销团成员履行权利义务的最后一年，财政部即将面临组建新一届承销团。2012 年国务院取消了国债承销团行政审批项目，因此新一届承销团组建的制度基础发生了重大变化，财政部将积极研究借鉴国际经验，广泛征求各有关方面意见，制定与取消行政许可相适应的新一届国债承销团组建办法，构建以“主协议”为基础，权利、义务匹配，有利于国债承销团成员深入参与国债市场建设发展的管理机制，并按照新办法组建新一届国债承销团。

（三）进一步完善记账式国债市场化改革，健全反映市场供求关系的国债收益率曲线

一是完善国债续发行机制，配套做市安排、

价位表折算等措施，减少债券碎片，提高二级市场流动性和国债收益率曲线深度，形成规范有序的到期结构。二是推动开展记账式国债发行缴款券款对付（DVP），提高国债发行缴款结算效率。三是推动全国银行间债券市场推出国债预发行试点，扩大预发行券种，促进一级、二级市场衔接，丰富投资者利率管理工具。四是推动国债二级市场发展。继续开展记账式国债换券、适应利率市场化的国债管理措施等研究，积极推动建立国债做市支持机制、发展完善记账式国债柜台零售市场，进一步提高国债市场运行效率，研究利率市场化、债券市场国际化背景下，国债市场应当具有的功能和具体完善措施。

（四）进一步深化储蓄国债管理改革

一是完善有利于居民购买储蓄国债的制度，修订考评与额度调整机制，进一步调动承销团成员承销积极性，提高投资者服务水平。二是完善网上银行销售储蓄国债（电子式）制度，扩大网上银行销售储蓄国债（电子式）试点范围，提高储蓄国债（电子式）销售渠道现代化水平。三是研究利率市场化条件下的储蓄国债定价机制，以及与利率市场化相适应的储蓄国债新品种和管理体制机制，满足储蓄国债投资者的投资需求，推动储蓄国债管理的可持续发展。

（五）推进地方债发行管理改革

3 年自发代还试点工作，为规范地方债发行管理机制做出了积极探索，积累了宝贵经验。但是自发代还方式没有充分划清财政部和地方政府的偿债责任，未做到责、权、利相统一，不利于地方债市场可持续性发展。为此，财政部将进一步推进地方债发行改革，改进现行发行方式，开展地方债自发自还改革试点。改革试点将涉及建立健全地方债信用评级、地方政府财务信息披露制度机制等一系列工作。当前，我国地方债信用评级制度建设、地方政府财务信息披露机制建设基础比较薄弱，例如信用评级行业管理不够规范、信用评级所需数据获取难度较大，地方政府财务信息披露内容较少，难以满足市场需要等，因此，建立健全相关制度机制的任务比较艰巨。下一步，财政部将进一步加强与中国人民银行、证监会等部门以及地方财政部门、国债承销团成员、信用评级机构等有关方面的沟通交流，充分了解监管部门、发行人和市场参与者的需求，认真研究找到各方利益平衡点，推进相关工作顺利开展。今天，有关部门、机构的代表也在现场，地方债自发自还改革试点工作需要你们的大力支持，期盼我们大家能够群策群力，共同推进改革试点顺利开展。

各位代表：

2014 年，我国经济发展环境依然错综复杂，财政改革任务也较为艰巨。根据面临的财政经济形势，仍将继续实施积极的财政政策，政府债券发行也会继续保持较大规模。按照一季度发行计划，我们已经招标发行了 3 期记账式国债，今天（22 日）上午也即将招标发行 10 年期的记账式国债，并将于 3 月份发行第一期储蓄国债。希望国债承销团成员珍惜荣誉，认真行使权利、履行义务，以强烈的事业心和使命感，积极参与政府债券承销和政府债券市场建设，为国家经济社会发展和政府债券管理改革做出新的贡献。

新春佳节马上就要到了，在此，我代表财政部国库司向各位代表致以诚挚的祝福，祝大家新春快乐，阖家幸福。

谢谢大家。

中国人民银行国库局董化杰副局长在2014年国债发行工作例会上的讲话

2013年，中国人民银行与财政部积极配合，有效促进了积极财政政策的实施，顺利完成了国债和地方政府债券发行计划。

一、国债发行整体情况

2013年，记账式国债总发行量1.34万亿元，较2012年增加11%，地方政府债券共计发行3500亿元，较2012年增加40%。中国人民银行作为记账式国债和财政部代发地方性政府债券发行现场观察员，严格执行发行现场各项制度要求，保证了记账式国债和财政部代发地方性政府债券发行的公平、公开、公正。

储蓄类国债方面，中国人民银行积极配合财政部门，2013年组织38家承销机构累计面向社会实际发行储蓄类国债3355.51亿元，完成全年3600亿元发行计划的93.21%。其中，凭证式国债发行1185.9亿元，完成1400亿元发行计划的84.71%；储蓄国债（电子式）发行2169.61亿元，完成2200亿元发行计划的98.62%。

二、国债发行的基本特点

（一）记账式国债方面

2013年全年发行的54期记账式国债，期限从91天到50年共12个品种，均衡覆盖了短期、中期和长期债券品种，促进了国债基准收益率曲线的改进与完善，为债券市场中其他各类债券提供了定价基础。截至2013年底，银行间市场记账式国债存量为8万亿元，占银行间市场债券存量的29%；2013年，记账式国债现券交易量为5.58万亿元，占银行间市场现券交易总量的13.41%。

自2011年中国人民银行及财政部联合推出新发关键期限国债做市制度以来，国债二级市场流动性显著提高，做市报价和成交活跃度明显增加，有利于进一步完善国债收益率曲线。2013年新发关键期限国债报价量累计9923亿元，占全部做市商报价总量的约40%；做市成交中，新发关键期限国债做市成交共计800亿元，占全部国债做市成交量的94%，占全部做市商成交总量的约58%。

（二）凭证式国债发行特点

1. 整体发行进度平稳有序。凭证式国债整体发行情况主要具有以下几个明显特点。一是全年总体发行进度平稳，发行计划完成率为84.71%，市场基本未出现抢购热潮；二是不同期次发行呈现先降后升态势，全年共发行4期凭证式国债，第一期与第四期发行态势明显好于中间发行的第二期与第三期发行情况；三是与2012年情况相反，3年期凭证式国债发行计划完成率高于5年期，全年来看，3年期发行计划完成率为86.59%，比5年期高4.71个百分点。

2. 分机构发行计划完成率存在一定差异。分机构看，中国工商银行、中国农业银行、中国银行、中国建设银行、交通银行五大银行累计代销总额度约为全年凭证式国债发行计划的70.9%，处于近五年的较高水平，加权平均发行计划完成率为82.1%；占全年发行计划29.1%的其他承销团成员加权平均发行计划完成率为

91.2%，总体上高于五大银行，但不同承销团成员之间的差异比较大。

（三）储蓄国债（电子式）发行特点

整体来看，储蓄国债（电子式）发行呈现热销局面，10 期储蓄国债（电子式）中有 8 期发行计划完成率达 100%，全年发行计划完成率为 98.62%。

从投资者购买情况来看，约 192 万人次购买了 2013 年的储蓄国债（电子式），较 2012 年增长 64%；平均投资金额为 11 万元左右，其中，5 年期储蓄国债（电子式）的平均投资额高于 3 年期。2013 年约有 39% 的投资者购买金额在 1 万元 - 5 万元之间，14% 的投资者购买金额超过 20 万元，与 2012 年基本持平。

三、影响储蓄类国债发行的因素

（一）有利因素

一是储蓄类国债投资群体固定并且有所扩大。据统计，储蓄类国债投资者中已经形成了一个中老年人为主的固定投资群体。同时，由于股票和房地产市场的波动，储蓄类国债信誉度高、收益稳定、安全性好的优势逐渐显现，部分年轻人也开始关注甚至投资储蓄类国债。中国人民银行调查结果显示，2013 年第四季度我国居民偏爱的前三位投资方式依次为：“基金及理财产品”、“房地产投资” 和 “购买债券”。

二是整体资金供给相对充足。随着收入水平提高、人民币存款量增长，投资者对储蓄类国债的需求呈增加趋势。2013 年末，人民币存款余额 104.38 万亿元，同比增长 13.8%，比 2012 年末高 0.4 个百分点；全年人民币存款增加 12.56 万亿元，同比多增 1.74 万亿元。

三是储蓄类国债自身特点符合投资者的分散投资理念和短中长期组合投资理念。投资者乐于“把鸡蛋放在不同的篮子里”，储蓄类国债因其较高的收益率、良好的安全性成为投资者的重要选择之一。此外，由于理财产品期限较短，并且到期后不能保证继续购买到较高收益的理财产品，高息收益难以保证可持续性，投资者出于通过短中长期组合投资来保持收益稳定性的考虑，选择购买期限相对较长的储蓄类国债。

（二）不利因素

一是储蓄类国债利率优势受到影响。目前，银行 3 年期、5 年期定期存款基准利率分别为 4.25%、4.75%。自 2012 年 6 月 8 日人民银行决定将金融机构存款利率的上限调整为基准利率的 1.1 倍后，部分商业银行将存款利率在基准利率的基础上上浮了 10%，使 3 年期、5 年期定期存款利率分别达到 4.675% 和 5.225%。与上浮后的定存存款利率相比，储蓄类国债的利率优势已不明显。

二是理财产品、基金对储蓄类国债发行带来一定冲击。随着我国各投资领域的日趋成熟，国债不再是投资者的唯一甚至核心选择。商业银行发售的多期限、多品种、高利率的理财产品或余额宝、百度百发等新型理财方式的出现，对储蓄类国债购买力也形成一定分流。

四、促进国债发行工作的措施

（一）记账式国债方面

一是推动记账式国债预发行业务，提高记账式国债价格发现效率。为提高国债市场流动性，完善市场价格发现机制，中国人民银行与财政部、证监会于 2013 年 3 月发文推动国债预发行业务，选择 7 年期国债作为首批预发行试点的品种。

二是推动建立规范的地方政府举债融资机制。为推动建立规范的地方政府举债融资机制，中国人民银行与财政部就地方政府自行发债相关事宜进行了积极沟通，就推动地方政府债券“自发自还”、加强地方政府债券信息披露和信用评级要求等达成共识。目前，中国人民银行正在配合财政部，开展地方政府自行发债相关制度建设工作。

（二）储蓄类国债方面

一是适当上调国债发行利率。为保证储蓄类国债顺利发行，人民银行与财政部多次研究，于2013年适当上调了3年期和5年期储蓄类国债的利率，在2012年最后一期储蓄类国债利率基础上分别上调了0.24个和0.09个百分点，3年期和5年期国债利率分别达到5%和5.41%。

二是充分发挥市场调节功能。经过前期调研和广泛征求意见，财政部会同中国人民银行制定下发了《2013年储蓄国债发行额度管理办法》和《2012－2014年储蓄国债承销团成员2013年综合排名计算方法》，并于2013年年初和年中两次调整了储蓄国债承销团成员代销额度，在规范管理的同时，充分发挥市场调节功能，调动了承销团成员的积极性和主动性。

三是扩大网上银行销售试点。中国人民银行积极配合财政部门，继续扩大储蓄国债（电子式）网上银行销售试点范围，分两批将网上银行销售试点由3家增至9家，拓展了储蓄国债（电子式）销售渠道，受到承销团成员和国债投资者的欢迎。

四是加强发行组织管理工作。各地财政部厅局与中国人民银行在当地的分支机构及国债承销机构采取主动措施，认真组织每期储蓄类发行工作，强化管理、大力宣传，创新形式，取得了较好的发行效果。其中，中国银行无锡分行在当地财政部门和人民银行的支持下，开展了“凭证式国债到期委托兑付约定转存”创新业务试点工作，既保护了投资者权益，受到投资者广泛好评，又提高了国债销量，进而带动了整个中国银行的凭证式（四期）国债发行量，其发行计划完成率达100%。

五、做好2014年储蓄类国债发行工作的要求

2014年储蓄类国债发行工作即将开始，在坚持市场化原则的前提下，中国人民银行将积极配合财政部门，做好发行组织与宣传工作，持续扩大投资群体，不断拓展发行渠道，继续开展国债调研，保证储蓄类国债发行任务顺利完成。

一是认真做好发行组织工作。要想做好发行组织工作，就必须提高对储蓄类国债重要性的认识。储蓄类国债不仅关系到国家财政资金的顺利筹集，更关系到千千万万国债投资者的权益。从近几年国债发行情况来看，哪个地区、哪家储蓄国债承销团成员的国债发行组织工作做得好，该地区、该成员的国债销量就好、发行计划完成率就高。

二是持续扩大投资群体及发行渠道。2013年储蓄类国债发行量较前几年大幅增加，目前，国债投资者以中老年人为主，但随着网上银行销售试点范围的扩大、投资者权益保护业务的创新，储蓄类国债将受到更多年轻人的关注。持续进行国债宣传、扩大国债投资群体、拓展国债发行渠道应是我们一贯的工作重点。

三是积极开展国债调研工作。我们将与财政部、中国国债协会、中央国债登记结算有限责任公司通力合作，针对我国个人金融产品市场现状及投资者需求，加强相关调研，研究开发储蓄类国债新品种，提升储蓄类国债竞争力。

与此同时，希望各储蓄国债承销团成员在储蓄类国债发行组织与管理方面，多向财政部、中国人民银行提出建议，建立良性互动、多方合力的好局面，共同做好储蓄类国债发行工作。

中国国债协会张秉国常务副会长在 2014年国债发行工作例会上的讲话（摘要）

很高兴参加今天的会议。首先我代表中国国债协会，向会议的召开致以热烈祝贺！向多年来为我国国债事业作出突出贡献的与会代表表示由衷敬意！向在国债承销工作中取得优秀业绩的协会会员致以诚挚问候！

新年伊始，政府主管部门召开国债发行工作例会，总结2013年国债和地方债发行工作，交流承销团成员承销国债、地方债经验做法，研讨2014年宏观经济形势和债券市场走势，提出2014年国债、地方债发行管理工作思路，凸显政府主管部门对国债发行管理工作的高度重视，对承销团成员意见和建议的分外尊重，对国债市场发展改革的强烈意识。这次会议的召开，是认真落实十八届三中全会、中央经济工作会议和全国财政工作会议精神，确保积极财政政策继续实施，促进我国政府债券市场稳健发展的有力举措。

2013年，面对极为错综复杂的国内外经济金融形势，政府主管部门积极加强与国债承销团成员以及相关各方的合作，周密部署国债管理改革，积极推动政府债券市场发展，取得了显著成绩。国债发行规模较上年增长17.15%，国债发行品种、期限结构总体保持稳定。国债续发行框架全面实施，使国债收益率曲线更趋完善。国债预发行推出，使国债发行定价更加公允。市场期盼已久的国债期货面世，丰富了金融机构风险管理工具。储蓄国债发行管理进一步完善，储蓄国债（电子式）管理办法、额度管理办法发布实施，而根据代销业绩确定代销额度的管理方式，则有效地保护了储蓄国债代销工作积极性。储蓄国债（电子式）网上银行销售试点范围扩大，为将来全面推出网银销售储蓄国债积累了经验。地方政府债券发行试点稳步推进，发行及管理趋于规范，为进一步改革发展奠定了良好基础。

2013年，中国国债协会广大会员，特别是参加今天会议的国债和地方债承销团成员，积极参加国债和地方债的投标、承销、代销等各项工作，保证了全年1.67万亿元国债和3500亿元地方债筹资工作的圆满完成。它不仅支持了中央宏观经济政策的有效实施，促进了政府债券市场改革，同时也满足了社会公众对国债投资的需求。我们为此倍感自豪与欣慰。

近年来，中国国债协会紧密围绕国家财政金融中心工作大局，坚持“服务政府、服务会员”的宗旨，充分发挥协会在宣传动员、组织协调等方面的优势，配合政府主管部门做好国债发行和管理工作，积极举办了内容丰富、形式多样的相关会议和业务培训，提升了行业整体投资管理水平；密切关注国债市场热点、难点问题，深入开展专题调查研究和考察活动，积极向政府主管部门建言献策，为促进国债管理改革和国债市场发展作了一些极其有益的工作。特别是近一年多来，在政府主管部门的全力支持和积极参与以及协会会员机构积极响应下，中国国债协会先后牵头组织人员赴湖南、湖北、江苏等省调查研究农村地区储蓄国债发行情况，赴湖南、浙江调研地方政府债券发行管理情况，收到了较好的效果。其中，农村地区国债发行情况调研是多年来协会组织的规模最大、范围最广、调查最为深入的系列调研活动。专题调研组在充分听取储蓄国债投资者、储蓄国债各级承销机构等相关各方意见的基础上，对如何解决农村地区群众购买国债难、如何促进储蓄国债管理改革等问题，提出了相应的意见和建议，得到政府主管部门和分管部领导的肯定。其中，有几项意见和建议已在2013年储蓄国债管理改革工作中得到充分体现。过去一年，中国国债协会极为关注储蓄国债承销（包括农村地区储蓄国债销售）工作，首次组织召开储蓄国债承销团成员座谈会。参加座谈的会员单位认真总结储蓄国债承销工作，热烈交流储蓄国债代销经验和储蓄国债投资者金融权益保护经验，同时还就今后储蓄国债承销团管理、储蓄国债发行和中国国债协会工作进一步开展等，提出了一些很好的意见和建议。参加会议的政府主管部门、储蓄国债承销团部分成员以及我们国债协会，均认为这次会议开得很好、很成功，对各自改进工作均有很大帮助，希望协会今后多召开这样的会议。协会上述工作的深入开展，得益于财政部、中国人民银行、证监会等政府主管部门的高度重视和悉心指导，得益于广大会员的积极支持和大力帮助，在此深表感谢！

2014年是全面贯彻落实党的十八届三中全会精神的第一年，是深化财税体制改革和完善金融市场体系的重要一年。十八届三中全会关于深化财税体制改革的部署，对国债管理工作提出了新要求。这既是新挑战也是新机遇。我们倡导协会广大会员以高度的责任感和积极进取的精神，将政府债券经营业务与政府债券市场改革发展有机地结合起来，更多参与、积极支持国债和地方债的管理与改革工作，以积极的承销和代销，主动的做市交易，为中央政府和地方政府债券筹资任务顺利完成，为国债和地方债市场稳健发展，为中央积极财政政策顺利实施做出新的贡献。

2014年，中国国债协会将认真贯彻落实本次会议精神，继续做好“两个服务”。在工作上，做政府主管部门之所需，谋会员之所求，将工作开展得有声有色，注重实效。为此，在服务会员方面，要努力为单位会员的国债经营工作锦上添花。一是着力加强会员之间的沟通交流，为单位会员之间开展业务合作提供平台；二是致力举办高质量的宏观经济形势和债券市场分析报告会，为单位会员投资决策提供信息服务；三是积极组织新业务、新政策以及基础知识与基本技能方面的专业培训，为单位会员业务发展帮助提供合格专业人才支撑。在服务政府方面，要竭力为政府主管部门决策做好帮手。一是努力做好政府债券市场前瞻性应用研究，为主管部门决策提供基础性资料；二是分类召开国债承销团成员座谈会，充分发挥协会在政府主管部门与市场成员之间的桥梁纽带作用；三是主动配合主管部门工作，为政府部门减轻具体工作压力和促进职能转变做出积极努力。总之，协会将通过富有成效的工作，积极促进国债和地方债管理改革和政府债券市场稳健发展。

三、国债理论与实践的探究

深化国债管理制度改革 促进中国国债市场发展

——财政部国库司翟钢司长在国债市场流动性及中国案例研讨会上的讲话

（2013 年 8 月 29 日 内蒙古 呼伦贝尔）

女士们、先生们、朋友们：

上午好！在这秋高气爽的季节里，很高兴能在美丽的海拉尔协助亚洲开发银行举办国债市场流动性及中国案例分析研讨会，与国内外债券市场专家齐聚一堂。首先，我代表财政部国库司，向远道而来的亚洲开发银行各位专家和中国人民银行金融市场司、银监会创新部、证监会监管一部及期货一部等国内有关部门，以及市场中介机构、记账式国债承销团甲类成员和银行间债券市场做市商的各位代表，光临本次研讨会表示衷心的感谢。借此机会，也向本次研讨会的协办方——中国金融期货交易所和内蒙古自治区财政厅的精心组织和辛勤付出，表示诚挚谢意！

本次研讨会是“东盟与中日韩 3 国”（ASEAN +3）有关亚洲债券市场倡议（ABMI）中致力于持续提高亚洲地区本币债券市场流动性研究的重要组成部分。会议主要内容包括：亚行发布“东盟成员国与中日韩 3 国”债券市场流动性技援项目研究成果，着重讨论中国国债市场流动性的影响因素，以及提高中国国债市场流动性的政策建议，并对中国国债承销团及做市商运行机制进行讨论等。

流动性可以说是国债市场的灵魂，不断提高国债市场流动性，一直是国债管理工作的重要任务。1981 年恢复发债特别是 21 世纪以来，在人民银行、银监会和证监会等有关部门大力支持下，顺应广大投资者的需求，财政部不断深化国债管理制度改革，促进国债二级市场发展，致力于提高国债市场流动性。概括而言，主要采取五个方面措施：

一是坚持市场化改革取向，不断提高国债发行效率。发行定价机制市场化是国债二级市场平稳运行的重要基础。1991 年财政部尝试采用承购包销方式发行国债，开启了市场化发行之路。2012 年已形成了 1 年期以下国债采用多种利率招标方式、关键期限国债采用混合利率招标方式、超长期国债采用单一利率招标方式的记账式国债招标体系。目前，所有记账式国债全部通过电子招标系统招标发行，招标方式包括单一利率招标、多种利率招标和混合利率招标，以混合利率招标方式为主。近几年来，每年 50—60 次的招标操作均能平稳顺利进行，发行效率很高，这对于保障二级市场正常运行至为关键。

二是定期滚动发行关键期限国债，建立完善国债收益率曲线。2003 年开始滚动发行 7 年期国债，2009 年已形成 1 年、3 年、5 年、7 年和 10 年五个关键期限国债品种。同时，进一步完善国债期限结构，一方面不断延长国债发行期限，2001 年开始滚动发行 15 年和 20 年期国债，2002 年发行 30 年期国债，2009 年成功发行 50

年期国债，成为继英国、法国之后第三个发行50年期国债的国家；另一方面，2006年开始注重增加发行1年以下短期国债。关键期限国债和超长期限国债的定期滚动发行，对于形成稳定、完整、可靠的国债收益率曲线，增加二级市场的深度与广度，具有很大的促进作用。

三是提前公布国债发行计划，促进二级市场平稳顺畅运行。财政部一直坚持公开公平原则，致力于提高国债管理透明度。2000年开始坚持每个季度召开一次国债筹资分析会，制定并公布下一个季度国债发行计划。2003年开始在年初公布全年关键期限记账式国债发行计划，2013年开始在农历正月初一并公布关键期限国债续发和储蓄国债发行计划，并坚持按计划发行国债。同时，积极拓展信息公开新方式，通过财政部门户网站和中国债券网等及时公布发行计划、发行结果等信息，印发国债宣传台历，标注关键期限国债发行日期、全部国债兑付日期等。这些新的方式有助于国债投资者事先全面了解国债发行兑付安排，进一步提高国债管理透明度，从而大大增强了国债市场的预见性和稳定性，有效降低了国债发行对二级市场定价造成不利冲击，保证了国债市场健康稳定运行。

四是建立完善国债承销团制度，注重发挥承销团成员在二级市场发展中的作用。从2000年开始在银行间债券市场组建了记账式国债承销团，2006年财政部、中国人民银行和证监会联合发布了《国债承销团成员资格审批办法》，建立了统一规范和相对稳定的记账式国债承销团制度。2013年开始财政部与国债承销团成员之间不再是行政审批关系，而是一种符合市场运行惯例的甲方乙方对等关系。目前，记账式国债承销团成员大体上由50家成员组成，其中多数成员都是中国人民银行公开市场业务一级交易商和银行间债券市场做市商，在国债二级市场运行中发挥着重要作用，保障了国债一级市场和二级市场的有效对接。

五是着力发展二级市场，健全二级市场运行机制。中国国债市场始建于1988年，当时主要是出于便利实物国债持有者的转让变现需要。1991年国债开始在上海证券交易所挂牌交易，一段时期内交易所国债市场居于主体地位。1996年商业银行从交易所市场退出后，陆续开办了银行间国债批发市场和柜台零售市场，以银行间批发市场为主、交易所市场和柜台零售市场为辅的国债市场格局逐步形成。1998年记账式国债全面取代实物国债，从源头上杜绝了假券的出现，对二级市场上国债交易的安全高效进行提供了极大的便利。2001年推出国债净价交易方式，使得国债买卖报价方式与国际惯例接轨。2004年推出买断式回购，丰富了国债交易工具，满足了投资者多样化的交易需求。2003年开始跨市场发行记账式国债，2005年所有记账式国债实现跨市场发行和交易，2009年上市商业银行获准进入交易所债券市场，有效地促进国债市场的互通互联。2011年银行间债券市场建立了新发关键期限国债做市机制，对完善国债价格形成机制和二级市场运行效率具有重要作用。

经过多年改革发展，中国国债市场取得了长足进步和很大成绩，当然，也存在一些问题，突出表现为二级市场发展明显滞后于一级市场，国债流动性有待提高。当前及今后一个时期，我们将按照“十二五”规划有关深化国债管理制度改革要求，与有关部门密切合作，与广大市场成员一道，着重从以下几方面加强国债市场流动性建设：一是加强法律法规制度建设，进一步完善国债市场的微观基础和运行机制。二是有效运用国债管理计量分析手段，科学制定国债发行计划（包括国债结构、发债节奏及偿债分布等），打造国债基准地位。三是建立二级市场国债做市支持机制，做好承销团成员、做市商乃至一级交易商制度之间的有效衔接，逐步形成国债市场的中坚力量。四是加强国债市场监测能力建设，鼓励编制与及时发布国债公允价值、国债收益率曲线等信息，建立完善国债收益率曲线，发挥在债券市场上的“定海神针”作用。五是促进国债期货市场稳健运行，加强国债现货、回购、期货等几大子市场之间的互相衔接与有效运用，进一步提高市场风险管理能力。

女士们、先生们、朋友们，亚洲开发银行多年来对中国财政改革和国库管理制度改革提供了许多技术援助项目，对于建立完善现代国库管理制度发挥了重要作用，在此，我代表财政部国库司表示非常感谢。本次研讨会发布的国债市场流动性及中国案例分析技援项目报告，我认为对于中国深化国债管理制度改革、提高国债市场运行效率和建立完善国债市场运行机制，必将发挥积极作用。

最后，预祝本次研讨会圆满成功，谢谢大家！

关于储蓄国债政策执行情况及农村地区储蓄国债投资问题的调研报告

中国国债协会储蓄国债业务联合调研组

为更好地服务党和国家的"三农"政策，2012 年以来，中国国债协会（以下简称协会）针对涉农会员单位多次反映的"随着广大农民收入不断提高，农村金融环境有限、投资渠道不畅等问题更加突出，农民购买储蓄国债相对困难"这一情况，先后三次邀请财政部国库司和中国人民银行国库局，以及农业银行、邮政储蓄银行和湖北省农村信用联社等协会会员单位的有关负责人，共同组成调研组赴湖南省、湖北省和江苏省深入乡镇进行调研。通过座谈交流、走访和现场调查等方式，了解乡镇储蓄国债销售、投资情况和 2012 年以来出台的储蓄国债系列新政策在当地的执行情况，掌握了一手数据资料；宣传讲解储蓄国债发行政策，解答了储蓄国债承销银行分支机构（包括销售网点）和基层人行提出的问题；充分了解有关各方对储蓄国债发行、管理改革的新期望，收集了储蓄国债承销银行分支机构、基层网点对储蓄国债发行、销售等方面的意见与建议；基本摸清了经济发展程度不同地区农民、个体户对储蓄国债投资问题的一些想法。整个调研活动深受基层欢迎，取得了良好的效果。

一、调研总体情况

2012 年 4 月 6－10 日和 6 月 8－13 日，调研组先后深入湖南省湘西土家族苗族自治州及其所辖凤凰县，湖北省武汉市、随州市和十堰市所属部分乡镇进行专题调研。调研主要内容：一是农村地区对储蓄国债的了解程度及其购买意愿；二是农村地区国债购买力；三是农村金融网点储蓄国债发售工作中存在的问题；四是对储蓄国债发行的意见和建议。2013 年 8 月 19－23 日，调研组赴江苏省无锡市、苏州市所辖常熟市莫城镇进行专题调研。这次调研内容既包括前两次调研的主要内容，还对 2012 年以来我国出台的储蓄国债一系列新政策执行情况进行摸底，听取有关各方意见与建议。

在调研过程中，调研组进行了广泛而又深入的调研工作。一是分类、分层次进行座谈交流。分别与湖南省、江苏省及其相关市县的财政国库部门、人民银行分支机构的储蓄国债发行负责人、在湘和在宁的储蓄国债承销团成员及部分承销团成员各级分支机构的储蓄国债销售工作负责人进行座谈；与湖北省调研地区部分乡镇机关干部和部分村支书进行座谈交流；与非承销机构的领导、储户代表座谈。二是在所到储蓄网点进行现场问卷调查。三是走访部分集镇个体户。在这三次调研活动中，调研组共走访 3 个省的 4 个市（州）、5 个县（市）、6 个乡镇、20 多个一线储蓄网点；召开座谈会 10 次；与近 100 位储户、个体户和村支书进行了沟通交流；现场发放并收回调查问卷和收集相关统计资料 103 份。

需要说明的是，这三次调研既选择了经济发达的江苏省南部地区，也选择了经济发展程度一般的湖北省乡镇，更有较为落后的湘西山区。虽然调研地理范围有限，似有以偏概全之感，但调研活动中参加座谈人员、被走访的人员中有多位村支书和农民个体户，他们是中国普通乡村农民的代表。他们反映的是当地农民的真实情况和真实想法。

在调研过程中，协会领导、财政部国库司国债发行兑付管理处和中国人民银行国库局国债管理处的负责同志，认真听取各级金融机构的汇报，详细询问了有关问题，解答了相关政策，并就他们提出的问题和建议进行了坦诚的沟通与交流。同时，还对储蓄国债发行改革等问题进行了探讨。

二、了解的情况与原因分析

（一）城镇居民对储蓄国债新政非常欢迎，储蓄国债销售网点对新政执行得较好

近年来，财政部、中国人民银行加大储蓄国债管理改革力度，先后出台、完善了一系列政策、规定。尤其是2012年以来，我国出台了《关于2012年凭证式国债发行改革工作的指导意见》，决定从2012年4月起，凭证式国债只面向个人投资者发售，承销银行由包销改为代销方式；2012年下半年推出了储蓄国债（电子式）网上银行销售试点；2013年年初出台了《2013年储蓄国债发行额度管理办法》、《储蓄国债（电子式）管理办法》，完善了储蓄国债代销考核机制。在调研中发现，这些政策深受储蓄国债承销团多数成员、尤其是储蓄国债投资大户和持续投资者的欢迎。此举可以避免以前在凭证式国债发行中，少数机构投资者买完该网点凭证式国债全部额度的现象，对于个人投资者而言相当于增加了储蓄国债的供给量。对于新的额度管理办法，基层网点普遍欢迎，一致认为这种方法较为公平合理。以邮政储蓄银行为例，2012年初，该行储蓄国债（电子式）承销额度在储蓄国债发行总量中占比为4.3%。当年，调研组在湖南调研中了解到，该邮储银行在乡镇一级的代办网点基本不销售储蓄国债。2013年该行由于储蓄国债销售力度大、代销任务完成出色，储蓄国债代销额度占比按照新办法很快调整至8.8%。在2013年调研中，邮储总行相关业务负责人反映，由于额度增加，该行代销网点基本上都可以销售储蓄国债了。调研组在乡镇储蓄网点的座谈和走访中了解到，储蓄国债这些新政策深受乡镇居民的普遍欢迎。调研所到地区储蓄国债承销机构能够按照财政部、中国人民银行有关文件精神，积极落实各项改革要求，加强储蓄国债承销业务管理，加快系统改造，加大政策宣传，取得了较好效果。中国国债协会部分会员银行设在无锡市的分支机构在中国人民银行南京分行的指导下，创新开展凭证式国债到期委托兑付并转定期存款业务试点，保护国债投资者金融权益，受到储蓄国债投资者的赞许。

（二）乡村居民反映储蓄国债购买难

其主要原因：一是有储蓄国债承销资格的银行基本上不在乡镇及其以下地区设立网点。承销大量储蓄国债的全国性或商业性银行普遍远离农村，储蓄国债销售被定位于城市。调研所到的内地省份，各大商业银行基本上未在乡镇设立网点。中国农业银行在少数乡镇虽然保留了个别网点，但都没有储蓄国债销售计划（农业银行自上而下分配储蓄国债发售额度）。以2012年为例，全年共发行储蓄国债2248亿元。其中，中国工商银行、中国农业银行、中国银行、中国建设银行、交通银行五大银行基本代销比例高达72.9%。如再考虑其他股份制商业银行，这一比例高达84%。由于这五大银行基本上不在乡镇及其以下地区设立网点，其代销的储蓄国债几乎全在城市销售。二是在乡镇设有储蓄网点的银行又没有储蓄国债承销资格，或代销额度占比很小。从湖南、湖北调研情况来看，内地省份或经济欠发达省份，农村信用社或农村商业银行是农村金融主力军，在乡镇基本上都有网点，贴近农民，但这些农村金融机构又没有储蓄国债代销资格。邮政储蓄银行在部分乡镇有代办网点，自营网点很少。以湖南省凤凰县为例，全县24个乡镇只10个有邮储代理网点。邮储在乡镇仅有的网点，往往还因为受网络系统、操作熟练程度、

邮储代销比例低等因素的影响，能抓取/销售的储蓄国债数量也很少。三是相关各方自上而下受成本节约与利益最大化的驱使，导致储蓄国债很难销售到乡镇以至轮到农民。在调研中我们发现，地市和县级储蓄国债销售网点一般都是定向营销，在储蓄国债发行前，通过短信等方式通知少数传统大户购买国债。这不仅可以提高储蓄国债销售总量，还能提高单笔金额。例如，邮政储蓄银行江苏省苏州市所属常熟市莫城支行，这个镇级支行2013年3－8月份共发售3年期和5年期储蓄国债138笔，金额2488万元。平均每笔金额为18万元。该支行除2013年6月发行的5年期储蓄国债1笔业务也没能抢到外，通常最少能抢到3笔业务。邮政储蓄银行湖北省随州市洪山镇储蓄网点，在2012年5月10日向3位客户发售储蓄国债19万元，购买者并非农户。在发行总量有限的条件下，定向营销、网络系统不畅或业务操作不熟练等项因素，往往造成排在前几名的储户难以抢购到国债而出现情绪激动的现象。2012年4月10日，调研组在湖南省湘西州政府所在地吉首市调研时，正值储蓄国债发行日，在邮储蓄网点就有1位个体户因一大早赶来排队但没有买到国债而不满。为了避免矛盾激化，曾因储蓄国债额度有限，承销银行柜台工作人员甚至带客户到实行额度分配制的储蓄国债销售银行（非本系统的银行网点）排队购买国债。四是农民对国债知识和现行国债发行政策知之甚少，更莫谈金融知识、电脑知识了。在湖北省，参加座谈的随州市洪山镇凉亭河村、高尖山村的党支部书记，十堰市的惠滩河村、柳河口村、汉江村和白龙泉村的党支部书记，对国债的认识还停留在国债恢复发行初期的国库券上，不知道现在有凭证式国债、电子式国债。只有个别村支书和参加座谈的个体户是通过电视知道个人可以购买国债。即便乡镇工作人员，也只是知道国债利率高一些而已。至于储蓄国债利率是固定的还是随着存款利率变化以及是否可以提前兑付就不知道了。五是农民收入有季节性，与国债发行周期不同步。由于国债管理先进理念注重发债均衡性和国债发行与到期日的衔接等问题，而市场需求程度不可预测。这就造成有的季节需求旺盛一些，另外季度则相对差一些。而农民普遍则是在粮食收割季节、春节期间“闲钱”多一些。这些因素叠加，对于农民而言，即便国债投资能够轮到农民，通常也会出现“有钱无（国）债、有（国）债无钱”的现象。六是农民消息闭塞，农村信息传递慢。在中国广大农村，信息基本上是通过“口口相传”这种传统方式传播的。这就决定了农村信息传递速度很慢。报纸的普及率极低，广播和电视基本上仅限于收看文艺节目。通过现代信息媒体尤其是报纸、电视、广播宣传国债知识和国债发行信息，对农村和农民的效果并不明显。因此，通常情况下农民不知道何时有储蓄国债发行，即便知道，往往已销售一空。

此外，多数农民就近在小集市上交易，到乡镇所在地和县城交易的相对较少。这也制约了农民进行国债投资的可能性。

（三）调研中发现的问题与现象

1. 乡镇居民有较强的国债购买愿望，农户有一定的国债投资意愿。调研组于非国债发行日在湖南进行的随机问卷调查部分结果如下：“您和您的邻居近三年买过国债吗?”100%被调查人回答“否”；“您和您的邻居近年没买国债的原因是什么?”回答“不知道国债发行信息”和“很难买到”的基本上各占50%；“您打算未来三年买国债吗?”近3/4的调查对象表示“会”。仔细分析发现，有意购买国债的投资者，绝大多数是乡镇居民，尤其是机关、学校中的中年工作人员和退休人员，而不是传统意义上的农民。从走访和座谈中了解到，农村个体户除经营很好的之外，一般重视商业性投资或再投资、理财或者储蓄。但2010年湘西州国债宣传问卷调查显示，71%的农户考虑在今后几年投资国债产品，而湘西州凤凰县调查结果显示，有85.7%的农户愿意将闲置资金投资国债。这说明农民有一定的购买意愿，但没有购买机会。

2. 储蓄国债宣传工作有待加强，却处于

“两难”境地。从调研地区情况来看，乡镇一级工作人员对储蓄国债知识了解甚少，且不说农民了。因此，有必要加大储蓄国债宣传力度。储蓄国债销售柜台则道出个中的尴尬与苦衷：若不进行储蓄国债宣传，与上级要求不符；若大力宣传，又满足不了居民购买需求。各银行网点通常作法是提前通知个别客户。有条件的，则在电子屏幕上宣传储蓄国债出售消息。在湖北省调研地区，储蓄国债宣传材料由上级银行下发，基层网点则将其张贴出来或摆在宣传架上。

3. 老年人是储蓄国债购买主体。老年人对国债印象深，认为投资国债是爱国并支援国债建设。同时，国债利率比储蓄的高，且不像股票等风险大，因此，购买国债很踊跃。而年轻人则热衷于理财、股票、基金，主要是短期金融产品不仅收益不错，而且投资灵活。钱多时则进行投资，比如进行房产投资等。

4. 对于实行储蓄国债发行额度分配制的商业银行，各城市之间有保有压。比如，中国工商银行对大城市和优质客户重点倾斜，而中国建设银行凭证式国债则以基层行的基金、贵金属销售情况为依据进行额度分配。以前，有的银行只给网点 10 分钟的抢购时间，其余的主要卖给机构客户，稳定银行与大机构客户之间的关系。

5. 分属不同银行的储蓄国债承销网点销售进度不一，有的早已没有额度，有的还在发售。由于各承销网点的储蓄国债销售额度由其上级行直至总行统一管理，总行额度富裕的承销银行，其网点额度也会充足一些。有的网点由于其总行所分配到的额度较少，储蓄国债十多分钟就销售一空，而另一些银行额度相对宽松，甚至一两天才能销完。对于电子式储蓄国债，基本承销额度部分，也会出现上述现象。而对于抓取部分，总行能抓到额度的，网点也可能抓到；反之亦然。同时，机动代销额度和未售额度退回制度，也会导致某些承销机构在发行当天售完而第二天还有额度的现象。所有这些都可能造成同一地区分属不同的承销网点之间销售进度不一。不仅如此，实行网上抓取储蓄国债销售额度的银行，由于各网点因电脑、通信系统等硬件约束，或操作熟练程度等原因，也有一笔业务也没有抢到的现象。

此外，在调研中还发现，国债承销银行城市网点偏爱销售电子式储蓄国债，而县域以下网点则偏好凭证式储蓄国债。相比较而言，城镇居民青睐凭证式国债，对利率比较敏感而对期限长短不太关注，从事经营的个体户则更倾向于投资短期国债品种。

三、基层在储蓄国债发售方面的呼声

（一）农民有较强的国债投资需求，基层政府和人行的分支机构希望储蓄国债进乡镇、进农村

调研组从湖南省收集的数据显示，当地农民乐意购买储蓄国债，苦于没有机会。湖南湘西州政府向调研组反映，湘西属于山区，农民以农业收入为主，较为贫穷。湘西的乡村以前出现过违法集资，也存在赌博现象。州政府认为，让农民也可买到国债，一方面可增加偏僻地区农民的收入，让储蓄国债这种普惠民生的投资产品能够真正体现出其公平性，惠及广大农村投资者。同时也有利于维护当地农村金融和治安秩序。建议对农村国债市场发展给予政策支持，可以考虑将储蓄国债销售额度按照城市、农村进行分配，并适当向农村倾斜。不仅如此，由于农民收入有季节性，参加座谈人员建议在乡镇网点推行储蓄国债常年发行方式。中国人民银行长沙中心支行表示愿意对此项工作进行监管，保证落实。

（二）希望加大储蓄国债发行力度和频次，增加每期发行量

2013 年以来，尽管储蓄国债发行量较以前有所增加，但居民对储蓄国债需求旺盛，储蓄国债承销银行网点反映供求矛盾依然突出，迫切希望政府提高储蓄国债发行额的占比，发行更多的储蓄国债，满足居民国债投资需求。

（三）建议均衡储蓄国债发行，微调发行日期

比如，每年的 1、2 月份也发行国债。一方

面此时处于春节期间，居民手头现金较多，另一方面可改变年中发行密度大，出现供过于求的现象。交通银行湖南省分行还建议固定电子式储蓄国债发行日期。

2013 年以来，相对固定储蓄国债发行期首日是一项深受欢迎的改革措施，便于储蓄国债投资者合理安排投资。但发行期首日应尽量避开节假日。这虽不便于储蓄国债投资者记忆，但可避开部分储蓄网点休息日。工作日发行国债，有利于储蓄国债销售管理人员、中国人民银行系统和财政系统相关负责人掌握储蓄国债发行情况，及时了解和处理储蓄国债发售过程中出现的问题。

（四）农村金融机构强烈要求加入储蓄国债承销团

作为当前农村金融主力军，农村信用社和农村商业银行迫切希望获得储蓄国债代销资格，省级信用社联合社积极性尤高；国债承销银行控股的村镇银行，希望能够被授权代其母公司销售储蓄国债。

此外，金融机构普遍提出储蓄国债发行手续费虽然总体上金额不少，但对于基层网点尤其是乡镇网点来说却并不大。金融系统内部将其作为宣传、培训等统一使用，与基层网站的经营业绩不挂钩。建议将储蓄国债宣传费层层下拨，各地可根据自身特点，组织有特色的宣传活动。

四、几点建议

在调研过程中，张秉国常务副会长分析指出，中国人与西方人不同，居民喜欢储蓄。受投资渠道的制约，中老年居民更多选择储蓄存款。乡镇的情况尤为如此。农村金融生态环境差，农民收入低，居住分散且信息传导不畅，属于弱势群体，更需要政策倾斜，因此，建议在储蓄国债发售过程中，从政策上对农村地区、对农民予以关照。

（一）从落实党和国家的“三农”政策的高度，逐步解决农民购买储蓄国债难的问题

在国债发行和销售过程中，各方从市场角度出发考虑销售成本、节约费用、提高效益本是无可厚非的，而对于农村地区，是否可以在储蓄国债发行时予以区别对待。十八届三中全会明确提出要“让发展成果更多更公平惠及全体人民”、“赋予农民更多财产权利”。建议相关各方兼顾好经济利益与政治效益，把储蓄国债发行工作与落实党和国家的“三农”政策有机地结合起来。比如，在储蓄国债销售工作中，承销银行可加大对县域尤其是乡镇网点支持力度，在额度分配方面给予以优先照顾。这不仅可以增加乡镇网点的业务量，尤其是在储蓄国债销售形势欠佳情况下，有利于销售工作有效完成，还可帮助农民增加收入、让农民也能从国债投资中分享我国经济发展成果。对金融机构而言，对农民、农村金融服务还有待于深化、有待于延伸，金融产品还应更多一些。使农村感觉享有金融服务便利，享受公平待遇。

（二）我国未来在制订国债年度发行计划时，可否增加储蓄国债发行比重，同时进行额度分类管理

这虽然与市场化有一定的距离，但符合中国的国情。在增加储蓄国债发行量的同时，还可对不同品种、不同方式发售的储蓄国债额度进行切块管理。由于网银操作方便，手续简单，因此可以预见，网银销售国债的额度将会大比例上升，而通过储蓄柜台发售的储蓄国债额度将会大比例减少。这对于电脑操作不熟练的老年投资者，尤其是广大农民而言，显然有失公平。在国债紧俏情况下，会引起排队购买储蓄国债人群更加情绪化。为此，建议一方面要增加储蓄国债发行量占比，另一方面就是对不同品种储蓄国债、不同销售方式进行额度分类管理。

不仅如此，考虑到储蓄国债销售在年度与季节之间存在较大差异，因此，建议有关各方在制定发行计划时，针对市场供需情况，区别对待。比如，春节期间和收获季节，居民和农民手头现金较多，可以增加储蓄国债供应量。在储蓄国债热销季度和热销年份也相应如此。

（三）对储蓄国债市场进行细分，对储蓄国债投资者进行合理引导

在调研中，我们发现，大中城市的银行网点较为青睐储蓄国债（电子式）；而农村金融机构则倾向于多发行凭证式储蓄国债。因此，有必要针对城乡差异、不同的人群，合理划分储蓄国债各品种、各种销售方式的目标群体。一是建议将凭证式国债主要面对农村、农民销售。国债无纸化、电子化是国债发展的主流，也是必然趋势。由于中国地广人多，发展极不平衡，因此凭证式国债需要长期保留。但可以调整凭证式国债发售对象，使其面向乡村、面向农村居民。二是积极引导城镇居民购买电子式国债，以充分发挥电子式储蓄国债还本付息便捷、成本较低、保管方便等优势。三是合理引导中青年投资者通过网银购买储蓄国债，减少储蓄国债发售过程中的排队、跑路等现象。四是引导个体经营者通过证券交易市场进行国债投资。这不仅能够带来收益，而且还能增加资金的流动性。通过这些方式，分流储蓄国债投资者，既照顾该照顾的对象，又可缓解供求矛盾。

（四）对于农村购买国债难的问题，建议逐步解决

可以考虑“先试点，后铺开；先乡镇，再农村”。调研组了解到，农村由于没有储蓄国债销售网点等原因，确实存在储蓄国债购买难；地方中国人民银行、地方政府通过调查问卷方式估算出，农民对储蓄国债有较强的投资需求。比如，中国人民银行湖南省湘西州中心支行2010年国债宣传问卷调查显示，71%的农户考虑在今后几年投资国债产品；据该州凤凰县政府办公室不完全统计，该县居民每年认购国债的需求量大约在3000万元以上。然而，受多种因素制约，储蓄国债在农村销售工作一步到位显然不太现实。

1. 建议财政部、中国人民银行倡导在春节期间、秋收之后举办“送国债知识下乡、送储蓄国债下乡”活动。国债协会可以负责具体的组织与协调工作，号召有条件的国债承销银行积极参与。对于活动中所销国债额度，建议单拨。要求参加活动的承销银行，不仅送国债下乡，将储蓄国债送到农民手上，还要做到“上门兑付”。通过这种方式，不仅宣传了国债知识，还可了解农民在手头现金较多时储蓄国债需求情况，为今后国债销售工作深入农村积累经验。当然，也可考虑针对“老、少、边、穷”地区，或国家级贫困县专门发行凭证式国债，或者要求储蓄国债机动额度今后只在县以下网点发行，以“市场+计划”的方式满足农村地区储蓄国债投资需求。

2. 建议采取“先乡镇再农村”分步推进的方式，逐步解决农民购买储蓄国债问题。据了解，承销团成员中只有邮政储蓄银行在绝大多数乡镇设有网点（包括代理网点）。据统计，目前全国共有1600多个县、3.5万多个乡镇。据悉，邮政储蓄银行设立在县及以下的网点（含代办点）共19723个，占全国县、乡镇总数的54%，平均半数以上的乡镇有邮政银行的网点（这与湖南情况稳合）。如果通过增加邮政储蓄银行乡镇网点储蓄国债发销量，就可以实现将储蓄国债销售向农村推进的第一步：先普及乡镇销售。邮蓄银行表示，在储蓄国债销售普及乡镇过程中，愿意发挥先锋作用。我们建议就此进行试点，给邮蓄银行单独增加一块额度，要求只投放在乡镇网点。我们认为，这在技术上是可行的，基层央行还能实施有效监管。如果农业银行有条件，也可参与试点。目前，我国正在兴起新农村建设。可以预见，农民居住集中将是一种发展趋势，届时，农村金融生态有可能改善，国债承销机构可以在新农村居住区建立配套网点，储蓄国债进农村这第二步很有可能实现。

3. 储蓄国债承销团成员行内部在额度分配上，要向县域、乡镇倾斜。在目前的额度管理体制下，为了满足县域、乡镇对储蓄国债投资的需求，建议承销团成员将储蓄国债中机动抓取额度部分，用于满足县城以下网点发售。对于在乡镇设有网点的承销机构，抓取的额度则应用于乡镇网点发售。

（五）农信社代理发行国债的难点在于是否有一个法人承担权责

我们可否进行探索，让农村金融机构和农民在国债市场、储蓄国债投资方面有平等的参与权。张秉国常务副会长强调，政府主管部门非常重视并积极支持储蓄国债承销银行做好储蓄国债销售工作，希望金融机构，尤其是希望增加储蓄国债销售额度和争取储蓄国债承销资格的银行，要积极创造条件，在落实政策同时，促进储蓄国债发行改革工作。

这三次调研工作得到了财政部、中国人民银行的大力支持，调研地区的财政系统尤其是中国人民银行分支机构，对调研活动顺利进行给予了大力帮助和积极协调，使调研工作收到了较好的效果。同时，这三次调研活动，开辟了由协会牵头、政府主管部门全力支持并积极参与、协会会员机构积极响应的新局面，为协会以后开展并做好此类工作积累了经验。这符合党的十八届三中全会提出的处理好政府和市场关系、转变政府职能的相关要求。在做好调研工作的基础上，向政府主管部门反映客观情况、发现应改进的问题并提出相应的政策建议，是协会应尽的服务政府的义务，也是协会应承担的社会责任。

第二篇

国 债 市 场

一、政府主管部门

2013年国债管理及市场运行情况

财政部国库司

2013年，国内外经济金融形势复杂严峻，国债发行规模维持历史较高水平，财政部坚持可持续发展的国债筹资策略，继续深化国债管理制度改革，不断完善国债市场运行机制，以合理成本和较低风险完成全年筹资任务，有力促进了积极财政政策的顺利实施。

一、2013年国债管理措施

按照继续实施积极财政政策要求，2013年国债筹资策略总体保持连续和稳定，同时根据国债供求结构出现的新变化，增强政策措施的针对性和灵活性，确保全年国债平稳顺利发行。继续大力推进国债管理制度改革，健全国债发行市场和流通市场运行机制。2013年举借国债1.69万亿元，2013年末实际国债余额为8.7万亿元，控制在全国人大批准的2013年末国债余额限额9.12万亿元以内。

（一）储蓄国债管理措施

首次提前公布储蓄国债全年发行计划。为方便个人提前安排储蓄国债购买计划，2013年首次对外公布储蓄国债全年发行计划，内容包括储蓄国债发行品种、期限、发行时间、付息方式等。储蓄国债从3月至11月按月发行，每月10号开始发行，3年期和5年期各1次，全年共发行8次凭证式国债和10次储蓄国债（电子式）。提前向社会公布储蓄国债全年发行计划，有利于加强居民投资储蓄国债的可预见性，进一步提高国债管理政策透明度。

适当提高储蓄国债发行利率。为适应利率市场化加速背景下的投资者需求，提高储蓄国债吸引力，在金融机构人民币存款基准利率平稳的情况下，2013年初财政部商人民银行主动提高储蓄国债发行利率。2013年3年期和5年期储蓄国债发行利率为5.00%和5.41%，分别比2012年下半年发行利率提高0.24和0.09个百分点。2013年储蓄国债居民认购额占计划发行额的比例为93.2%，比2012年上升3.3个百分点，居民购买热情有所提高。根据市场环境适当调整储蓄国债发行利率，有利于保持储蓄国债居民购买吸引力，增强国债投资保值功能。

合理安排单月发债规模，保持储蓄国债（电子式）较大发行力度。为满足第一季度到期储蓄国债资金认购需求，3月份安排发行了300亿元凭证式国债。4、5月份市场资金面较为宽松，为加快国债发行进度，每月发行规模增加至500亿元。6月份以后市场资金面骤然紧张、各种理财产品收益率大幅上升，储蓄国债的吸引力有所下降，为此将每月发行额调减至400亿元，11月份进一步调减至200亿元。全年储蓄国债（电子式）发行10次，发行额为2170亿元，占全年储蓄国债发行额的64.7%，保持了较大发行力度。

扩大网上银行销售储蓄国债（电子式）试

点范围。2013 年 1 月，财政部会同中国人民银行下发了《关于 2013 年扩大储蓄国债（电子式）网上银行销售试点范围有关事宜的通知》。2013 年在中国工商银行、中国建设银行和交通银行 3 家首批试点机构基础上，陆续新增了中国农业银行、中国银行、广发银行、招商银行、北京银行和上海银行 6 家试点成员。目前，试点工作反映良好，储蓄国债惠民功能有效增强。同时，与中国人民银行一起制定了《储蓄国债（电子式）管理办法》。而且从销售实践看，2013 年储蓄国债（电子式）售出百分比约为 98.6%，比 2012 年上升 8.6 个百分点，比凭证式国债售出百分比 84.7% 多 13.9 个百分点。逐步扩大储蓄国债（电子式）网银试点范围，完善储蓄国债（电子式）制度体系，有利于进一步拓宽储蓄国债销售渠道，不断提升储蓄国债管理水平，确保国债筹资任务顺利完成。

（二）记账式国债管理措施

完善制度机制，提高政府债务管理水平。修订记账式国债招标发行规则等制度；配合国债期货交易，调整记账式国债招标安排，将国债期货主要交割券（5 年期和 7 年期记账式国债）中标时间调整至国债期货中午休市时，有效减少了信息不对称，保证投资者获取信息的公平性；科学拟定国债发行计划，优化国债发行品种和期限结构，确保以较低成本完成国债筹资任务；继续通过网站、债券杂志等形式及时向社会公布 2013 年和季度国债发行计划，进一步提高国债管理工作透明度。

逐步健全有序、稳定的国债续发行机制。在总结 2012 年续发行经验的基础上，2013 年按照 3、5 年期记账式国债续发 1 次，7、10 年期记账式国债续发 2 次的规律进行续发行，其中 7 年期形成了每季度第一个月新发、后两个月续发的模式，初步建立起国债续发行的基本机制。建立定期续发机制，能够提高单期国债存量规模，有利于提高国债交易活跃度和市场流动性，以及形成规范有序的国债到期结构，增强国库现金流量的规律性。

推出国债预发行试点，增强国债市场价格发现功能。在前期工作基础上，2013 年 3 月，财政部会同中国人民银行、证监会下发《关于开展国债预发行试点的通知》，正式启动预发行试点。7 月，确定 7 年期记账式国债为首批试点券种。10 月，预发行率先在交易所债券市场开展，运行平稳。推出国债预发行，有利于减轻国债承销风险，增强国债分销广度、深度和透明度，促进国债一级、二级市场衔接。

配合有关部门推出国债期货交易业务，研究建立国债做市支持机制，推动国债二级市场发展。积极配合有关部门研究推进国债期货交易业务，与证监会期货监管一部共同牵头建立了国债期货跨部委协调机制；组织召开了国债期货交割业务协调会议，牵头落实国债期货交割相关事宜。2013 年 9 月，5 年期国债期货成功挂牌上市，运行平稳，交割顺利，国债期现货价格走势联动性良好，价格发现、风险规避等功能得到初步发挥。同时，在整理有关国际经验和国内现状基础上，研究建立国债做市支持机制，增强国债二级市场交易价格的真实性，健全反映市场供求关系的国债收益率曲线。

二、国债发行及执行数据

2013 年实际举债筹资 1.69 万亿元，其中，发行内债筹资 1.67 万亿元，包括储蓄国债 0.34 万亿元和记账式国债 1.33 万亿元；举借统借统还外债筹资 200 多亿元（见表 1）。

表 1　　2013 年举借国债概况

	筹资规模（万亿）	占比（%）
储蓄国债	0.34	20
凭证式	0.12	7
电子式	0.22	13
记账式国债	1.33	79
附息	1.22	73
贴现	0.11	6
统借统还外债	0.02	1
合计	1.69	100.0

（一）储蓄国债发行

2013年发行储蓄国债18次合计筹资3356亿元，其中发行发行凭证式国债8次计1186亿元，储蓄国债（电子式）10次计2170亿元。分期限看，发行3年期国债2017亿元，5年期国债1339亿元。

全年储蓄国债销售状况较好，平均售出百分比为93.2%，比2012年上升3.3个百分点。分品种看，储蓄国债（电子式）售出百分比约为98.6%，比2012年上升8.6个百分点；凭证式国债约为84.7%，比2012年下降5.1个百分点。分期限看，3年期国债售出百分比约为93.4%，比2012年上升7.3个百分点；5年期国债约为93.0%，比2012年下降5.2个百分点。

（二）记账式国债发行

2013年发行记账式国债52次合计筹资13353.82亿元，比2012年增加1337.12亿元。其中，发行记账式贴现国债8次计1124.72亿元，发行记账式附息国债44次计12229.1亿元，包括关键期限国债10049.1亿元，占82%，这有利于提高国债管理政策透明度，健全反映市场供求关系的国债收益率曲线；非关键期限国债2180亿元，占18%。2013年附息国债加权平均发行期限为8.95年，比2012年缩短1.58年；加权平均发行利率为3.71%，比2012年上升0.37个百分点，主要原因是2013年6月份以后债券市场资金面持续紧张，国债投资需求有所下降，国债发行利率上升较多。以每月发行1次的7年期国债为例，上半年平均发行利率为3.36%，下半年为4.07%，比上半年上升0.71个百分点。

2013年记账式国债发行主要表现出以下特点：

一是上半年发行利率较为平稳，下半年发行利率大幅上升。1月份1年期国债发行利率为2.81%，4月份降至2.62%，10月份升至4.01%，比4月份上升1.39个百分点。2月份10年期国债发行利率为3.52%，3—5月稳步下降至3.38%，6月份以后逐步上升，11月份最高升至4.71%，比5月份上升1.33个百分点（见图1）。

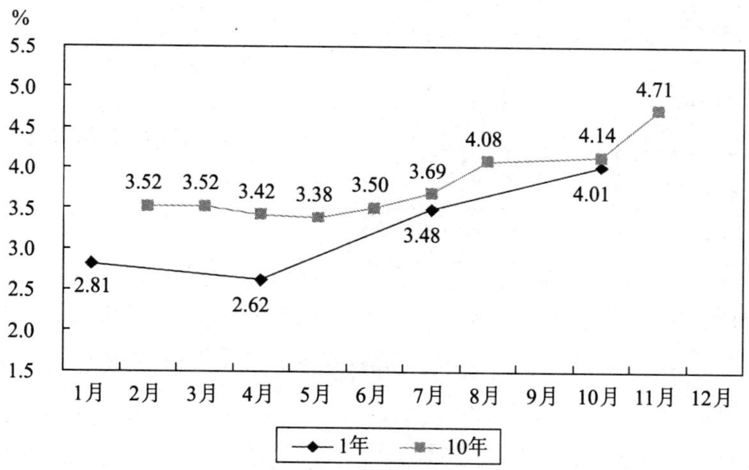

图1 2013年1年和10年期记账式国债发行利率

二是短期国债购买需求有所下降，长期国债购买需求相对较好，但波动较大。从国债投标额占招标额的比率即投标比率看，1月份1年期为1.55，10月份降至1.22。2月份10年期国债投标比率年内最高，达到2.86，随后连续下行，6月份降至年内最低的1.43，随后企稳回升，8月份达到2.53，10月份下降至1.87，11月回升至1.94（见图2）。

（三）在港人民币国债发行

财政部从2009年起连续在香港发行人民币国债。2013年6月，面向机构投资者（含外国央行和地区货币管理当局）发行130亿元，期

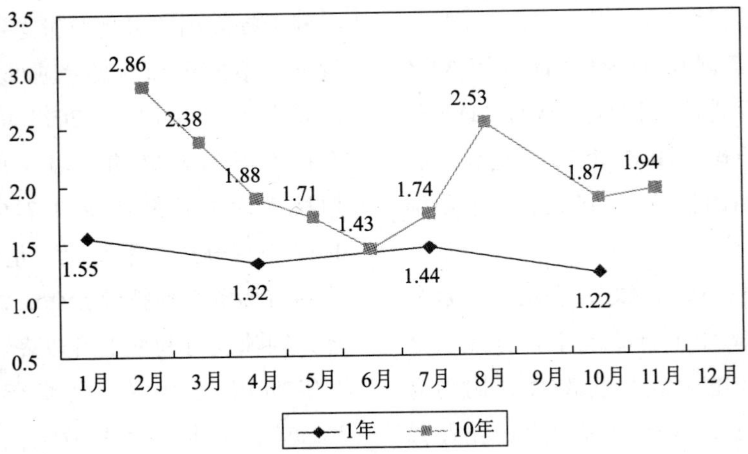

图 2 2013 年 1 年和 10 年期记账式国债投标比率

限为 3 年、5 年、7 年、10 年、15 年和 30 年；11 月发行 100 亿元，其中面向个人投资者发行 30 亿元，期限为 2 年，面向机构投资者发行 70 亿元，期限为 3 年和 5 年。在港人民币国债顺利发行，促进了香港人民币国债场内场外交易的互联互通，进一步丰富了市场投资主体，拓展了香港债券市场的深度和广度，支持香港离岸人民币市场中心建设。

三、国债市场运行

2013 年世界经济复苏乏力，国内经济稳中向好。上半年国债市场平稳运行，下半年国债市场收益率大幅攀升。国债市场交易平稳有序，交易规模小幅增加。

（一）国债市场收益率变化

上半年国债市场收益率相对平稳，下半年大幅攀升。年初 1 年、10 年期国债收益率分别为 2.92%、3.61%，6 月末小幅上升至 3.56%、3.7%，年末大幅上升为 4.18%、4.72%，分别比年初上升 1.26、1.11 个百分点（见图 3）。10 年和 1 年期国债收益率的利差波动较大，年初为 0.69 个百分点，6 月末缩小至 0.14 个百分点，10 月末又扩大至 0.58 个百分点，年末再次缩小至 0.21 个百分点。国债收益率曲线先下行后上移，全年上移幅度较大，且整体呈平坦化趋势（见图 4）。

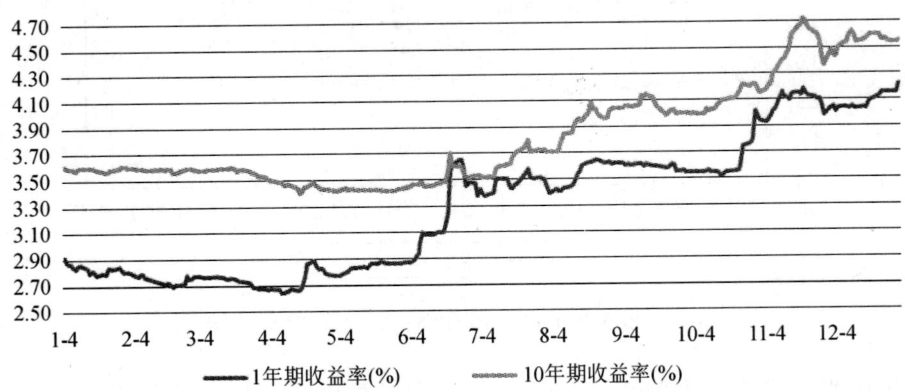

图 3 2013 年 1 年和 10 年期国债收益率走势

数据来源：中央国债登记结算有限公司

国债市场收益率出现上述变化的主要原因是：1 月至 5 月，受外汇占款等因素影响，债券市场流动性较为充裕，加上国内经济下行压力较大，国债收益率曲线震荡下行。6 月以后，受外汇市场变化、商业银行税收和准备金集中缴存、央行监管政策集中出台、互联网金融对银行存款

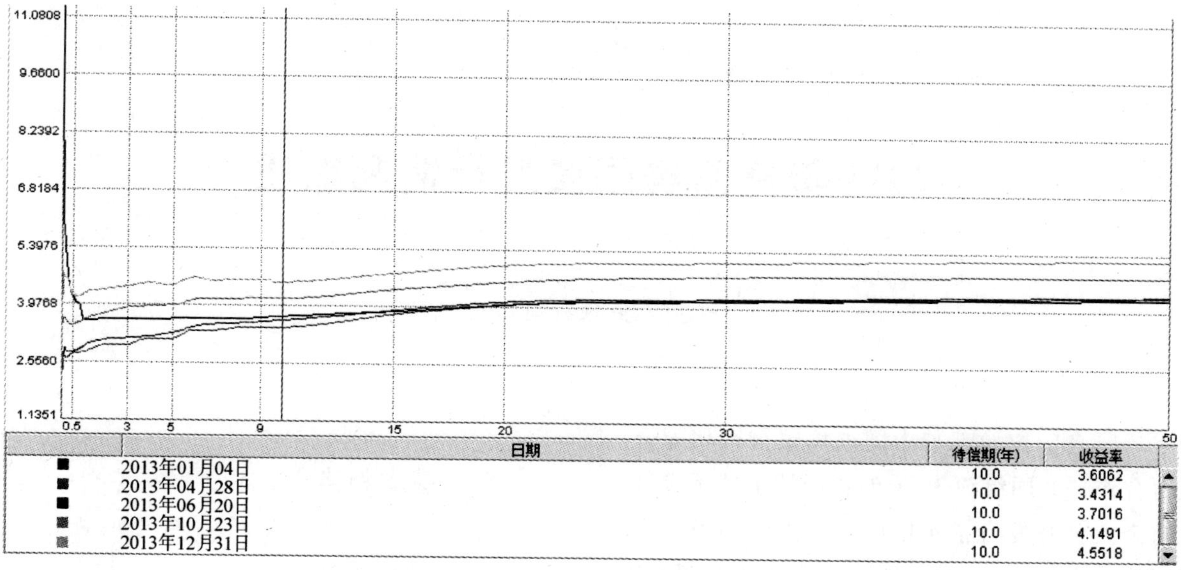

图4 2013年国债收益率曲线变化

数据来源：中央国债登记结算有限公司

冲击等因素的影响，债券市场流动性较为紧张，银行资金成本有所提升，国债投资需求有所下降，国债市场收益率大幅攀升。

（二）国债市场交易

2013年国债市场交易总额为122.98万亿元，比2012年增加34.31万亿元，增长38.7%。从交易场所分布看，银行间市场国债交易额为64.88万亿元，占国债市场交易总额的52.8%；交易所市场国债交易额为58.1万亿元，占国债市场交易总额的47.2%。从国债交易方式看，现券交易额为5.65万亿元，占国债市场交易总额的4.6%，其中银行间批发市场5.57万亿元，银行间零售市场即商业银行柜台市场18.72亿元，交易所市场749.09亿元；回购交易额为117.33万亿元，占国债市场交易总额的95.4%，其中银行间批发市场59.31万亿元，交易所市场58.02万亿元。2013年国债现券交易额比2012年降低38.7%，回购交易额比2012年增长47.7%。2013年国债现券交易额与可流通国债托管额的比率即现券换手率为0.7，与2012年1.3的换手率相比明显下降，主要原因是2013年银行间债券市场监管和规范力度进一步加强，“代持养券”等灰色交易行为得到有效遏制。

2013 年储蓄类国债发行情况综述

中国人民银行国库局

2013 年，财政部与中国人民银行密切配合、通力合作，共同组织 38 家储蓄国债承销团成员，面向个人公开发行了 4 期凭证式国债和 10 期储蓄国债（电子式），较好地完成了全年储蓄类国债发行计划。

一、整体情况

2013 年，储蓄国债承销团累计面向社会实际发行储蓄类国债 3355.51 亿元，完成全年 3600 亿元发行计划的 93.21%。其中，凭证式国债发行 1185.9 亿元，同比增长 65%，完成 1400 亿元发行计划的 84.71%；储蓄国债（电子式）发行 2169.61 亿元，同比增长 43%，完成 2200 亿元发行计划的 98.62%。

二、基本特点

（一）凭证式国债

1. 整体发行进度平稳有序。凭证式国债整体发行情况主要具有以下几个明显特点：一是全年总体发行进度平稳，发行计划完成率为 84.71%；二是全年发行计划完成率呈现先降后升态势，第一期与第四期发行计划完成率达 95%以上；三是 3 年期发行计划完成率高于 5 年期发行计划完成率，全年来看，3 年期发行计划完成率为 86.59%，比 5 年期发行计划完成率高 4.71 个百分点；四是投资群体持续扩大，约有 94 万人次选择投资 2013 年的凭证式国债，同比增长 54%，人均投资 8 万元左右。具体发行情况见表 1。

表 1　2013 年凭证式国债发行情况　单位：亿元

	3 年期			5 年期			合计		
	实际	计划	完成率	实际	计划	完成率	实际	计划	完成率
一期	176.33	180	97.96%	116.52	120	97.10%	292.85	300	97.62%
二期	248.99	300	83.00%	156.37	200	78.19%	405.36	500	81.07%
三期	186.83	240	77.85%	108.89	160	68.06%	295.72	400	73.93%
四期	115.23	120	96.03%	76.74	80	95.93%	191.97	200	95.99%
合计	727.38	840	86.59%	458.52	560	81.88%	1185.90	1400	84.71%

2. 分机构、分地区发行计划完成率存在一定差异。

分机构看，中国工商银行、中国农业银行、中国银行、中国建设银行、中国交通银行五大银行累计代销总额度约为全年凭证式国债发行计划的 70.9%，处于近 5 年的较高水平；加权平均发行计划完成率为 82.1%，其中，交通银行发行计划完成率最高，为 92.7%。占全年发行计划 29.1% 的其他承销团成员加权平均发行计划完成率为 91.2%，总体上高于五大银行，但不同承销团成员之间的差异比较大。具体分机构发行情况见表 2。

表 2　　2013 年凭证式国债分机构发行情况　　单位：亿元

期次	发行情况	中国工商银行	中国农业银行	中国银行	中国建设银行	中国交通银行	小计	其他	合计
一期	实际	83.2	36.0	28.4	52.3	9.4	209.3	83.6	292.9
	计划	87.0	36.0	30.6	52.5	9.9	216.0	84.0	300.0
	完成率	95.6%	100%	92.8%	99.6%	94.9%	96.9%	99.5%	97.6%
二期	实际	104.0	47.6	39.3	68.7	15.8	275.5	129.9	405.4
	计划	145.0	60.0	51.0	87.5	16.5	360.0	140.0	500.0
	完成率	71.7%	79.4%	77.1%	78.6%	95.5%	76.5%	92.8%	81.1%
三期	实际	71.0	34.5	26.5	52.9	12.5	197.4	98.4	295.7
	计划	107.2	48.0	38.8	69.2	14.8	278.0	122.0	400.0
	完成率	66.2%	71.9%	68.2%	76.4%	84.6%	71.0%	80.6%	73.9%
四期	实际	47.7	24.0	19.4	34.3	7.4	132.7	59.2	192.0
	计划	53.6	24.0	19.4	34.6	7.4	139.0	61.0	200.0
	完成率	88.9%	100%	100%	99.2%	99.7%	95.5%	97.1%	96.0%
合计	实际	305.8	142.1	113.6	208.2	45.1	814.8	371.1	1185.9
	计划	392.8	168.0	139.8	243.8	48.6	993.0	407.0	1400.0
	完成率	77.8%	84.6%	81.3%	85.4%	92.7%	82.1%	91.2%	84.7%

分地区看，除极个别地区外，其他省（区、市）4 期凭证式国债的发行计划完成率均超过 50%，但不同地区之间的分化情况较为明显。

（二）储蓄国债（电子式）

整体来看，储蓄国债（电子式）发行呈现热销局面，其中 8 期发行计划完成率达 100%，5 年期发行计划完成率达 100%，全年发行计划完成率为 98.62%。具体发行情况见表 3。

表 3　　2013 年储蓄国债（电子式）发行情况　　单位：亿元

	3 年期（单数期次）			5 年期（双数期次）			合计		
	实际	计划	完成率	实际	计划	完成率	实际	计划	完成率
一、二期	300.00	300	100%	200.00	200	100%	500.00	500	100%
三、四期	299.84	300	99.95%	200.00	200	100%	499.84	500	99.97%
五、六期	240.00	240	100%	160.00	160	100%	400.00	400	100%
七、八期	240.00	240	100%	160.00	160	100%	400.00	400	100%
九、十期	209.77	240	87.40%	160.00	160	100%	369.77	400	92.44%
合计	1289.61	1320	97.70%	880.00	880	100%	2169.61	2200	98.62%

从投资者购买情况来看，约 192 万人次购买了 2013 年的储蓄国债（电子式），同比增长 64%；平均投资金额 11 万元左右，其中 5 年期平均投资金额高于 3 年期平均投资金额。

三、影响因素

（一）有利因素

一是储蓄类国债投资群体固定并且有所扩大。据统计，储蓄类国债投资者中已经形成了一个中老年人为主的固定投资群体。同时，由于股票和房地产市场的波动，储蓄类国债信誉度高、收益稳定、安全性好的优势逐渐显现，部分年轻人也开始关注并投资储蓄类国债。中国人民银行 2013 年第四季度调查结果显示，我国居民偏爱的前三位投资方式依次为：“基金及理财产品”、“房地产投资”和“购买债券”。

二是整体资金供给相对充足。投资者的购买

能力很大程度上影响着储蓄类国债的发行规模。随着收入水平提高、人民币存款量增长，投资者对储蓄类国债的需求呈增加趋势。2013 年末，人民币存款余额 104.38 万亿元，同比增长 13.8%，比 2012 年末高 0.4 个百分点；全年人民币存款增加 12.56 万亿元，同比多增 1.74 万亿元。

三是储蓄类国债自身特点符合投资者的分散投资理念和短中长期组合投资理念。投资者乐于“把鸡蛋放在不同的篮子里”，储蓄类国债因较高的收益率、良好的安全性而成为投资者的主要选择之一，其品牌效应深入人心。此外，由于理财产品期限较短，并且到期后不能确保继续购买到较高收益的理财产品，高息收益难以保证可持续性，投资者出于通过短中长期组合投资来保持收益稳定性的考虑，选择购买期限相对较长的储蓄类国债。

（二）不利因素

一是储蓄类国债利率优势受到影响。目前，银行 3、5 年期定期存款基准利率分别为 4.25%、4.75%。自 2012 年 6 月 8 日中国人民银行决定将金融机构存款利率的上限调整为基准利率的 1.1 倍后，由于存款任务考核压力大和年中、年末市场资金面紧张等原因，部分股份制银行、城市商业银行已将存款利率在基准利率的基础上上浮了 10%，使 3、5 年期定期存款利率分别达到为 4.675% 和 5.225%。与上浮后的定存存款利率相比，储蓄类国债的利率优势已不明显，部分投资者转入定期存款的阵营。

二是理财产品、基金等替代品给储蓄类国债发行带来一定冲击。随着我国各投资领域的日趋成熟，国债不再是投资者的唯一甚至核心选择。商业银行发售的多期限、多品种、高利率的理财产品或余额宝、百度百发等新型理财方式的出现，对储蓄类国债购买力也形成一定分流。

四、采取措施

（一）适当上调国债发行利率

为保证储蓄类国债顺利发行，财政部与中国人民银行多次研究，于 2013 年上调了 3 年期和 5 年期储蓄类国债的利率水平，在 2012 年最后一期储蓄类国债的基础上分别上调了 0.24 个和 0.09 个百分点，3 年期和 5 年期利率分别达到 5% 和 5.41%，基本适应了市场预期。

（二）充分发挥市场调节功能

经过前期调研和广泛征求意见，财政部会同中国人民银行制定下发了《2013 年储蓄国债发行额度管理办法》和《2012—2014 年储蓄国债承销团成员 2013 年综合排名计算方法》，并于 2013 年年初和年中两次调整了储蓄国债承销团成员代销额度比例，在规范管理的同时，充分发挥市场调节功能，调动了承销团成员的积极性和主动性。

（三）扩大网上银行销售试点

中国人民银行积极配合财政部门，继续扩大储蓄国债（电子式）网上银行销售试点范围，分两批将网上银行销售试点由 3 家增至 9 家，拓展了储蓄国债（电子式）销售渠道，受到承销团成员和国债投资者的欢迎。2013 年，通过网上银行销售储蓄国债（电子式）共计 345.01 亿元，占储蓄国债（电子式）发行总额的 15.9%。

（四）加强发行组织管理工作

各地财政厅局与中国人民银行分支机构及储蓄国债承销团成员采取主动措施，认真组织每期储蓄类国债发行工作，强化管理、创新形式、大力宣传，取得了较好的发行效果。其中，中国银行无锡分行在当地财政部门和中国人民银行的支持下，开展了“凭证式国债到期委托兑付约定转存”创新业务试点工作，既保护了投资者权益，受到投资者广泛好评，又提高了国债销量，进而带动了整个中国银行的凭证式（四期）国债发行量，其发行计划完成率达 100%。

2013 年交易所债券市场概况

中国证监会市场监管部

2013 年交易所债券市场规模增长较快，市场运行平稳，市场秩序良好，债券产品创新有序展开，服务企业、便利投资者的能力进一步增强。

一、托管情况

截至 2013 年底，交易所债券市场托管量 1.99 万亿，比 2012 年底增长 64%。其中，国债 2394.37 亿元，地方政府债 16.7 亿元，铁道债 14.57 亿元，公司债 8363.95 亿元，企业债 6430.18 亿元，可转债 1586.05 亿元，可分离债 598.35 亿元，中小企业私募债 412.23 亿元，企业资产支持证券 87.36 亿元。

二、发行情况

2013 年交易所债券市场合计发行 3954.94 亿元，其中公司债发行 3107.38 亿元，可转债发行 544.81 亿元，中小企业私募债发行 302.75 亿元。

三、交易情况

2013 年，交易所债券市场现券成交金额 1.74 万亿元。其中，政府债成交 804.24 亿元，企业债成交 6602.34 亿元，公司债成交 4029.95 亿元，可分离债成交 597.04 亿元，可转债成交 4960.12 亿元。2013 年，交易所债券市场回购成交金额 66.10 万亿元。

四、债券指数走势

从 2013 年初到 12 月底，上证国债指数从 135.79 点上涨至 139.52 点，上涨 3.73 点，涨幅 2.75%。上证企业债指数从 159.60 点上涨至 166.56 点，上涨 6.96 点，涨幅 4.36%。深证企业债指数从 127.25 点下跌至 124.95 点，下跌 2.30 点，跌幅 1.81%。

五、市场利率走势

截至 2013 年底，上交所国债质押式回购 1 天加权利率收于 16.22%，比上年底下降 729.79BP，年度最高 33.60%；上交所国债质押式回购 7 天加权利率收于 8.05%，比上年底上涨 313.78BP，年度最高 12.02%；上交所国债质押式回购 91 天加权利率收于 5.93%，比上年底上涨 209.06BP，年度最高 6.01%；上交所国债质押式回购 182 天加权利率收于 5.46%，比上年底上涨 149.04BP，年度最高 5.77%。

六、交易机制概况

目前，交易所拥有多个交易平台，可以实现多种交易方式。其中，上交所债券交易可以通过竞价平台、固定收益平台以及大宗交易平台。深交所债券交易可以通过竞价平台以及综合协议平台。竞价平台采取订单自动撮合，固定收益平台可实现报价点击成交以及协议交易。大宗交易平台和综合协议平台主要为投资者提供协议交易。

七、债券产品创新

一是进一步扩大中小企业私募债试点地域范围，截至2013年底，中小企业私募债券试点已覆盖29个省（自治区、直辖市）。二是证监会与财政部、中国人民银行等联合发布了《关于开展国债预发行试点的通知》，进一步完善国债市场化发行机制。首批7年期国债预发行交易试点已于2013年10月在上交所推出。三是推进减记债试点工作。2013年11月证监会与银监会联合发布了《关于商业银行发行公司债券补充资本的指导意见》，为商业银行在交易所债券市场发行减记债补充资本提供制度支持。四是推动债券品种跨市场挂牌交易，首批额度为300亿元的国开行金融债券试点在上交所启动，已发行120亿元。五是立足于支持企业和金融机构盘活存量资产、优化资产负债表，积极研究探索扩大资产证券化试点，为优质信贷资产证券化产品在交易所上市交易做好制度与技术层面的准备工作。

二、市场中介机构

2013年国债市场年度分析报告

中央国债登记结算有限责任公司

一、国债发行量较上年增加

2013年，财政部共发行记账式国债13374.4亿元，较2012年增长11.15%；发行储蓄国债（电子式）2169.61亿元，较2012年的1529.46亿元增长41.85%。2013年国债发行有以下几个特点：

（一）1年期以下品种发行量占比下降，中期品种发行占比提高

1年期以下短期债券的发行量占比由2012年的19.03%继续下降到17.11%，而1-7年品种的发行量占比则由2012年的41.89%提高到53.09%。

表1 2012、2013年记账式国债发行期限结构比较

发行期限（年）	2012		2013	
	发行面额（亿元）	占比（%）	发行面额（亿元）	占比（%）
1年以下（含1年）	2289.50	19.03	2287.80	17.11
1-3年	1181.20	9.82	1920.20	14.36
3-5年	1140.60	9.48	1652.10	12.35
5-7年	2718.40	22.59	3527.60	26.38
7-10年	3043.10	25.29	2566.70	19.19
10年以上	1660.00	13.80	1420.00	10.62
汇总	12032.80	100.00	13374.40	100.00

数据来源：www.chinabond.com.cn

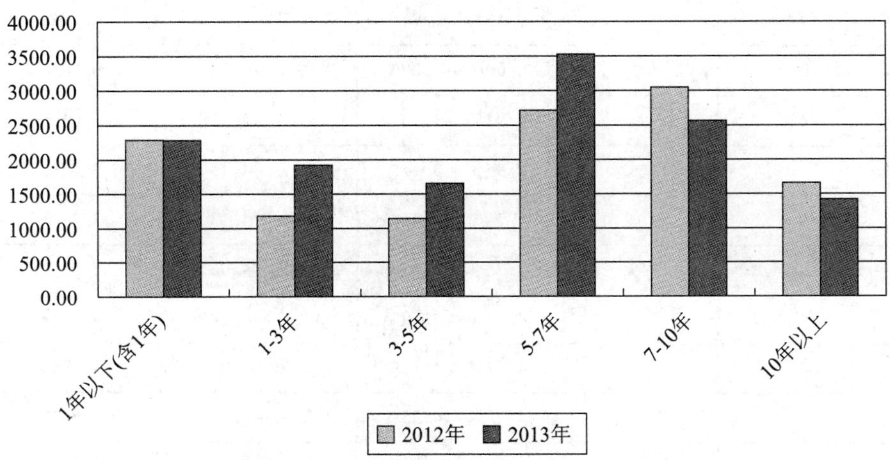

图1 2012、2013年记账式国债发行期限结构比较

数据来源：www.chinabond.com.cn

（二）记账式国债发行次数有所增加，储蓄国债发行次数略有下降

2013 年银行间市场共发行记账式国债 52 次，较 2012 年的 45 次增长了 15.6%；而储蓄国债发行 10 次，较 2012 年降低了 28.57%。

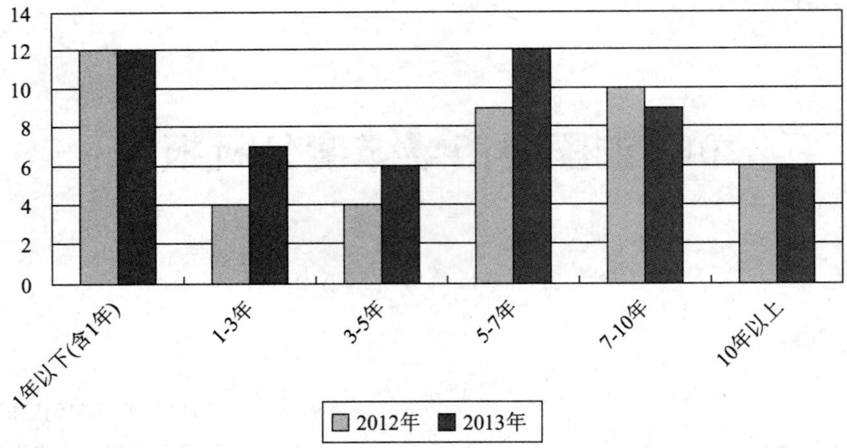

图 2 2012、2013 年记账式国债各期限品种发行次数

数据来源：www. chinabond. com. cn

（三）各期限品种国债发行频率和发行利率均有所增加

从发行利率角度看，2013 年共发行记账式国债 52 次/13374.4 亿元，整个发行利率区间在 2.62% -5.31%，从各期限平均利率来看，2013 年各期限品种发行的平均利率普遍高于 2012 年。从各期限品种发行频率来看，2013 年 2 年、5 年和 7 年品种发行频率高于 2012 年。

表 2 2012、2013 年发行频率和发行利率比较

期限	发行频率（次）		利率区间		平均利率	
	2012 年	2013 年	2012 年	2013 年	2012 年	2013 年
3M	2	2	2.87% -3.06%	3.71% -4.76%	2.97%	4.24%
6M	3	2	2.23% -2.44%	3.83% -3.87%	2.35%	3.85%
9M	3	4	2.25% -2.85%	2.71% -3.73%	2.63%	3.04%
1Y	4	4	2.15% -2.94%	2.62% -4.01%	2.69%	3.23%
2Y	0	3	0.00% -0.00%	2.92% -3.77%	0.00%	3.22%
3Y	4	4	2.91% -3.10%	3.10% -3.77%	3.01%	3.44%
5Y	4	6	2.95% -3.14%	3.09% -4.13%	3.05%	4.15%
7Y	9	12	3.25% -3.41%	3.29% -4.07%	3.27%	3.56%
10Y	10	9	3.36% -3.55%	3.38% -4.08%	3.45%	3.66%
20Y	2	2	4.03% -4.10%	3.99% -4.32%	4.07%	4.16%
30Y	2	2	4.07% -4.12%	4.76% -5.05%	4.10%	4.91%
50Y	2	2	4.25% -4.35%	4.24% -5.31%	4.30%	4.78%
合计	45	52	2.15% -4.35%	2.62% -5.31%	3.27%	3.63%

数据来源：www. chinabond. com. cn

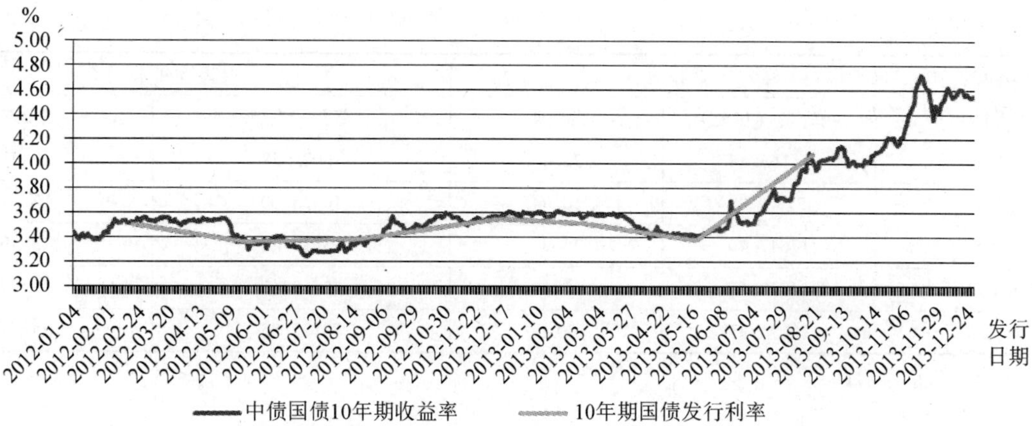

图 3 2012－2013 年记账式国债 10 年期发行利率走势

数据来源：www. chinabond. com. cn

二、国债存量继续稳步增长

2013 年末，在中央登记结算公司托管的国债面额达到 8.32 万亿元，比上年末增长 12.03%。其中记账式国债 7.81 万亿元，占 93.94%，储蓄国债（电子式）余额 5041.8 亿元，占 6.06%。

（一）中长期品种余额占比减少

从记账式国债的待偿期看，1 年期以下、1－3 年、5－7 年国债余额比上年分别增长了 0.52 个、0.57 个和 2.52 个百分点。3－5 年、7－10 年和 10 年以上国债余额比上年分别减少了 0.95、1.47 和 1.2 个百分点。

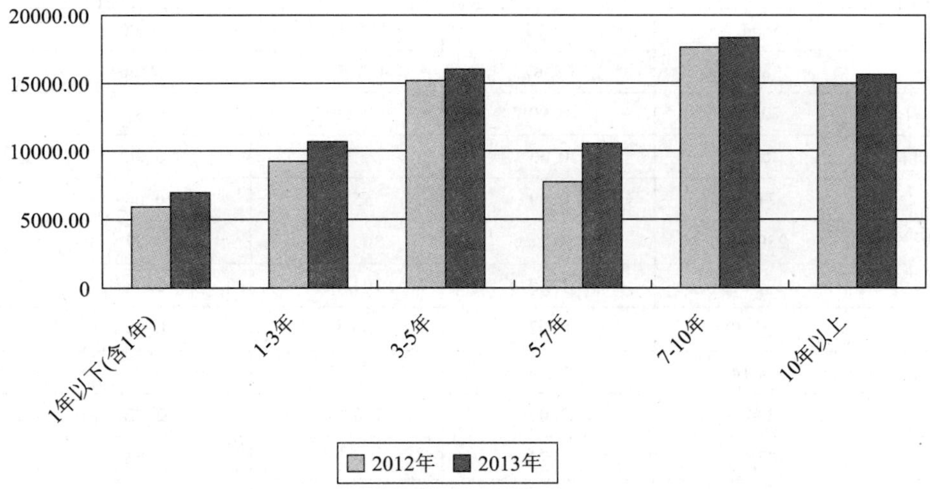

图 4 2012、2013 年记账式国债托管量期限比较

数据来源：www. chinabond. com. cn

表 3 **2012、2013 年记账式国债托管量期限比较表**

剩余期限（年）	2012 年末		2013 年末	
	托管量（亿元）	占比%	托管量（亿元）	占比%
1 年以下（含 1 年）	5925.90	8.38	6956.60	8.90
1－3 年	9225.90	13.05	10644.80	13.63

续表

剩余期限（年）	2012年末		2013年末	
	托管量（亿元）	占比%	托管量（亿元）	占比%
3-5年	15166.28	21.46	16025.58	20.51
5-7年	7735.20	10.94	10523.00	13.47
7-10年	17647.40	24.97	18359.20	23.50
10年以上	14973.67	21.19	15613.67	19.99
汇总	70674.35	100.00	78122.85	100.00

数据来源：www.chinabond.com.cn

（二）商业银行继续增持国债

从投资者持有结构看，2013年末，银行和保险持有量较大，分别占总量的68.87%和3.71%。与2012年末相比，商业银行、信用社、非银行金融机构和证券公司表现为国债的增持，增幅分别为12.52%、20.88%、2.44%和178.87%；而保险机构、基金、非金融机构则表现为国债减持，减持幅度分别为6.2%、6.81%和47.69%。此外，托管在交易所的国债余额2013年末为2394.37亿元，较2012年末增加34.33%。

表4　2013、2012年各机构持有量占比

成员属性	2013年末托管面额（亿元）	占比（%）	2012年末托管面额（亿元）	占比（%）	2013年末较2012年末持有量增幅（%）
特殊结算成员	15634.45	20.01	15591.75	22.06	0.27
商业银行	53801.39	68.87	47815.06	67.66	12.52
信用社	703.62	0.90	582.07	0.82	20.88
非银行金融机构	260.00	0.33	253.80	0.36	2.44
证券公司	71.39	0.09	25.60	0.04	178.87
保险机构	2899.97	3.71	3091.58	4.37	-6.20
基金类	975.93	1.25	1047.30	1.48	-6.81
非金融机构	19.30	0.02	36.90	0.05	-47.69
个人投资者	3.14	0.00	3.25	0.00	-3.45
交易所	2394.37	3.06	1782.43	2.52	34.33
其他	1357.28	1.74	444.62	0.63	205.27
合计	78120.84	100.00	70674.35	100.00	10.54

数据来源：www.chinabond.com.cn

三、2013年国债市场价格大幅下跌，收益率曲线平坦化上移

（一）中债国债总指数先扬后抑

2013年，纵观外围环境，欧洲经济在连续多个季度萎缩后，终于实现了正增长，欧债危机有所缓和。美国经济总体向好，经济增速逐季加快，复苏基础较为稳固。中国继续实行积极的财政政策和稳健的货币政策，经济增速有所放缓，全年物价水平温和上行。债券市场波动明显，中债综合指数先缓慢上升后震荡下行，中债国债收益率曲线上半年缓慢下行，下半年大幅抬升。截至2013年12月末，中债国债总指数（净价）

为 107.9388，较 2012 年 12 月末的 115.4235 点下降 6.48%。全年来看，银行间债券市场价格走势基本呈现两个阶段的特征：第一阶段，上半年中债国债总指数平稳上升；第二阶段，下半年中债国债总指数大幅下降。

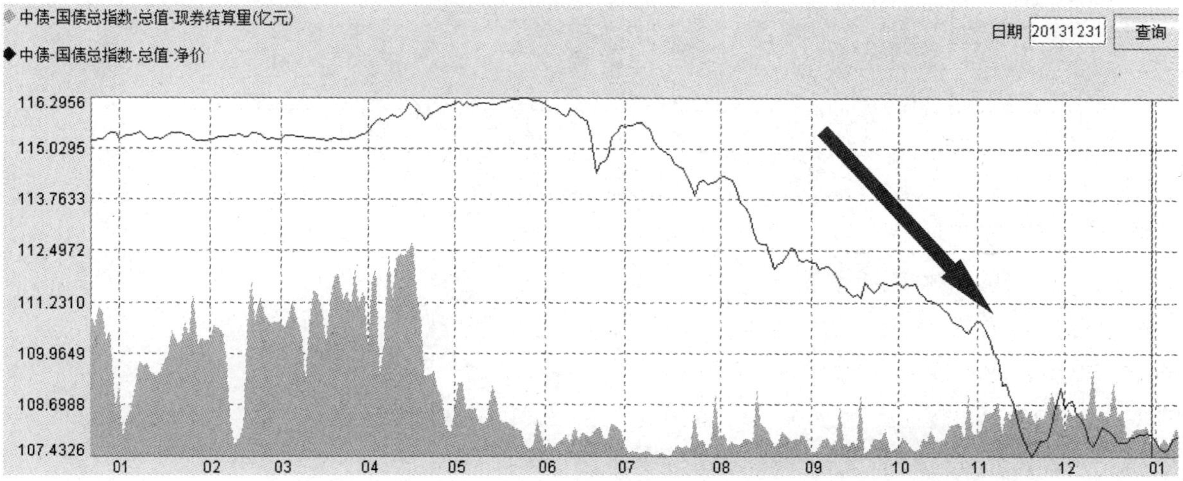

图 5　2013 中债国债总指数（净价）走势

数据来源：www. chinabond. com. cn

（二）国债收益率曲线先降后升

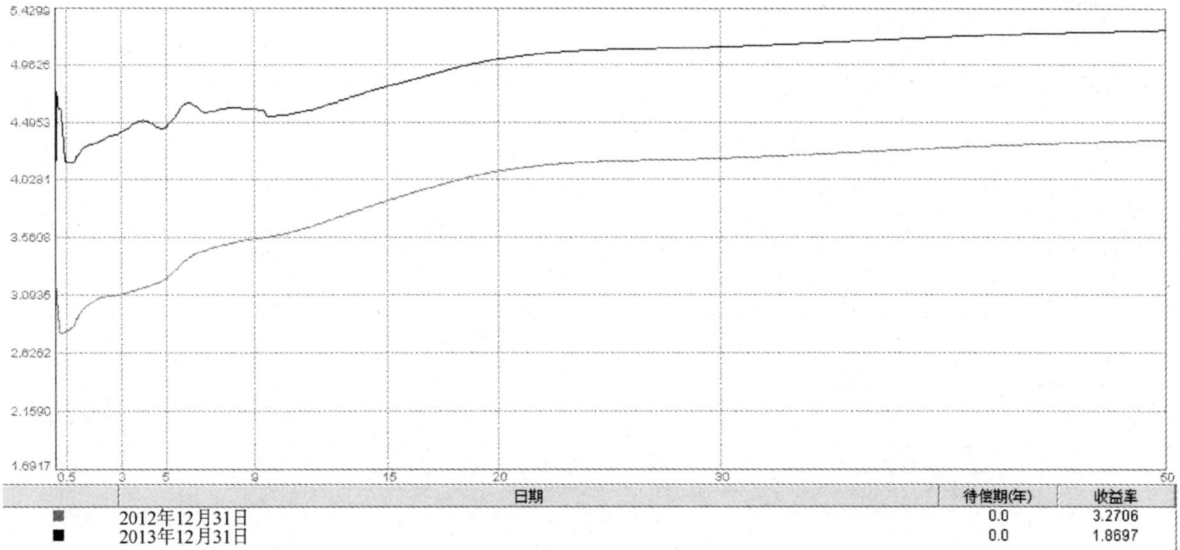

图 6　银行间固定利率国债收益率曲线多时点图

数据来源：www. chinabond. com. cn

各阶段国债收益率曲线变化特征如下：

第一阶段：1 - 5 月份，中债国债收益率曲线缓慢下行。

年初，在巨量外汇占款的影响下，流动性亦显温和，在经济下行预期推动下，收益率曲线 1 - 5 月都是震荡下行状态，10 年期国债收益率整体下行约 13BP 至 3.44%。

第二阶段：6 - 12 月份，中债国债收益率曲线大幅抬升。

下半年，在准备金备付、国内外流动性收缩、财政缴款延后以及季末因素等多重原因的影响下，流动性持续紧张，二级市场交投大幅萎缩。收益率曲线整体上有较大幅度抬升，其中短端收益率上行幅度较大。总体来看，10 年期国债收益率上行约 111BP 至 4.55%。

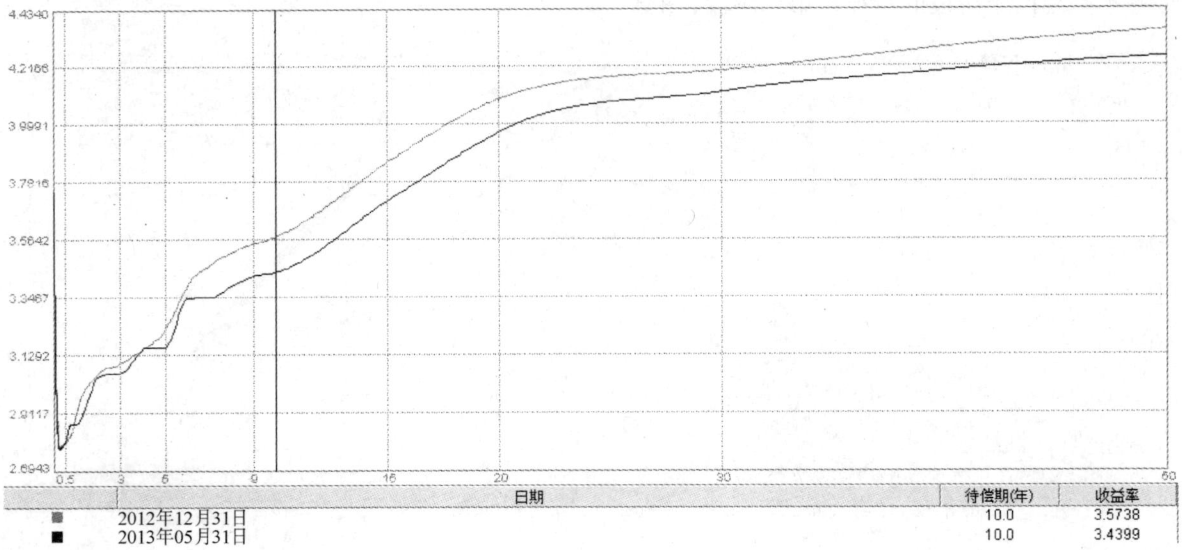

图 7　中债国债收益率曲线变化（1－5 月份）

数据来源：www. chinabond. com. cn

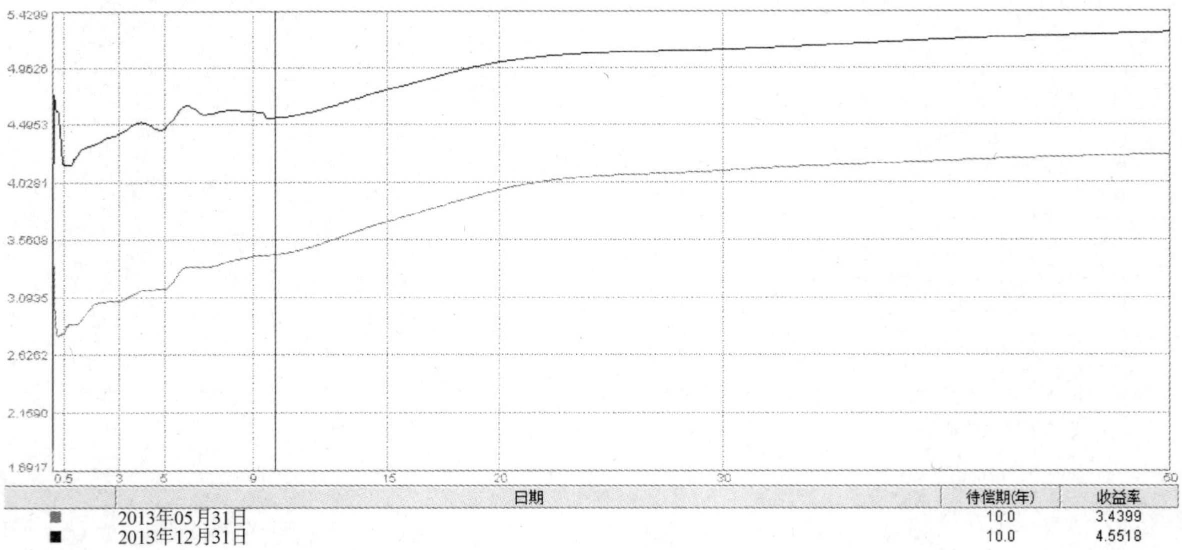

图 8　中债国债收益率曲线变化（6－12 月份）

数据来源：www. chinabond. com. cn

（三）国债长短期利差缩小，曲线形态平坦化

2012 年，中国人民银行调查统计司就中债国债收益率曲线与宏观经济的先行关系及货币政策传导作用作了专题研究。通过对长达 10 年（2002－2012 年）的实证数据进行回归分析，结果显示：我国银行间市场 10 年期与 2 年期国债收益率之间的点差，对未来的经济增长具有统计上显著的预测能力，对国家统计局宏观经济景气一致指数具有先行作用，先行期达 12 个月，可以为货币政策提供有价值的参考。

2013 年，中债国债收益率曲线 10 年期与 2 年期之间的点差持续收窄，从年初的 51BP 缩小至年末的 22BP，收益率曲线形态呈现平坦化趋势。从过去十年的实证结果来看，利差的收窄可能预示着2014年的宏观经济景气度和通胀水平会出现明显的下降趋势。根据图9，预计宏观经济景气指数会降到98以下，而CPI会下降到2附近。

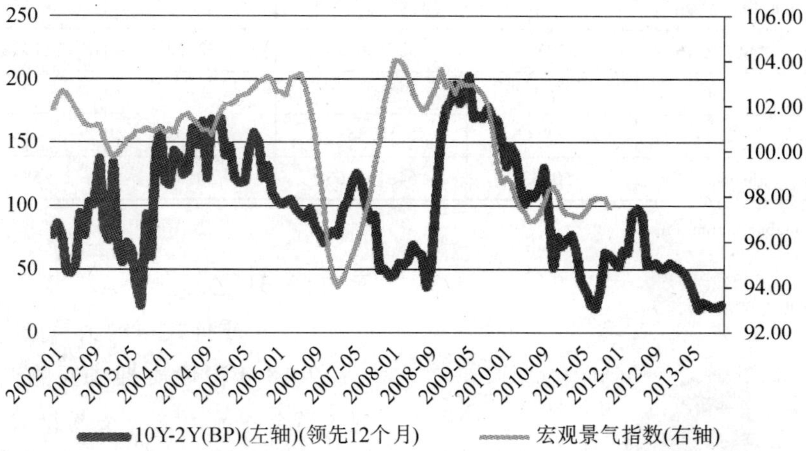

图9 长短期国债收益率点差对宏观经济景气一致指数的先行关系

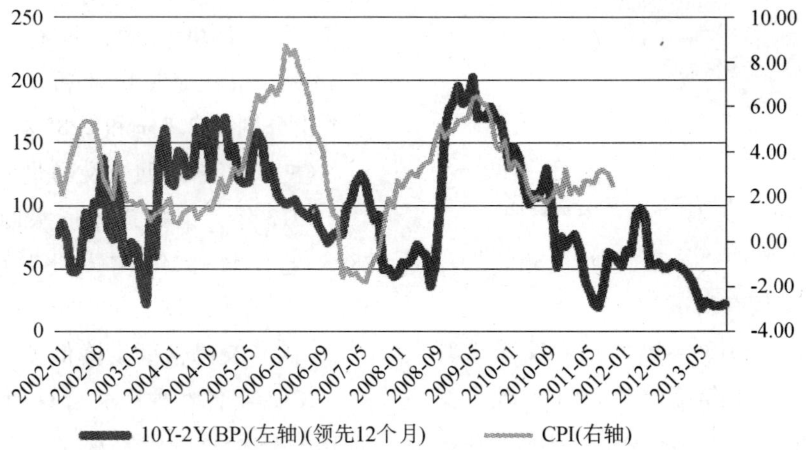

图10 长短期国债收益率点差对CPI的先行关系

数据来源：www. stats. gov. cn、www. chinabond. com. cn

四、银行间市场国债交易结算量增长

2013年，银行间债券市场国债结算笔数15.8万笔，较上年增长5.29%；结算面额64.88万亿元，较上年增长20.26%。

表5 2012、2013年记账式国债结算比较

业务类别	2012年		2013年			
	卖出（正回购）面额（亿元）	卖出笔数	卖出（正回购）面额（亿元）	面额增长（%）	卖出笔数	笔数增长（%）
买断式回购	4003.28	1959	5578.58	39.35	2895	47.78
现券交易	91307.68	60612	55694.41	-39.00	40301	-33.51

续表

业务类别	2012年		2013年			
	卖出（正回购）面额（亿元）	卖出笔数	卖出（正回购）面额（亿元）	面额增长（%）	卖出笔数	笔数增长（%）
质押式回购	444149.16	87959	587500.20	32.28	115287	31.07
远期交易	0.40	1	0	——	0	——
债券借贷（双边）	32.00	2	10.45	-67.34	16	700.00
合计	539492.52	150533	648783.63	20.26	158499	5.29

数据来源：www.chinabond.com.cn

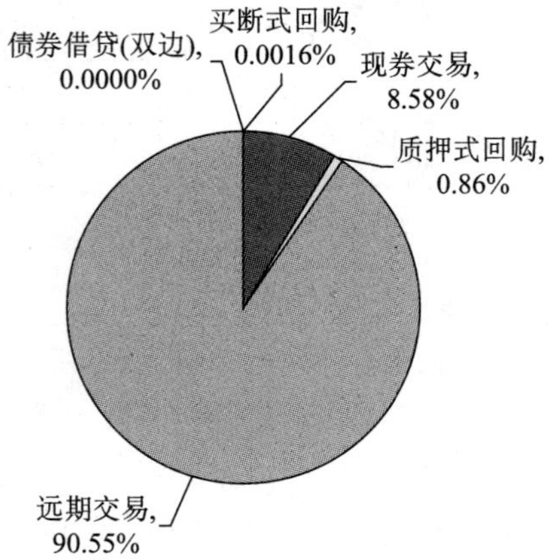

图11　2013年记账式国债各交易类别占比

数据来源：www.chinabond.com.cn

（一）现券交易量有所减少

银行间债券市场2013年国债现券交易结算面额5.57万亿元，较上年降幅达39%；现券交易结算笔数4万笔，较上年减少33.51%。在参与国债现券交易的各类机构中，银行的交易占比为77.8%，其次是证券公司，其占比为16.36%。从债券流向来看，基金和非银行金融机构是净买入机构，分别净买入128.22亿元和10.55亿元；商业银行、证券公司和信用社是净卖出机构，分别净卖出808.56亿元、427.67亿元和53.31亿元。

（二）质押式回购交易量有所增长

2013年国债质押式回购交易中商业银行表现为资金净流入方。交易结算总笔数达11.5万笔，较上年增长30.68%；结算面额为58.75万亿元，较上年增长32.29%。在参与质押式回购交易的各类机构中，银行的交易量占比为77.09%，其次是信用社和基金类，两者的交易量占比分别为2.9%和2.85%。

（三）买断式回购交易量明显增长

2013年，记账式国债买断式回购交易结算2895笔，较上年增长47.78%；结算面额5578.58亿元，较上年增长39.35%。

（四）交易活跃度降低

2013年各券种广义合计换手率较2012年降低193.45个百分点，狭义合计换手率较上年下降170个百分点。其中记账式国债的广义换手率为880.67，高于800.75的平均水平。并且与上年相比增加近74%，增幅明显高于其他券种。从狭义换手率来看，记账式国债虽然低于平均水平，但是与上年相比的降幅则明显小于大部分券种。

表6　　2012、2013年广义换手率和狭义换手率比较　　单位：%

券种	广义换手率	狭义换手率	广义换手率与上年同期相比	狭义换手率与上年同期相比
记账式国债	880.67	75.6	73.71	-60.98
地方政府债	243.59	31.97	-318.45	-329.78
央行票据	808.05	114.76	-523.08	-364.25
政策性银行债	863.39	155.39	-211.86	-160.81

续表

券种	广义换手率	狭义换手率	广义换手率与上年同期相比	狭义换手率与上年同期相比
政府支持机构债券	661.48	139.95	-236.4	-248.39
商业银行债券	227.47	22.48	-102.75	-48.06
资本工具	82.67	26.67	——	——
非银行金融机构债券	168.43	17.22	-44.31	-38.26
企业债券	840.67	315.6	-378	-242.58
资产支持证券	2.23	0	-0.13	-1.18
中期票据	831.68	325.51	-537.98	-389.24
集合票据	469.04	132.87	-679.06	-285.89
外国债券	702.42	702.42	60.5	64.42
合计	800.15	151	-193.45	-170

数据来源：www.chinabond.com.cn

注：广义换手率＝全年交易结算量/日均托管量×100

狭义换手率＝全年现券交易结算量/日均托管量×100

（五）债券柜台市场交易量明显增长

2013年，柜台交易的记账式国债数量达到114只，同比增加4只，覆盖了从1年期到15年期的所有关键期限品种。2013年记账式国债柜台交易累计成交18.72亿元，比上年同期增加24.88%。储蓄国债柜台市场需求旺盛，2013年发行储蓄国债2169.6亿元，发行量较2012年增长41.85%。大部分储蓄国债产品都在发行当日售罄。

五、国债市场创新取得新进展

（一）国债发行机制不断完善

1. 更为科学地制定发行计划，充实完善续发行机制。2013年全年记账式国债续发行达19次，较2012年增长18.75%。续发行机制有利于提高国债市场流动性，为利率市场化改革夯实无风险利率基础。

2. 开展预发行试点，确定7年期国债为试点品种，目前运行平稳。国债预发行通过活跃的国债远期交易提前锁定债券价格，能够实现对发行利率的预期，减少一级市场发行对二级市场的冲击。

（二）国债期货品种顺利推出

2013年9月6日，经国务院批准，证监会批复，国债期货正式在中国金融期货交易所挂牌上市。通过开展国债期货交易，有利于建立市场化的定价基准，完善国债发行体制，推进利率市场化改革，引导资源优化配置；有利于风险管理工具的多样化，为金融机构提供更多的避险工具和资产配置方式；有利于完善金融机构创新机制，增强其服务实体经济的能力。

（三）国债价格的基准性应用进一步深化

1. 2013年12月，国电电力发行首只永续类中期票据，该期中期票据采用银行间债券市场固定利率国债收益率为基准利率，此举正是对十八届三中全会提出的“健全反映市场供求关系的国债收益率曲线”的实质性推进。

2. 自2013年3月25日，国内首只国债ETF经证监会批准

正式在上海证券交易所上市交易后，国债ETF已成为保险、银行等机构投资者进行现金流匹配的一个重要投资工具，为机构投资者进行负债管理或大类资产配置提供了明显的便利，未来可能会有大量的产品基于国债ETF平台而活跃起来。国债ETF将对建设规范统一的债券市场

以及中国债券市场长远发展有积极作用。

六、进一步完善国债市场的发展建议

（一）进一步完善市场机制，健全国债收益率曲线

党的十八届三中全会首次提出“健全反映市场供求关系的国债收益率曲线”，为下一步债券市场的发展指明了工作方向。作为金融市场的定价基准，国债收益率曲线不仅是各类金融资产定价的基准，也是国家宏观调控的重要工具。国债收益率曲线的基础是债券市场的发展，健全国债收益率曲线要从完善我国债券市场的体制机制入手，进一步推动市场改革创新，提高市场参与主体的多元化，提升包括国债在内的各个子市场的流动性，降低交易成本，实现债市的统一，提高交易定价效率。具体来说，可以从以下几个方面着手：

1. 进一步完善做市商机制。

（1）扩大做市商团队，做市商数量应多于国债承销商数量，从而使发行人和中国人民银行有足够的空间从做市商中选拔承销商和公开市场一级交易商。将提供做市服务列为入选承销团的条件之一，即不愿提供做市服务的机构不能参加债券承销，应将做市情况作为债券承销商的考核指标要求之一。

（2）采取措施鼓励做市，比如：国债招标发行的最低额度可以采取弹性标准；国债发行时，做市商享有优先获取追加额度的权利；财政部为做市商在做市过程中参考中债估值提供随买便利；做市商有优先开展新业务的权利，如在未来债券预发行交易中，做市商可享受手续费、保证金、融资与融券上的优惠等；财政部现金管理招标应优先满足做市商资金需要；协商人民银行同意后，在中国人民银行公开市场操作中，给做市商提供优先获取资金的优惠。

（3）有专门为做市商服务的同业经纪人，从而阻止做市商之间的直接点击成交，以减少做市商价格的异常波动。

（4）对国债柜台做市商表现要单独评比，并作为国债承销团成员的考核内容。

2. 增加中长期关键期限国债滚动发行和续发行次数。目前，滚动发行制度已覆盖 1、3、5、7、10 年期五个关键期限的记账式国债品种，但对于 1 年期以下的短期品种和 10 年期以上的长期品种还没有实行相关制度。建议将 20、30 和 50 年期均设为关键期限，每年滚动发行 4 次以上，并考虑适当增加续发行次数。

3. 公平国债市场的税收制度。目前，各地区在国债相关的税收制度执行过程中，由于具体执行人的理解不同而产生了偏差，不同交易场所在国债交易环节收取的费用标准也不统一，这些都不利于国债市场的长期健康发展，在一定程度上影响了国债市场的定价和流动性。因此，一是要尽快明确国债利息免税收入金额和收入确认时点的标准；二是要统一国债交易营业税的计算标准，比如统一采用净价来计算营业收入。此外，应研究取消对国债利息收入的企业所得税免收政策，从而提高个人投资者的认购积极性，促进国债流动性的进一步提升。

4. 鼓励市场在应用国债收益率曲线方面的创新。目前债券市场上的浮动利率债绝大多数都以上海银行间同业拆借利率（SHIBOR）或者回购利率为浮动基准，应该鼓励市场采用国债收益率曲线作为中长期定价基准。比如，国债期货标准券票面利率可以采用上市日时该品种对应的中债远期收益率，这样会减少国债期货的票息效应。另外，国债期货招标券的转换因子应采用可交割券的中债估值与标准券之间的比例。

（二）提高国债短期品种的发行频率，完善国债滚动发行机制

2013 年，记账式国债发行量较 2012 年增加了 11.15%，但是 1 年期以下短期品种的发行量却略有减少。丰富国债短期品种的发行频率对完善国债滚动发行机制具有积极的推动作用，也可以巩固国债收益率曲线的编制规则。为进一步发挥记账式国债对货币市场的价格基准作

用，我们建议提高国债短期品种的发行频率至每月一次。

（三）取消买断式回购交易限额，提高国债市场活跃度

2013 年，记账式国债买断式回购交易量和交易笔数较上年均呈明显增长趋势，但是总量仍然较小。因此，我们建议取消对买断式回购交易限额的规定，而更多采取事后监测其质押品不足的异常交易情况，这样既可活跃市场又可控制风险。

上海证券交易所 2013 年债券市场综述

上海证券交易所

2013 年，上海证券交易所（以下简称“上交所”）债券市场发展较快，债券挂牌只数、托管量和交易量均达到历史高值。

截至 2013 年底，上交所债券挂牌 1686 只，较 2012 年底增加 665 只，增幅 65%。债券托管量 17219 亿元，较 2012 年底增加 6607 亿元，增幅 62%。其中，国债 156 只，托管量 2308 亿元；地方债 62 只，托管量 17 亿元；公司债（含企业债）1226 只，托管量 11634 亿元；可转债 18 只，托管量 1537 亿元；分离交易可转债 10 只，托管量 598 亿元；中小企业私募债券 164 只，托管量 207 亿元；其他证券（含保险公司债、证券公司债和资产支持证券）50 只，托管量 918 亿元。2012 年发行且在上交所上市的国债 33 只，地方债 24 只，公司债 505 只，可转债 4 只，中小企业私募债 125 只，其他证券 34 只。

2013 年上交所债券总成交 63 万亿元，比 2012 年增加 25 万亿，增幅 65%，其中国债成交 771.10 亿元，公司债成交 8940.49 亿元，可转债成交 4793.97 亿元，分离交易可转债成交 571.53 亿元，债券回购成交 610518.77 亿元。

从债券二级市场来看，2013 年上证国债指数继续保持 2012 年以来的上涨行情，呈现稳定缓慢上行趋势。从 2013 年初到年底，上证国债指数从 135.79 点上涨至 139.52 点，较年初上涨 3.73 点，涨幅 2.75%。

2013 年信用债市场波动较大。受市场资金面趋紧影响，6 月份，上证公司债指数出现下行走势，上证企业债指数上涨幅度有所降低；11 月份，上证企业债指数与上证公司债指数进一步下行。上证企业债指数从年初的 159.60 点上涨至 166.56 点，上涨 6.96 点，涨幅 4.36%；上证公司债指数从年初的 142.04 点上涨至 146.15 点，上涨 4.11 点，涨幅 2.89%。

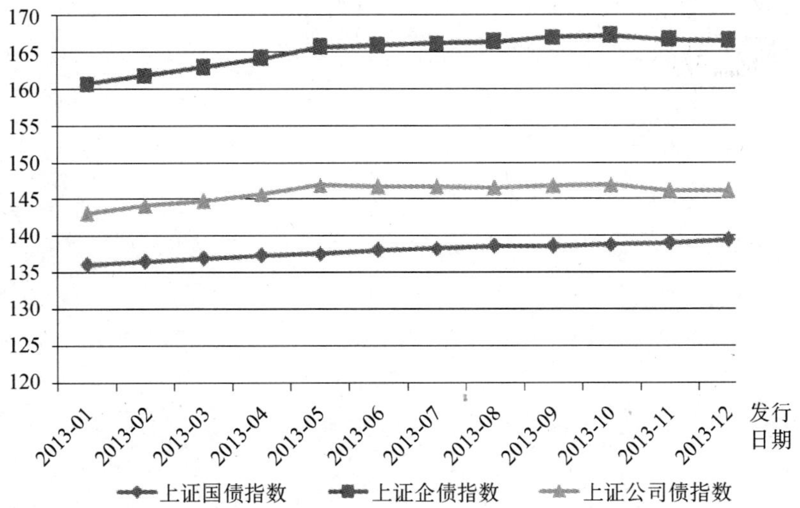

2012 年上证公司债走势图

2013年上交所有序推进债券产品创新，大力推进债券市场建设：一是着力抓债券市场“上规模”，全年债券市场挂牌量、托管量和交易量均创历史新高；二是有序推进债券市场产品创新。首推国债预发行交易业务，顺利实现首只政策性金融债—国开债发行试点，推动商业银行发行减记债。此外，积极推进资产支持证券、可交换债、保险公司基础设施债权计划等产品；三是完善债券市场基础设施，大力推进债券交易规则、机制及系统的整合工作；四是强化债券市场风险防范机制。建立动态风险监测、预警和处置机制，实行投资者适当性制度，同时持续优化债券操作机制。

下一步，上交所将抓住我国债券市场快速发展的良好机遇，继续扩大债券市场规模，加快债券产品创新，培育市场投资主体，不断完善债券交易机制和规则，同时强化债券风险防范和监控方式，促进债券市场健康发展。

深圳证券交易所2013年国债市场概述

深圳证券交易所

在财政部和证监会的领导下，2013年深圳证券交易所（以下简称“深交所”）贯彻落实大力发展固定收益市场的任务要求，稳妥推进国债市场的基础性建设，为国债的发行和交易流通提供高效的市场平台和良好的市场环境，积极促进国债市场稳步健康发展。

一、深市国债市场整体情况

2013年，深市国债新增挂牌57只，现券成交额32.65亿元。截至2013年12月31日，深市国债挂牌数量218只（其中地方政府债券62只），托管面值88.25亿元。

二、深交所整体工作情况与成果

（一）成立固定收益业务小组

为贯彻落实大力发展固定收益市场的任务要求，深交所于2013年对固定收益和衍生品业务进行了整合，成立了固定收益与衍生品工作小组，专门负责深圳市场债券、资产支持证券和衍生品日常业务。

（二）优化债券交易、信息披露服务平台

2013年，深交所推出了固定收益信息平台，形成了集交易信息披露、发行人信息披露、数据统计、规则查询等功能为一体的信息披露服务渠道，进一步提高了市场服务水平。

（三）完善债券回购交易效率效果初显

为进一步夯实固定收益市场基础制度，提高固定收益市场效率，深交所发布实施了《深圳证券交易所债券交易实施细则》（以下简称“债券交易细则”），并于2012年12月10日起统一债券回购品种，提高债券回购交易效率。2013年深交所债券质押式回购现券成交额大幅增加，2013年全年回购成交5.07亿元，是2012年全年的2.3倍。

三、下一步工作计划

国债发行是配合国家宏观经济政策实施的重要金融产品，也是金融市场定价的基础性产品，展望新的一年，深圳证券交易所将在财政部和证监会的领导下，进一步提高服务质量和服务水平，优化国债市场运行环境，配合做好国债招标发行、上市交易、派息兑付工作，继续强化国债市场监管，有效防范化解市场风险，维护国债市场的健康稳定运行，做好市场宣传和服务工作，增强国债市场的影响力和吸引力。同时，深入推进债券市场产品和制度的创新研究，积极推动国债市场的市场化进程，促进国债市场快速健康发展。

中国国债协会 2013 年工作总结及 2014 年工作计划

中国国债协会

2013 年，中国国债协会（以下简称“协会”）在部领导和各主管司局的高度重视和悉心指导下，在广大会员积极支持和大力帮助下，紧密围绕财政金融中心工作，服务至上，求真务实，开拓进取，圆满完成协会三届五次理事会通过的年度工作计划，得到政府主管部门和协会广大会员的充分肯定。

一、2013 年主要工作

2013 年，协会成功召开第四次会员大会暨四届一次理事会；举办报告会、形势分析会、座谈会 4 次；开展专题调研 3 次；组织境内外培训 3 次；撰写调研报告、培训报告 3 篇，编写工作简报 8 期；出版《中国国债市场年报》1 期；编辑内部刊物《政府债务与金融》7 期；在协会网站发稿 3700 余篇，网站访问量 30 万人次；解答广大投资者国债咨询电话 1300 余次；发展新会员 2 家①。具体情况如下：

（一）认真筹备并成功召开协会第四次会员大会暨第四届理事会第一次会议，完成协会换届选举工作

从 2012 年底开始，协会秘书处开始筹备协会第四次会员大会和协会换届改选工作，着手对协会主要文件进行修订。2013 年以来，协会内部对“协会章程”、“自律公约”和“会费收取办法”进行过多次讨论和修改。在此基础上，协会将上述制度报部财政部国库司、金融司、预算司和人教司等征求意见，将协会《章程》提交民政部预审并征求意见，请财政部条法司的专家从法规角度把关。此外，协会还制定了“选举办法”，以规范会议选举行为。协会秘书处于 2013 年 3 月 1 日将上述 3 个文件连同协会第三届理事会工作情况报告一并提交所有会员单位审阅；同时以通讯方式专门召开三届六次理事会议，修改后的章程通过了书面表决。不仅如此，为了提高会议效率，压缩会期，减少会议支出，在上报财政部关于协会换届工作报告批复下来后，协会又将会议有关文件草案再次以电子文档方式提交会员单位审阅。此外，利用召开会员大会这一契机，协会还对现有会员队伍进行了清理，并更新、完善了会员信息资料。

12 月 20 日，协会第四次会员大会暨第四届理事会第一次会议在江西省景德镇市召开。财政部、中国人民银行、证监会等政府主管部门对协会工作高度重视，并为大会发来贺信。三部门对协会过去 5 年工作取得的成绩给予充分肯定，对协会未来发展寄予殷切希望，对协会新一届理事会工作提出明确要求。财政部国库司周成跃副司长、中国人民银行国库局董化杰副局长、证监会债券办公室陆文山副主任应邀出席会议，兄弟行业协会有关负责人到会祝贺，张秉国、王丽丽、

① 新会员为邯郸银行股份有限公司和东方证券股份有限公司。截至 2013 年末，协会共有单位会员 160 家。其中，常务理事级单位会员 44 家，理事级单位会员 48 家，普通会员 68 家。

陆文清等协会新、老领导以及协会会员代表共约160人参加了会议。会上，周成跃副司长代表政府主管部门在大会上讲话。协会张秉国常务副会长做“协会第三届理事会工作报告暨2014年度工作计划建议”。他回顾了协会过去5年来的主要工作，总结了第三届理事会工作的四点体会，并对如何开展2014年工作提出了四项建议。会上，张红力秘书长作协会第三届理事会财务工作报告。会议还表决通过了“两个报告、四项制度”。第四届理事会第一次会议选举了协会理事、常务理事和新一届领导班子。

（二）紧密结合宏观经济金融形势及金融债券市场变化，积极举办具有针对性、时效性，内容丰富、形式多样的各种形势报告会、分析会、座谈会和培训，做好为会员服务工作

1. 举办金融债券市场形势分析暨迎新春座谈会。1月11日，协会在上海召开“金融债券市场形势分析暨迎新春座谈会”，回顾一年来我国金融债券市场运行情况，分析当前经济金融形势，展望新的一年国债市场发展趋势。财政部、中国人民银行和证监会有关政府主管部门领导应邀出席会议做专题报告，协会领导张秉国常务副会长、吕世蕴副会长出席会议，并与会员代表座谈交流。协会近30家在沪、在京会员单位代表参加了会议。

张秉国常务副会长在讲话中回顾了过去一年宏观经济和政府债券市场情况，简要报告了协会过去一年来的主要工作，提出了2013年协会工作指导思想。财政部国库司周成跃副司长就我国国债市场形势和国债管理改革作专题报告。他总结了2012年国债管理工作的主要进展，提出了2013年国债管理改革思路。要继续深化国债发行制度改革，进一步深化储蓄国债改革，促进国债二级市场的流动性，加快国债市场法制化建设步伐，进一步做好地方政府自行发债改革试点。协会副会长、中央国债登记结算有限公司总经理吕世蕴就我国债券市场运行情况作了专题演讲。

2. 举办国债期货理论、实务与风险管理培训班。4月17－18日，协会在宁波市举办“国债期货理论、实务与风险管理培训班”，邀请中国金融期货交易所、国投中谷期货有限公司、芝加哥自营交易公司的专家授课。来自协会会员单位的业务骨干和相关管理人员，以及部分非会员机构的代表共90余人参加了培训。张秉国常务副会长到会并讲话。他在讲话中回顾了过去一年我国政府债券市场改革发展概况，分析了当前经济金融形势，总结了国债期货市场的职能作用，强调了金融风险防范的重要性，阐述了举办此次培训班的目的。中国金融期货交易所的李暮春先生与大家探讨了国债期货市场的功能作用和重开国债期货等系列问题；丁鑫先生就国债期货合约及规则设计等进行专题演讲；国投中谷期货有限公司的曹帅先生就国债期货交易与风险防范问题作专题演讲；芝加哥自营交易公司的杨森先生结合自己多年实践经验，就海外国债期货交易策略与交易经验作专题演讲。四位授课专家或是我国国债期货交易规则制定者，或是国际金融市场国债期货交易专家，或是国内期货研究专家，他们的授课内容各有侧重，在课堂上真诚地与学员分享了自己专业理论知识、工作体会和业务经验，坦诚回答了学员们提出的问题。

3. 举办宏观经济金融形势报告会暨债券市场投资培训班。7月18－19日，协会在银川市举办“宏观经济金融形势报告会暨债券市场投资培训班”，邀请国务院发展研究中心、摩根大通银行和兴业银行的专家授课。协会会员单位的业务骨干和相关管理人员，以及部分非会员机构代表约70余人参加了培训。杨政副会长到会并讲话。他在讲话中简要分析了我国当前经济形势，提出了此次培训班的办班目的和具体要求。国务院发展研究中心宏观经济研究部魏加宁副部长就我国宏观经济金融形势做了专题报告，总结了世界经济面临的主要风险，透析了我国经济面临的三大内部风险，并对城市化道路和体制改革前景问题畅谈了自己的观点。摩根大通银行大中华区高级经济师、执行董事吴向红女士对全球经济形势、中国经济形势进行了分析与展望。兴业银行研究中心利率研究主管郭草敏就我国当前债

券市场形势进行了分析。

近年来，协会举办会议非常注重实效和勤俭节约。比如将形势分析报告会与新春座谈会有机结合起来，与会会员代表在回顾过去一年国债金融市场形势的基础上，了解未来一年国债管理改革重点工作，便于提前有效安排国债投资工作。组织培训时，非常注重将理论与实践、定性与定量、制度与经验、讲解与研讨相结合。同时，还注意邀请不同层面的专家授课。这些“兼顾”取得了良好效果。

4. 召开储蓄国债承销团成员座谈会。10 月 31 日，为进一步做好服务储蓄国债管理、服务储蓄国债承销团成员的工作，同时听取会员单位对地方债发行工作的意见与建议，充分发挥协会“自律、服务、协调”的职能作用，协会在苏州市组织召开储蓄国债承销团成员座谈会，座谈有关储蓄国债发行、承销、兑付及管理工作，以及地方政府债券发行管理工作，交流储蓄国债投资者权益保护经验，征求会员单位对协会工作的意见和建议。会议由协会张秉国常务副会长主持，财政部国库司国债发行兑付管理处杨光、人民银行国库局国债管理处李平处长到会指导并与代表座谈交流。江苏省财政厅、中国人民银行南京分行相关部门负责人及储蓄国债承销团成员代表共 40 余人参加了会议。会上，代表们畅所欲言，充分交流，纷纷就上述主题建言献策。通过此次会议，政府主管部门、承销团成员以及协会三方面都有较大收获：主管部门面对面听取了各承销成员的工作开展情况以及对主管部门提出的宝贵意见和建议，有利于主管部门未来进一步改进工作；承销团成员代表之间、成员与主管部门间进行了充分交流与沟通，提出的问题得到主管部门领导的现场解答，有利于更好开展储蓄国债承销工作；承销团成员代表对协会提出了很多希望与建议，对协会未来工作予以启迪和鼓舞。同时，承销团成员代表的交流，也有利于彼此相互取长补短，相互促进提高。

5. 组团赴法国进行培训。经财政部批准并受金融司委托，国债协会于 2013 年 11 月 24 日至 12 月 14 日组团赴法国，圆满完成了“欧债危机背景下法国国债市场建设及其对我国借鉴作用”培训任务。培训团由中央国债登记结算有限责任公司、中国农业发展银行、中国银行股份有限公司、中信证券股份有限公司、平安证券有限责任公司等部分会员机构的业务骨干组成，协会会员培训部主任梁维和带队。在法期间，培训团邀请法国国库署、法国巴黎一大、波尔多大学、法国农业信贷银行、法国兴业银行、Societe Generale 公司、法国证券职业协会等政府主管部门、金融机构和行业协会的专家专题授课，并应邀进行了参访。通过培训、参访和与外方专家的业务交流研讨，参团人员对法国乃至欧洲的经济金融形势、法国债券市场尤其是法国国债市场总体情况、欧债危机背景下法国国债市场特点，以及法国金融机构如何应对欧债危机等问题有了深入了解，对法国未来经济金融和国债市场的发展前景有了基本判断，对如何做好我们的国债管理与国债投资工作提出了建议。

（二）密切关注国债市场热点、难点问题，深入开展理论研究和调研活动，积极向政府主管部门建言献策，做好为政府服务工作

1. 针对农村地区国债购买难问题开展专题调查研究。在 2012 年协会组织的农村地区国债销售情况调研基础上，2013 年 8 月 19 – 23 日，张秉国常务副会长带队，邀请财政部国库司、中国人民银行相关部门领导和中国邮政储蓄银行储蓄国债业务负责人，赴江苏省进行储蓄国债业务四级调研。调研组与江苏省和无锡、苏州、常熟等地各级财政部门、中国人民银行分支机构、储蓄国债承销团成员在上述各地分行的相关业务负责人，以及基层金融机构相关负责人座谈，深入到乡镇参观走访当地银行网点，与乡镇机关工作人员、村支书、网点负责人和储户代表座谈并发放调查问卷。通过调研，了解了 2013 年年初以来国家出台的储蓄国债系列新政策在当地的执行情况，以及有关各方对储蓄国债发行、管理改革新的期望，基本摸清了经济发达地区农民、个体户对储蓄国债投资问题的真实想法。协会对调研

中获取的信息资料进行深入分析研究，就如何解决农村地区群众购买国债难的问题，提出了相应意见和建议，相关调研报告已报送政府主管部门。

2. 组织地方政府债券发行管理情况调研。为配合政府主管部门加强对地方政府债券的管理，深入了解地方政府自行发债试点的具体做法、经验和存在的问题，进一步完善财政部代理发行和地方自行发债方式，协会由杨政副会长带队，先后于6月25日－27日和11月19－21日，赴湖南省和浙江省调研地方政府债券发行管理情况。调研组深入省、市、县三级财政部门，通过座谈交流等方式详细了解了各级地方政府对地方政府债券资金的管理、使用和偿还情况，征求了进一步加强地方政府债券发行管理的有关建议，获得了较为丰富的一手信息资料。对调研中反映的问题，协会及时撰写调研报告，向政府主管部门提出了有针对性的政策建议。

（三）努力办好协会宣传媒体，充分发挥协会在宣传动员、组织协调等方面的优势，为政府、会员和市场服务

2013年，协会继续充分利用内部刊物、网站和电话咨询等“对外窗口”，积极宣传国债、地方政府债券政策，普及国债、地方政府债券知识，介绍国债投资方法，有力地促进了国债、地方债发行。同时，协会努力发挥行业组织作用，大力倡导和鼓励协会会员积极参与国债、地方政府债券投标，认真履行各项承销义务，圆满完成年度国债、地方债筹资任务。

协会内部刊物《政府债务与金融》内容更加贴近经济金融形势和债券市场变化，通过“国际视野”栏目密切跟踪国际金融危机和欧债危机的最新动态；通过“高层声音”、“部门动态”栏目及时报道各项宏观经济政策和财金改革措施；通过“债券市场”、“地方债管理”栏目实时关注债券市场变化，解读分析市场热点难点问题；通过“业务交流”、“会员风采集萃”栏目，介绍和推广会员开展国债业务的成功经验和做法，促进会员间的相互学习和提高。一年来，协会共编辑内部刊物7期，刊物质量不断提高，日益受到政府主管部门和会员的好评和喜爱。协会编辑出版的《中国国债市场年报（2012）》，内容丰富、资料翔实，系统综合地反映年度国债市场全貌，成为行业内不可或缺的重要参考文献。协会网站经改版后，内容突出“大金融”特色，对宏观经济政策和经济金融形势变化进行及时报道，在做好国债政策信息发布的基础上，增加了对地方政府债券、国库现金管理以及央行公开市场业务等相关信息内容的关注。一年来，协会网站累计发稿3700余篇。

（四）进一步加强内部建设，完善制度，规范管理

秘书处是协会理事会的常设办事机构，秘书处的管理水平和员工素质直接影响到协会整体工作水平和效率。过去一年，协会狠抓秘书处内部建设，不断提高科学化、规范化管理水平。一是在财政部党组和金融司党支部的统一领导下，扎实开展党的群众路线教育实践活动。协会秘书处把提高为会员服务水平作为解决“四风”问题的切入点，按照“照镜子、正衣冠、洗洗澡、治治病”的总要求，认真检查为会员服务方面存在的问题，制定整改措施，把为会员服务工作做好、做实、做出成效。二是加强政治和业务学习，提高员工政治素质和业务能力。秘书处积极组织职工认真贯彻落实党的十八大精神，尤其是深入学习十八届三中全会和中央经济工作会议关于财政金融领域的方针政策，使员工为政府和会员服务的能力与水平明显提高。三是加强内部文化建设，树立“讲正气、促和谐、求发展”的理念，培养了职工爱岗敬业，无私奉献的精神和信念，增强了团队的凝聚力、战斗力。四是加强制度建设和内部管理，培养规范、严谨的工作作风，使协会各部门职责分工更加明确，岗位责任制得到进一步落实，提升了协会整体工作效率和水平。五是加强财务管理，严格执行国家财务规章制度，严格执行预算，同时注重落实内控机制，在国家审计署及会计师事务所的各项财务审

计中，协会财务收支均符合国家规定，保障了协会各项工作顺利开展。

二、工作特点及体会

2013年，协会工作突出特点是以增强服务意识、拓展服务领域、改进服务方式为重点，围绕政府债券市场热点问题开展协会工作，将“两个服务”工作不断向纵深推进。

过去一年，针对国债、地方政府债券市场热点、难点问题，协会先后组织赴江苏调研农村地区国债发行情况，赴湖南、浙江调研地方政府债券发行管理情况等三次活动。其中，农村地区国债发行情况系列调研是多年来协会组织的规模最大、范围最广、调查最为深入的一次调研活动。调研组深入最基层，直接倾听群众要求与呼声，密切与群众联系的工作作风，深深赢得了基层同志和国债投资者的尊重和好评。事后，协会深入研究分析调研中获取的信息资料，对如何解决农村地区群众购买国债难的问题，提出了相应的意见和建议。调研报告得到主管司局和分管部长的肯定。组织地方政府债券发行管理情况调研则是协会拓展服务领域，将地方政府债券管理相关工作纳入协会服务范围的一个重要举措。

上述三次调研活动，一方面使协会为政府服务的领域由以往的宣传、培训、咨询，深入到国债、地方债管理改革，极大提升了为政府服务的层次和水平；另一方面，开辟了由协会牵头、政府主管部门全力支持并积极参与、协会会员机构积极响应的新局面，为协会以后开展并做好此类工作积累了经验。在做好调研工作的基础上，向政府主管部门反映客观情况、发现应改进的问题并提出相应的政策建议，是协会应尽服务政府的义务，也是协会应承担的社会责任。

过去一年，协会极为关注储蓄国债承销（包括农村地区储蓄国债销售）工作情况，首次组织召开储蓄国债承销团成员座谈会，深受各方欢迎。参加座谈的会员单位认真总结储蓄国债承销工作，热烈交流储蓄国债代销经验和储蓄国债投资者金融权益保护经验，同时还就今后储蓄国债承销团管理、储蓄国债发行和协会工作进一步开展等，提出了较好的意见和建议。协会为财政部和人民银行加强与市场成员之间增加沟通渠道，为会员单位提供交流与借鉴机会提供了一个很好的平台。

总结一年来的工作，我们深深体会到，协会各项工作的顺利开展，不断进步，得益于财政部、中国人民银行、证监会等政府主管部门的高度重视和悉心指导，得益于广大会员的积极支持和大力帮助。过去一年，部领导为协会工作总结、工作请示和调研报告作出重要批示，特别是在协会第四次会员大会召开之际，财政部、人民银行和证监会专门来函祝贺会议召开，给予协会极大鼓舞与鞭策。财政部金融司一如既往地对协会工作给予了全方位的支持与指导，促进了协会工作不断发展进步。国库司领导应邀挤出时间出席协会召开的各种会议并讲话，带领相关处室负责人亲临协会调研并指导工作，把关系到国债市场改革与发展的很多重要工作交给协会来做；国库司业务处室克服人员紧张困难，积极支持并多次参加由协会牵头的调研，使协会在国债市场中的功能作用得以发挥和拓展。过去一年，会员对协会工作继续给予了很多支持和大力配合。广大会员把协会当成自己的家，把协会的事当成自己的事来办；积极参加协会举办的各项会议和培训；热情参与协会组织的调研活动；踊跃为协会刊物和年报投稿；诚恳地为协会发展提出好的意见建议。

过去一年，尽管协会较好完成了年度工作计划，取得了一定成绩，但我们清醒地认识到，协会工作与政府部门和广大会员的期望和要求还有一定差距。如行业自律管理职能未能充分发挥，面向社会的基础培训以及从业人员行为规范等工作尚未深入开展；组织行业研究工作还需努力；为政府主管部门服务的主动性还需加强；协会工作人员综合能力素质还需进一步提高等等。上述问题需要协会着力研究并加以切实改进。

三、2014年工作计划

2014年是全面贯彻落实党的十八届三中全会精神的第一年，是深化财税体制改革和完善金融市场体系的重要一年，也是协会新一届理事会的开局之年。新形势、新任务给协会发展带来新的机遇和挑战，协会将全面贯彻落实党的十八届三中全会精神，紧密围绕“深化财税体制改革和完善金融市场体系”这一中心工作，把握财政发展改革、金融市场开放和国债与地方政府债券市场发展规范大局，抓住机遇，奋力开拓，继续深化为会员服务和为政府服务，提升行业自律管理水平，努力开创协会事业新局面，以富有成效的工作促进国债和地方政府债券管理改革和政府债券市场发展。2014年协会工作重点如下：

（一）主动配合政府主管部门做好政府债券发行管理及改革工作，提高服务政府主管部门工作质量

1. 积极配合政府主管部门，确保年度政府债券筹资任务顺利完成。一是努力发挥行业自律管理职能，动员国债承销团成员和协会会员认真履行承销义务，积极参与国债和地方政府债券招投标发行，严格执行招投标规则和协会会员自律公约，促进各期债券顺利发行。二是配合财政部、人民银行和证监会等相关主管部门做好对国债承销团成员和国债做市商的考评、培训等工作，协助办好与国债发行管理相关的工作会议。三是充分利用协会刊物、网站、咨询电话等“对外窗口”，大力宣传政府债券政策，普及政府债券知识，促进政府债券发行管理。

2. 协助政府主管部门推进有关国债管理改革，加大国债理论研究力度。协助财政部国库司推进《国债条例》立法进程，做好相关工作；配合做好记账式国债预发行、储蓄国债网络销售等新的改革措施实施和推广；在政府主管部门指导下，组织会员单位及相关研究机构开展国债管理方面课题研究，当好政府主管部门的参谋助手。

3. 充分发挥桥梁纽带作用。分地区、分行业召开协会会员座谈会，召开储蓄国债、记账式国债承销团成员座谈会，广泛听取会员单位对国债市场发展和协会工作意见和建议，共同探讨研究国债市场管理方面问题，及时向政府主管部门反馈会员单位动态信息及工作建议，充分发挥协会桥梁纽带作用，协助政府主管部门作好国债发行管理相关工作。

（二）积极开展多样性的符合会员需求的活动，为会员单位投资决策和做好债券业务提供优质服务

1. 举办宏观经济金融形势分析会、报告会。拟于上半年和下半年分别办经济金融形势分析报告会，帮助会员分析了解经济金融形势，更好地把握国家经济金融政策和市场走向，做好债券投资业务。

2. 做好业务培训工作。结合会员业务需求制订系统的年度培训计划和方案。培训内容要更加突出实务性和前瞻性。在国债业务品种创新、金融会计新准则制度出台时，要根据会员单位需求，有计划、分步骤组织培训。培训师资方面要兼顾高层专家学者和一线业务专家，使理论和实践并重。培训形式尽可能将授课和模拟操作相结合，注重培训效果。同时，拟组织力量编辑国债业务基础培训教材，针对会员单位需求情况，分批举办国债业务入门培训班。

3. 强化协会联系交流平台。通过网站、QQ群或微信群的方式，在储蓄国债承销团成员之间、记账式国债承销团成员之间，乃至协会会员之间，分门别类地建立业务联系与交流平台，以增进会员交流和反映行业诉求，为会员单位业务开拓提供方便。

（三）拓宽协会服务范围和服务领域，更好发挥协会职能作用

1. 将地方政府债券纳入协会服务范围。在征得财政部相关司局支持下，通过修订协会章程，将地方政府债券纳入协会服务范围。在此基础上，探讨加强与地方财政系统联系，为地方政府债务管理专业干部提供相关业务培训，为地方

政府自行发债和将来自主发债提供业务咨询与辅导。

2. 开展地方政府债券评级市场调研。探讨市场准入、退出和自律管理机制。为规范地方政府债务市场发展，防范主权风险以及可能产生的财政金融风险，积极进行有益尝试。

（四）加强协会秘书处内部建设，提升协会服务水平，增强发展后劲

1. 要树立“服务至上，求真务实，开拓进取”的理念，全面提高协会服务质量和工作水平。

2. 要进一步完善协会内部各项制度建设，规范协会各项工作，提高服务质量。

3. 要注意人才培养及其使用，努力打造一支政治思想过硬、业务能力强、紧密团结协作、勇于开拓进取的员工队伍。

4. 要进一步加强财务管理，确保协会工作高效、有序运转。

2014 年，协会将以第四次会员大会为契机，认真学习贯彻落实十八大和十八届三中全会精神，坚持科学发展，认真履行职责，发挥社团优势，提升服务水平，注重内部管理，努力开创工作新局面，更好地促进政府债券市场的发展。

三、部分承销团成员国债业务经验介绍（排名不分先后）

中国工商银行

一、记账式国债承销交易业务经验介绍

2013年，市场流动性整体趋紧、利率市场化加速推进，债券市场收益率史无前例地大幅攀升。中国工商银行努力应对严峻的市场冲击以及多变的经营条件，圆满完成了全年记账式国债承销交易业务。

（一）合理制定国债投资计划，积极参与国债、地方政府债投资认购

年初，按照财政部公布的国债发行计划及自身经营需要，合理制定全年国债投资计划；后期根据市场形势变化及对未来趋势预判，不断优化调整投资策略。对于日常每一期国债招标，结合国债相对价值表现以及月度策略安排，认真准备投资方案并积极参与投标，同时注重发挥主力机构示范作用，在市场定价方面维护国债市场平稳发展。地方政府债方面，在2013年下半年流动性整体趋紧、可用资金有限的背景下，中国工商银行优先参与地方债投资，努力支持财政部代理发行地方债工作顺利开展。

（二）认真履行做市商义务，积极开展国债双边报价，不断提高做市水平和影响力

一是根据交易商协会要求，做好新发关键期限国债的做市报价工作，确保业务满足合规性要求，杜绝空白报价；二是在全年利率大幅上行的市场环境中，保持双边报价的债券数量，为市场提供国债流动性保障；三是密切关注市场利率走势，努力提高报价质量，充分发挥双边报价的价格发现作用，同时尽可能缩小双边报价价差，力争使各期限平均价差处于市场领先水平；四是注意加强业务创新，运用多种手段积极盘活存量国债，为市场提供流动性支持。

（三）支持配合财政部国债市场改革及其他相关工作

2013年财政部继续推进国债发行改革创新，国债预发行交易正式面世。中国工商银行紧跟改革步伐，在相关创新工作方面积极建言献策，全力推动国债市场改革的顺利实施。同时，中国工商银行注意严格遵守财政部各项制度规定，积极参加财政部举办的各季度国债筹资及市场分析会议，加强与财政部及市场成员的沟通，从主要投资人和市场参与者角度对国债发行、市场建设等提出合理意见；每季度按时按质上报金融市场分析预测报告以及改进国债管理工作的意见和建议。

（四）积极争取地方政府债主承资格，确保地方政府自主发债成功发行

2013年，中国工商银行通过总分支行联动、积极沟通发行人等方式提早筹备地方政府自行发债的主承销竞标，最终获得了山东、广东、江苏、浙江和深圳五省市地方政府债的主承销资格。发行过程中，中国工商银行认真履行主承销商职责，挖掘并巩固投资者的需求，自营银行账户亦积极参与投资，最终保证了五省市地方政府债的成功发行。

二、储蓄国债代理业务经验介绍

2013年，面对各类理财、基金及互联网金融产品对储蓄国债销售冲击的影响，中国工商银行在财政部、中国人民银行的领导下，在中国国债协会、中央国债登记结算公司的帮助下，依托营业网点多、客户数量大、科技实力强等优势，不断优化信息系统，认真开展宣传与培训，做好值守与应急处理，努力提升服务水平，圆满完成了全年储蓄国债代理工作。

（一）注重网银建设，提升服务体验

2012年11月，做为首批储蓄国债（电子式）网上银行销售试点成员，中国工商银行开展了首期试点工作并取得了较好效果。中国工商银行高度重视网上银行销售这一新渠道的建设与服务工作，在已有网上银行试点销售储蓄国债（电子式）功能的基础上，结合2012年试点开展情况和客户反馈意见，对网上银行销售系统进行逐步优化，使提示信息更便于客户理解、网上银行渠道额度分配与调剂更为灵活，提升用户界面友好程度和服务体验满意度，努力为客户提供更为优质的服务，进一步发挥网上银行渠道的销售与服务作用。

（二）优化柜面系统，提高服务效率

中国工商银行一直致力于通过信息系统建设，不断提升服务水平和管理能力，并在2013年继续开展了较有成效的工作。一方面，在严格遵守财政部、中国人民银行相关规定的前提下，结合自身实际，对储蓄国债柜面渠道代理系统进行不断优化，提升额度分配与抓取效率，努力为客户提供更多的可认购额度，并对原有业务凭证进行梳理和整合，简化业务手续，提高服务效率；另一方面，在财政部和中国人民银行的指导与帮助下，优化凭证式国债业务系统向中国人民银行国库信息管理系统自动报送数据相关功能，进一步提高数据的时效性、全面性与准确性，为外部决策提供相关数据支撑服务。

（三）加强宣传培训，增强服务能力

中国工商银行十分重视业务宣传及服务能力对储蓄国债代理业务的推动作用。在通过销售网点摆放财政部统一印制的宣传材料的基础上，针对具体期次储蓄国债发行情况张贴统一的宣传材料，并充分利用自身电话银行、短信平台、内部通知园地等资源开展更为广泛的业务宣传；通过定期培训与及时下发相关政策等形式，加强业务培训，力争使各级业务管理人员和服务人员准确掌握储蓄国债认购方式、计息规则、提前兑取规定等基本知识，熟练操作信息系统，不断增强业务管理水平和客户服务能力。

（四）考虑应急事项，制定处理预案

储蓄国债代理业务面对的客户为广大个人投资者，影响较广，中国工商银行高度重视每期国债代理发行的应急处理工作。一方面，认真研究发行期内尤其是发行首日可能遇到的紧急情况，制定详细的应急预案；另一方面，事先确定发行期内有关部门联系人，并与北京等重点地区建立更为便捷的沟通联系机制，以便能够在第一时间获悉可能面临的问题，尽快解决。

（五）强化发行值守，确保首日顺畅

每期储蓄国债发行首日是成功的关键时点。为此，中国工商银行一方面强化发行首日的值守工作，每期储蓄国债发行首日，不论是否为工作日，相关业务人员和技术人员均认真做好在岗值守，及时了解市场情况，耐心解答业务咨询；另一方面加强对国债发行期内各渠道、各地区销售情况的监测工作，通过下发通知、电话指导等方式督促分行加大营销，做好服务，并根据需要及时调剂渠道销售额度，满足广大投资者认购需求的同时，加快总体销售进度。

（六）开展业务检查，确保业务合规

中国工商银行一直坚持稳健经营、合规发展的基本要求。在储蓄国债代理业务接受外部监管业务检查与外部审计的基础上，开展由行内内部审计、内控合规等部门组织的业务检查，及时发现业务发展过程中可能存在的不足，不断完善业务管理，促进业务合规、健康发展，保障了全年未发生任何违规及风险事件。

（中国工商银行供稿）

中国银行

一、圆满完成国债及地方政府债券承分销工作

（一）记账式国债

国债是国家进行国民经济建设的重要资金来源，对国民经济的健康发展具有重要的意义，并且国债还具有利息收入免税、经济资本占用为零及市场流动性较好等优势，中国银行历来高度重视国债的投资工作，国债也是我行进行资产配置的主要品种。2013 年，中国银行积极参与全年各期记账式国债的承销工作，尤其在下半年资金面紧张，一级市场配置需求下降的情况下，克服自身流动性困难，保持了较高的国债投资占比，为稳定国债收益率水平，促进记账式国债顺利发行方面做出了贡献。2013 年中国银行在记账式国债承销团排名中名列第三，荣获了 2013 年记账式国债优秀承销商奖。

中国银行高度重视日常国债的投标工作，对于每期国债均认真制定投资策略，准备投资方案，分析市场需求，把握市场走势。2013 年，中国银行对各期国债招标利率判断均较为准确，国债加权中标率均较全场加权平均利率高出 1－2bps，在保证投资量的同时，获得了相对较高收益。

在做好债券承分销工作的同时，中国银行也十分重视与财政部及各市场成员的沟通交流，按时认真上报金融市场分析预测报告及改进国债管理工作的意见和建议，参加了财政部举办的各季度国债筹资及市场分析会议，并参加了《国债条例》修订研讨，对国债发行、市场建设及《国债条例》的修订等方面积极建言献策，为我国国债市场改革的顺利实施及国债市场的长期健康发展做出了自己的贡献。

（二）地方政府债券

地方政府债券是地方政府补充财政资金，进行地方建设的重要融资品种，大力发展地方政府债，有助于建立透明规范的地方建设融资机制，拓展地方建设融资渠道，对地方政府的经济建设具有非常重要的作用。2013 年，中国银行积极参与地方政府债券的投资，较好地履行了中国银行作为地方政府债承销团成员的义务。此外，2013 年，地方政府自行发债试点省份范围有所扩大，共有六家地方政府自行发行地方政府债券，中国银行总、分行加强沟通协调，参与承销工作，有力地支持了地方政府财政建设，并获得了地方政府债券承销优秀奖。

二、顺利完成全年储蓄式国债代理发行业务

2013 年，为确保储蓄国债承销工作有条不紊地开展，中国银行有针对性地加大了储蓄国债管理和营销力度，以第一批网银试点行为契机，组织推动各渠道进一步加强国债销售工作，储蓄国债（电子式）全年发行十期，累计发行总量为 142.75 亿元，其中，网银发售储蓄国债（电子式）总量为 21.48 亿元，凭证式国债共发行四期，累计销售总量 113.61 亿元，实现代理国债业务手续费税后收入约 1.29 亿元。2013 年，经财政部批准，中国银行成为本年度第一批网银试点行，第一次同时通过网银渠道和柜台渠道销售本年度储蓄国债（电子式）获得圆满成功，使国债业务迈上一个新的台阶，得到了广大投资者

的认可。中国银行还多渠道开展国债业务的宣传，制定统一的宣传材料和解答口径，通过柜台、网站、电话银行、微信等多渠道进行国债业务宣传，解答投资者关心的问题，不断提升储蓄国债业务的品牌度和影响力。2013 年 10 月，中国银行对债券系统进行了再次优化，将凭证式国债从核心银行系统迁移至外围国债系统中。针对系统改造后的变化，我们重新制定和修订了管理办法、操作规程、实施细则和开展网银工作应急预案等，并对分行开展培训工作。

今后中国银行还将一如既往地按照财政部、中国人民银行的部署做好储蓄国债业务各项工作，为投资者提供更全面更优质的服务。

三、履行做市义务，积极参与二级市场交易

作为银行间市场最重要的做市商之一，中国银行积极履行做市义务，持续提供双边报价。从中国银行的做市情况来看，国债是重要债券做市品种，2013 年全年，中国银行国债做市共成交 272 笔，国债做市成交占中国银行总做市成交量的 61%。此外，2013 年中国银行积极参与国债市场二级交易，全年共做二级国债交易过千笔，活跃了国债二级市场交易，增强了国债二级市场的价格发现功能，有助于反应供需关系的国债收益率曲线的形成，2013 年中国银行获得了中国银行间本币市场优秀交易成员奖。

四、积极参与相关课题研究

（一）参与“利率市场化过程中的国债发行策略”课题研究

2013 年中国银行参与了财政部发起的“利率市场化过程中的国债发行策略”课题研究，并负责课题中德国、墨西哥、南非部分的撰稿工作。在课题研究过程中，中国银行充分发挥海外网点多的优势，和海外分行紧密联系，收集了很多一手资料，认真研究了国外市场在利率市场化过程中的经验和教训，为完善和改进利率市场化过程中的国债发行策略提供了参考。

（二）参加“商业银行国债期货的风险管理及其监管政策研究”调研课题

2013 年，中国银行参与了银监会开展的“商业银行国债期货的风险管理及其监管政策研究”调研课题，负责其中“我国商业银行国债期货的应用及风险管理”部分的编写，中国银行通过研究国外成熟市场国债期货交易策略及风险管理方法，结合我国实际，就我国商业银行在业务操作中国债期货的应用和风险管理策略进行了有益探索，为未来的实际运用提供了理论参考。此外，中国银行还全程参与了国债期货的前期调研、产品设计、系统测试、模拟交易等环节，积极促进国债期货的顺利推出。

（中国银行供稿）

中国农业银行

一、记账式国债业务

2013 年，十八届三中全会明确“全面深化改革”主基调，中央改革力度和覆盖面空前，包括财税体制改革在内的各项政策加速推进。利率市场化、金融脱媒、各类业务创新的速度超过预期，互联网金融快速崛起；同时，中国人民银行货币政策实质收紧，货币市场利率波幅多次达到1000 余基点，债市收益率六个月内上行 200 余基点，10 年期国债也上行了近 120bp，均创下近年来新高。中国农业银行把握经济运行大势，进一步加强了国债一级市场投资交易等相关工作。与此同时，高度重视国债做市和柜台业务，做市业务各项指标全部符合交易商协会的相关规定，报价价差合理，价格调整迅速，关键期限国债全年报价总量位居市场做市商前列。

（一）国债一级市场承销方面

作为银行间债券市场主要的机构投资者，中国农业银行积极开展国债和地方政府债承销、投资等各项业务，国债承销规模和市场份额一直稳居同业前列，近年均获得记账式国债承销优秀奖。在日常投标工作中，积极研究投资主体结构性变化、市场认购情绪以及一、二级市场之间的联系对投标结果的影响，同时也关注不同招标方式下投标标位的摆布策略。2013 年中国农业银行国债承销继续保持较强的市场影响力，获得“记账式国债承销优秀奖”。

（二）在债券二级交易业务方面

中国农业银行密切关注债券市场变化，积极把握波段操作机会，动态调整交易组合管理策略，在中央国债登记结算公司公布的 2013 年债券交割量（现货）排行榜中本行排名居四大银行首位。

（三）在做市业务方面

中国农业银行以遵守合规性要求为基础，切实履行做市商义务，着力优化双边报价券种，保证报价的连续性，为银行间市场的平稳运行发挥了大行应有的作用，2013 年全年做市成交量列全市场第一。

（四）在柜台国债业务方面

在合理管控风险的前提下，紧盯银行间市场实际成交情况，通过电子化的方式发现可能存在的套利机会，并以其他承办行实际报价为依据积极缩小中国农业银行柜台记账式国债双边报价范围，目前中国农业银行柜台记账式国债报价基本维持在市场报价最优或次优的水平。

（五）在市场机制建设方面

一是深入研究、积极筹备国债预发行相关准备工作，作为主要机构参与上交所国债预发行的规则制定、修订及系统测试，成为市场中较早参与上交所国债预发行报价的机构。二是作为2013 年财政部重点课题——国债换券课题组的牵头协调人以及主要撰稿人，按时保质形成相关研究报告，为国债市场发展献计献策。

二、储蓄式国债业务

2013 年，中国农业银行获批成为储蓄国债（电子式）网银销售试点银行。全年代理发行储蓄国债 14 期，其中代销储蓄国债（凭证式）4 期，实际销售 142.13 亿元；代销储蓄国债（电子式）10 期，实际销售 248.63 亿元。

一是售前积极预热。在接到发行通知后，中

国农业银行及时向各分行发布国债销售预告，各网点客户经理、理财经理主动向有国债投资意向的客户进行营销宣传。发行前一个工作日，中国农业银行在门户网站上发布国债发行公告，并通过网点跑马屏和信息栏发布国债发行信息。二是售中及时督导。主要做法有：每日对国债销售量和计划完成率进行统计排名，并在系统内通报，表彰销售进度较快的分行。同时对排名靠后的分行，进行有力督导，确保各行发行进度齐头并进。在凭证式国债发行期内，总行还将根据实际销售情况，及时调整各分行间额度，确保圆满完成发行计划。三是售后全面总结发行情况。总行在每次销售结束之后都会认真总结、及时通报，并按照各分行的实际计划完成率调整其下一次国债销售计划，从而使各行间形成了你追我赶的销售局面。

同时，中国农业银行一直秉承“面向三农、服务城乡”的企业使命，高度重视储蓄国债在县域的发行工作。各分行积极与当地人民银行、财政厅合作，开展送国债下乡活动，取得了较好的成果。近年来，依托中国农业银行在县域市场的经营优势，实施“县域零售业务提升工程”，并利用零售板块“百县千镇”营销宣讲活动，积极培育县域居民国债投资意识，让县域客户能够充分享受储蓄国债代来的稳定收益。

（中国农业银行供稿）

中信证券股份有限公司

作为我国最早从事国债承销业务的证券公司之一，中信证券始终秉承开拓创新、不断进取、服务客户等宗旨。2013年，中信证券记账式国债承销综合排名同业第一。此外，中信证券还积极参与国债期货和国债预发行等创新业务的研究和交易。

截至2013年12月31日，中信证券总资产达2714亿元，净资产877亿元，净资本348亿元，是国内规模最大的证券公司。此外，公司各项主营业务排名继续位居中国证券行业前列。其中，完成债券主承销项目141单，主承销金额人民币1595亿元，市场份额4.02%，排名同业第一；固定收益业务在银行间债券市场的现券交易量继续保持同业第一；记账式国债，国家开发银行、中国进出口银行等金融债销售综合排名同业第一；QFII客户增至110家，客户交易量排名市场第一。

2013年中信证券一如既往地积极履行做市商、一级交易商、国债承销团甲类成员责任和义务。在国债的承销工作中，中信证券时时跟踪市场动态，积极做好多方沟通和协调，对国债发行的利率以及后续市场走势进行了全面性和前瞻性科学预测，预测的精准度得到市场的认可。凭借负责的态度认真动员、积极沟通、合理推介，使中信证券获得业界良好声誉，并同包括银行、农信、保险、基金、财务公司和非金融类企业等各类客户建立长期良好合作关系。此外，外资银行和QFII等机构客户也是中信证券重点关注的认购群体，目前已增至110家，客户交易量排名市场第一。中信证券还积极配合财政部创新产品研究，在招投标规则完善、国债期货和国债预发行的发行制度制定、记账式国债换券课题研究等方面，均认真而又积极地提出自己的建议，得到了财政部的充分肯定和认可。

（中信证券股份有限公司供稿）

南京银行

南京银行一直致力于打造债券特色银行，作为银行间债券市场第一批做市商，较早拥有全国银行间市场相关业务资格，连续多年被评为“银行间市场交易 100 强”、“优秀结算成员”、“优秀做市商”、“优秀中债估值成员” 及各类债券优秀承销团成员等称号。

在国债业务方面，南京银行作为凭证式国债与储蓄国债（电子式）承销团成员以及记账式国债甲类承销团成员，积极响应财政部的号召，一直认真履行承销团成员的责任和义务，并配备了专业的投资、交易、研究、销售人员。多年来，除努力做好记账式、凭证式、储蓄式国债的承分销工作之外，注重国债的现货交易发展，推动国债市场的流动性建设，在新推出的国债预发行、国债期货等业务方面也进行了深入的调查研究和积极参与，同时还认真参与财政部组织的课题研究，为国债市场建设和完善积极出谋划策。

一、国债承分销业务保持优势，自营与代客两手抓

2013 年，财政部成功发行记账式附息国债 25 期（含续发），实际发行总量 12229.1 亿元，记账式贴现国债 8 期，共计 1145.3 亿元，发行地方政府债券 24 期 3500 亿元（含六省市试点），凭证式国债 1400 亿元，储蓄国债（电子式）2169.61 亿元，有力地保障了积极财政政策的实施和我国经济的平稳运行。

2013 年，银行间市场经历了 6 月的“钱荒”，经历了国债收益率曲线的大起大落。面对复杂的市场环境，南京银行积极抓住市场机遇，将自营投资策略和国债承分销业务相结合，在市场机会来临之际，对国债的建仓果断而精准，充分把握住市场在调整时所带来的波段机会。在获得投资收益和利润的同时，也扩大了国债承销量，为南京银行在争取成为优秀的国债承销商道路上添砖加瓦。

此外，在机构代客分销业务上，南京银行虽然整体规模不大，但在客户分销业务上做了充分的准备，内部设有专门的销售团队，将客户进行分类，增加营销触角，对参与市场的各类成员都进行深入挖掘、细分。对于不同的客户实施不同的服务理念，尤其立足中小金融机构客户，在新成立的鑫合金融家俱乐部这一大平台基础上，为各个客户提供各期国债的投资分析、投标技巧、资产配置服务等等，全方位的贴心服务实现了合作共赢。通过一系列努力培养了一批忠实客户，为南京银行国债承销打下坚实基础。

在对个人客户的销售业务上，南京银行辖内 118 个营业网点全部开通债券柜台交易系统，为广大城乡居民就近提供安全、便捷、高效的国债认购、兑付、财产证明及质押贷款等一系列服务；另一方面，南京银行积极优化电子交易渠道，开通凭证式国债网上购买功能，为客户提供便捷的国债销售渠道，做好储蓄国债网上销售准备工作。

二、国债现货交易量稳步增长，积极推进柜台国债交易

在国债交易业务方面，南京银行注重现货交易，积极推动国债市场流动性建设。作为做市商，南京银行按照做市商新规对关键期限国债进行双边报价和做市，也为老券以及新发地方政府

债提供流动性。

在柜台国债交易业务方面，南京银行作为8家拥有柜台国债交易资格的商业银行之一，积极推进记账式国债柜台业务，对网点一线员工进行培训，并把业务宣传作为重点，印发宣传手册材料、向投资者介绍其独特的投资交易价值。2013年南京银行柜台国债交易量与2012年相比，增幅达到108%。

三、国债预发行业务有序开展，对国债期货等创新业务做好充分准备

2013年10月，国债预发行交易在上交所正式推出。国债预发行交易的推出有助于进一步建立市场化的发行定价机制，有助于发挥国债利率的市场基准作用，降低国债承销风险，为金融机构提供多样化的避险工具和资产配置方式。

南京银行作为首批参与国债预发行业务的试点机构，在国债预发行业务开展的前期准备以及业务试点当中做了充分的调研，在配套系统、人员配备和操作流程上提前进行了演练；在业务正式上线后，配有专门人员进行挂单和交易；在当期国债预发行期间，结合市场情况对该期国债的投资区间、投资价值进行预判。2013年南京银行国债预发行成交量占全市场成交量6.4%的份额。

同时，对于2013年9月新推出的国债期货业务，行内成立了跨部门的国债期货小组，由行领导亲自带队，统一协调分工，强调重视风控结算在国债期货业务中的把关作用，各成员定期互通准备进度。前中后台人员都参加了期货从业人员资格考试认证。此外，南京银行积极参加中国金融期货交易所以及期货公司组织的各种国债期货业务培训和研讨会，与中金所及多家期货公司建立了密切联系，并积极参与了国债期货合约设计的基础研究和讨论等工作。在2013年4月结束的中金所举办的国债期货仿真交易机构投资者大赛中，南京银行在期现套利交易和套期保值交易两个项目上均取得一等奖的成绩。

（南京银行供稿）

交通银行

交通银行始建于1908年，是中国历史最悠久的银行之一，也是近代中国发钞行之一。2005年6月和2007年5月，交通银行先后在香港联交所、上交所挂牌上市。交通银行坚持国际化、综合化道路，致力于建设成为以财富管理为特色的一流公众持股银行集团。根据英国《银行家》杂志发布的2013年全球千家最大银行报告，交通银行一级资本排名第23位，较上年提升7位。

一、记账式国债

自从记账式国债市场化发行以来，交通银行始终是记账式国债的承销团成员。2013年，在财政部、中国人民银行、中国国债协会等领导机构的关心指导下，在市场同业的大力支持下，交通银行记账式国债业务稳步发展，记账式国债承销团排名继续名列前茅。

交通银行高度重视记账式国债承分销工作。通过对宏观经济形势、中央银行货币政策等进行系统研究，积极把握市场波动，合理安排国债投资。在国债投标过程中，根据分析研究结果，合理分布标位，努力提高投标准确度。此外，交通银行也积极提高国债二级市场交易参与力度，充分利用做市商交易平台，树立了活跃交易商的形象。

二、储蓄国债

2013年交通银行按照财政部、中国人民银行储蓄国债发行工作的部署，共参与10期储蓄国债（电子式）、4期凭证国债的发行，累计发行量219.64亿元，同比增长92.86%，其中凭证式国债45.05亿元，同比增长162.53%，储蓄国债174.59亿元，同比增长92.15%。

同时，在2013年间交通银行储蓄国债承销得到了较大比例的上升，储蓄国债（电子式）承销比例提升至7.2%，凭证式国债比例提升至3.7%。

在2012年11月首次成功试点储蓄国债网银销售工作以来，2013年发行的10期国债均按照财政部试点要求通过个人网银进行了发售，全年共累计发售储蓄国债38.46亿元，占我行总销量的22.03%，其中三年期22.4亿元，五年期16.06亿元。

三、地方债

交通银行积极参与了2013年地方债的承销发行工作，全力支持地方建设。对于财政部代发的12期地方债，交通银行全部参与，承销份额较高。同时，凭借自身雄厚的实力和良好的定价能力，交通银行担任了上海、山东、广东等多家自行发行地方政府债券的主承销商，获得了市场的认可。

（交通银行供稿）

国泰君安证券股份有限公司

2013年国泰君安固定收益团队通过全员的共同努力，在国债相关业务上保持一贯市场领先地位的同时，在创新品种上也稳中求进，得到了上级机构的认可和市场同业的支持，继续荣获了多项殊荣。根据财政部公布的年度排名，2013年国泰君安国债承销量在券商类承销团成员中位于前三名，国债现货交易量排名券商类第一名。

回顾2013年的国债招标发行背景，面临诸多前所未有的挑战：利率市场化预期下，各项传统投资的机会成本上升；中国人民银行对货币供应的紧平衡态度造成市场资金供给的时段性紧张，这些因素的共同作用都引起了传统主力投资机构成本抬升，从而造成国债需求相对历史同期的萎缩。与此同时，创新永远是市场进步的主旋律，国债期货和国债预发行品种的推出，有效提高了市场的活跃度，激发了券商等交易性机构的参与积极性。

国泰君安历来相当重视国债的承销、做市、交易等相关工作，并且作为国债协会的首批成员，一直不遗余力地为提高国债市场流动性、完善国债招标发行机制、增加中国国债影响力做各种努力。

在承销工作上，2013年国债市场面临剧烈调整和变革的背景下，国泰君安在综合排名中依然保持了稳中有进的节奏，出色地履行了国债优秀承销商的义务。总结经验，其实也无外乎对于该项工作给予了更高的重视度、付出了更多的努力以及艰难时点上的利益牺牲。承销工作体现出的是承销商对于宏观预判的准确度，对于营销客户定位的精准度和维护的紧密度，以及对于把握市场变化的敏感度和灵活度，是对承销商的综合能力的考验。

为了能在上述各方面做到最佳，我们一直保持着与市场主力参与机构紧密的市场交流和沟通，同时也不断开拓、丰富合作机构的类型和群体。例如，在公司内部我们也积极进行跨部门合作，与海外业务部、股票销售交易部的同事们交换客户需求信息，成功将触角拓展至海外QFII及各基金，挖掘出了境外的需求，为国债发行引入了新的源头。在维护传统客户方面，我们也借助国泰君安研究所的深远影响力，合作举办各种策略会和市场座谈会，并且在监管部门出台各种政策、市场出现异动的第一时间，旗帜鲜明地与市场机构沟通观点，为同业机构提供沟通交流平台的同时，也进一步提高了国泰君安的市场地位。

虽然有着较好的客户基础，但是鉴于目前国债市场的深度和广度仍有待提高，机构的行动一致性也较高，因此在2013年个别时点上也出现过市场需求萎缩，国债发行面临困难的情况。在这种情况下，我们依然坚定地以履行承销商义务为重，主动承担起当期国债一定比例的中标量，并在二级市场积极做市提高流动性。虽然牺牲了部分的短期经济利益，但通过国债承销资格的长期维护，做到了对发行人、投资人的承诺守信，长期来看有着更深远的意义。

在做市交易方面，国泰君安秉持一贯的主动参与的态度，根据《全国银行间债券市场做市商管理规定》等相关法律法规，积极开展做市业务，履行银行间市场做市商的相关义务，在做市业务的合规性、报价水平、报价量和成交量方面处于市场中上水平。根据外汇交易中心的相关统计，国泰君安2013年全年做市的成交量在所有做市成员中位居前10位，在券商类做市成员中位居第一。各个关键期限的国债是国泰君安交易团队主要的做市交易券种，做市报价的交易机会往往转瞬即逝，国泰君安交易团队通过对每日市场行情的判断，有效地把握市场波动的机会，实时调整国债的双边报价，同时在其他做市商的双边报价中积极寻找套利机会。在2013年全年的市场行情中，多次出现因为政策变动、公开市场操作以及一级招标发行结果所导致的二级市场收益率的瞬间大幅波动的情形，国泰君安交易团队较好地把握了这些市场机会。当然，我们的做市报价也为其他市场参与者提供了相应的交易机会和获利的可能性。

提升国债市场的流动性有助于完善各期限的国债收益率曲线，是其他利率债和信用债品种定价的前提和基础，也为固定收益市场中其他投资交易品种的定价提供参照，进一步推动了利率市场化的进程，为2013年国债期货的推出和发展奠定了基础，具有深远的意义。整体而言，国泰君安对于国债的做市交易十分重视，严格要求交易人员在每日的规定时间内，根据自身的交易需求，对5个关键期限的国债及其他品种给出双边报价，确保双边报价的价差尽量缩小在合理的范围内，充分利用自身做市商的资格，为提高国债市场的流动性积极贡献力量，保持并扩大了国泰君安的影响力，维护了良好的做市商形象。2013年，国泰君安总共对市场流通中的37只券种进行了双边做市报价，其中国债品种23只。从最终成交情况来看，2013年度国泰君安做市成交笔数为579笔，做市成交量为65.5亿元，其中国债做市成交量51.4亿。

2013年下半年以来债券市场的调整有目共睹，中国人民银行贯彻收紧流动性、引导机构去杠杆的思路，市场资金面始终保持在紧平衡的状态，债券市场一级、二级的收益率在不断攀升的过程中均创下历史新高，传统的投资理念和交易经验不再完全适用。在这样的背景下，国债作为熊市行情中流动性尚可的交易品种，做市交易的难度显著提升。如何在跌宕的市场行情中，把握做市报价的合理性和精准度，同时确保一定的报价量和成交量，考验着国泰君安交易团队的风险收益把控能力。在此过程中，我们也发生过因为市场突然的变动和调整，交易人员反应不及时从而导致双边报价出现不利于我方的成交的情况，总结类似的经验教训后，国泰君安交易团队建立了相应的内部做市风险监控制度，严格遵守合规性要求，有效防范做市风险，为做市业务规范化和持续健康发展提供了有力保障。

除国债现券市场，国泰君安还积极参与国债期货市场。为迎接国债期货上市带来的机遇和挑战，固定收益证券部专门组建了国债期货投资团队，自国债期货上市前就与中国金融期货交易所保持沟通，参与国债期货上市前的市场建设，为国泰君安国债期货业务的顺利开展做了大量准备工作。在2013年9月6日5年期国债期货合约正式上市后，国泰君安就积极参与国债期货市场交易。一直以来，国泰君安在国债期货市场的持仓量和成交量都位居前列。在较严格的内部风控制度下，国债期货投资团队研究并实施了多种对冲和套利交易策略。通过对冲和套利交易的实施，提升了国债期货和现货市场的流动性，促进了关键期限国债的价格发现。可以预见到，随着市场的发展，国债期货在国债市场必将发挥更大的作用。

（国泰君安证券股份有限公司供稿）

中国民生银行

2013年，中国民生银行累计完成记账式附息国债承销规模313.9亿元，在承销团中排名第9位，较2012年有明显提升。

国债作为流动性最好、信用等级最高以及供给最稳定的品种，一直是中国民生银行债券配置的主要品种，行内相关业务以及管理部门对国债承销工作一直高度重视。金融市场部作为前台业务部门，每期国债投标均通过专项投资决策会进行讨论，由前台投资经理、中台风控经理以及市场研究分析师共同参与，从多角度不同层面来分析确定投资策略。后续投标以及缴款等流程，设置专人专岗并辅以多人复核的操作机制，同时也通过升级改造内部系统，确保相关操作环节的顺利衔接。此外，中国民生银行资产负债管理工作，也将国债全年的发行计划以及总体配置规模作为年度资产负债管理重要的参考指标，每年的投资指引中都对国债的配置占比有硬性的要求，无论市场行情如何，都确保一定的配置规模，在享受国债抵税收益优势的同时，也充分考虑到国债储备对于全行流动性管理的重要支持作用。

从中国民生银行的国债配置操作来看，主要是以一级市场为主，通过直接投标来获取稳定的配置规模，尤其是续发行机制确立之后，债券支数的减少提升了操作的便利性以及配置的连续性。二级市场方面，历史上操作更多着重于交易买卖和波段操作的目的，但我们近几年也逐渐注意到，随着国债发行机制的不断创新完善，存量国债在二级市场的交投越来越活跃丰富，对于配置需求，逐渐显示出更多的吸引力，我们也会进一步积极的参与到二级市场中来，为国债二级市场的流动性做出贡献。

在储蓄国债方面，中国民生银行自成功加入承销团以来，始终严格履行承销团成员的各项义务。中国民生银行从上至下高度重视每一期储蓄（电子式）国债和凭证式国债的发行工作，不论是制度建设，还是实际业务操作，都力求做到每个流程的精细化管理。中国民生银行在加入储蓄国债承销团的初期，由于市场认知度不高，各方面销售条件并不成熟，投资者对中国民生银行的国债产品并不完全熟知。但在全行合规部门、科技部门、销售部门等多条线的共同努力下，各项制度逐步完善，技术手段逐步先进，业务流程逐步清晰，现已成为被广大投资者高度认可的国债购买机构之一。

中国民生银行在国债销售组织上非常重视宣传方面的工作，积极向社会各界进行广泛宣传。在国债发售前，积极派发宣传资料，张贴宣传海报，悬挂宣传横幅，利用宣传展架、电子显示屏、官方网站、销售人员国债知识宣讲等方式，积极向社会各界宣传；充分利用每年底发放到中国民生银行的海报、宣传册及三折页，要求分、支行人员认真学习好国债知识读本，对客户做好国债知识解答工作。

此外，中国民生银行对于国债购买人即金融消费者的权益保障尤为重视。第一，在国债承销过程中严禁向优质客户预留任何的国债额度并在行内发文中明确提出，避免侵害消费者的公平交易权。第二，严禁国债承销中与其他产品的捆绑销售，避免侵害消费者的自由选择权。第三，对于在柜台购买凭证式国债的可以统一打印中华人民共和国凭证式国债收款凭证，对于在网银购买的客户会进行特别提示客户持借记卡和国债编号可到柜台打印国债凭证。第四，中国民生银行在进行国债宣传时对产品条款进行充分说明，对提兑手续费及提前兑取扣除相应天数利息的条款进行提示，避免侵犯消费者的知情权。

通过系统建设及制度修订的逐步完善，再到对外宣讲及消费者权益保护工作的逐渐加强，中国民生银行储蓄国债业务管理能力在稳步增强，客户服务工作更加全面，客户购买群体逐步扩大。在接下来的工作中中国民生银行将积极配合财政部、中国人民银行做好储蓄国债改革工作，以优良的状态迎接未来各期储蓄国债、凭证国债的发行工作。

（中国民生银行供稿）

东方证券股份有限公司

自2003年东方证券固定收益部成立以来，东方证券一直是财政部记账式国债承销团成员。2004—2007年东方证券记账式国债承销市场占有率逐年提高，全年承销量居券商前列。2008年到2011年，东方证券连续4年位列记账式国债承销券商前10位。2013年，东方证券市场排名第15名，列券商第4位。记账式国债承销业务目前已经成为东方证券固定收益部的优势业务，记账式国债承销业务的不断发展与进步体现了东方证券固定收益部门在债券承销、研究及交易方面的全面进步与发展。

近几年债券市场变化较大，承销任务逐年加重。通过完成近两年记账式国债承销业务，东方证券固定收益业务以及债券销售团队积累了一些经验，如下几个主要方面值得与大家分享：

一、公司各级领导对记账式国债承销工作、固定收益业务的重视

近两年，在利率债发行总额逐年增长、发行频率逐步加快的情况下，东方证券始终都将记账式国债的承销工作放在各项债券承销任务的首位。公司、部门在人员配备、系统维护、客户网络建设等各方面均给予了大力支持，做了充分准备。事实证明，越是充分、细致的发行前准备，如投标准备、标位设定、人员培训等等，越是能为每次较短时间内准确无误地投标，减少应急情况出现，提供有力地保证。同时部门自营投资业务也加强记账式国债配置力度，活跃了国债交易。

二、积极做好记账式国债发行的定价研究工作

发行前，根据市场情况进行研究分析，完成发行定价报告。通过不断摸索一级市场发行的定价逻辑，形成准确有效的分析框架，为客户提供全面有效的一级市场国债投资交易意见参考，促进记账式国债发行的良性循环。发行后，根据发行的利率与认购倍数，以及一级半市场的成交情况做好发行总结工作，对客户需求情况以及市场变化有更深层次地理解。

三、积极关注市场需求情况与二级市场交易价格变化，培养债券销售人员对市场行情的把握能力

积极鼓励销售人员关注二级市场中介及双边实时成交价格，对市场的各种波动进行讨论与分析，在记账式国债招标发行时实现关注一级，紧盯二级。

四、在记账式国债承销方面，重点关注对客户的销售工作

销售人员实行分工合作，信息互通。一方面，销售人员能更专注于对自己客户的服务，另一方面能实现部门内及时得到第一手市场信息，让每个销售人员对各类型机构需求的变化，投资偏好的改变能有更好的把握与理解。为了减少部门内部信息沟通的成本，东方证券债券销售团队的考核机制也有独特特点：不对单个销售进行业

绩考核，而是销售团队进行集体考核。从近几年的销售工作开展情况来看，集体考核更适合东方证券促进销售工作的开展。

五、注重对投资人的销售工作全面开展

除了记账式国债的销售外，我们还对各个投资人的其他需求都有关注。包括定期的宏观和债券专题研究报告以及对单只债券定价报告的提供、金融债以及信用债的销售、资金的拆借与回购等等。与客户进行从资金到现券到研究的全面合作，提高客户对东方证券的粘度与忠诚度。促进部门“投、研、销”三块业务间的内部沟通发行前、中、后三阶段的外部交流机制。为确保每期记账式国债销售任务得以顺利完成，我们不断加强和改善部门内部业务间的沟通以及与市场主要成员的信息交流。

综上，东方证券记账式国债承销业务有条不紊地进行，并且逐步为记账式国债承销业务的长期健康发展奠定了基础。针对具体情况，我们也不断制定新的发展计划，坚持科学发展观，重点抓好薄弱环节，以促成记账式国债承销业务的新突破。

（东方证券股份有限公司供稿）

中国邮政储蓄银行

2013年，在财政部、中国人民银行、中国国债协会等相关领导机构的指导下，在市场同仁的大力支持下，中国邮政储蓄银行在2012年国债工作的基础上，进一步加大工作力度，在国债业务方面取得了一定的进步。

一、记账式国债

（一）加强市场研究、提高投资能力

中国邮政储蓄银行金融市场部成立了由研究、分析、投资交易以及风控人员组成的债券投资小组，就债券投资业务进行研究分析，及时沟通对宏观经济以及市场走势的研究成果，并对新的产品进行探讨。2013年中国邮政储蓄银行着重研究了国债期货推出对现券市场的影响以及如何利用国债期货来提高投资组合收益、降低组合风险。

2013年受资金面影响，债券市场在下半年背离经济基本面大幅走熊，基本面决定论在2013年下半年受到了很大的挑战。原有的市场分析框架也被打破重构。“基本面决定论”的核心在货币政策的传导——提振经济需要放松货币政策以降低社会整体融资成本。但2013年“影子银行”问题突出，使得货币政策的传导出现了阻塞。一方面，金融机构加杠杆严重，金融体系风险积聚，且资金多流向了平台、地产企业，使得中国人民银行不愿放松货币政策；另一方面，“影子银行”的扩张使得银行间高启的资金成本没有完全、快速地传导至实体经济，使得中国人民银行可以在收紧货币的同时降低对实体经济的负面影响。

在分析框架出现挑战的情况下，中国邮政储蓄银行债券投资业务条线及时反省既有策略、认真分析市场、努力跳出原有逻辑框架，不受自身头寸影响，对市场做出客观判断。

（二）建立营销体系，做好国债承销分销工作

在利率市场化的大背景下，中国邮政储蓄银行2013年的投资工作也受到了新的挑战。银行存款增速放缓、盈利压力加大，原有的依靠自身投资模式难以出色完成国债承销工作，因此在以往年度工作的基础上，中国邮政储蓄银行加强了营销分销工作。发挥分行营销作用，通过总行牵头、分行营销的方式，逐渐摸索出一条针对地方小型金融机构的国债营销体系，进一步加强了国债一级市场承分销的相关工作。

（三）加强人员培训、降低操作风险

中国邮政储蓄银行金融市场部定期组织债券投资培训，就债券市场的最新动向进行分享，并定期进行投标应急演练，模拟应急操作处理，以降低操作风险。

二、储蓄式国债

2013年，中国邮政储蓄银行共代销14期储蓄国债，净售出总额322.76亿元，同比增长108%，获得发行收入1.52亿元，同比增长109%。中国邮政储蓄银行国债承销比例连续获得两次大幅度上调，其中，上半年由2012年4.3%分别提升至凭债5%、储债8.8%；下半年分别提升至凭债5.8%、储债11.3%，在38家承销行中分别居于第5名和第3名。其中，中国邮政储蓄银行凭债和储债承销量实际占比分别约为6.3%和11.43%，略高于基本代销比例。在

储蓄国债宣传与服务方面，中国邮政储蓄银行主要工作如下：

（一）储蓄国债业务宣传方面

1. 日常业务宣传工作。

（1）全行上下高度重视储蓄国债业务宣传。为加强国债业务宣传力度，中国邮政储蓄银行自主设计了全国统一的海报、折页等储蓄国债宣传材料，安排各分行进行印制与分发。此外，鼓励各分行结合地方特色与客户群特点，制定适宜辖内业务发展的宣传计划，结合电视广播、平面媒体、网络媒体等渠道扩大宣传范围。

（2）银行门户网站设置国债业务宣传栏。中国邮政储蓄银行在银行门户网站的投资理财模块下设立国债业务专栏，定期发布、更新国债业务基本知识、常见问题解答、国债业务发展动态及相关国债工作通知等信息资讯。

（二）各期国债发行营销工作

1. 及时布置销售组织工作。收到财政部、中国人民银行国债发行文件后，中国邮政储蓄银行及时部署分行进行各项代销准备工作，包括销售通知、宣传材料、单据准备及人员配备等。

2. 及时发布各渠道销售公告。中国邮政储蓄银行要求各网点在发行前、发行中及结束后均以明显标志明示本网点国债销售信息；在银行门户网站首页、国债业务专栏等电子渠道及时发布销售公告及购买流程等内容。

3. 向投资者发送营销短信。结合对储蓄国债投资者客户群特征的分析和中国邮政储蓄银行当期国债销售计划，利用行内短信平台向目标客户发送国债销售宣传短信。

（三）储蓄国债销售服务方面

1. 系统支撑服务。

（1）中国邮政储蓄银行国债业务系统具有发行额度总行统一管理调配，交易资金系统自动结算，到期本息自动转存活期储蓄等功能，为国债发行和兑付相关工作效率和效果的提升提供了有力的技术保障。

（2）中国邮政储蓄银行个人客户营销系统可实现国债付息或到期自动短信提醒，向客户发送生日、节假日短信问候，为投资者提供产品收益对比及国债持有时间段收益试算等功能，为中国邮政储蓄银行国债业务服务的完善提供了便利。

2. 送债下乡服务。中国邮政储蓄银行充分依托覆盖城乡的网络和人员优势，坚持“普惠金融”的发展道路，鼓励各分行联合当地财政部门和中国人民银行分支机构举办大型送国债下乡活动，将国债宣传单页送到农村的各家各户，向有需求的农民们耐心讲解国债投资基本知识，重点突出国债产品低风险、稳定收益、变现灵活等特点，通过问卷调查、现场活动、走访农户、服务进村等方式，吸引更多的农村居民了解和投资国债，大大提高了国债农村地区的销售覆盖率。

（中国邮政储蓄银行供稿）

中国光大银行

中国光大银行多年以来一直重视国债业务的营销推广、客户服务工作，严格遵守财政部、中国人民银行的各项规定，正确认识国债作为投资领域中无风险产品的特性，并将国债作为客户资产配置中重要的组成部分。现将中国光大银行在储蓄国债营销宣传、客户服务方面的做法分享如下：

一、储蓄国债售前准备工作

为做好储蓄国债宣传推广工作，确保储蓄国债的平稳发行和合规销售，中国光大银行在储蓄国债发行前即从产品通知、营销宣传、人员培训、系统准备等方面做好当期国债销售安排。

（一）产品销售通知及时传达、层层落实

为确保各分行及时得到储蓄国债当期发行的信息，中国光大银行在接到财政部、中国人民银行通知当天即通过全行邮件、短信、微信等渠道向各分行业务负责人和主管领导发送国债发行通知，并通过行内文件处理系统发布正式发文。要求分行接到通知后第一时间向辖内网点传达产品发行信息。各营业网点接到储蓄国债销售通知后，将通过行内系统有针对性地筛选对储蓄国债有偏好或风险承受能力较低的谨慎型的客户，对客户进行短信或电话的通知和邀约，告知客户国债销售事宜。

（二）多渠道营销宣传

自得到储蓄国债发行通知起，中国光大银行立即安排官方网站于首页发布储蓄国债发售公告和产品宣传广告，要求各营业网点在大堂显著位置摆放统一广告牌，张贴国债发售“公示”，并通过电子屏及网点显示屏滚动播放储蓄国债发售内容。

（三）注重储蓄国债培训工作

中国光大银行注重培养业务过硬、服务意识强的客户经理团队和忠实稳定的客户群。每期储蓄国债发售前，中国光大银行均会提前通过视频培训、邮件等方式向客户经理强调本期国债营销重点和注意事项，反复传达并下发国债政策、行内操作手册和销售指引。督促各分支机构做好每一期储蓄国债的培训工作及产品的销售情景演练和二次培训工作。

（四）做好储蓄国债系统准备工作（承销与分销）

为确保各期储蓄国债销售的平稳运行，中国光大银行在各期国债销售前即做好了系统参数设置工作。储蓄国债销售期间，系统将自动抓取财政部额度，各网点自动抓取总行额度进行销售，加快了销售速度。由于中国光大银行销售储蓄国债采取全行统一额度，各分行竞售的方式，避免了分行额度调配的繁琐事宜，从系统层面有效支持了销售。

二、发行期销售督导和客户服务工作

为维护正常的储蓄国债发行秩序，满足投资者的需求，更好地完成储蓄国债销售任务，中国光大银行在各期储蓄国债发行期间均注意做好储蓄国债销售督导和客户服务工作。

（一）营业网点客户服务

1. 优质的客户等候区：中国光大银行各营业网点通过为早到客户提供专属休息区域、多开柜台服务窗口（绝大多数网点在国债发售首日，国债专属服务窗口开通率达100%）、为等候客户服务（提供免费茶水及糖类产品推荐服务）等方式加强客户服务。

2. 专业化的客户经理服务：储蓄国债发行期间，各营业网点门楣电子屏及网点显示屏会滚动播放国债发售内容，各营业机构配备专职营销人员对排队购买客户做好次序维护和安抚工作，提供专门窗口进行客户分流，满足客户不同投资需求，保证储蓄国债的顺利发行。

3. 用细心发现客户：一是做到“眼勤”。要求大堂服务人员和柜员在向客户提供咨询服务和办理业务时，都会对客户账户进行查看，对作为国债购买主力人群的老年客户尤为如此。二是做到“嘴勤”。对于初步筛选出来的客户，多一句关心，询问一下客户账面上的钱是否有意购买国债。

（二）销售督导工作

为督促各分支行及早完成储蓄国债销售工作，在储蓄国债发行期间，总、分行将于每周初及单期限产品销售完成时，及时向各分支机构下发储蓄国债销售战报，通报各分支机构销售进度，对销售排名及完成率较高的分行提出表扬，并收集销售完成较好分行的销售经验，在储蓄国债发行期间及时向全行推广。

三、储蓄国债售后工作

储蓄国债销售完毕后，中国光大银行会根据财政部、中国人民银行要求，立即在各营业网点统一宣传栏内张贴“国债发售完毕公告”。同时做好未认购成功的客户安抚工作，并留下未认购成功的客户联系方式，以便下期国债发行时提前告知客户。

每期国债兑付前，要求各分、支机构对客户进行梳理，对于国债即将到期的客户进行电话、短信和邮件提示，提示客户及时兑付，以便客户本金和利息及时到账。

在国债的销售中，没有任何捷径或是有多么先进的经验。细节决定成败，以客户的利益为出发点，全心全意为客户做好最为优质的金融理财服务，这是中国光大银行一直在做的，也会在今后的工作中持之以恒地做下去。

（中国光大银行供稿）

北京银行

北京银行作为储蓄国债电子式的首批代销银行，多年来不断优化国债销售系统，密切关注市场，顺势而为，探索出灵活多样的销售模式，连续多年获得客户、发行主体和监管部门的广泛好评。北京银行对2013年储蓄国债销售工作有一些体会和经验，愿与大家一起分享。

一、统筹国债销售工作，高效满足市场需求

2013年受宏观政策调整，互联网理财迅速崛起等因素影响，国债的销售也随之从“热销”逐步走向“平缓”，对国债销售的管理工作提出了更高的要求。为应对市场变化，在中国人民银行营业管理部、北京市财政局等上级主管部门的指导与支持下，北京银行进一步加强了国债销售的市场引导和行内管理要求，采取了一些有力措施：

（一）总分行联动，统筹规划，明确分工

为了做好国债工作，2013年北京银行召开了多次国债销售管理会议，对总行和分、支行层面分别提出了相应的配套管理要求。一是要求总行国债管理部门要准确分析理财市场形势，制定有效措施以促进国债销售；二是要求分、支行要执行好总行制定的国债销售策略，切实做好国债宣传、柜台销售和客户服务工作，让老百姓放心、方便地买到国债，确保圆满完成每一期国债销售工作。

（二）全行统一销售，动态调节额度

自2013年起，储蓄国债均采取代销的销售模式。北京银行通过经营网点提前、充分调研市场需求情况，充分利用好财政部机动代销额度的制度安排。为了满足客户购买国债的需求，尽可能多地抓取额度，每个代销首日早8点前，北京银行相关业务领导和员工都会各就各位做好准备工作，合理安排机器，高效调度岗位。我们与时间赛跑，争分夺秒，不错过任何一次机会，通过北京银行核心系统有效抓取额度，每次都能超额完成基本代销额度，有力地促进了国债的销售，尽我们所能满足客户购买国债的迫切需求。

在内部额度管理方面，北京银行采取了将国债额度纳入主机，全行统一销售，额度动态消减，并根据市场需求状况，及时调整单笔最高购买限额等办法，以满足市场需求，促进国债销售。

二、优化信息系统，支持国债业务发展

系统为根，管理为本，“根”与“本”缺一不可。作为最早实现国债销售系统化、电子化管理的银行之一，多年来，北京银行一直高度重视国债销售的系统建设。

北京银行1999年实现了国债业务系统电子化，2002年率先实现了国债系统的“通售通兑”。经过多年的系统完善持续优化，目前北京银行已经实现了全国范围内国债信息共享、额度总控，兑付无边界管理。北京银行先进的业务系统，为投资者提供了更好的用户体验，有效减少了由于网点搬迁、撤销、合并等带来的麻烦，提高了生产效率，有效规避了网下销售额度超卖的操作风险。

在财政部、中国人民银行文件财库［2013］78号文件中，北京银行被确定为2013年第二批

新增储蓄国债（电子式）网上银行销售试点银行。作为2013年度第二批加入网上银行试点销售的储蓄国债承销团成员，此次试点既是财政部及中国人民银行对北京银行国债管理工作的充分肯定，也体现出北京银行在国债销售工作中的地位和社会影响力进一步提升。

（北京银行供稿）

北京农村商业银行

2013 年，北京农村商业银行继续严格践行承销团成员义务，积极维护银行间市场各项业务规定，维护良好市场形象，为活跃国债市场尽一份义务。主要工作开展情况如下：

一、储蓄、凭证式国债代理发行与兑付经验

在 2013 年度北京市商业银行代理国库业务考评中，北京农村商业银行荣获“代理国债销售与兑付业务”并列第一名的优异成绩。现将储蓄国债销售管理工作开展情况介绍如下：

（一）结合区域特点，制定合理销售措施

北京农村商业银行结合经营网点分布、客户群体特点，对北京市国债市场及客户投资理财需求进行了充分调研和分析，针对京郊客户特点，制定了合适的销售措施，有计划地组织每期国债销售工作。

1. 加强业务宣传，送国债知识下乡。北京农村商业银行针对业务发展规划了农村发展圈、城乡结合圈、内城发展圈三大区域，以服务三农为目标，利用北京农村商业银行网点布局优势，将国债销售额度适当向农村发展圈、城乡结合圈倾斜。北京农村商业银行通过组织“服务三农，送金融知识下乡”活动，在京郊农村地区进行大量宣传，发放储蓄国债宣传折页，讲解储蓄国债知识，努力提高客户投资国债的意识和需求，推动京郊农村地区的国债销售。2013 年国债销售按照区域划分，10 个远郊区县销售金额占比 52.3%，4 个近郊区销售金额占比 43.6%，2 个核心城区销售金额占比 4.1%，远郊区县的销售占比明显上升，前期的宣传活动效果得到了很好的体现。

2. 合理安排营销，提高销售效率。北京农村商业银行总行统一组织分析各期储蓄国债产品发行和到期情况，汇总相关信息发布到各支行网点。要求各网点结合储蓄国债发行和到期情况，采取客户经理主动联系营销客户的方式，提示客户及时办理到期兑付业务并积极争取国债再投资。发行期间，网点柜员在办理完正常业务时，采取“一句话营销”方式向客户推介储蓄国债产品，助推当期国债发行销售。

3. 维护销售秩序，平稳有序发售。在国债发行期间，北京农村商业银行总行与管辖支行业务部门指派专人监控、协调国债销售工作。各代理网点业务人员需提前 30 分钟到岗，部分网点按照 8：30 的发售时间提前开门营业，做好各项营业准备工作。客户排队较多的网点，由专人提前取号发号，维护购买秩序，大部分柜台优先办理国债业务。各代理网点积极做好售前、售中、售后公示，做到公开、公平、公正，得到广大客户的认可，有效减少了客户投诉现象。

（二）优化额度分配，加强考核管理

为了有效落实财政部和中国人民银行关于储蓄国债销售相关政策，北京农村商业银行兼顾公平与效率，优化凭证式国债额度分配方式，内部采用基本额度和机动额度的方式，根据市场环境和国债计划销售额度灵活确定机动额度比例，有效调动了各支行销售国债的积极性，形成良好的竞争环境，提高了国债销售效率。发行期间，北京农村商业银行指定专员监控基本额度和机动额度销售情况，实时协调不同区域间的储蓄国债需求，适时进行销售区域调整，保证国债销售效率。

（三）加强检查监督，实行全程立体督导

“全程立体督导”主要是指按照不同管理层次对营销工作进行多条线并行督导的方式。在国债发行期间，北京农村商业银行各分支机构业务负责人定期到基层网点进行巡回检查；根据销售完成情况对网点进行电话督导或现场督导，对销售进度缓慢的分支机构，督促采取积极有效措施推动销售；发行期每日营业开始前通过电子邮件方式，告知全行本期国债已销售额度和剩余销售额度，有针对性的开展营销工作。通过这种全程立体督导的管理模式，总行在销售过程中能够对国债销售组织管理工作进行有针对性的局部调整，保持营销工作的持续性。

在当前市场资金紧张，投资渠道逐步多元化的情况下，储蓄国债销售面临前所未有的挑战，北京农村商业银行将持续加强储蓄国债销售管理，在储蓄国债承销业务中积极进取、争创佳绩。

二、记账式国债承分销业务经验

2013 年，北京农村商业银行加大国债承销与分销力度，共承销记账式国债近百亿元，比上年增长 72%，在国债承销团排名进一步提升；分销和转售国债占承销总量的 44.22%，进一步提升国债现券交易活跃度。

1. 北京农村商业银行从全年经营策略出发，按照全行资产负债整体安排，确定记账式国债为重点持仓品种和流动性储备资产。北京农村商业银行经营管理层高度重视记账式国债投资情况，明确记账式国债在整个债券组合中的持有比例，以保持资产流动性要求。

2. 北京农村商业银行作为记账式国债的承销团成员，积极进行国债营销，加大向非承销团金融机构，尤其是有业务往来关系的农村中小金融机构建立长期稳定合作关系，并以国债承销为纽带，带动相关业务的拓展。2013 年共分销国债 14 亿元。

3. 建立合理考核机制，充分反映国债利息免税优势。国债作为所得税和营业税全免的“金边债券”，考虑免税因素实际收益率应好于政策性金融债券和优质企业债券的投资价值，北京农村商业银行基于鼓励加大记账式国债投资力度，在绩效考核时将税收因素还原后收益率作为考核收益率进行评价，在一定程度上真实反映了国债的投资价值。

4. 发挥记账式国债流动性好的特点，加大承销加交易模式的操作。一方面，北京农村商业银行加大对市场研究分析力度，前瞻性预判市场利率变动趋势，顺势而为抢抓市场机会，在市场交易活跃度提升的情况下，加大承销力度；另一方面，持续进行资产结构调整，盘活存量债券，加大持仓债券的交易量，进一步活跃市场。

5. 加强对国债承销的计划性安排。根据财政部发债公告，北京农村商业银行组织专人研究承销计划，投标时召开交易员议标会，结合国债期货走势、资金面情况、公允价值等数据进行定价测算，投标的准确率不断提高，并保证了每次投标的顺利完成。

6. 针对国债持续续发的情况，北京农村商业银行信息技术人员与外部金融工程人员，改造升级行内投资管理系统，使后台数据能够准确反映持仓成本。

（北京农村商业银行供稿）

第三篇

数 据 统 计

历年国家内债发行条件一览表（一）

发行年度	类别	计息日	票面利率（%）		百元发行价格（元）	期限（年）	备注
			单位	个人			
1981	无记名国债						
	其中：	7月1日	4	4	100	5-9	单位购买的于1988年以前到期部分，最长计息期9年（截至1990年6月30日），年利率4%，于1990年7月1日全部到期。到期券面尾号共60个：01—09、12—15、19、22、25—30、34、36、40、41、43—46、51、53—58、63、65—72、74—78、80、81、84、86、89、90、93—95、99。个人购买部分到期一次还本付息，最长计息期9年（截至1990年6月30日），年利率4%，于1990年7月1日全部到期。
		7月1日	4		100	11	单位购买的于1989年到期部分，推迟3年偿还，于1992年7月1日到期，计息期11年，年利率4%。到期券面尾号共20个：00、10、11、16、20、21、24、31、35、39、52、59、62、64、73、79、82、87、88、91。
		7月1日	4、8		100	12	单位购买的于1990年到期部分，转为1990年转换债，转换债期限5年，年利率8%，该部分债券于1993年7月1日提前偿还，计息期共计12年，利息分段计付：前9年（1981.7.1—1990.6.30）年利率4%，后3年（1990.7.1—1993.6.30）年利率8%。到期券面尾号共20个：17、18、23、32、33、37、38、42、47—50、60、61、83、85、92、96、97、98。
1982	无记名国债						
	其中：	7月1日		8	100	5-9	个人购买部分最长计息期为9年（截至1991年6月30日），年利率8%，于1991年7月1日全部到期。
		7月1日	4		100	5-9	单位购买的于1988年以前到期的40%部分，最长计息期9年（截至1991年6月30日），年利率4%，于1991年7月1日全部到期。
		7月1日	4		100	10	单位购买的于1989年到期的20%部分，推迟3年偿还，于1992年7月1日到期，计息期10年，年利率4%。
		7月1日	4、8		100	11	单位购买的于1990年到期的20%部分，转为1990年转换债，转换债期限5年，年利率8%，该部分债券于1993年7月1日提前偿还，计息期共计11年，利息分段计付：前8年（1982.7.1—1990.6.30）年利率4%，后3年（1990.7.1—1993.6.30）年利率8%。
		7月1日	4、8		100	11	单位购买的于1991年到期的20%部分，转为1991年转换债，转换债期限5年，年利率8%，该部分债券于1993年7月1日提前偿还，计息期共计11年，利息分段计付：前9年（1982.7.1—1991.6.30）年利率4%，后2年（1991.7.1—1993.6.30）年利率8%。

续表

<table>
<tr><th rowspan="2">发行年度</th><th rowspan="2">类 别</th><th rowspan="2">计息日</th><th colspan="2">票面利率（%）</th><th rowspan="2">百元发行价格（元）</th><th rowspan="2">期限（年）</th><th rowspan="2">备 注</th></tr>
<tr><th>单位</th><th>个人</th></tr>
<tr><td rowspan="7">1983</td><td colspan="7">无记名国债</td></tr>
<tr><td>其中：</td><td>7月1日</td><td></td><td>8</td><td>100</td><td>5-9</td><td>个人购买部分最长计息期为9年（截至1992年6月30日），年利率8%，于1992年7月1日全部到期。</td></tr>
<tr><td></td><td>7月1日</td><td>4</td><td></td><td>100</td><td>5-9</td><td>单位购买的于1988年以前到期的20%部分，最长计息期9年（截至1992年6月30日），年利率4%，于1992年7月1日全部到期。</td></tr>
<tr><td></td><td>7月1日</td><td>4</td><td></td><td>100</td><td>9</td><td>单位购买的于1989年到期的20%部分，推迟3年偿还，于1992年7月1日到期，计息期9年，年利率4%。</td></tr>
<tr><td></td><td>7月1日</td><td>4、8</td><td></td><td>100</td><td>10</td><td>单位购买的于1990年到期的20%部分，转为1990年转换债，转换债期限5年，年利率8%，该部分债券于1993年7月1日提前偿还，计息期共计10年，利息分段计付：前7年（1983.7.1—1990.6.30）年利率4%，后3年（1990.7.1—1993.6.30）年利率8%。</td></tr>
<tr><td></td><td>7月1日</td><td>4、8</td><td></td><td>100</td><td>10</td><td>单位购买的于1991年到期的20%部分，转为1991年转换债，转换债期限5年，年利率8%，该部分债券于1993年7月1日提前偿还，计息期共计10年，利息分段计付：前8年（1983.7.1—1991.6.30）年利率4%，后2年（1991.7.1—1993.6.30）年利率8%。</td></tr>
<tr><td></td><td>7月1日</td><td>4、8</td><td></td><td>100</td><td>10</td><td>单位购买的于1992年到期的20%部分，转为1992年转换债，转换债期限5年，年利率8%，该部分债券于1993年7月1日提前偿还，计息期共计10年，利息分段计付：前9年（1983.7.1—1992.6.30）年利率4%，后1年（1992.7.1—1993.6.30）年利率8%。</td></tr>
<tr><td rowspan="5">1984</td><td colspan="7">无记名国债</td></tr>
<tr><td>其中：</td><td>7月1日</td><td></td><td>8</td><td>100</td><td>5-9</td><td>个人购买部分最长计息期为9年（截至1993年6月30日），年利率8%，于1993年7月1日全部到期。</td></tr>
<tr><td></td><td>7月1日</td><td>4</td><td></td><td>100</td><td>8</td><td>单位购买的于1989年到期的20%部分，推迟3年偿还，于1992年7月1日到期，计息期8年，年利率4%。</td></tr>
<tr><td></td><td>7月1日</td><td>4、8</td><td></td><td>100</td><td>9</td><td>单位购买的于1990年到期的20%部分，转为1990年转换债，转换债期限5年，年利率8%，该部分债券于1993年7月1日提前偿还，计息期共计9年，利息分段计付：前6年（1984.7.1—1990.6.30）年利率4%，后3年（1990.7.1—1993.6.30）年利率8%。</td></tr>
<tr><td></td><td>7月1日</td><td>4、8</td><td></td><td>100</td><td>9</td><td>单位购买的于1991年到期的20%部分，转为1991年转换债，转换债期限5年，年利率8%，该部分债券于1993年7月1日提前偿还，计息期共计9年，利息分段计付：前7年（1984.7.1—1991.6.30）年利率4%，后2年（1991.7.1—1993.6.30）年利率8%。</td></tr>
</table>

续表

<table>
<tr><th rowspan="2">发行年度</th><th rowspan="2">类 别</th><th rowspan="2">计息日</th><th colspan="2">票面利率（%）</th><th rowspan="2">百元发行价格（元）</th><th rowspan="2">期限（年）</th><th rowspan="2">备 注</th></tr>
<tr><th>单位</th><th>个人</th></tr>
<tr><td rowspan="2">1984</td><td></td><td>7月1日</td><td>4、8</td><td></td><td>100</td><td>9</td><td>单位购买的于1992年到期的20%部分，转为1992年转换债，转换债期限5年，年利率8%，该部分债券于1993年7月1日提前偿还，计息期共计9年，利息分段计付：前8年（1984.7.1—1992.6.30）年利率4%，后1年（1992.7.1—1993.6.30）年利率8%。</td></tr>
<tr><td></td><td>7月1日</td><td>4</td><td></td><td>100</td><td>9</td><td>单位购买的于1993年到期的20%部分，计息期9年，年利率4%，于1993年7月1日全部到期。</td></tr>
<tr><td rowspan="3">1985</td><td colspan="7">无记名国债</td></tr>
<tr><td>其中：</td><td>7月1日</td><td></td><td>9</td><td>100</td><td>5</td><td>到期一次还本付息。</td></tr>
<tr><td></td><td>7月1日</td><td>5、8</td><td></td><td>100</td><td>10</td><td>单位购买的于1990年到期后转为1990年转换债，转换债期限5年，年利率8%，该债券于1995年7月1日到期偿还，计息期共10年，利息分段计付：前5年（1985.7.1—1990.6.30）年利率5%；后5年（1990.7.1—1995.6.30）年利率8%。</td></tr>
<tr><td rowspan="3">1986</td><td colspan="7">无记名国债</td></tr>
<tr><td>其中：</td><td>7月1日</td><td></td><td>10</td><td>100</td><td>5</td><td>到期一次还本付息。</td></tr>
<tr><td></td><td>7月1日</td><td>6、8</td><td></td><td>100</td><td>10</td><td>单位购买的于1991年到期后转为1991年转换债，转换债期限5年，年利率8%，该债券于1996年7月1日到期偿还，计息期共10年，利息分段计付：前5年（1986.7.1—1991.6.30）年利率6%；后5年（1991.7.1—1996.6.30）年利率8%。</td></tr>
<tr><td rowspan="5">1987</td><td colspan="7">无记名国债</td></tr>
<tr><td>其中：</td><td>7月1日</td><td></td><td>10</td><td>100</td><td>5</td><td>到期一次还本付息。</td></tr>
<tr><td></td><td>7月1日</td><td>6、8</td><td></td><td>100</td><td>10</td><td>单位购买的于1992年到期后转为1992年转换债，转换债期限5年，年利率8%，该债券于1997年7月1日到期偿还，计息期10年，利息分段计付：前5年（1987.7.1—1992.6.30）年利率6%；后5年（1992.7.1—1997.6.30）年利率8%。</td></tr>
<tr><td rowspan="2">国家重点建设债券</td><td>交款日</td><td></td><td>10.5</td><td>100</td><td>3</td><td>到期一次还本付息。</td></tr>
<tr><td>7月1日</td><td>6、8</td><td></td><td>100</td><td>8</td><td>单位购买的于1990年到期后转为1990年转换债，转换债期限5年，年利率8%，该债券于1995年7月1日到期偿还，计息期共8年，利息分段计付：前3年（1987.7.1—1990.6.30）年利率6%；后5年（1990.7.1—1995.6.30）年利率8%。</td></tr>
</table>

续表

<table>
<tr><th rowspan="2">发行年度</th><th rowspan="2">类 别</th><th rowspan="2">计息日</th><th colspan="2">票面利率（%）</th><th rowspan="2">百元发行价格（元）</th><th rowspan="2">期限（年）</th><th rowspan="2">备 注</th></tr>
<tr><th>单位</th><th>个人</th></tr>
<tr><td rowspan="6">1988</td><td colspan="7">无记名国债</td></tr>
<tr><td>其中：</td><td>7月1日</td><td></td><td>10</td><td>100</td><td>3</td><td>到期一次还本付息。</td></tr>
<tr><td></td><td>7月1日</td><td>6、8</td><td></td><td>100</td><td>8</td><td>单位购买的于1991年到期后转为1991年转换债，转换债期限5年，年利率8%，该债券于1996年7月1日到期偿还，计息期共8年，利息分段计付：前3年（1988.7.1—1991.6.30）年利率6%；后5年（1991.7.1—1996.6.30）年利率8%。</td></tr>
<tr><td>财政债券（五年期）</td><td>7月15日</td><td>7.5</td><td></td><td>100</td><td>5</td><td>到期一次还本付息。</td></tr>
<tr><td>财政债券（二年期）</td><td>7月15日</td><td>8</td><td></td><td>100</td><td>7</td><td>该债券在1990年到期后延期偿还，推迟期为5年，于1995年7月15日到期偿还，计息期共7年，年利率8%。</td></tr>
<tr><td>国家建设债券</td><td>交款日</td><td>9.5</td><td>9.5</td><td>100</td><td>2</td><td>到期一次还本付息。</td></tr>
<tr><td rowspan="3">1989</td><td>无记名国债</td><td>7月1日</td><td colspan="2">14</td><td>100</td><td>3</td><td>到期一次还本付息。</td></tr>
<tr><td>保值公债</td><td>9月1日</td><td colspan="2">14.14</td><td>100</td><td>3</td><td>到期一次还本付息，到期保值贴补率为零。</td></tr>
<tr><td>特种国债</td><td>交款日</td><td colspan="2">15</td><td>100</td><td>5</td><td>到期一次还本付息。</td></tr>
<tr><td rowspan="3">1990</td><td>无记名国债</td><td>7月1日</td><td colspan="2">14</td><td>100</td><td>3</td><td>到期一次还本付息。</td></tr>
<tr><td>财政债券</td><td>8月15日</td><td colspan="2">10</td><td>100</td><td>5</td><td>到期一次还本付息。</td></tr>
<tr><td>特种国债</td><td>交款日</td><td colspan="2">15</td><td>100</td><td>5</td><td>到期一次还本付息。</td></tr>
<tr><td rowspan="3">1991</td><td>无记名国债</td><td>7月1日</td><td colspan="2">10</td><td>100</td><td>3</td><td>到期一次还本付息。</td></tr>
<tr><td>财政债券</td><td>10月15日</td><td colspan="2">9</td><td>100</td><td>5</td><td>到期一次还本付息。</td></tr>
<tr><td>特种国债</td><td>交款日</td><td colspan="2">9</td><td>100</td><td>5</td><td>到期一次还本付息。</td></tr>
<tr><td rowspan="3">1992</td><td>无记名国债（一期）</td><td>4月1日</td><td colspan="2">10.5</td><td>100</td><td>5</td><td>从1993年7月11日起保值，每百元利息为60元整。</td></tr>
<tr><td>无记名国债（二期）</td><td>7月1日</td><td colspan="2">9.5</td><td>100</td><td>3</td><td>从1993年7月11日起保值，每百元利息为65.74元。</td></tr>
<tr><td>财政债券</td><td>10月15日</td><td colspan="2">9</td><td>100</td><td>5</td><td>到期一次还本付息。</td></tr>
<tr><td rowspan="4">1993</td><td>无记名国债（一期）</td><td>3月1日</td><td colspan="2">15.86</td><td>100</td><td>5</td><td>从1993年7月11日起保值，到期保值贴补率为零。</td></tr>
<tr><td>无记名国债（二期）</td><td>3月1日</td><td colspan="2">13.96</td><td>100</td><td>3</td><td>从1993年7月11日起保值，每百元利息为71.99元。</td></tr>
<tr><td>非实物国债</td><td>7月1日</td><td colspan="2">15.86</td><td>100</td><td>5</td><td>按年支付利息。</td></tr>
<tr><td>财政债券</td><td>10月15日</td><td colspan="2">14</td><td>100</td><td>5</td><td>到期一次还本付息。</td></tr>
<tr><td rowspan="5">1994</td><td>记账式国债</td><td>1月25日</td><td colspan="2">9.8</td><td>100</td><td>半年</td><td>不计入年度规模。</td></tr>
<tr><td>记账式国债</td><td>2月7日</td><td colspan="2">11.98</td><td>100</td><td>1</td><td>到期一次还本付息。</td></tr>
<tr><td>无记名国债</td><td>4月1日</td><td colspan="2">13</td><td>100</td><td>2</td><td>到期一次还本付息。</td></tr>
<tr><td>凭证式国债</td><td>交款日</td><td colspan="2">13.96</td><td>100</td><td>3</td><td>到期一次还本付息，到期保值贴补率为零。</td></tr>
<tr><td>特种定向债券</td><td>4月1日</td><td colspan="2">15.86</td><td>100</td><td>5</td><td>到期一次还本付息，到期保值贴补率为零。</td></tr>
</table>

续表

发行年度	类别	计息日	票面利率（%）单位	票面利率（%）个人	百元发行价格（元）	期限（年）	备注
1995	无记名国债	3月1日	14.5		100	3	到期一次还本付息。
	凭证式国债						到期一次还本付息。
	（一期）	交款日	14		100	3	
	（二期）	交款日	14		100	3	
	记账式国债	8月26日	11.98		100	1	
	特种定向债券	7月1日	15.86		100	5	到期一次还本付息，到期保值贴补率为零。
1996	无记名国债（一期）	3月10日	14.5		100	3	到期一次还本付息。
	无记名国债（二期）	8月6日	10.96		100	3	到期一次还本付息。
	凭证式国债	交款日	13.06		100	5	到期一次还本付息。
	记账式国债						
	（一期）	1月12日			89.2	1	贴现。
	（二期）	2月12日			95	半年	贴现，不计入年度规模。
	（三期）	3月15日			97.58	3个月	贴现，不计入年度规模。
	（四期）	4月2日			89.25	1	贴现。
	（五期）	6月14日	11.83		100	10	按年支付利息。
	（六期）	11月1日	8.56		100	7	按年支付利息。
	特种定向债券	9月3日	8.8		100	5	按年支付利息。
1997	无记名国债（一期）	5月1日	9.18		100	3	到期一次还本付息。
	凭证式国债						
		购买日	8.64		100	2	到期一次还本付息。
		购买日	9.18		100	3	
		购买日	10.17		100	5	
	记账式国债						
	（一期）	1月22日			82.39	2	贴现。
	（二期）	9月5日	9.78		100	10	按年支付利息。
	特种定向债券	9月22日	8.8		100	5	按年支付利息。
1998	凭证式国债						
		购买日	7.11 5.85		100	3	到期一次还本付息。 2月20日（含本日）至7月2日（含本日）购买的凭证式国债利率为：三年期7.11%；五年期7.86%。 7月3日（含本日）至11月30日（含本日）购买的凭证式国债利率为：三年期5.85%；五年期6.42%。
			7.86 6.42		100	5	
	记账式国债	12月23日	5.01		100	7	按年支付利息。
	专项国债（记账一期）	5月18日	6.8		100	7	按年支付利息。

续表

<table>
<tr><th rowspan="2">发行年度</th><th rowspan="2">类 别</th><th rowspan="2">计息日</th><th colspan="2">票面利率（%）</th><th rowspan="2">百元发行价格（元）</th><th rowspan="2">期限（年）</th><th rowspan="2">备 注</th></tr>
<tr><th>单位</th><th>个人</th></tr>
<tr><td rowspan="5">1998</td><td colspan="7">附息国债</td></tr>
<tr><td>（一期）</td><td>9月4日</td><td colspan="2">5.5</td><td>100</td><td>10</td><td>按年支付利息。</td></tr>
<tr><td>（二期）</td><td>12月25日</td><td colspan="2">5.2</td><td>100</td><td>10</td><td>按年支付利息。</td></tr>
<tr><td>定向债券</td><td>11月4日</td><td colspan="2">5.68</td><td>100</td><td>5</td><td>按年支付利息。</td></tr>
<tr><td>特种定向债券</td><td>11月20日</td><td colspan="2">5.85</td><td>100</td><td>5</td><td>按年支付利息。</td></tr>
<tr><td rowspan="27">1999</td><td colspan="7">凭证式国债</td></tr>
<tr><td>（一期）</td><td></td><td colspan="2"></td><td></td><td></td><td rowspan="9">到期一次还本付息。</td></tr>
<tr><td></td><td>购买日</td><td colspan="2">4.72</td><td>100</td><td>3</td></tr>
<tr><td></td><td>购买日</td><td colspan="2">5.13</td><td>100</td><td>5</td></tr>
<tr><td>（二期）</td><td></td><td colspan="2"></td><td></td><td></td></tr>
<tr><td></td><td>购买日</td><td colspan="2">3.02</td><td>100</td><td>3</td></tr>
<tr><td></td><td>购买日</td><td colspan="2">3.25</td><td>100</td><td>5</td></tr>
<tr><td>（三期）</td><td></td><td colspan="2"></td><td></td><td></td></tr>
<tr><td></td><td>购买日</td><td colspan="2">2.78</td><td>100</td><td>3</td></tr>
<tr><td></td><td>购买日</td><td colspan="2">2.97</td><td>100</td><td>5</td></tr>
<tr><td colspan="7">记账式国债</td></tr>
<tr><td>（一期）</td><td>2月26日</td><td colspan="2">4.88</td><td>100</td><td>7</td><td>按年支付利息。</td></tr>
<tr><td>（二期）</td><td>4月29日</td><td colspan="2">4.72</td><td>100</td><td>10</td><td>按年支付利息。</td></tr>
<tr><td>（三期）</td><td>6月18日</td><td colspan="2">3.2</td><td>100</td><td>7</td><td>按年支付利息。</td></tr>
<tr><td>（四期）</td><td>7月13日</td><td colspan="2">2.72</td><td>100</td><td>3</td><td>按年支付利息。</td></tr>
<tr><td>（五期）</td><td>8月20日</td><td colspan="2">3.28</td><td>100</td><td>8</td><td>按年支付利息。</td></tr>
<tr><td>（六期）</td><td>9月3日</td><td colspan="2">△+0.3</td><td>100</td><td>10</td><td>浮动利率，按年支付利息。</td></tr>
<tr><td>（七期）</td><td>9月23日</td><td colspan="2">2.6</td><td>100</td><td>2</td><td>按年支付利息。</td></tr>
<tr><td>（八期）</td><td>9月23日</td><td colspan="2">3.3</td><td>100</td><td>10</td><td>按年支付利息。</td></tr>
<tr><td>（九期）</td><td>10月25日</td><td colspan="2">3.31</td><td>100</td><td>5</td><td>按年支付利息。</td></tr>
<tr><td>（十期）</td><td>11月10日</td><td colspan="2">△+0.6</td><td>100</td><td>7</td><td>浮动利率，按年支付利息。</td></tr>
<tr><td>（十一期）</td><td>11月25日</td><td colspan="2">3.32</td><td>100</td><td>5</td><td>按年支付利息。</td></tr>
<tr><td>（十二期）</td><td>12月17日</td><td colspan="2">2.92</td><td>100</td><td>3</td><td>按年支付利息。</td></tr>
<tr><td colspan="7">定向国债</td></tr>
<tr><td>（一期）</td><td>8月13日</td><td colspan="2">△+0.5</td><td>100</td><td>7</td><td>浮动利率，按年支付利息。</td></tr>
<tr><td>（二期）</td><td>10月15日</td><td colspan="2">3.5</td><td>100</td><td>5</td><td>按年支付利息。</td></tr>
</table>

注：△=本付息期起息日当日1年期银行存款利率。

数据来源：历年国债发行文件

历年国家内债发行条件一览表（二）

发行年度	品种	面值（亿元）	期限	发行价格（元）	票面利率（%）	发行时间	发行场所
2000年	实际发行	4657.00					
	一、凭证式	1900.00					
	（一期）	100.00	2年	100.000	2.55	3月1日—4月20日	全社会
		350.00	3年	100.000	2.89		
		50.00	5年	100.000	3.14		
	（二期）	120.00	2年	100.000	2.55	5月1日—6月30日	
		300.00	3年	100.000	2.89		
		180.00	5年	100.000	3.14		
	（三期）	480.00	3年	100.000	2.89	9月15日—12月15日	
		320.00	5年	100.000	3.14		
	二、记账式	2519.50					
	（一期）	200.00	7年	100.000	△+0.65	2月24日	银行间
	（二期）	280.00	10年	100.000	△+0.55	4月18日	银行间
	（三期）	200.00	2年	100.000	2.44	5月18日	银行间
	（四期）	140.00	10年	100.000	△+0.62	5月23日	交易所
	（五期）	200.00	5年	100.000	3.00	6月21日	银行间
	（六期）	125.50	7年	100.000	3.50	8月17日	银行间
	（七期）	200.00	10年	100.000	△+0.47	9月21日	银行间
	（八期）	102.00	5年	100.000	3.40	10月20日	银行间
	（九期）	500.00	10年	100.000	△+0.3	10月31日	国有独资银行
	（十期）	120.00	7年	100.000	△+0.38	11月14日	交易所
	（十一期）	200.00	1年	100.000	2.35	11月24日	银行间
	（十二期）	252.00	7年	100.000	△+0.6	12月20日	银行间
	三、定向国债	237.50					
	（一期）	37.50	5年	100.000	3.50	8月8日	两金
	（二期）	200.00	2年	100.000	2.42	12月2日	社保基金
	注：△=本付息期起息日当日1年期银行存款利率。						

续表

发行年度	品种	面值（亿元）	期限	发行价格（元）	票面利率（%）	发行时间	发行场所
2001年	实际发行	4883.50					
	一、凭证式	1800.00					
	（一期）	480.00	3年	100.000	2.89	3月1日—4月30日	全社会
		120.00	5年	100.000	3.14		
	（一期续发）	200.00	5年	100.000	3.14	4月10日—4月30日	
	（二期）	350.00	3年	100.000	2.89	5月15日—7月14日	
		150.00	5年	100.000	3.14		
	（三期）	350.00	3年	100.000	2.89	9月14日—11月13日	
		150.00	5年	100.000	3.14		
	二、记账式	3083.50					
	（一期）	200.00	10年	100.000	△+0.57	3月21日	银行间
	（二期）	200.00	3年	100.000	2.88	4月18日	银行间
	（三期）	120.00	7年	100.000	3.27	4月22日	交易所
	（四期）	120.00	15年	100.000	4.69	6月4日	银行间
	（五期）	180.00	7年	100.000	3.71	6月20日	银行间
	（六期）	200.00	5年	100.000	3.36	7月11日	银行间
	（七期）	240.00	20年	100.000	4.26	7月29日	交易所
	（八期）	200.00	2年	100.000	2.46	8月3日	银行间
	（九期）	200.00	10年	100.000	△+0.52	8月30日	银行间
	（十期）	200.00	10年	100.000	2.95	9月22日	交易所
	（十一期）	160.00	20年	100.000	3.85	10月22日	银行间
	（十二期）	200.00	10年	100.000	3.05	10月28日	交易所
	（十三期）	200.00	5年	100.000	2.86	11月26日	银行间
	（十四期）	200.00	7年	100.000	2.90	12月10日	银行间
	（十五期）	200.00	7年	100.000	3.00	12月16日	交易所
	（十六期）	263.50	3年	100.000	2.51	12月19日	银行间
	注：△=本付息期起息日当日1年期银行存款利率。						

续表

发行年度	品　种	面　值（亿元）	期　限	发行价格（元）	票面利率（%）	发行时间	发行场所
2002 年	实际发行	5934.40					
	一、凭证式	1473.00					
	（一期）	420.00	3 年	100.000	2.42	3 月 10 日—5 月 9 日	全社会
		180.00	5 年	100.000	2.74		
	（二期）	150.00	3 年	100.000	2.07	7 月 16 日—8 月 15 日	
		150.00	5 年	100.000	2.29		
	（三期）	167.50	3 年	100.000	2.12	9 月 1 日—9 月 30 日	
		167.50	5 年	100.000	2.36		
	（四期）	123.00	3 年	100.000	2.22	11 月 1 日—11 月 30 日	
		115.00	5 年	100.000	2.48		
	二、记账式	4461.40					
	（一期）	200.00	10 年	100.000	2.70	3 月 18 日	银行间
	（二期）	360.00	5 年	100.000	2.22	4 月 10 日	银行间
	（三期）	200.00	10 年	100.000	2.54	4 月 18 日	交易所
	（四期）	260.00	2 年	100.000	1.90	5 月 10 日	银行间
	（五期）	260.00	30 年	100.000	2.90	5 月 24 日	银行间
	（六期）	255.00	7 年	100.000	2.00	6 月 6 日	银行间
		205.00	7 年	100.000	2.00		银行柜台
	（七期）	260.00	3 年	100.000	1.90	6 月 20 日	银行间
	（八期）	265.00	1 年	98.130	贴现	7 月 12 日	银行间
	（九期）	173.30	10 年	100.000	2.70	7 月 19 日	银行间
	（十期）	200.00	7 年	100.000	2.39	8 月 16 日	交易所
	（十一期）	200.00	7 年	100.000	2.64	8 月 23 日	银行间
	（十二期）	191.00	3 年	100.000	2.30	9 月 18 日	银行间
	（十三期）	240.00	15 年	100.000	2.60	9 月 20 日	交易所
	（十四期）	224.00	5 年	100.000	2.65	10 月 24 日	交易所
	（十五期）	340.00	7 年	100.000	2.93	12 月 6 日	银行间、交易所
		260.00	7 年	100.000	2.93		银行柜台
	（十六期）	368.10	2 年	99.880	2.30	12 月 16 日	银行间

续表

发行年度	品 种	面 值（亿元）	期 限	发行价格（元）	票面利率（%）	发行时间	发行场所
2003 年	实际发行	6283.40					
	一、凭证式	2504.60					
	（一期）	300.00	3 年	100.000	2.32	2 月 20 日—3 月 31 日	全社会
		300.00	5 年	100.000	2.63		
	（二期）	450.00	3 年	100.000	2.32	4 月 1 日—7 月 31 日	
		450.00	5 年	100.000	2.63		
	（三期）	250.00	3 年	100.000	2.32	9 月 1 日—11 月 30 日	
		250.00	5 年	100.000	2.63		
	（四期）	203.40	1 年	100.000	1.98	11 月 20 日—12 月 20 日	
		301.20	2 年	100.000	2.25		
	二、记账式	3778.80					
	（一期）*	700.00	7 年	100.000	2.66	2 月 19 日	跨市场
	（二期）	260.00	10 年	100.000	2.80	4 月 9 日	银行间
	（三期）	260.00	20 年	102.140	3.40	4 月 17 日	交易所
	（四期）	260.00	5 年	100.000	2.45	4 月 24 日	银行间
	（五期）*	260.00	3 年	100.340	2.32	6 月 23 日	银行间
	（六期）	260.00	5 年	100.000	2.53	7 月 25 日	银行间
	（七期）	460.00	7 年	100.000	2.66	8 月 20 日	跨市场
	（八期）	163.80	10 年	98.000	3.02	9 月 17 日	交易所
	（九期）	220.00	15 年	100.000	4.18	10 月 24 日	银行间
	（十期）	220.00	2 年	100.000	2.77	11 月 10 日	银行间
	（十一期）	360.00	7 年	100.000	3.50	11 月 19 日	跨市场
	（十二期）	255.00	1 年	97.510	贴现	12 月 11 日	银行间
	（十三期）	100.00	3 个月	99.410	贴现	12 月 29 日	银行间

注：1. 记账式（一期）国债于 5 月 22 日续发行 350 亿元（面值），加权平均承销价格为每百元面值 100.92 元。

2. 记账式（五期）国债缴款日为 9 月 23 日，承销价格为含息全价。

续表

发行年度	品种	面值（亿元）	期限	发行价格（元）	票面利率（%）	发行时间	发行场所
2004年	实际发行	6924.30					
	一、凭证式	2510.40					
	（一期）	315.00	3年	100.000	2.52	3月1日—3月31日	社会
		135.00	5年	100.000	2.83		
	（二期）	679.40	3年	100.000	2.52	4月1日—5月31日	社会
		286.10	5年	100.000	2.83		
	（三期）电子	237.00	2年	100.000	2.40	6月10日—6月25日	个人
	（四期）	350.00	3年	100.000	2.65	7月1日—8月31日	社会
		150.00	5年	100.000	3.00		
	（五期）电子	157.90	2年	100.000	2.40	9月6日—9月17日	个人
	（六期）*	140.00	3年	100.000	2.65/3.37	10月1日—11月30日	社会
		60.00	5年	100.000	3.00/3.81		
	二、记账式	4413.90					
	（一期）	381.60	1年	97.700	贴现	3月15日	跨市场
	（二期）	267.60	3年	100.000	3.20	4月9日	银行间
	（三期）	304.60	5年	100.000	4.42	4月20日	跨市场
	（四期）	367.50	7年	100.000	4.89	5月25日	跨市场（柜台）
	（五期）	332.30	2年	93.760	贴现	6月15日	跨市场
	2001年（五期）续发	270.00	3年11个月	98.660	3.71	7月8日	银行间
	2004年（三期）续发	337.00	4年9个月	101.530	4.42	7月19日	跨市场
	（六期）	242.40	10年	100.000	4.86	8月10日	银行间
	（七期）	372.90	7年	100.000	4.71	8月25日	跨市场（柜台）
	2004年（五期）续发	303.00	1年9个月	94.590	贴现	9月20日	跨市场
	（八期）	336.10	5年	100.000	4.30	10月20日	跨市场
	（九期）	253.20	3个月	99.414	贴现	11月4日	银行间
	（十期）	389.10	7年	100.000	4.86	11月25日	跨市场（柜台）
	（十一期）	256.60	2年	100.000	2.98	12月15日	跨市场

注：由于中国人民银行10月29日上调金融机构存贷款利率，2004年凭证式（六期）国债的票面利率调整如下：10月29日（含当日）后购买的本期国债，其持有到期票面利率3年期上调至3.37%，5年期上调至3.81%；10月29日（不含当日）前购买的本期国债，其持有到期票面利率仍按原规定执行，即3年期2.65%，5年期3.00%。

续表

发行年度	品　种	面　值（亿元）	期　限	发行价格（元）	票面利率（%）	发行时间	发行场所
2005年	实际发行	7042.00					
	一、凭证式	2000.00					
	（一期）	245.00	3年	100.000	3.37	3月1日—3月31日	全社会
		105.00	5年	100.000	3.81		
	（二期）	245.00	3年	100.000	3.37	4月10日—4月30日	
		105.00	5年	100.000	3.81		
	（三期）	350.00	3年	100.000	3.37	5月1日—6月30日	
		150.00	5年	100.000	3.81		
	（四期）	210.00	3年	100.000	3.24	8月1日—9月30日	
		90.00	5年	100.000	3.60		
	（五期）	350.00	3年	100.000	3.24	10月15日—11月30日	
		150.00	5年	100.000	3.60		
	二、记账式	5042.00					
	（一期）	300.00	10年	100.000	4.44	2月28日	跨市场
	（二期）	300.00	1年	97.930	贴现	3月15日	跨市场
	（三期）	333.90	5年	100.000	3.30	4月26日	跨市场
	（四期）	339.20	20年	100.000	4.11	5月15日	跨市场
	（五期）	337.80	7年	100.000	3.37	5月25日	跨市场（柜台）
	（六期）	353.80	1年	98.619	贴现	6月15日	跨市场
	（七期）	350.80	2年	100.000	1.58	7月15日	跨市场
	（八期）	324.50	3年	100.000	1.93	8月15日	跨市场
	（九期）	319.40	7年	100.000	2.83	8月25日	跨市场（柜台）
	（十期）	331.70	1年	98.870	贴现	9月15日	跨市场
	（十一期）	333.50	5年	100.000	2.14	10月20日	跨市场
	（十二期）	344.10	15年	100.000	3.65	11月15日	跨市场
	（十三期）	328.40	7年	100.000	3.01	11月25日	跨市场（柜台）
	（十四期）	333.90	2年	100.000	1.75	12月15日	跨市场
	（十五期）	411.00	3个月	99.662	贴现	12月26日	跨市场

续表

发行年度	品 种	面 值（亿元）	期 限	发行价格（元）	票面利率（%）	发行时间	发行场所
2006年	实际发行	8883.30					
	一、凭证式	1950.00					
	（一期）	420.00	3年	100.000	3.14	3月1日—3月31日	全社会
		180.00	5年	100.000	3.49		
	（二期）	280.00	3年	100.000	3.14	4月1日—4月30日	
		120.00	5年	100.000	3.49		
	（三期）	280.00	3年	100.000	3.14	6月1日—6月30日	
		120.00	5年	100.000	3.49		
	（四期）	280.00	3年	100.000	3.39	9月1日—9月30日	
		120.00	5年	100.000	3.81		
	（五期）	105.00	3年	100.000	3.39	11月10日—11月30日	
		45.00	5年	100.000	3.81		
	二、记账式	6533.30					
	（一期）	330.00	7年	100.000	2.51	2月27日	跨市场（含柜台）
	（二期）	330.00	3个月	99.665	贴现	3月16日	跨市场
	（三期）	340.00	10年	100.000	2.80	3月27日	跨市场
	（四期）	309.60	3年	100.000	2.12	4月17日	跨市场
	（五期）	308.00	5年	100.000	2.40	5月16日	跨市场
	（六期）	305.60	7年	100.000	2.62	5月25日	跨市场（含柜台）
	（七期）	300.00	3个月	99.597	贴现	6月6日	跨市场
	（八期）	325.70	1年	100.000	1.92	6月15日	跨市场
	（九期）	310.90	20年	100.000	3.70	6月26日	跨市场
	（十期）	319.80	3年	100.000	2.34	7月17日	跨市场
	（十一期）	300.00	6个月	98.941	贴现	7月25日	跨市场
	（十二期）	300.00	5年	100.000	2.72	8月15日	跨市场
	（十三期）	331.10	7年	100.000	2.89	8月31日	跨市场（含柜台）
	（十四期）	300.00	3个月	99.558	贴现	9月5日	跨市场
	（十五期）	306.10	1年	100.000	1.96	9月15日	跨市场
	（十六期）	300.00	10年	100.000	2.92	9月26日	跨市场
	（十七期）	310.60	3年	100.000	2.29	10月16日	跨市场
	（十八期）	300.00	5年	100.000	2.48	10月25日	跨市场
	（十九期）	300.00	15年	100.000	3.27	11月15日	跨市场
	（二十期）	345.90	7年	100.000	2.91	11月27日	跨市场（含柜台）
	（二十一期）	260.00	3个月	99.492	贴现	12月14日	跨市场
	三、储蓄国债（电子式）	400.00					
	（一期）	150.00	3年	100.000	3.14	7月1日—7月15日	个人
	（二期）	250.00	3年	100.000	3.39	10月16日—10月31日	

续表

发行年度	品　种	面　值（亿元）	期　限	发行价格（元）	票面利率（%）	发行时间	发行场所
2007年	实际发行	23483.44					
	一、凭证式	1600.00					
	（一期）	210.00	3年	100.000	3.39/3.66	3月1日—3月17日/3月18日—3月31日	全社会
		90.00	5年	100.000	3.81/4.08		
	（二期）	350.00	3年	100.000	3.66	4月1日—4月30日	
		150.00	5年	100.000	4.08		
	（三期）	210.00	3年	100.000	3.66/4.11	5月10日—5月18日/5月19日—5月31日	
		90.00	5年	100.000	4.08/4.62		
	（四期）	160.00	3年	100.000	5.2/5.47	9月6日—9月14日/9月15日—9月30日	
		40.00	5年	100.000	5.74/6.01		
	（五期）	240.00	3年	100.000	5.74	12月5日—12月20日	
		60.00	5年	100.000	6.34		
	二、记账式	6347.20					
	（一期）	300.00	7年	100.000	2.93	2月6日	银行间、交易所（柜台）
	（二期）	260.00	1年	100.000	2.10	3月15日	银行间、交易所（柜台）
	（三期）	300.00	10年	100.000	3.40	3月22日	银行间、交易所（柜台）
	（四期）	306.00	3年	100.000	2.77	4月16日	银行间、交易所（柜台）
	（五期）	300.00	5年	100.000	3.18	4月23日	银行间、交易所
	（六期）	300.00	30年	100.000	4.27	5月17日	银行间、交易所
	（七期）	337.80	7年	100.000	3.74	5月24日	银行间、交易所（柜台）
	（八期）	300.00	3个月	99.440	贴现	6月7日	银行间、交易所
	（九期）	301.50	1年	100.000	2.61	6月14日	银行间、交易所（柜台）
	（十期）	350.70	10年	100.000	4.40	6月25日	银行间、交易所（柜台）
	（十一期）	383.80	3年	100.000	3.53	7月16日	银行间、交易所（柜台）
	（十二期）	280.00	6个月	98.653	贴现	7月26日	银行间、交易所
	（十三期）	280.00	20年	100.000	4.52	8月16日	银行间、交易所
	（十四期）	326.90	7年	100.000	3.90	8月23日	银行间、交易所（柜台）
	（十五期）	280.00	3个月	99.411	贴现	9月6日	银行间、交易所
	（十六期）	280.00	1年	100.000	2.95	9月13日	银行间、交易所（柜台）

续表

发行年度	品　种	面　值（亿元）	期　限	发行价格（元）	票面利率（%）	发行时间	发行场所
2007年	（十一期）续发	295.80	3年	100.900	3.53	10月15日	银行间、交易所（柜台）
	（十七期）	280.00	5年	100.000	4.00	10月22日	银行间、交易所
	（十八期）	324.70	7年	100.000	4.35	11月26日	银行间、交易所（柜台）
	（十九期）	300.00	3个月	99.203	贴现	12月6日	银行间、交易所
	（二十期）	260.00	1年	100.000	3.66	12月13日	银行间、交易所（柜台）
	三、特别国债	15502.28					
	（一期）	6000.00	10年	100.000	4.30	8月29日	银行间
	（二期）	319.70	15年	100.000	4.68	9月18日	银行间（柜台）
	（三期）	350.90	10年	100.000	4.46	9月24日	银行间（柜台）
	（四期）	363.20	15年	100.000	4.55	9月29日	银行间（柜台）
	（五期）	349.70	10年	100.000	4.49	11月5日	银行间（柜台）
	（六期）	355.60	15年	100.000	4.69	11月19日	银行间（柜台）
	（七期）	7500.00	15年	100.000	4.45	12月11日	银行间
	（八期）	263.18	10年	100.000	4.41	12月17日	银行间（柜台）
	四、储蓄国债（电子式）	33.96					
	（一期）	33.96	2年	100.000	3.42	6月11日—6月30日	个人

注：1. 由于中国人民银行3月18日上调金融机构存贷款利率，2007年凭证式（一期）国债的票面利率调整如下：3月18日（含当日）后购买的本期国债，其持有到期票面利率3年期上调至3.66%，5年期上调至4.08%；3月18日（不含当日）前购买的本期国债，其持有到期票面利率仍按原规定执行，即3年期3.39%，5年期3.81%。

2. 由于人民银行5月19日上调金融机构存贷款利率，2007年凭证式（三期）国债的票面利率调整如下：5月19日（含当日）后购买的本期国债，其持有到期票面利率3年期上调至4.11%，5年期上调至4.62%；5月19日（不含当日）前购买的本期国债，其持有到期票面利率仍按原规定执行，即3年期3.66%，5年期4.08%。

3. 由于人民银行9月15日上调金融机构存贷款利率，2007年凭证式（四期）国债的票面利率调整如下：9月15日（含当日）后购买的本期国债，其持有到期票面利率3年期上调至5.47%，5年期上调至6.01%；9月15日（不含当日）前购买的本期国债，其持有到期票面利率仍按原规定执行，即3年期5.2%，5年期5.74%。

续表

发行年度	品　种	面　值（亿元）	期　限	发行价格（元）	票面利率（%）	发行时间	发行场所
2008 年	实际发行	8558.21					
	一、凭证式	1300.00					
	（一期）	240.00	3 年	100.000	5.74	3 月 1 日—3 月 15 日	社会
		60.00	5 年	100.000	6.34		
	（二期）	320.00	3 年	100.000	5.74	4 月 15 日—4 月 30 日	社会
		80.00	5 年	100.000	6.34		
	（三期）	140.00	3 年	100.000	5.74	6 月 10 日—6 月 30 日	社会
		60.00	5 年	100.000	6.34		
	（四期）	140.00	3 年	100.000	5.74	8 月 1 日—8 月 10 日	社会
		60.00	5 年	100.000	6.34		
	（五期）	140.00	3 年	100.000	5.53/5.17	10 月 20 日—10 月 29 日/10 月 30 日—11 月 4 日	社会
		60.00	5 年	100.000	5.98/5.53		
	二、储蓄国债（电子式）	593.21					
	（一期）	243.21	3 年	100.000	5.74	5 月 16 日—5 月 31 日	个人
	（二期）	150.00	3 年	100.000	5.74	9 月 16 日—9 月 30 日	个人
	（三期）	200.00	3 年	100.000	5.17	11 月 25 日—12 月 4 日	个人
	三、记账式	6665.00					
	（一期）	289.70	7 年	100.000	3.95	2 月 13 日	银行间、交易所（柜台）
	（二期）	280.00	15 年	100.000	4.16	2 月 28 日	银行间、交易所
	（三期）	279.40	10 年	100.000	4.07	3 月 20 日	银行间、交易所（柜台）
	（四期）	260.70	3 年	100.000	3.56	4 月 14 日	银行间、交易所（柜台）
	（五期）	280.00	5 年	100.000	3.69	4 月 21 日	银行间、交易所
	（六期）	280.00	30 年	100.000	4.50	5 月 8 日	银行间、交易所
	（七期）	271.50	7 年	100.000	4.01	5 月 19 日	银行间、交易所（柜台）
	（八期）	280.00	3 个月	99.222	贴现	5 月 26 日	银行间、交易所
	（九期）	271.10	1 年	100.000	3.42	6 月 10 日	银行间、交易所（柜台）

续表

发行年度	品种	面值（亿元）	期限	发行价格（元）	票面利率（%）	发行时间	发行场所
2008年	（十期）	266.50	10年	100.000	4.41	6月23日	银行间、交易所（柜台）
	（十一期）	245.90	3年	100.000	3.92	7月14日	银行间、交易所（柜台）
	（十二期）	260.00	6个月	98.348	贴现	7月24日	银行间、交易所
	（十三期）	240.00	20年	100.000	4.94	8月11日	银行间、交易所
	（十四期）	266.00	7年	100.000	4.23	8月18日	银行间、交易所（柜台）
	（十五期）	200.00	3个月	99.216	贴现	8月25日	银行间、交易所
	（十六期）	259.90	1年	100.000	3.34	9月8日	银行间、交易所（柜台）
	（十七期）	260.00	5年	100.000	3.69	9月16日	银行间、交易所
	（十八期）	243.60	10年	100.000	3.68	9月22日	银行间、交易所（柜台）
	（十九期）	233.80	3年	100.000	2.64	10月13日	银行间、交易所（柜台）
	（二十期）	240.00	30年	100.000	3.91	10月23日	银行间、交易所
	（二十一期）	240.00	3个月	99.515	贴现	11月13日	银行间、交易所
	（二十二期）	225.00	7年	100.000	2.71	11月24日	银行间、交易所（柜台）
	（二十三期）	240.00	15年	100.000	3.62	11月26日	银行间、交易所
	（二十四期）	238.20	1年	100.000	1.28	12月8日	银行间、证交所（柜台）
	（二十五期）	253.70	10年	100.000	2.90	12月15日	银行间、证交所（柜台）
	（二十六期）	260.00	5年	100.000	1.77	12月18日	银行间、交易所
	注：由于中国人民银行10月30日下调金融机构存贷款利率，2008年凭证式（五期）国债的票面利率调整如下：10月30日（含当日）后购买的本期国债，其持有到期票面利率3年期下调至5.17%，5年期下调至5.53%；10月30日（不含当日）前购买的本期国债，其持有到期票面利率仍按原规定执行，即3年期5.53%，5年期5.98%。						

续表

发行年度	品　种	面　值（亿元）	期　限	发行价格（元）	票面利率（%）	发行时间	发行场所
2009 年	实际发行	16229.21					
	一、凭证式	2000.00					
	（一期）	210.00	3 年	100.000	3.73	3 月 16 日—3 月 25 日	社会
		90.00	5 年	100.000	4.00		
	（二期）	400.00	3 年	100.000	3.73	5 月 11 日—5 月 25 日	社会
		100.00	5 年	100.000	4.00		
	（三期）	400.00	3 年	100.000	3.73	6 月 15 日—6 月 30 日	社会
		100.00	5 年	100.000	4.00		
	（四期）	200.00	1 年	100.000	2.60	8 月 17 日—8 月 31 日	社会
		200.00	3 年	100.000	3.73		
	（五期）	150.00	1 年	100.000	2.60	10 月 15 日—10 月 31 日	社会
		150.00	3 年	100.000	3.73		
	二、储蓄国债（电子式）	1511.11					
	（一期）	258.98	3 年	100.000	3.73	4 月 10 日—4 月 19 日	个人
	（二期）	52.13	5 年	100.000	4.00	4 月 10 日—4 月 19 日	个人
	（三期）	400.00	3 年	100.000	3.73	7 月 15 日—7 月 31 日	个人
	（四期）	100.00	5 年	100.000	4.00	7 月 15 日—7 月 31 日	个人
	（五期）	200.00	1 年	100.000	2.60	9 月 15 日—9 月 29 日	个人
	（六期）	200.00	3 年	100.000	3.73	9 月 15 日—9 月 29 日	个人
	（七期）	150.00	1 年	100.000	2.60	11 月 20 日—12 月 6 日	个人
	（八期）	150.00	3 年	100.000	3.73	11 月 20 日—12 月 6 日	个人
	三、记账式附息	8831.70					
	（一期）	269.30	7 年	100.000	2.76	2 月 12 日	银行间、交易所（柜台）
	（二期）	220.00	20 年	100.000	3.86	2 月 19 日	银行间、交易所
	（三期）	260.00	10 年	100.000	3.05	3 月 12 日	银行间、交易所（柜台）
	（四期）	273.10	5 年	100.000	2.29	4 月 2 日	银行间、交易所（柜台）
	（五期）	220.00	30 年	100.000	4.02	4 月 9 日	银行间、交易所
	（六期）	252.10	7 年	100.000	2.82	4 月 16 日	银行间、交易所（柜台）
	（七期）	277.60	10 年	100.000	3.02	5 月 7 日	银行间、交易所（柜台）
	（八期）	285.90	1 年	100.000	0.89	5 月 14 日	银行间、交易所（柜台）
	（九期）	273.00	3 年	100.000	1.55	5 月 21 日	银行间、交易所（柜台）
	（十期）	295.00	5 年	100.000	2.26	6 月 4 日	银行间、交易所（柜台）
	（十一期）	280.00	15 年	100.000	3.69	6 月 11 日	银行间、交易所

续表

发行年度	品　种	面　值（亿元）	期　限	发行价格（元）	票面利率（%）	发行时间	发行场所
2009年	（十二期）	282.70	10年	100.000	3.09	6月18日	银行间、交易所（柜台）
	（十三期）	280.00	7年	100.000	2.82	6月25日	银行间、交易所（柜台）
	（四期）（续）*	291.20	5年	100.000	2.29	7月6日	银行间、交易所（柜台）
	（十四期）	275.20	1年	100.000	1.06	7月9日	银行间、交易所（柜台）
	（十五期）	280.00	3年	100.000	2.22	7月16日	银行间、交易所（柜台）
	（十六期）	283.00	10年	100.000	3.48	7月23日	银行间、交易所（柜台）
	（十七期）	260.00	7年	100.000	3.15	7月30日	银行间、交易所（柜台）
	（十八期）	275.80	5年	100.000	2.97	8月6日	银行间、交易所（柜台）
	（十九期）	267.30	7年	100.000	3.17	8月20日	银行间、交易所（柜台）
	（二十期）	260.00	20年	100.000	4.00	8月27日	银行间、交易所
	（二十一期）	285.40	1年	100.000	1.46	9月3日	银行间、交易所（柜台）
	（二十二期）	268.60	3年	100.000	2.18	9月10日	银行间、交易所（柜台）
	（二十三期）	266.40	10年	100.000	3.44	9月17日	银行间、交易所（柜台）
	（二十四期）	268.00	5年	100.000	2.90	9月24日	银行间、交易所（柜台）
	（二十五期）	240.00	30年	100.000	4.18	10月15日	银行间、交易所
	（二十六期）	274.90	7年	100.000	3.40	10月22日	银行间、交易所（柜台）
	（二十七期）	272.40	10年	100.000	3.68	11月5日	银行间、交易所（柜台）
	（二十八期）	273.40	1年	100.000	1.44	11月12日	银行间、交易所（柜台）
	（二十九期）	276.30	3年	100.000	2.42	11月19日	银行间、交易所（柜台）
	（三十期）	200.00	50年	100.000	4.30	11月30日	银行间、交易所
	（三十一期）	273.90	5年	100.000	2.90	12月3日	银行间、交易所（柜台）
	（三十二期）	271.20	7年	100.000	3.22	12月17日	银行间、交易所（柜台）

续表

发行年度	品　种	面　值（亿元）	期　限	发行价格（元）	票面利率（%）	发行时间	发行场所
2009年	四、记账式贴现	3886.40					
	（一期）	150.00	91天	99.795	贴现	4月13日	银行间、交易所
	（二期）	200.00	273天	99.314	贴现	4月13日	银行间、交易所
	（三期）	150.00	91天	99.789	贴现	4月27日	银行间、交易所
	（四期）	150.00	182天	99.552	贴现	4月27日	银行间、交易所
	（五期）	150.00	91天	99.793	贴现	5月11日	银行间、交易所
	（六期）	150.00	91天	99.799	贴现	5月25日	银行间、交易所
	（七期）	150.00	182天	99.582	贴现	5月25日	银行间、交易所
	（八期）	150.00	91天	99.801	贴现	6月8日	银行间、交易所
	（九期）	200.00	273天	99.349	贴现	6月8日	银行间、交易所
	（十期）	150.00	91天	99.797	贴现	6月22日	银行间、交易所
	（十一期）	150.00	182天	99.581	贴现	6月22日	银行间、交易所
	（十二期）	124.80	91天	99.720	贴现	7月13日	银行间、交易所
	（十三期）	126.50	273天	99.077	贴现	7月13日	银行间、交易所
	（十四期）	185.10	182天	99.217	贴现	7月20日	银行间、交易所
	（十五期）	100.00	91天	99.674	贴现	8月10日	银行间、交易所
	（十六期）	150.00	273天	98.796	贴现	8月10日	银行间、交易所
	（十七期）	150.00	182天	99.313	贴现	8月24日	银行间、交易所
	（十八期）	100.00	91天	99.710	贴现	9月7日	银行间、交易所
	（十九期）	150.00	273天	98.992	贴现	9月7日	银行间、交易所
	（二十期）	150.00	182天	99.344	贴现	9月21日	银行间、交易所
	（二十一期）	150.00	91天	99.697	贴现	10月12日	银行间、交易所
	（二十二期）	150.00	182天	99.337	贴现	10月26日	银行间、交易所
	（二十三期）	150.00	91天	99.702	贴现	11月9日	银行间、交易所
	（二十四期）	150.00	273天	98.979	贴现	11月23日	银行间、交易所
	（二十五期）	150.00	91天	99.708	贴现	12月7日	银行间、交易所
	（二十六期）	150.00	182天	99.355	贴现	12月21日	银行间、交易所

续表

发行年度	品　种	面　值（亿元）	期　限	发行价格（元）	票面利率（%）	发行时间	发行场所
2010 年	实际发行	17778.17					
	一、储蓄国债（凭证式）	1900.00					
	（一期）	250.00	1 年	100.000	2.60	3 月 1 日—3 月 21 日	社会
		250.00	3 年	100.000	3.73		
	（二期）	200.00	1 年	100.000	2.60	5 月 13 日—5 月 27 日	社会
		200.00	3 年	100.000	3.73		
	（三期）	200.00	1 年	100.000	2.60	7 月 12 日—7 月 26 日	社会
		200.00	3 年	100.000	3.73		
	（四期）	200.00	1 年	100.000	2.60	9 月 13 日—9 月 27 日	社会
		200.00	3 年	100.000	3.73		
	（五期）	40.00	1 年	100.000	2.85	12 月 6 日—12 月 20 日	社会
		100.00	3 年	100.000	4.25		
		60.00	5 年	100.000	4.60		
	二、储蓄国债（电子式）	1296.27					
	（一期）	200.00	1 年	100.000	2.60	4 月 10 日—4 月 25 日	个人
	（二期）	200.00	3 年	100.000	3.73		
	（三期）	200.00	1 年	100.000	2.60	6 月 12 日—6 月 26 日	个人
	（四期）	100.00	3 年	100.000	3.73		
	（五期）	120.00	1 年	100.000	2.60	8 月 16 日—8 月 29 日	个人
	（六期）	80.00	3 年	100.000	3.73		
	（七期）	43.66	1 年	100.000	2.60	10 月 15 日—10 月 19 日	个人
	（八期）	52.61	3 年	100.000	3.73		
	（九期）	60.00	1 年	100.000	2.85	11 月 15 日—11 月 28 日	个人
	（十期）	150.00	3 年	100.000	4.25		
	（十一期）	90.00	5 年	100.000	4.60		
	三、记账式附息	11472.50					
	（一期）	260.00	2 年	100.000	2.01	1 月 28 日	银行间、交易所
	（二期）	260.00	10 年	100.000	3.43	2 月 4 日	银行间、交易所（柜台）
	（三期）	240.00	30 年	100.000	4.08	3 月 1 日	银行间、交易所
	（四期）	260.00	1 年	100.000	1.44	3 月 4 日	银行间、交易所（柜台）
	（五期）	260.00	7 年	100.000	2.92	3 月 11 日	银行间、交易所（柜台）
	（六期）	260.00	3 年	100.000	2.23	3 月 18 日	银行间、交易所（柜台）
	（七期）	260.00	10 年	100.000	3.36	3 月 25 日	银行间、交易所（柜台）
	（八期）	280.40	5 年	100.000	2.70	4 月 8 日	银行间、交易所（柜台）
	（九期）	280.00	20 年	100.000	3.96	4 月 15 日	银行间、交易所

续表

发行年度	品　种	面　值（亿元）	期　限	发行价格（元）	票面利率（%）	发行时间	发行场所
2010 年	（十期）	305.20	7 年	100.000	3.01	4 月 22 日	银行间、交易所（柜台）
	（十一期）	266.70	1 年	100.000	1.49	4 月 29 日	银行间、交易所（柜台）
	（十二期）	296.00	10 年	100.000	3.25	5 月 13 日	银行间、交易所（柜台）
	（十三期）	280.00	5 年	100.000	2.38	5 月 20 日	银行间、交易所（柜台）
	（十四期）	280.00	50 年	100.000	4.03	5 月 24 日	银行间、交易所
	（十五期）	283.10	7 年	100.000	2.83	5 月 27 日	银行间、交易所（柜台）
	（十六期）	280.00	3 年	100.000	2.33	6 月 3 日	银行间、交易所（柜台）
	（十七期）	280.00	5 年	100.000	2.53	6 月 10 日	银行间、交易所（柜台）
	（十八期）	280.00	30 年	100.000	4.03	6 月 21 日	银行间、交易所
	（十九期）	280.10	10 年	100.000	3.41	6 月 24 日	银行间、交易所（柜台）
	（二十期）	299.70	5 年	100.000	2.52	7 月 8 日	银行间、交易所（柜台）
	（二十一期）	300.10	1 年	100.000	1.87	7 月 15 日	银行间、交易所（柜台）
	（二十二期）	281.90	7 年	100.000	2.76	7 月 22 日	银行间、交易所（柜台）
	（二十三期）	280.00	30 年	100.000	3.96	7 月 29 日	银行间、交易所
	（二十四期）	304.40	10 年	100.000	3.28	8 月 5 日	银行间、交易所（柜台）
	（二十五期）	280.00	3 年	100.000	2.30	8 月 12 日	银行间、交易所（柜台）
	（二十六期）	280.00	30 年	100.000	3.96	8 月 16 日	银行间、交易所
	（二十七期）	280.00	7 年	100.000	2.81	8 月 19 日	银行间、交易所（柜台）
	（二十八期）	282.20	5 年	100.000	2.58	8 月 26 日	银行间、交易所（柜台）
	（二十九期）	280.00	20 年	100.000	3.82	9 月 2 日	银行间、交易所
	（三十期）	205.40	1 年	100.000	1.87	9 月 9 日	银行间、交易所（柜台）
	（三十一期）	282.60	10 年	100.000	3.29	9 月 16 日	银行间、交易所（柜台）
	（三十二期）	287.10	7 年	100.000	3.10	10 月 14 日	银行间、交易所（柜台）
	（三十三期）	280.00	5 年	100.000	2.91	10 月 21 日	银行间、交易所（柜台）

续表

发行年度	品　种	面　值（亿元）	期　限	发行价格（元）	票面利率（%）	发行时间	发行场所
2010年	（三十四期）	299.90	10年	100.000	3.67	10月28日	银行间、交易所（柜台）
	（三十五期）	280.00	3年	100.000	2.68	11月4日	银行间、交易所（柜台）
	（三十六期）	282.10	1年	100.000	2.15	11月11日	银行间、交易所（柜台）
	（三十七期）	280.00	50年	100.000	4.40	11月18日	银行间、交易所
	（三十八期）	306.40	7年	100.000	3.83	11月25日	银行间、交易所（柜台）
	（三十九期）	321.40	5年	100.000	3.64	12月2日	银行间、交易所（柜台）
	（四十期）	280.00	30年	100.000	4.23	12月9日	银行间、交易所
	（四十一期）	307.80	10年	100.000	3.77	12月16日	银行间、交易所（柜台）
	四、记账式贴现	3109.40			折合年收益率（%）		
	（一期）	142.50	91天	99.690	1.28	4月12日	银行间、交易所
	（二期）	158.10	273天	98.868	1.54	4月12日	银行间、交易所
	（三期）	150.00	182天	99.283	1.46	4月19日	银行间、交易所
	（四期）	150.00	182天	99.246	1.54	5月17日	银行间、交易所
	（五期）	173.70	273天	98.738	1.72	5月17日	银行间、交易所
	（六期）	114.50	91天	99.548	1.91	6月14日	银行间、交易所
	（七期）	177.50	273天	98.511	2.05	6月14日	银行间、交易所
	（八期）	200.00	182天	99.059	1.93	7月12日	银行间、交易所
	（九期）	200.00	182天	99.121	1.80	7月26日	银行间、交易所
	（十期）	100.00	273天	98.620	1.88	8月9日	银行间、交易所
	（十一期）	200.00	182天	99.108	1.82	8月23日	银行间、交易所
	（十二期）	100.00	91天	99.600	1.65	9月13日	银行间、交易所
	（十三期）	200.00	182天	99.074	1.89	9月20日	银行间、交易所
	（十四期）	280.00	91天	99.542	1.89	10月25日	银行间、交易所
	（十五期）	280.00	91天	99.544	1.88	11月1日	银行间、交易所
	（十六期）	100.00	182天	99.005	2.04	11月15日	银行间、交易所
	（十七期）	115.50	91天	99.337	2.74	11月29日	银行间、交易所
	（十八期）	100.00	273天	97.931	2.85	12月13日	银行间、交易所
	（十九期）	167.60	91天	99.111	3.68	12月27日	银行间、交易所

续表

发行年度	品　种	面　值（亿元）	期　限	发行价格（元）	票面利率（%）	发行时间	发行场所
2011 年	实际发行	15446.50					
	一、储蓄国债（凭证式）	1400.00					
	（一期）	120.00	1 年	100.000	3.45	3 月 1 日—3 月 21 日	社会
		300.00	3 年	100.000	5.18		
		180.00	5 年	100.000	5.75		
	（二期）	60.00	1 年	100.000	3.70	6 月 10 日—6 月 23 日	社会
		150.00	3 年	100.000	5.43		
		90.00	5 年	100.000	6.00		
	（三期）	60.00	1 年	100.000	3.85	8 月 10 日—8 月 23 日	社会
		150.00	3 年	100.000	5.58		
		90.00	5 年	100.000	6.15		
	（四期）	20.00	1 年	100.000	3.85	11 月 10 日—11 月 23 日	社会
		100.00	3 年	100.000	5.58		
		80.00	5 年	100.000	6.15		
	二、储蓄国债（电子式）	1600.00					
	（一期）	100.00	1 年	100.000	3.70	4 月 15 日—4 月 28 日	个人
	（二期）	250.00	3 年	100.000	5.43		
	（三期）	150.00	5 年	100.000	6.00		
	（四期）	60.00	1 年	100.000	3.70	5 月 10 日—5 月 23 日	个人
	（五期）	150.00	3 年	100.000	5.43		
	（六期）	90.00	5 年	100.000	6.00		
	（七期）					因加息停止发行（详见财政部公告 2011 年第 38 号）	
	（八期）						
	（九期）						
	（十期）	40.00	1 年	100.000	3.85	7 月 25 日—7 月 31 日	个人
	（十一期）	100.00	3 年	100.000	5.58		
	（十二期）	60.00	5 年	100.000	6.15		
	（十三期）	60.00	1 年	100.000	3.85	9 月 10 日—9 月 23 日	个人
	（十四期）	150.00	3 年	100.000	5.58		
	（十五期）	90.00	5 年	100.000	6.15		
	（十六期）	30.00	1 年	100.000	3.85	10 月 15 日—10 月 27 日	个人
	（十七期）	150.00	3 年	100.000	5.58		
	（十八期）	120.00	5 年	100.000	6.15		
	三、记账式附息	11832.60					
	（一期）	300.00	1 年	100.000	2.81	1 月 13 日	银行间、交易所（柜台）

续表

发行年度	品 种	面 值（亿元）	期 限	发行价格（元）	票面利率（%）	发行时间	发行场所
2011年	（二期）	300.00	10年	100.000	3.94	1月20日	银行间、交易所（柜台）
	（三期）	300.00	7年	100.000	3.83	1月27日	银行间、交易所（柜台）
	（四期）	300.00	5年	100.000	3.60	2月17日	银行间、交易所（柜台）
	（五期）	280.00	30年	100.000	4.31	2月24日	银行间、交易所
	（六期）	300.00	7年	100.000	3.75	3月3日	银行间、交易所（柜台）
	（七期）	280.00	3年	100.000	3.22	3月10日	银行间、交易所（柜台）
	（八期）	300.00	10年	100.000	3.83	3月17日	银行间、交易所（柜台）
	（九期）	300.00	1年	100.000	2.80	3月24日	银行间、交易所（柜台）
	续（四期）	339.70	5年	101.430	3.60	4月14日	银行间、交易所（柜台）
	续（一期）	200.00	1年	100.781	2.81	4月18日	银行间、交易所（柜台）
	续（七期）	300.00	3年	100.540	3.22	4月21日	银行间、交易所（柜台）
	（十期）	300.00	20年	100.000	4.15	4月28日	银行间、交易所
	（十一期）	301.80	1年	100.000	2.77	5月5日	银行间、交易所（柜台）
	续（三期）	325.20	7年	102.520	3.83	5月12日	银行间、交易所（柜台）
	续（一期）	117.10	1年	100.805	2.81	5月16日	银行间、交易所（柜台）
	续（二期）	320.60	10年	102.420	3.94	5月19日	银行间、交易所（柜台）
	（十二期）	300.00	50年	100.000	4.48	5月26日	银行间、交易所
	（十三期）	300.00	3年	100.000	3.26	6月2日	银行间、交易所（柜台）
	（十四期）	300.00	5年	100.000	3.44	6月9日	银行间、交易所（柜台）
	（十五期）	309.00	10年	100.000	3.99	6月16日	银行间、交易所（柜台）
	续（九期）	133.50	1年	99.821	2.80	6月20日	银行间、交易所（柜台）
	（十六期）	300.00	30年	100.000	4.50	6月23日	银行间、交易所
	（十七期）	300.00	7年	100.000	3.70	7月7日	银行间、交易所（柜台）

续表

发行年度	品　种	面　值（亿元）	期　限	发行价格（元）	票面利率（%）	发行时间	发行场所
2011 年	（十八期）	300.00	1 年	100.000	3.48	7 月 14 日	银行间、交易所（柜台）
	续（十五期）	310.30	10 年	99.890	3.99	7 月 21 日	银行间、交易所（柜台）
	续（十期）	280.00	20 年	96.800	4.15	7 月 28 日	银行间、交易所
	续（十四期）	300.00	5 年	98.440	3.44	8 月 4 日	银行间、交易所（柜台）
	续（十六期）	280.00	30 年	100.230	4.50	8 月 11 日	银行间、交易所
	（十九期）	300.00	10 年	100.000	3.93	8 月 18 日	银行间、交易所（柜台）
	续（十七期）	300.00	7 年	99.500	3.70	8 月 25 日	银行间、交易所（柜台）
	续（十三期）	300.00	3 年	99.260	3.26	9 月 8 日	银行间、交易所（柜台）
	（二十期）	325.10	1 年	100.000	3.90	9 月 15 日	银行间、交易所（柜台）
	续（十九期）	330.50	10 年	99.250	3.93	9 月 22 日	银行间、交易所（柜台）
	（二十一期）	305.20	7 年	100.000	3.65	10 月 13 日	银行间、交易所（柜台）
	（二十二期）	293.00	5 年	100.000	3.55	10 月 20 日	银行间、交易所（柜台）
	（二十三期）	280.00	50 年	100.000	4.33	11 月 10 日	银行间、交易所
	（二十四期）	280.50	10 年	100.000	3.57	11 月 17 日	银行间、交易所（柜台）
	续（二十一期）	281.10	7 年	101.370	3.65	11 月 24 日	银行间、交易所（柜台）
	（二十五期）	280.00	3 年	100.000	2.82	12 月 8 日	银行间、交易所（柜台）
	续（二十四期）	280.00	10 年	101.300	3.57	12 月 15 日	银行间、交易所（柜台）
	四、记账式贴现	613.90			折合年收益率（%）		
	（一期）	100.00	91 天	99.383	2.55	4 月 18 日	银行间、交易所
	（二期）	96.30	182 天	98.589	2.91	5 月 16 日	银行间、交易所
	（三期）	117.60	182 天	98.211	3.70	7 月 11 日	银行间、交易所
	（四期）	150.00	273 天	97.200	3.89	8 月 8 日	银行间、交易所
	（五期）	150.00	182 天	98.099	3.94	9 月 19 日	银行间、交易所

续表

发行年度	品种	面值（亿元）	期限	发行价格（元）	票面利率（%）	发行时间	发行场所
2012年	实际发行	14280.77					
	一、储蓄国债（凭证式）	718.51					
	（一期）	209.79	3年	100.000	5.58	4月10日—4月23日	个人
		89.95	5年	100.000	6.15		
	（二期）	155.78	3年	100.000	4.76	8月10日—8月19日	个人
		80.95	5年	100.000	5.32		
	（三期）	107.35	3年	100.000	4.76	10月10日—10月19日	个人
		74.70	5年	100.000	5.32		
	二、储蓄国债（电子式）	1529.46					
	（一期）	350.00	3年	100.000	5.58	3月10日—3月23日	个人
	（二期）	150.00	5年	100.000	6.15		
	（三期）	210.00	3年	100.000	5.58	5月10日—5月23日	个人
	（四期）	90.00	5年	100.000	6.15		
	（五期）					因降息取消发行（详见财政部公告2012年第30号）	
	（六期）						
	（七期）					因降息取消发行（详见财政部公告2012年第39号）	
	（八期）						
	（九期）	191.48	3年	100.000	4.76	7月20日—7月29日	个人
	（十期）	120.00	5年	100.000	5.32		
	（十一期）	129.22	3年	100.000	4.76	9月10日—9月19日	个人
	（十二期）	90.00	5年	100.000	5.32		
	（十三期）	118.76	3年	100.000	4.76	11月10日—11月19日	个人
	（十四期）	80.00	5年	100.000	5.32		
	三、记账式附息	10832.80					
	（一期）	280.00	1年	100.000	2.78	1月12日	银行间、交易所、柜台
	（二期）	280.00	1年	100.000	2.87	2月8日	银行间、交易所、柜台
	（三期）	280.00	5年	100.000	3.14	2月16日	银行间、交易所、柜台
	（四期）	280.00	10年	100.000	3.51	2月23日	银行间、交易所、柜台
	（五期）	280.00	7年	100.000	3.41	3月8日	银行间、交易所、柜台

续表

发行年度	品　种	面　值（亿元）	期　限	发行价格（元）	票面利率（%）	发行时间	发行场所
2012年	续（四期）	280.00	10年	100.000	3.51	3月22日	银行间、交易所、柜台
	续（五期）	327.00	7年	100.000	3.41	4月12日	银行间、交易所、柜台
	第二次续（四期）	326.10	10年	100.000	3.51	4月19日	银行间、交易所、柜台
	（六期）	280.00	20年	100.000	4.03	4月23日	银行间、交易所
	（七期）	300.00	3年	100.000	2.91	4月26日	银行间、交易所、柜台
	第二次续（五期）	339.70	7年	100.000	3.41	5月10日	银行间、交易所、柜台
	（八期）	280.00	50年	100.000	4.25	5月17日	银行间、交易所
	（九期）	344.40	10年	100.000	3.36	5月24日	银行间、交易所、柜台
	续（三期）	300.00	5年	100.000	3.14	5月31日	银行间、交易所、柜台
	（十期）	320.90	7年	100.000	3.14	6月7日	银行间、交易所、柜台
	（十一期）	269.40	1年	100.000	2.15	6月14日	银行间、交易所、柜台
	续（九期）	331.60	10年	100.000	3.36	6月21日	银行间、交易所、柜台
	（十二期）	280.00	30年	100.000	4.07	6月28日	银行间、交易所
	续（十期）	322.60	7年	100.000	3.14	7月12日	银行间、交易所、柜台
	第二次续（九期）	326.20	10年	100.000	3.36	7月19日	银行间、交易所、柜台
	续（七期）	301.20	3年	100.000	2.91	7月26日	银行间、交易所、柜台
	（十三期）	280.00	30年	100.000	4.12	8月2日	银行间、交易所
	第二次续（十期）	300.00	7年	100.000	3.14	8月9日	银行间、交易所、柜台
	（十四期）	300.60	5年	100.000	2.95	8月16日	银行间、交易所、柜台
	（十五期）	300.00	10年	100.000	3.39	8月23日	银行间、交易所、柜台
	（十六期）	300.00	7年	100.000	3.25	9月6日	银行间、交易所、柜台

续表

发行年度	品种	面值（亿元）	期限	发行价格（元）	票面利率（%）	发行时间	发行场所
2012年	（十七期）	300.00	3年	100.000	3.10	9月13日	银行间、交易所、柜台
	续（十五期）	303.30	10年	100.000	3.39	9月20日	银行间、交易所、柜台
	（十八期）	280.00	20年	100.000	4.10	9月27日	银行间、交易所
	续（十六期）	266.70	7年	100.000	3.25	10月11日	银行间、交易所、柜台
	（十九期）	260.10	1年	100.000	2.94	10月18日	银行间、交易所、柜台
	第二次续（十五期）	261.40	10年	100.000	3.39	10月25日	银行间、交易所、柜台
	第二次续（十六期）	261.50	7年	100.000	3.25	11月8日	银行间、交易所、柜台
	（二十期）	260.00	50年	100.000	4.35	11月15日	银行间、交易所
	续（十四期）	260.00	5年	100.000	2.95	11月22日	银行间、交易所、柜台
	续（十七期）	280.00	3年	100.000	3.10	12月6日	银行间、交易所、柜台
	（二十一期）	290.10	10年	100.000	3.55	12月13日	银行间、交易所、柜台
	四、记账式贴现	1200.00			折合年收益率（%）		
	（一期）	150.00	273天	97.913	2.87	4月16日	银行间、交易所
	（二期）	150.00	273天	97.953	2.81	5月7日	银行间、交易所
	（三期）	150.00	273天	98.342	2.27	6月18日	银行间、交易所
	（四期）	150.00	182天	98.899	2.26	7月16日	银行间、交易所
	（五期）	150.00	182天	98.829	2.40	7月30日	银行间、交易所
	（六期）	150.00	182天	98.799	2.47	8月6日	银行间、交易所
	（七期）	150.00	91天	99.289	2.94	10月22日	银行间、交易所
	（八期）	150.00	91天	99.242	3.13	11月5日	银行间、交易所

数据来源：根据国债发行文件整理

2013 年国债发行情况表

品　种	实际发行（亿元）	期　限	发行价格（元）	票面利率（%）	发行时间	发行场所
一、储蓄国债（凭证式）	1185.90					
（一期）	176.33	3 年	100.000	5.00	3 月 10 日—3 月 19 日	个人
	116.52	5 年	100.000	5.41		
（二期）	248.99	3 年	100.000	5.00	6 月 10 日—6 月 19 日	个人
	156.37	5 年	100.000	5.41		
（三期）	186.83	3 年	100.000	5.00	9 月 10 日—9 月 19 日	个人
	108.89	5 年	100.000	5.41		
（四期）	115.23	3 年	100.000	5.00	11 月 10 日—11 月 19 日	个人
	76.74	5 年	100.000	5.41		
二、储蓄国债（电子式）	2169.61					
（一期）	300.00	3 年	100.000	5.00	4 月 10 日—4 月 19 日	个人
（二期）	200.00	5 年	100.000	5.41		
（三期）	299.84	3 年	100.000	5.00	5 月 10 日—5 月 19 日	个人
（四期）	200.00	5 年	100.000	5.41		
（五期）	240.00	3 年	100.000	5.00	7 月 10 日—7 月 19 日	个人
（六期）	160.00	5 年	100.000	5.41		
（七期）	240.00	3 年	100.000	5.00	8 月 10 日—8 月 19 日	个人
（八期）	160.00	5 年	100.000	5.41		
（九期）	209.77	3 年	100.000	5.00	10 月 10 日—10 月 19 日	个人
（十期）	160.00	5 年	100.000	5.41		
三、记账式附息	12229.10					
（一期）	260.00	5 年	100.000	3.15	1 月 10 日	银行间、交易所、柜台
（二期）	300.00	1 年	100.000	2.81	1 月 17 日	银行间、交易所、柜台
（三期）	300.00	7 年	100.000	3.42	1 月 24 日	银行间、交易所、柜台
（四期）	260.00	3 年	100.000	3.10	1 月 31 日	银行间、交易所、柜台
第一次续（三期）	300.00	7 年	100.000	3.42	2 月 7 日	银行间、交易所、柜台
（五期）	260.00	10 年	100.000	3.52	2 月 21 日	银行间、交易所、柜台
第二次续（三期）	220.00	7 年	100.000	3.42	2 月 28 日	银行间、交易所、柜台
第一次续（一期）	220.00	5 年	100.000	3.15	3 月 7 日	银行间、交易所、柜台
第一次续（五期）	220.00	10 年	100.000	3.52	3 月 21 日	银行间、交易所、柜台
（六期）	260.00	2 年	100.000	2.92	4 月 7 日	银行间、交易所
（七期）	300.00	1 年	100.000	2.62	4 月 11 日	银行间、交易所、柜台
（八期）	303.20	7 年	100.000	3.29	4 月 18 日	银行间、交易所、柜台
（九期）	260.00	20 年	100.000	3.99	4 月 22 日	银行间、交易所

续表

品 种	实际发行（亿元）	期 限	发行价格（元）	票面利率（%）	发行时间	发行场所
第二次续（五期）	307.90	10 年	100.000	3.52	4 月 25 日	银行间、交易所、柜台
第一次续（四期）	300.00	3 年	100.000	3.10	5 月 9 日	银行间、交易所、柜台
第一次续（八期）	300.00	7 年	100.000	3.29	5 月 16 日	银行间、交易所、柜台
（十期）	200.00	50 年	100.000	4.24	5 月 20 日	银行间、交易所
（十一期）	300.00	10 年	100.000	3.38	5 月 23 日	银行间、交易所、柜台
（十二期）	260.00	2 年	100.000	2.98	5 月 27 日	银行间、交易所
（十三期）	300.00	5 年	100.000	3.09	5 月 30 日	银行间、交易所、柜台
第二次续（八期）	314.00	7 年	100.000	3.29	6 月 6 日	银行间、交易所、柜台
第一次续（十一期）	300.00	10 年	100.000	3.38	6 月 20 日	银行间、交易所、柜台
（十四期）	260.00	1 年	100.000	3.48	7 月 4 日	银行间、交易所、柜台
（十五期）	300.00	7 年	100.000	3.46	7 月 11 日	银行间、交易所、柜台
第二次续（十一期）	300.00	10 年	100.000	3.38	7 月 18 日	银行间、交易所、柜台
第一次续（十三期）	300.00	5 年	100.000	3.09	7 月 25 日	银行间、交易所、柜台
第一次续（十五期）	300.00	7 年	100.000	3.46	8 月 8 日	银行间、交易所、柜台
（十六期）	260.00	20 年	100.000	4.32	8 月 12 日	银行间、交易所
（十七期）	300.00	3 年	100.000	3.77	8 月 15 日	银行间、交易所、柜台
（十八期）	317.30	10 年	100.000	4.08	8 月 22 日	银行间、交易所、柜台
第一次续（十七期）	300.20	3 年	100.000	3.77	9 月 5 日	银行间、交易所、柜台
第二次续（十五期）	301.50	7 年	100.000	3.46	9 月 12 日	银行间、交易所、柜台
（十九期）	260.00	30 年	100.000	4.76	9 月 16 日	银行间、交易所
（二十期）	315.50	7 年	100.000	4.07	10 月 17 日	银行间、交易所、柜台
（二十一期）	240.00	2 年	100.000	3.77	10 月 21 日	银行间、交易所、柜台
第一次续（十八期）	280.00	10 年	100.000	4.08	10 月 24 日	银行间、交易所、柜台
（二十二期）	282.50	1 年	100.000	4.01	10 月 31 日	银行间、交易所、柜台
（二十三期）	290.00	5 年	100.000	4.13	11 月 7 日	银行间、交易所、柜台
第一次续（二十期）	280.60	7 年	100.000	4.07	11 月 14 日	银行间、交易所、柜台
（二十四期）	200.00	50 年	100.000	5.31	11 月 18 日	银行间、交易所
第二次续（十八期）	281.50	10 年	100.000	4.08	11 月 21 日	银行间、交易所、柜台
第一次续（二十三期）	282.10	5 年	100.000	4.13	12 月 5 日	银行间、交易所、柜台
（二十五期）	240.00	30 年	100.000	5.05	12 月 9 日	银行间、交易所
第二次续（二十期）	292.80	7 年	100.000	4.07	12 月 12 日	银行间、交易所、柜台
四、记账式贴现	1145.30			折合年收益率（%）		
（一期）	150.00	273 天	98.016	2.73	4 月 15 日	银行间、交易所
（二期）	150.00	273 天	97.912	2.87	4 月 22 日	银行间、交易所
（三期）	150.00	273 天	97.903	2.89	5 月 13 日	银行间、交易所
（四期）	95.30	273 天	97.283	3.76	6 月 17 日	银行间、交易所
（五期）	150.00	182 天	98.108	3.91	8 月 19 日	银行间、交易所
（六期）	150.00	182 天	98.126	3.87	9 月 9 日	银行间、交易所
（七期）	150.00	91 天	99.083	3.79	10 月 14 日	银行间、交易所
（八期）	150.00	91 天	98.827	4.87	12 月 16 日	银行间、交易所
合计	16729.91					

数据来源：根据国债发行文件整理

注：储蓄国债发行量为计划发行最大发行量

2013 年还本付息国债品种和条件

一、2013 年还本付息记账式国债品种和条件

（一）以下记账式附息国债于还本付息日（节假日顺延）归还本金并支付最后一次利息

表 1

国债名称	还本付息日	期限	年利率
2012 年记账式附息（一期）国债	1 月 12 日	1 年	2.78%
2012 年记账式附息（二期）国债	2 月 8 日	1 年	2.87%
2006 年记账式（一期）国债	2 月 27 日	7 年	2.51%
2010 年记账式附息（六期）国债	3 月 18 日	3 年	2.23%
2003 年记账式（二期）国债	4 月 9 日	10 年	2.80%
2008 年记账式（五期）国债	4 月 21 日	5 年	3.69%
2006 年记账式（六期）国债	5 月 25 日	7 年	2.62%
2010 年记账式附息（十六期）国债	6 月 3 日	3 年	2.33%
2012 年记账式附息（十一期）国债	6 月 14 日	1 年	2.15%
2010 年记账式附息（二十五期）国债	8 月 12 日	3 年	2.30%
2006 年记账式（十三期）国债	8 月 31 日	7 年	2.89%
2008 年记账式（十七期）国债	9 月 16 日	5 年	3.69%
2003 年记账式（八期）国债	9 月 17 日	10 年	3.02%
2012 年记账式附息（十九期）国债	10 月 18 日	1 年	2.94%
2010 年记账式附息（三十五期）国债	11 月 4 日	3 年	2.68%
2006 年记账式（二十期）国债	11 月 27 日	7 年	2.91%
2008 年记账式（二十六期）国债	12 月 18 日	5 年	1.77%

（二）以下记账式贴现国债于还本日（节假日顺延）按面值偿还

表 2

国债名称	还本日	期限
2012 年记账式贴现（一期）国债	1 月 14 日	273 天
2012 年记账式贴现（四期）国债	1 月 14 日	182 天
2012 年记账式贴现（七期）国债	1 月 21 日	91 天
2012 年记账式贴现（五期）国债	1 月 28 日	182 天
2012 年记账式贴现（二期）国债	2 月 4 日	273 天
2012 年记账式贴现（六期）国债	2 月 4 日	182 天
2012 年记账式贴现（八期）国债	2 月 4 日	91 天
2012 年记账式贴现（三期）国债	3 月 18 日	273 天

二、2013年还本付息储蓄国债品种和条件

（一）以下储蓄国债（电子式）于还本付息日归还本金并支付最后一年利息

表3

国债名称	还本付息日	期限	到期年利率
2010年第二期储蓄国债（电子式）	4月10日	3年	3.73%
2010年第四期储蓄国债（电子式）	6月12日	3年	3.73%
2010年第六期储蓄国债（电子式）	8月16日	3年	3.73%
2010年第八期储蓄国债（电子式）	10月15日	3年	3.73%
2010年第十期储蓄国债（电子式）	11月15日	3年	4.25%

（二）以下凭证式国债于兑付期开始后归还本金并支付全部利息

表4

国债名称	兑付期开始日	期限	到期年利率
2008年凭证式（一期）国债	3月1日	5年	6.34%
2010年凭证式（一期）国债	3月1日	3年	3.73%
2008年凭证式（二期）国债	4月15日	5年	6.34%
2010年凭证式（二期）国债	5月13日	3年	3.73%
2008年凭证式（三期）国债	6月10日	5年	6.34%
2010年凭证式（三期）国债	7月12日	3年	3.73%
2008年凭证式（四期）国债	8月1日	5年	6.34%
2010年凭证式（四期）国债	9月13日	3年	3.73%
2008年凭证式（五期）国债	10月20日	5年	5.98%，5.53%（注）
2010年凭证式（五期）国债	12月6日	3年	4.25%

注：2008年10月29日前发行部分到期年利率为5.98%，2008年10月30日后发行部分到期年利率为5.53%。

2013 年全国银行间债券市场国债现券日交易量统计表

日　期	面额（亿元）	日　期	面额（亿元）
2013-1-7	138.68	2013-2-25	488.60
2013-1-10	275.30	2013-3-20	599.80
2013-1-17	310.60	2013-3-29	504.45
2013-2-4	476.70	2013-4-2	511.21
2013-2-6	491.75	2013-4-8	301.63
2013-2-7	351.55	2013-4-17	883.10
2013-2-26	456.90	2013-4-26	413.20
2013-3-6	505.10	2013-5-2	135.70
2013-3-11	323.70	2013-5-13	152.60
2013-4-24	371.20	2013-5-21	164.70
2013-4-22	251.50	2013-5-27	48.65
2013-5-16	257.70	2013-5-29	93.10
2013-5-9	202.50	2013-6-8	79.70
2013-9-9	62.00	2013-6-5	101.10
2013-5-24	162.70	2013-7-26	65.00
2013-6-9	48.90	2013-8-14	200.70
2013-6-17	98.50	2013-8-12	61.70
2013-6-28	94.81	2013-8-21	182.20
2013-6-21	179.20	2013-9-30	60.00
2013-7-12	38.30	2013-9-17	50.41
2013-7-18	66.60	2013-9-29	39.40
2013-7-9	33.40	2013-9-25	72.30
2013-8-19	80.58	2013-9-24	145.30
2013-8-30	102.40	2013-10-18	231.16
2013-9-3	38.40	2013-11-6	404.00
2013-10-12	31.40	2013-12-9	162.60
2013-11-11	102.41	2013-12-23	172.01
2013-11-12	175.31	2013-12-27	145.65
2013-11-13	215.54	2013-1-30	518.70
2013-11-26	193.23	2013-1-18	327.10
2013-11-25	143.51	2013-3-4	438.29
2013-12-5	183.80	2013-3-8	405.96
2013-1-8	232.80	2013-3-15	543.63
2013-2-5	468.68	2013-3-13	549.15
2013-1-21	374.10	2013-3-22	516.50
2013-1-25	390.24	2013-4-7	276.10
2013-2-16	54.60	2013-4-12	639.16

续表

日　期	面额（亿元）	日　期	面额（亿元）
2013－5－3	274.40	2013－1－31	402.91
2013－9－2	77.20	2013－2－1	422.71
2013－5－23	144.40	2013－1－28	518.70
2013－6－4	48.30	2013－2－17	72.70
2013－6－6	59.20	2013－2－28	456.30
2013－6－14	69.02	2013－3－12	463.92
2013－7－8	28.80	2013－3－7	460.70
2013－7－16	66.20	2013－3－21	619.70
2013－8－15	199.10	2013－4－3	550.61
2013－9－4	54.00	2013－4－1	356.00
2013－9－16	79.00	2013－4－10	649.70
2013－9－22	33.00	2013－4－19	590.90
2013－10－16	57.10	2013－4－25	267.30
2013－10－15	73.20	2013－4－27	110.40
2013－11－4	93.30	2013－5－7	193.20
2013－12－6	200.70	2013－5－10	160.00
2013－12－19	246.51	2013－5－14	160.50
2013－12－18	293.29	2013－5－28	46.60
2013－1－29	391.30	2013－7－29	51.00
2013－2－8	132.10	2013－7－11	99.10
2013－3－1	451.98	2013－8－2	87.27
2013－2－22	520.40	2013－8－8	45.10
2013－3－25	566.50	2013－8－16	169.62
2013－3－26	512.20	2013－8－26	67.20
2013－4－11	631.14	2013－9－5	85.43
2013－4－18	485.30	2013－9－13	270.35
2013－4－23	281.50	2013－8－22	102.40
2013－5－17	323.80	2013－8－23	154.70
2013－5－31	114.06	2013－9－10	95.00
2013－6－13	96.07	2013－10－10	60.30
2013－6－18	71.48	2013－9－18	203.01
2013－6－20	87.70	2013－10－11	38.90
2013－7－1	51.98	2013－11－1	97.07
2013－6－26	106.56	2013－11－5	133.59
2013－7－15	34.60	2013－11－14	230.50
2013－7－23	44.30	2013－12－12	176.60
2013－9－12	102.40	2013－12－4	164.30
2013－10－17	85.02	2013－12－2	102.75
2013－10－30	222.44	2013－12－25	161.40
2013－10－14	36.64	2013－1－4	202.30
2013－10－24	159.48	2013－1－9	293.70
2013－10－31	95.91	2013－1－22	342.60
2013－11－7	221.60	2013－1－23	708.00
2013－11－21	165.69	2013－1－24	452.88
2013－1－5	69.30	2013－3－5	462.93
2013－1－11	295.66	2013－3－19	536.96
2013－1－15	265.10	2013－3－27	575.40

续表

日　期	面额（亿元）	日　期	面额（亿元）
2013－5－8	193.50	2013－12－3	175.28
2013－4－28	98.10	2013－12－20	380.37
2013－5－30	117.20	2013－12－16	153.00
2013－5－15	253.10	2013－12－30	158.42
2013－6－24	69.00	2013－1－6	121.31
2013－5－22	167.90	2013－1－16	411.29
2013－6－7	71.88	2013－2－18	101.10
2013－6－27	195.08	2013－2－19	420.24
2013－7－2	33.70	2013－2－27	562.20
2013－7－4	30.05	2013－3－18	423.14
2013－7－5	18.94	2013－4－16	655.65
2013－7－22	52.50	2013－4－15	635.10
2013－8－1	69.85	2013－5－6	275.50
2013－7－25	64.80	2013－5－20	167.90
2013－7－24	141.10	2013－6－19	69.00
2013－9－6	161.90	2013－6－25	61.70
2013－10－9	65.20	2013－7－3	39.56
2013－10－23	205.73	2013－7－10	273.00
2013－10－21	90.50	2013－7－30	65.00
2013－10－28	102.60	2013－7－19	47.52
2013－11－29	197.33	2013－8－5	48.80
2013－12－17	154.32	2013－8－9	68.68
2013－12－24	129.43	2013－8－13	120.27
2013－1－14	284.73	2013－8－6	57.90
2013－2－20	585.03	2013－8－28	191.25
2013－2－21	452.70	2013－8－29	124.10
2013－3－14	598.80	2013－8－27	72.13
2013－3－28	481.13	2013－9－11	212.83
2013－4－9	624.73	2013－9－26	70.90
2013－6－3	42.78	2013－10－8	42.63
2013－7－17	182.40	2013－10－29	61.35
2013－7－31	203.90	2013－10－25	336.63
2013－8－7	51.80	2013－11－19	146.68
2013－8－20	49.72	2013－11－15	178.74
2013－9－23	145.55	2013－11－20	187.81
2013－9－27	119.07	2013－11－22	194.76
2013－10－22	81.79	2013－12－10	200.00
2013－11－18	173.30	2013－12－13	199.24
2013－11－8	209.17	2013－12－26	125.70
2013－11－28	214.00	2013－12－31	55.77
2013－11－27	246.01	汇总	55694.41
2013－12－11	310.40		

数据来源：中央国债登记结算有限责任公司

2013年全国银行间债券市场国债指数统计表

日 期	财 富	全 价	净 价	平均现金流法到期收益率（%）	平均待偿期（年）
2013-01-04	144.7959	117.9281	116.2191	3.7099	9.3672
2013-01-05	144.8888	118.0037	116.2827	3.7021	9.3644
2013-01-06	144.9408	118.0461	116.3131	3.6983	9.3617
2013-01-07	144.9501	118.0537	116.3089	3.6988	9.3589
2013-01-08	145.0315	118.1200	116.3631	3.6922	9.3562
2013-01-09	145.0969	118.1733	116.4044	3.6871	9.3534
2013-01-10	144.9958	118.0909	116.3105	3.6986	9.3507
2013-01-11	144.9172	118.0269	116.2349	3.7079	9.3480
2013-01-14	144.9467	118.0509	116.2235	3.7093	9.3398
2013-01-15	144.9862	118.0830	116.2436	3.7069	9.3370
2013-01-16	144.9923	118.0880	116.2368	3.7077	9.3343
2013-01-17	145.0522	118.1368	116.2736	3.7019	9.3125
2013-01-18	145.1723	118.2347	116.3593	3.6913	9.3095
2013-01-21	145.2503	118.2745	116.3872	3.6878	9.3011
2013-01-22	145.2690	118.2897	116.3905	3.6874	9.2984
2013-01-23	145.2661	118.2779	116.3764	3.6892	9.2956
2013-01-24	145.1959	118.2206	116.3076	3.6977	9.2927
2013-01-25	145.2084	118.2309	116.3060	3.6979	9.2898
2013-01-28	145.1394	118.1283	116.2146	3.7092	9.2816
2013-01-29	145.1268	118.1074	116.1925	3.7119	9.2796
2013-01-30	145.1411	118.1190	116.1923	3.7119	9.2751
2013-01-31	145.1595	118.1340	116.1955	3.7105	9.2592
2013-02-01	145.2213	118.1843	116.2338	3.7057	9.2564
2013-02-04	145.2658	118.2009	116.2345	3.7056	9.2471
2013-02-05	145.3379	118.2499	116.2811	3.6998	9.2442
2013-02-06	145.3521	118.2446	116.2808	3.6996	9.2389
2013-02-07	145.3723	118.2610	116.2854	3.6987	9.2505
2013-02-08	145.4340	118.3112	116.3236	3.6939	9.2477
2013-02-16	145.5378	118.2813	116.3132	3.6952	9.2252
2013-02-17	145.5966	118.2847	116.3489	3.6907	9.2224
2013-02-18	145.5399	118.2148	116.2913	3.6979	9.2197
2013-02-19	145.5369	118.2041	116.2771	3.6997	9.2169
2013-02-20	145.6898	118.3283	116.3890	3.6848	9.2030
2013-02-21	145.6944	118.3321	116.3809	3.6858	9.1999
2013-02-22	145.6474	118.2939	116.3310	3.6920	9.1967

续表

日 期	财 富	全 价	净 价	平均现金流法到期收益率（%）	平均待偿期（年）
2013 - 02 - 25	145. 5924	118. 1802	116. 2511	3. 7019	9. 1882
2013 - 02 - 26	145. 5627	118. 1561	116. 2153	3. 7064	9. 1861
2013 - 02 - 27	145. 6137	118. 1876	116. 2447	3. 7027	9. 1834
2013 - 02 - 28	145. 5882	117. 8994	116. 2123	3. 7062	9. 1841
2013 - 03 - 01	145. 6245	117. 9198	116. 2298	3. 7040	9. 1811
2013 - 03 - 04	145. 7592	117. 9971	116. 3029	3. 6949	9. 1732
2013 - 03 - 05	145. 7923	118. 0239	116. 3178	3. 6930	9. 1709
2013 - 03 - 06	145. 7999	118. 0301	116. 3121	3. 6928	9. 1566
2013 - 03 - 07	145. 7843	118. 0175	116. 2877	3. 6959	9. 1539
2013 - 03 - 08	145. 7809	117. 9532	116. 2731	3. 6977	9. 1511
2013 - 03 - 11	145. 7729	117. 9322	116. 2312	3. 7041	9. 2212
2013 - 03 - 12	145. 7929	117. 9407	116. 2355	3. 7036	9. 2186
2013 - 03 - 13	145. 8134	117. 9573	116. 2402	3. 7021	9. 1999
2013 - 03 - 14	145. 8040	117. 9497	116. 2208	3. 7045	9. 1980
2013 - 03 - 15	145. 7950	117. 9425	116. 2017	3. 7070	9. 1970
2013 - 03 - 18	145. 8179	117. 9179	116. 1846	3. 7091	9. 1879
2013 - 03 - 19	145. 8524	117. 9458	116. 2006	3. 7071	9. 1853
2013 - 03 - 20	145. 9246	117. 9932	116. 2469	3. 7013	9. 1827
2013 - 03 - 21	145. 8961	117. 9702	116. 2122	3. 7057	9. 1800
2013 - 03 - 22	145. 9125	117. 9653	116. 2136	3. 7055	9. 1772
2013 - 03 - 25	145. 9755	117. 9929	116. 2289	3. 7036	9. 1683
2013 - 03 - 26	146. 0011	118. 0052	116. 2376	3. 7025	9. 1656
2013 - 03 - 27	146. 0456	118. 0212	116. 2616	3. 6989	9. 1656
2013 - 03 - 28	146. 1273	118. 0872	116. 3155	3. 6921	9. 1625
2013 - 03 - 29	146. 1779	118. 1123	116. 3444	3. 6885	9. 1599
2013 - 04 - 01	146. 3310	118. 2360	116. 4322	3. 6775	9. 1515
2013 - 04 - 02	146. 5212	118. 3651	116. 5735	3. 6599	9. 1489
2013 - 04 - 03	146. 6249	118. 4488	116. 6451	3. 6522	9. 2229
2013 - 04 - 07	146. 7867	118. 5796	116. 7279	3. 6419	9. 2122
2013 - 04 - 08	146. 7204	118. 5114	116. 6627	3. 6500	9. 2095
2013 - 04 - 09	146. 8375	118. 5975	116. 7450	3. 6398	9. 2074
2013 - 04 - 10	146. 9371	118. 6779	116. 8133	3. 6313	9. 2046
2013 - 04 - 11	146. 8818	118. 6333	116. 7570	3. 6375	9. 1707
2013 - 04 - 12	146. 9291	118. 6714	116. 7832	3. 6342	9. 1678
2013 - 04 - 15	147. 1073	118. 7956	116. 8910	3. 6208	9. 1600
2013 - 04 - 16	147. 3942	119. 0136	117. 1099	3. 5938	9. 1573

续表

日 期	财 富	全 价	净 价	平均现金流法到期收益率（%）	平均待偿期（年）
2013 - 04 - 17	147.3025	118.9396	117.0243	3.6043	9.1545
2013 - 04 - 18	147.1349	118.8042	116.8777	3.6224	9.1518
2013 - 04 - 19	147.0878	118.7662	116.8279	3.6286	9.1496
2013 - 04 - 22	146.9731	118.6560	116.7002	3.6444	9.1413
2013 - 04 - 23	147.1681	118.7878	116.8451	3.6263	9.1384
2013 - 04 - 24	147.2517	118.8464	116.9005	3.6194	9.1356
2013 - 04 - 25	147.3383	118.9164	116.9583	3.6111	9.1219
2013 - 04 - 26	147.4125	118.9441	117.0060	3.6052	9.1192
2013 - 04 - 27	147.4576	118.9805	117.0305	3.6057	9.1629
2013 - 04 - 28	147.4784	118.9642	117.0354	3.6038	9.1635
2013 - 05 - 02	147.6480	119.1010	117.1243	3.5927	9.1525
2013 - 05 - 03	147.6864	119.1320	117.1433	3.5904	9.1498
2013 - 05 - 06	147.6080	119.0444	117.0448	3.6024	9.1415
2013 - 05 - 07	147.7445	119.1465	117.1426	3.5902	9.1379
2013 - 05 - 08	147.6603	119.0674	117.0631	3.6000	9.1355
2013 - 05 - 09	147.6896	119.0911	117.0749	3.5986	9.1328
2013 - 05 - 10	147.7637	119.1399	117.1225	3.5926	9.1298
2013 - 05 - 13	147.7944	119.1555	117.1117	3.5939	9.1215
2013 - 05 - 14	147.7986	119.1589	117.1033	3.5949	9.1188
2013 - 05 - 15	147.8104	119.1318	117.1009	3.5941	9.0846
2013 - 05 - 16	147.8195	119.1391	117.0964	3.5947	9.0816
2013 - 05 - 17	147.8857	119.1508	117.1375	3.5895	9.0784
2013 - 05 - 20	147.9285	119.1250	117.1364	3.5897	9.0728
2013 - 05 - 21	147.9805	119.1668	117.1663	3.5859	9.0701
2013 - 05 - 22	148.0520	119.2244	117.2119	3.5791	9.0558
2013 - 05 - 23	148.0817	119.2484	117.2239	3.5776	9.0533
2013 - 05 - 24	148.1043	119.1935	117.2301	3.5768	9.0506
2013 - 05 - 27	148.1638	119.2057	117.2423	3.5829	9.2210
2013 - 05 - 28	148.2016	119.2361	117.2608	3.5806	9.2182
2013 - 05 - 29	148.1125	119.1645	117.1776	3.5908	9.2159
2013 - 05 - 30	148.1131	119.1572	117.1663	3.5912	9.2164
2013 - 05 - 31	148.0914	119.1398	117.1372	3.5948	9.2136
2013 - 06 - 03	148.0475	119.1045	117.0666	3.6036	9.2485
2013 - 06 - 04	147.9976	119.0518	117.0148	3.6098	9.2439
2013 - 06 - 05	147.9638	119.0246	116.9759	3.6150	9.2814
2013 - 06 - 06	147.9163	118.9811	116.9260	3.6199	9.2576

续表

日 期	财 富	全 价	净 价	平均现金流法到期收益率（%）	平均待偿期（年）
2013－06－07	147.7947	118.8278	116.8170	3.6333	9.2549
2013－06－08	147.7806	118.8164	116.7939	3.6361	9.2523
2013－06－09	148.0498	118.9855	116.9975	3.6101	9.2372
2013－06－13	147.9747	118.5805	116.8906	3.6231	9.2262
2013－06－14	147.8640	118.4919	116.7905	3.6355	9.2238
2013－06－17	147.8297	118.4127	116.7277	3.6432	9.2156
2013－06－18	147.7390	118.3319	116.6436	3.6534	9.2098
2013－06－19	147.2526	117.9423	116.2440	3.7031	9.2072
2013－06－20	146.1419	117.0527	115.3465	3.8160	9.2044
2013－06－21	146.4860	117.3182	115.6091	3.7828	9.2012
2013－06－24	146.6013	117.3673	115.6656	3.7758	9.1929
2013－06－25	146.7491	117.4565	115.7715	3.7624	9.1902
2013－06－26	147.3852	117.9551	116.2665	3.6994	9.1922
2013－06－27	147.5884	118.1178	116.4167	3.6807	9.1887
2013－06－28	147.7754	118.2568	116.5538	3.6636	9.1859
2013－07－01	147.7752	118.2567	116.5183	3.6680	9.1777
2013－07－02	147.8275	118.2985	116.5482	3.6642	9.1750
2013－07－03	147.8577	118.3226	116.5604	3.6627	9.1721
2013－07－04	147.9394	118.3880	116.6138	3.6560	9.1691
2013－07－05	147.9664	118.4097	116.6235	3.6548	9.1661
2013－07－08	147.8727	118.2796	116.5135	3.6684	9.1580
2013－07－09	147.8233	118.2400	116.4624	3.6748	9.1552
2013－07－10	147.4793	117.9649	116.1767	3.7106	9.1521
2013－07－11	147.3360	117.8502	116.0508	3.7264	9.1490
2013－07－12	147.2021	117.7432	115.9324	3.7414	9.1466
2013－07－15	147.1985	117.7403	115.8942	3.7463	9.1386
2013－07－16	147.1210	117.6782	115.8206	3.7556	9.1358
2013－07－17	146.8816	117.4868	115.6182	3.7813	9.1329
2013－07－18	146.8238	117.4406	115.5604	3.7879	9.1193
2013－07－19	146.7534	117.3842	115.4926	3.7966	9.1166
2013－07－22	146.5073	117.1505	115.2613	3.8263	9.1087
2013－07－23	146.2577	116.9418	115.0509	3.8533	9.1063
2013－07－24	145.9587	116.7027	114.8011	3.8851	9.1070
2013－07－25	146.3869	117.0451	115.1301	3.8428	9.1059
2013－07－26	146.4631	117.1061	115.1791	3.8366	9.1033
2013－07－29	146.4035	117.0482	115.0962	3.8474	9.0950

续表

日 期	财 富	全 价	净 价	平均现金流法到期收益率（%）	平均待偿期（年）
2013-07-30	145.4493	117.0697	115.1209	3.8442	9.0922
2013-07-31	146.5287	117.1331	115.1723	3.8370	9.0677
2013-08-01	146.6381	117.2206	115.2476	3.8274	9.0652
2013-08-02	146.7057	117.2641	115.2897	3.8220	9.0625
2013-08-05	146.6807	117.2268	115.2345	3.8292	9.0545
2013-08-06	146.6359	117.1760	115.1871	3.8354	9.0522
2013-08-07	146.3656	116.9600	114.9603	3.8649	9.0851
2013-08-08	145.9858	116.6565	114.6464	3.9056	9.0814
2013-08-09	145.8419	116.5415	114.5201	3.9220	9.0786
2013-08-12	145.6831	116.4038	114.3586	3.9435	9.1021
2013-08-13	145.1654	115.9901	113.9350	3.9989	9.0993
2013-08-14	144.8464	115.7352	113.6695	4.0334	9.0858
2013-08-15	144.7889	115.6893	113.6121	4.0411	9.0827
2013-08-16	144.7991	115.6475	113.6085	4.0417	9.0803
2013-08-19	144.4923	115.3369	113.3294	4.0808	9.1173
2013-08-20	144.1098	115.0160	113.0137	4.1228	9.1145
2013-08-21	144.2868	115.1318	113.1426	4.1058	9.1119
2013-08-22	144.3101	115.1504	113.1493	4.1046	9.0808
2013-08-23	144.5969	115.3008	113.3653	4.0760	9.0785
2013-08-26	144.8254	115.4592	113.5113	4.0574	9.1125
2013-08-27	144.7869	115.4190	113.4691	4.0631	9.1096
2013-08-28	144.5127	115.1808	113.2398	4.0935	9.1064
2013-08-29	144.4778	114.9169	113.2004	4.0985	9.1080
2013-08-30	144.5103	114.9428	113.2144	4.0968	9.1057
2013-09-02	144.4943	114.9116	113.1664	4.1032	9.0843
2013-09-03	144.4871	114.9059	113.1490	4.1057	9.0817
2013-09-04	144.3290	114.7801	113.0121	4.1240	9.0789
2013-09-05	144.3545	114.8005	113.0206	4.1230	9.0754
2013-09-06	144.4228	114.8059	113.0629	4.1175	9.0727
2013-09-09	144.3531	114.7505	112.9725	4.1299	9.0644
2013-09-10	144.1996	114.6285	112.8394	4.1482	9.0747
2013-09-11	143.9196	114.4059	112.6060	4.1793	9.0433
2013-09-12	143.8995	114.3827	112.5784	4.1832	9.0409
2013-09-13	143.7108	114.2003	112.4174	4.2051	9.0389
2013-09-16	143.6454	114.1406	112.3312	4.2173	9.0310
2013-09-17	143.7000	114.1644	112.3618	4.2133	9.0283

续表

日　期	财　富	全　价	净　价	平均现金流法到期收益率（%）	平均待偿期（年）
2013－09－18	143.6353	114.0994	112.2989	4.2213	9.0154
2013－09－22	144.1547	114.4843	112.6624	4.1726	9.0053
2013－09－23	143.9811	114.3464	112.5134	4.1930	9.0026
2013－09－24	143.8857	114.2426	112.4263	4.2100	9.0844
2013－09－25	143.9904	114.3179	112.4973	4.2010	9.1166
2013－09－26	144.2410	114.5089	112.6834	4.1762	9.1143
2013－09－27	144.1910	114.4502	112.6322	4.1832	9.1116
2013－09－29	144.1871	114.4322	112.6055	4.1871	9.1060
2013－09－30	144.2319	114.4678	112.6292	4.1840	9.1032
2013－10－08	144.3970	114.5988	112.6653	4.1803	9.0813
2013－10－09	144.2781	114.4964	112.5596	4.1947	9.0785
2013－10－10	144.3830	114.5797	112.6308	4.1852	9.0754
2013－10－11	144.3804	114.5776	112.6169	4.1872	9.0722
2013－10－12	144.4064	114.5982	112.6256	4.1861	9.0687
2013－10－14	144.1842	114.3671	112.4266	4.2133	9.0633
2013－10－15	144.0900	114.2738	112.3406	4.2251	9.0602
2013－10－16	143.9670	114.1763	112.2317	4.2401	9.0573
2013－10－17	143.9735	114.1814	112.2250	4.2412	9.0549
2013－10－18	143.8997	114.1229	112.1550	4.2509	9.0522
2013－10－21	143.8608	114.0586	112.0889	4.2604	9.0441
2013－10－22	143.7446	113.9402	111.9855	4.2747	9.0407
2013－10－23	143.6855	113.8692	111.9271	4.2828	9.0380
2013－10－24	143.4466	113.6716	111.7269	4.3098	9.0253
2013－10－25	143.3446	113.5907	111.6347	4.3227	9.0226
2013－10－28	143.3619	113.5730	111.6130	4.3258	8.9882
2013－10－29	143.1981	113.4432	111.4720	4.3455	8.9861
2013－10－30	143.1209	113.3821	111.3994	4.3551	8.9870
2013－10－31	143.3437	113.5586	111.5632	4.3326	8.9846
2013－11－01	143.5634	113.7327	111.7247	4.3105	8.9819
2013－11－04	143.5202	113.6984	111.6552	4.3206	8.9738
2013－11－05	143.3144	113.5123	111.4812	4.3450	8.9710
2013－11－06	143.0992	113.3419	111.2998	4.3704	8.9684
2013－11－07	142.6335	112.9655	110.9210	4.4237	8.9664
2013－11－08	142.4432	112.8043	110.7592	4.4466	8.9632
2013－11－11	141.6639	112.1769	110.1099	4.5394	8.9549
2013－11－12	141.7176	112.2194	110.1404	4.5353	8.9519

续表

日期	财富	全价	净价	平均现金流法到期收益率（%）	平均待偿期（年）
2013-11-13	141.3022	111.8819	109.8013	4.5841	8.9493
2013-11-14	141.0806	111.7065	109.6149	4.6106	8.9293
2013-11-15	140.4247	111.1526	109.0866	4.6875	8.9266
2013-11-18	140.0756	110.8268	108.7768	4.7337	8.9183
2013-11-19	139.8287	110.6166	108.5706	4.7636	8.8972
2013-11-20	139.5595	110.3961	108.3469	4.7962	8.8859
2013-11-21	139.7251	110.5271	108.4654	4.7790	8.8831
2013-11-22	140.0635	110.7948	108.7200	4.7418	8.8811
2013-11-25	140.1013	110.7210	108.7142	4.7493	8.9996
2013-11-26	140.2009	110.7628	108.7807	4.7399	8.9971
2013-11-27	140.6419	111.1036	109.1155	4.6901	9.0035
2013-11-28	141.2392	111.5755	109.5732	4.6243	9.0006
2013-11-29	141.8343	112.0456	110.0292	4.5594	8.9985
2013-12-02	141.2426	111.5503	109.5287	4.6319	8.9902
2013-12-03	141.4601	111.7079	109.6878	4.6094	8.9874
2013-12-04	141.5255	111.7596	109.7273	4.6043	9.0186
2013-12-05	141.1172	111.4371	109.3946	4.6524	9.0157
2013-12-06	140.9575	111.3060	109.2573	4.6725	9.0129
2013-12-09	140.7413	111.1257	109.0519	4.7034	9.0371
2013-12-10	140.3014	110.7783	108.6945	4.7556	9.0344
2013-12-11	140.1762	110.3733	108.5848	4.7712	9.0142
2013-12-12	140.4173	110.5631	108.7618	4.7457	9.0113
2013-12-13	140.8486	110.8935	109.0878	4.6987	9.0090
2013-12-16	140.7902	110.8089	109.0065	4.7148	9.0789
2013-12-17	140.7373	110.7415	108.9532	4.7228	9.0760
2013-12-18	140.6244	110.6449	108.8529	4.7365	9.0477
2013-12-19	140.4297	110.4917	108.6886	4.7613	9.0609
2013-12-20	140.4368	110.4973	108.6823	4.7624	9.0553
2013-12-23	140.4750	110.4863	108.6766	4.7636	9.0307
2013-12-24	140.6765	110.6364	108.8224	4.7423	9.0171
2013-12-25	140.6797	110.6253	108.8129	4.7437	9.0095
2013-12-26	140.7665	110.6837	108.8690	4.7354	8.9958
2013-12-27	140.8060	110.7147	108.8880	4.7330	8.9932
2013-12-30	140.8730	110.7573	108.9047	4.7316	8.9880
2013-12-31	140.8290	110.7227	108.8585	4.7387	8.9851

数据来源：中央国债登记结算有限责任公司

2013 年全国银行间债券市场国债现券交易结算情况统计表

债券简称	债券代码	面值额（亿元）
12 附息国债 10	120010	4575.9
12 附息国债 17	120017	2846.3
12 附息国债 03	120003	2778.49
12 附息国债 09	120009	2461
13 附息国债 15	130015	2128.5
07 国债 01	070001	2069.2
13 附息国债 14	130014	1776.55
13 附息国债 02	130002	1741.13
13 附息国债 01	130001	1684.048
13 附息国债 17	130017	1486.195
11 附息国债 07	110007	1420.32
12 附息国债 07	120007	1322.1
11 附息国债 13	110013	1304.15
12 附息国债 14	120014	1265.82
13 附息国债 03	130003	1251.668
06 国债 20	060020	1207.1
13 附息国债 04	130004	1195.6
13 附息国债 07	130007	1193.1
08 国债 17	080017	1008.82
08 国债 03	080003	957.6
11 附息国债 15	110015	944
09 附息国债 31	090031	934
11 附息国债 08	110008	863.82
13 附息国债 20	130020	786.34
13 附息国债 13	130013	772.2
13 贴现国债 01	139901	725
12 附息国债 15	120015	710.5
10 附息国债 28	100028	689.2
13 附息国债 11	130011	684.6
13 贴现国债 02	139902	655.9
12 附息国债 16	120016	649.3
13 贴现国债 07	139907	603.7
12 附息国债 21	120021	600.23
11 附息国债 24	110024	588.9
13 附息国债 18	130018	587.7

续表

债券简称	债券代码	面值额（亿元）
12 附息国债 19	120019	530.99
13 附息国债 05	130005	518.13
13 附息国债 23	130023	484.8
13 附息国债 22	130022	477.6
11 附息国债 19	110019	448.6
13 附息国债 06	130006	424
11 附息国债 14	110014	383.7
13 附息国债 08	130008	377.7
13 贴现国债 03	139903	349.2
11 附息国债 02	110002	340.7
08 国债 10	080010	313.8
13 贴现国债 06	139906	309.5
13 贴现国债 05	139905	280.3
12 附息国债 02	120002	263.3
13 附息国债 21	130021	252.8
13 贴现国债 08	139908	226.6
10 附息国债 40	100040	221.1
12 附息国债 04	120004	193.8
11 附息国债 21	110021	179.3
13 附息国债 19	130019	135.7
08 国债 05	080005	135
12 附息国债 05	120005	126.2
11 附息国债 05	110005	123.1
10 附息国债 32	100032	117.681
11 附息国债 10	110010	107.2
13 贴现国债 04	139904	104.4
09 附息国债 04	090004	95.3
11 附息国债 22	110022	93.2
13 附息国债 12	130012	90.1
11 附息国债 25	110025	84.2
09 附息国债 18	090018	74.1
10 附息国债 13	100013	72.1
13 附息国债 16	130016	60.6
12 附息国债 18	120018	50.7
10 附息国债 25	100025	48.8
13 附息国债 09	130009	48
10 附息国债 18	100018	44.6

续表

债券简称	债券代码	面值额（亿元）
10 附息国债 19	100019	41.6
08 国债 22	080022	35.36
08 国债 02	080002	34.7
08 国债 26	080026	34.22
11 附息国债 17	110017	30.8
07 特别国债 05	0700005	30.57
08 国债 23	080023	29.3
10 附息国债 39	100039	28.62
07 国债 06	070006	27.2
10 附息国债 41	100041	27
11 附息国债 03	110003	26.7
06 国债 01	060001	26.6
10 附息国债 12	100012	26.38
12 附息国债 11	120011	26
10 附息国债 05	100005	26
07 特别国债 04	0700004	26
06 国债 13	060013	21.4
09 国债 01	090001	20.8
13 附息国债 25	130025	19.1
13 附息国债 24	130024	18.3
13 附息国债 10	130010	18.1
10 附息国债 35	100035	17.5
06 国债 09	060009	17
12 附息国债 20	120020	16.3
12 贴现国债 03	129903	15.4
07 国债 18	070018	15.4
07 国债 13	070013	15
07 国债 10	070010	14.1
08 国债 20	080020	14.1
06 国债 06	060006	14.05
08 国债 01	080001	13.55
08 国债 13	080013	13.4
11 附息国债 04	110004	12.82
07 国债 14	070014	12.8
08 国债 25	080025	12.77
03 国债 02	030002	12.5
10 附息国债 07	100007	12.2

续表

债券简称	债券代码	面值额（亿元）
10 附息国债 02	100002	10.7
10 附息国债 09	100009	10.7
11 附息国债 16	110016	10
09 附息国债 32	090032	9.9
09 附息国债 10	090010	9.8
10 附息国债 31	100031	9
08 国债 06	080006	8.4
08 国债 18	080018	8.3
09 附息国债 20	090020	8
09 附息国债 11	090011	7.9
05 国债 12	050012	7.33
10 附息国债 27	100027	6.1
09 附息国债 24	090024	6
10 附息国债 06	100006	5.9
09 国债 02	090002	5.4
10 附息国债 29	100029	5.3
10 附息国债 22	100022	5
04 国债 06	040006	4.8
12 附息国债 06	120006	4.8
10 附息国债 38	100038	4.6
05 国债 04	050004	4.3
07 特别国债 02	0700002	4.15
07 国债 03	070003	4.1
10 附息国债 16	100016	3.9
01 国债 11	010011	3.7
05 国债 01	050001	3.6954
12 贴现国债 08	129908	3.5
10 附息国债 17	100017	3.2
07 特别国债 06	0700006	3
12 附息国债 12	120012	3
09 附息国债 23	090023	2.82
08 国债 07	080007	2.6
09 附息国债 06	090006	2.6
06 国债 03	060003	2.5
06 国债 16	060016	2.5
10 附息国债 20	100020	2.4
10 附息国债 15	100015	2.4

续表

债券简称	债券代码	面值额（亿元）
10 附息国债 26	100026	2. 2
10 附息国债 08	100008	2. 02
09 附息国债 19	090019	2. 02
08 国债 14	080014	1. 9
11 附息国债 06	110006	1. 9
12 附息国债 08	120008	1. 8
10 附息国债 24	100024	1. 7
10 附息国债 34	100034	1. 6
02 国债 05	020005	1. 6
12 附息国债 01	120001	1. 5
07 国债 07	070007	1. 2
09 附息国债 12	090012	1. 2
10 附息国债 03	100003	1. 2
10 附息国债 23	100023	1. 2
09 附息国债 13	090013	1
07 特别国债 03	0700003	1
07 特别国债 08	0700008	1
11 附息国债 23	110023	1
10 附息国债 33	100033	0. 8
10 附息国债 37	100037	0. 8
12 贴现国债 02	129902	0. 6
06 国债 19	060019	0. 6
10 附息国债 14	100014	0. 6
11 附息国债 12	110012	0. 6
02 国债 13	020013	0. 4
03 国债 09	030009	0. 4
12 附息国债 13	120013	0. 3
09 附息国债 17	090017	0. 2
01 国债 04	010004	0. 15
09 国债 03	090003	0. 1
汇　　总		55694. 41

数据来源：中央国债登记结算有限责任公司

2013 年全国银行间债券市场国债交易结算情况月度统计表

月份	现券交易（亿元）	质押式回购（亿元）	买断式回购（亿元）	债券借贷（亿元）
01	7327.30	48952.60	252.28	0
02	6514.26	37152.88	295.18	0
03	10539.92	50338.21	360.82	0.1
04	9583.52	56599.85	321.45	0
05	3809.71	57823.22	444.66	0
06	1650.00	42951.39	335.28	2
07	1731.75	44517.18	495.7	0.15
08	2307.48	46238.20	385.51	0
09	2177.44	42962.07	526.5	0.4
10	2077.97	41750.41	614.34	0
11	3923.54	61089.03	702.34	4.9
12	4051.53	57125.17	844.52	2.9
合计	55694.41	587500.21	5578.58	10.45

数据来源：中央国债登记结算有限责任公司

2013年全国银行间债券市场国债质押式回购交易结算情况统计表

回购品种	前期平均利率（%）	最高利率（%）	最低利率（%）	本期平均利率（%）	涨跌幅（%）	内含期限（天数）	本金额（万元）	面值额（万元）	资金额（万元）	结算笔数（笔）	平均每笔交割量（万元）	结算天数（天）
R01D	2.6860	30.0000	1.2600	3.2182	19.814	1.0	3926900351.93	3927114820.00	3867222650.62	98468.00	39882.14	199
R02D	3.6010	9.0000	1.6964	3.3826	-6.065	2.0	68824243.37	68828780.00	66848460.65	1978.00	34797.16	126
R03D	2.6950	25.0000	1.3000	3.3718	25.113	3.0	854197537.61	854244270.00	840575345.76	21645.00	39466.13	124
R07D	3.4340	25.0000	1.7800	4.2813	24.674	6.4	581518716.73	581529630.00	569474226.80	18066.00	32189.18	243
R14D	3.9320	16.0000	2.0000	4.4669	13.604	12.4	249372878.00	249376746.00	244230910.33	7693.00	32416.06	243
R21D	4.078	15.0000	2.7000	4.5869	12.479	19.6	47320994.33	47322400.00	46419862.56	1825.00	25930.08	200
R01M	4.1340	15.2000	2.5000	5.0903	23.133	29.8	72109454.15	72109590.00	70671760.63	2678.00	26926.66	217
R02M	4.398	18.0000	3.2000	5.2083	18.424	38.7	31001865.60	31002492.00	30289638.04	1187.00	26118.36	170
R03M	4.0830	11.0000	3.2000	5.3107	30.069	81.3	34074884.15	34075020.00	33131534.62	1243.00	27413.53	186
R04M	4.095	12.0000	3.6000	5.2777	28.882	110.0	2138650.00	2138650.00	2074440.17	85.00	25160.59	37
R06M	4.416	8.0000	3.6000	5.6717	28.435	179.8	4734490.00	4734490.00	4581151.65	216.00	21918.94	66
R09M	3.861	7.5400	5.4000	5.8248	50.862	268.9	1206000.00	1206000.00	1145934.89	47.00	25659.57	10
R01Y	4.865	6.6000	4.0000	5.1439	5.733	365.0	1319106.00	1319106.00	1243498.21	55.00	23983.75	26
合计							5874719171.86	5875001994.00	5777909414.91	155186.00		

数据来源：中央国债登记结算有限责任公司

2013 年全国银行间债券市场国债买断式回购交易结算情况统计表

回购品种	前期平均利率（%）	最高利率（%）	最低利率（%）	本期平均利率（%）	涨跌（%）	内含期限	本金额（万元）	面值额（万元）	资金额（万元）	结算笔数	平均每笔交割量（万元）	结算天数（天）
R01D	2.829	15.0002	1.6630	3.5268	24.67	1.0	30018100.00	30018100.00	29254015.33	1546	19416.62	197
R02D	2.741	8.9228	3.0013	4.0714	48.54	2.0	890000.00	890000.00	863799.27	48	18541.67	20
R03D	2.845	9.9955	1.8186	3.7085	30.35	3.0	6817100.00	6817100.00	6635161.78	347	19645.82	60
R07D	3.558	13.1991	2.1302	4.5695	28.43	6.6	8110000.00	8110000.00	8051852.46	443	18307.00	161
R14D	4.353	8.7008	2.6999	4.7967	10.19	12.6	5248470.00	5248470.00	5181067.29	280	18744.54	101
R21D	3.558	8.8998	2.8989	5.6036	57.49	19.9	1571200.00	1571200.00	1548374.38	96	16366.67	42
R01M	3.655	7.6994	2.5001	5.1514	40.94	27.6	1616800.00	1616800.00	1597080.45	69	23431.88	33
R02M	3.98	9.0999	2.6996	4.8912	22.89	45.3	881100.00	881100.00	869417.97	38	23186.84	21
R03M	5.077	6.1001	3.7498	4.8816	-3.85	87.4	632603.20	633000.00	628216.14	28	22607.14	17
R04M												
R06M												
R09M												
R01Y												
合计							55785373.20	55785770.00	54628985.07	2895		

数据来源：中央国债登记结算有限责任公司

2013 年末记账式国债余额剩余期限结构统计表
（按持有者结构划分）

机构类别	1 年以下	1 - 5 年	5 - 10 年	10 年以上	年末托管面额合计（亿元）
商业银行	5330. 71	18718. 05	19192. 09	10563. 69	53804. 53
非银行金融机构	5. 30	83. 40	158. 30	13. 00	260. 00
信用社	42. 95	190. 97	325. 14	144. 56	703. 62
特殊结算成员	466. 34	6748. 32	8320. 64	2493. 52	18028. 82
保险机构	196. 34	389. 53	297. 01	2017. 09	2899. 97
其他投资者	822. 81	324. 08	195. 60	14. 80	1357. 29
基金	84. 64	196. 24	331. 14	363. 91	975. 93
非金融机构	4. 50	4. 60	9. 70	0. 50	19. 30
证券公司	3. 00	15. 20	50. 59	2. 60	71. 39
年末托管面额合计	6956. 60	26670. 38	28880. 20	15613. 67	78120. 85

数据来源：中央国债登记结算有限责任公司

2013年全国银行间债券市场机构投资者国债现券交易额排名

排　　名	成员简称	总面额（亿元）	总笔数（笔）
1	国泰君安证券	6482.62	3649
2	上海银行	5170.38	2353
3	花旗（中国）公司	4193.51	2990
4	三菱东京日联银行中国	4153.60	920
5	宁波银行	3585.90	760
6	美国银行上海分行	3289.42	1274
7	汇丰银行（中国）公司	3105.57	2445
8	瑞穗银行中国	2948.10	1484
9	鄞州银行	2827.60	327
10	福建海峡银行	2678.30	1042
11	广东顺德农商行	2653.90	638
12	厦门银行	2619.28	770
13	法国巴黎银行（中国）	2619.18	1117
14	南京银行	2539.00	1971
15	上海农商行	2474.90	171
16	西安银行	2322.80	379
17	德意志银行中国公司	2253.90	2404
18	平安证券	2135.78	960
19	渣打银行（中国）公司	2079.80	1423
20	杭州银行	2051.80	1051
21	国开行	1899.30	1262
22	东亚银行中国公司	1784.80	1074
23	汉口银行	1725.70	1020
24	第一创业证券	1712.90	2312
25	河北银行	1690.40	774
26	广发证券	1668.70	596
27	广州农商行	1667.90	547
28	交通银行	1605.31	2418
29	徽商银行	1524.71	682
30	恒丰银行	1382.50	2399
31	平安银行	1198.40	1281
32	中信证券	1182.16	1274
33	中信银行	1166.90	979
34	广发银行	1075.90	1783
35	广东南粤银行	1053.90	445
36	大连银行	933.00	378
37	东莞银行	864.40	251

续表

排　名	成员简称	总面额（亿元）	总笔数（笔）
38	广西北部湾银行	768.90	243
39	齐商银行	705.70	219
40	北京农商银行	689.10	273
41	光大证券	675.70	467
42	农业银行	666.60	1823
43	邮储银行	647.40	420
44	常熟农商行	584.50	268
45	光大银行	573.32	957
46	兴业银行	549.64	972
47	中航证券	502.30	190
48	工商银行	487.80	975
49	中国银行	476.05	1069
50	民生银行	445.31	600
51	东方证券	440.90	417
52	星展银行中国公司	440.30	956
53	浦发银行	421.90	627
54	浙江民泰商业银行	410.00	82
55	东海证券	366.28	604
56	摩根大通银行中国公司	352.40	1089
57	招商银行	342.74	837
58	成都银行	342.25	305
59	建设银行	340.55	806
60	瑞丰银行	316.90	72
61	华侨银行（中国）公司	308.30	332
62	中金公司	302.24	912
63	中信建投证券	273.30	536
64	哈尔滨银行	253.30	223
65	贵阳银行	245.60	54
66	苏州银行	232.83	154
67	华融湘江银行	232.40	80
68	恒生银行（中国）公司	225.00	553
69	国海证券	179.10	163
70	泰安商行	178.00	141
71	安信证券	178.00	172
72	黑龙江省农信社	173.05	130
73	天风证券	170.40	287
74	瑞银证券	166.50	268

续表

排 名	成员简称	总面额（亿元）	总笔数（笔）
75	郑州银行	166.30	107
76	招商证券	164.85	236
77	榆社县农联社	164.10	182
78	江苏江南农商行	156.80	199
79	绵阳商行	146.70	85
80	摩根华鑫证券	146.20	36
81	威海市商业银行	144.60	119
82	华泰证券	143.30	275
83	洛阳银行	136.30	211
84	北京银行	135.82	316
85	湖北银行	135.80	124
86	广州证券	133.70	183
87	包商银行	132.33	226
88	长沙银行	130.30	108
89	广州银行	128.00	54
90	西南证券	116.20	259
91	澳大利亚新西兰银行	115.10	331
92	浙江萧山农村合作银行	102.20	137
93	中山证券	101.30	150
94	海通证券	100.65	144
95	渤海银行	100.10	117
96	中国人寿股份	99.20	77
97	民生银行上海分行	89.40	34
98	重庆银行	87.30	32
99	张家港农商行	85.00	98
100	成都农商行	83.80	105
101	衡水银行	79.80	66
102	中银国际证券	73.70	73
103	工行北京分行	73.20	96
104	瑞银中国	72.94	122
105	吉林银行	72.00	86
106	日信证券公司	69.93	95
107	苏格兰皇家银行中国	69.20	143
108	天津银行	67.10	82
109	长春农商行	63.00	66
110	摩根士丹利中国公司	61.80	209
111	灵石农商银行	60.90	56

续表

排　名	成员简称	总面额（亿元）	总笔数（笔）
112	晋商银行	57.00	27
113	华创证券	56.20	23
114	吉林九台农商行	56.10	26
115	国金证券	55.00	97
116	江海证券	54.30	70
117	郑州市市郊农信社	53.00	75
118	申银万国证券	52.45	86
119	平遥县农联社	48.80	57
120	海门农村商业银行	48.70	54
121	国信证券	47.20	76
122	乌市商行	46.40	32
123	银河证券	45.10	59
124	左权县农联社	43.90	39
125	慕尼黑再保险北京公司	43.80	19
126	民生证券	43.60	123
127	宁波通商银行	43.40	45
128	盛京银行	42.80	94
129	大华银行中国公司	42.70	91
130	潍坊银行	41.20	17
131	嘉兴银行	40.90	22
132	南充商行	38.10	34
133	兰州银行	36.90	39
134	南京证券	35.10	56
135	江苏江阴农商行	33.70	48
136	五矿证券公司	33.40	47
137	江苏银行	33.00	17
138	浙江泰隆商业银行	31.80	34
139	华龙证券	31.20	57
140	杭州联合银行	30.80	46
141	渤海证券	30.60	83
142	荷兰安智银行上海分行	30.40	28
143	进出口行	29.8	98
144	瑞士再保险公司北京	28.70	12
145	甘肃农村合作金融中心	27.80	30
146	宏源证券	26.81	59
147	德阳银行	25.70	27
148	抚顺银行	25.70	47

续表

排　名	成员简称	总面额（亿元）	总笔数（笔）
149	宁夏银行	25.40	14
150	柳州银行	25.15	38
151	武安市联社	24.50	6
152	江苏如皋农商行	24.50	49
153	永年联社	24.00	4
154	东莞农商行	23.97	43
155	川财证券	23.90	63
156	华夏人寿保险公司	23.70	47
157	三井住友银行中国公司	23.40	32
158	全国社保基金	23	41
159	慈溪农合行	22.10	17
160	北京高华证券公司	22.10	73
161	济南历城农联社	22.00	42
162	中国人民财险	21.50	52
163	龙江银行	21.40	32
164	潍坊市农联社	20.90	44
165	青岛银行	20.10	9
166	通化市郊区农信社	19.50	4
167	衡水市农联社	19.00	13
168	天津农商行	18.40	33
169	绍兴银行	18.00	12
170	昆仑银行	18.00	12
171	南洋商业银行（中国）	17.85	25
172	宏信证券	17.60	20
173	东兴证券	17.50	18
174	张家口市商行	16.20	4
175	平安人寿保险公司	16.20	24
176	长春市环城农联社	16.00	12
177	凉山州商行	15.60	23
178	浙江温州鹿城农合行	15.60	22
179	英国巴克莱银行上海	15.52	28
180	石家庄市农联社	15.10	22
181	西藏同信证券公司	15.02	28
182	德邦证券	15.00	32
183	蛟河农村商业银行	14.70	27
184	启东农商银行	14.25	39
185	德国商业银行上海分行	14.00	8

续表

排　名	成员简称	总面额（亿元）	总笔数（笔）
186	晋中经济开发区农联社	13.90	27
187	邯郸银行	13.30	17
188	华夏银行	13.30	15
189	联讯证券	13.20	15
190	兴业证券	13.10	29
191	诚浩证券	13.00	17
192	齐鲁银行	12.50	6
193	铜山县农联社	12.29	26
194	中国人寿集团	12.20	22
195	攀枝花农商银行	11.60	10
196	海尔集团财务公司	11.30	11
197	华一银行	11.30	27
198	辽阳银行	11.00	2
199	鹤壁市淇滨区农联社	10.80	14
200	大成基金	10.4	14
201	日照银行	10.30	30
202	榆树农商银行	10.00	6
203	南方电网财务有限公司	10.00	7
204	海安农村商业银行	9.70	28
205	新绛县农联社	9.50	13
206	浙江稠州商业银行	9.20	19
207	中宏人寿	9.10	27
208	财通证券	8.50	21
209	珠海华润银行	8.30	11
210	赣州银行	8.10	29
211	宜宾市商业银行	8.10	11
212	重庆农商行	8.00	4
213	运城市农信联社	8.00	3
214	华商银行	7.90	10
215	太平人寿保险公司	7.65	8
216	磐石市农信社	7.60	7
217	信达证券	7.50	14
218	天津滨海农商行	7.40	10
219	首创证券	7.40	13
220	浙商银行	7.30	16
221	南昌银行股份有限公司	7.30	6
222	长治农商银行	7.00	7

续表

排　名	成员简称	总面额（亿元）	总笔数（笔）
223	富滇银行	7.00	6
224	尧都农商行	6.90	22
225	海口农商行	6.80	6
226	开源证券	6.80	13
227	上海汽车财务	6.80	17
228	永亨银行（中国）公司	6.70	16
229	厦门国际银行	6.60	6
230	德州银行	6.60	9
231	江西农联社	6.40	14
232	齐鲁证券	6.20	15
233	河南确山农商行	6.10	16
234	吉林省农联社	6.00	6
235	南阳宛城农信社	6.00	8
236	长沙天心农合行	6.00	6
237	邳州农商行	6.00	17
238	浙江富阳农村合作银行	5.90	5
239	博罗县农联社	5.80	14
240	法国兴业银行中国公司	5.70	12
241	松原市宁江区农联社	5.60	10
242	晋城银行	5.54	6
243	浙江长兴农合行	5.50	7
244	荷兰合作银行上海分行	5.40	9
245	西平县农信社	5.10	12
246	江苏民丰农村商业银行	5.00	18
247	周口市市区农联社	5.00	3
248	巴中市巴州区农联社	5.00	1
249	中航信托	5.00	10
250	紫金农商银行	4.70	5
251	孟津县农联社	4.70	13
252	周口银行	4.70	6
253	民生人寿	4.50	6
254	太平洋证券	4.50	12
255	长安银行	4.40	8
256	雅安雨城区农联社	4.20	3
257	汇添富基金公司	4.1	5
258	荆门市农联社	4.00	1
259	山东省农联社	4.00	2

续表

排　名	成员简称	总面额（亿元）	总笔数（笔）
260	库尔勒市商行	4.00	2
261	珠海农商银行	4.00	5
262	荆门农村商业银行	4.00	1
263	工银安盛人寿保险公司	3.90	15
264	首都银行（中国）	3.90	24
265	辽源农商行	3.80	2
266	安徽休宁农村商业银行	3.70	6
267	中山农商银行	3.70	7
268	偃师市农信社	3.70	9
269	中投证券	3.60	7
270	濮阳银行	3.60	10
271	新安县农信社	3.50	10
272	湖南省农村信用联社	3.45	4
273	厦门证券	3.40	8
274	昆山农村商业银行	3.20	2
275	东方汇理银行（中国）	3.20	3
276	江都农商行	3.20	23
277	浙江上虞农合行	3.20	9
278	泰康人寿1	3.20	9
279	江苏南通农商行	3.20	12
280	新韩银行（中国）	3.20	12
281	乐山商行	3.10	9
282	太平洋人寿保险公司	3.10	11
283	国开证券	3.10	8
284	洛阳市区农信社	3.10	10
285	东营银行	3.00	6
286	浙江绍兴恒信农合行	3.00	3
287	黑河农村商业银行	3.00	1
288	江门融和农商银行	3.00	6
289	诺基亚中国投资公司	3.00	2
290	寿阳农商银行	3.00	6
291	太平财产保险	3.00	6
292	昌吉市农信社	3.00	6
293	民族证券	3.00	4
294	潍坊农商银行	2.80	7
295	九江银行	2.80	4
296	友邦保险广东分公司	2.76	14

续表

排　名	成员简称	总面额（亿元）	总笔数（笔）
297	景德镇农商行	2.70	5
298	光大永明人寿	2.50	7
299	华安财险	2.50	7
300	栾川县农联社	2.50	6
301	朔州市朔城农联社	2.50	2
302	宜宾翠屏农商银行	2.50	4
303	万联证券	2.40	3
304	西部证券	2.40	3
305	大新银行	2.40	8
306	浙金信托	2.40	12
307	工行深圳	2.20	4
308	紫金财产保险股份公司	2.20	6
309	侯马农商行	2.20	4
310	财达证券	2.20	5
311	丹东银行	2.10	3
312	英大泰和财产保险公司	2.10	10
313	石嘴山银行	2.10	6
314	泉州银行	2.10	6
315	厦门农商银行	2.00	3
316	长白山农村商业银行	2.00	2
317	广西壮族自治区农联社	2.00	2
318	重庆三峡银行	2.00	5
319	武汉农商行	2.00	1
320	湘财证券	2.00	2
321	邯郸县农联社	2.00	1
322	徐州淮海农商行	2.00	2
323	新疆汇和银行	2.00	4
324	新余农村商业银行	2.00	4
325	银泰证券	2.00	2
326	盘谷银行	2.00	4
327	航天科工财务	2.00	2
328	隆昌县农信联社	1.80	4
329	山西河津农商行	1.80	6
330	江苏长江商业银行	1.80	10
331	随州农村商业银行	1.70	4
332	华西证券	1.70	5
333	友邦保险北京分公司	1.68	11

续表

排　名	成员简称	总面额（亿元）	总笔数（笔）
334	江苏大丰农村商业银行	1.60	4
335	临商银行	1.50	2
336	浙江嵊州农合行	1.50	2
337	四川省农联社	1.50	2
338	中债信用增进投资公司	1.50	12
339	华福证券公司	1.40	4
340	中信万通证券	1.30	8
341	长城人寿保险公司	1.30	3
342	莆田农商银行	1.30	1
343	友邦保险上海	1.26	11
344	湖州银行	1.20	10
345	山东费县农商行	1.20	2
346	青岛农商银行	1.20	5
347	海南省农联社	1.10	2
348	国元证券	1.10	1
349	永诚财产保险公司	1.10	2
350	世纪证券	1.10	6
351	海盐农信联社	1.00	1
352	太仓农商行	1.00	2
353	阳泉市商业银行	1.00	1
354	金元证券	1.00	9
355	无为农村商业银行	1.00	1
356	东莞证券责任公司	1.00	4
357	镇平农村信用联社	1.00	2
358	江苏扬州农商行	1.00	1
359	青海省农联社	1.00	4
360	新时代证券	1.00	2
361	焦作商行	1.00	2
362	马鞍山农商行	1.00	1
363	恒泰证券	1.00	2
364	莱芜农信社	1.00	3
365	山东省国际信托公司	1.00	2
366	宁波东海银行	1.00	4
367	益阳市赫山区农联社	1.00	1
368	襄阳农商银行	1.00	1
369	宁海县农信联社	1.00	1
370	景德镇商行	1.00	2

续表

排 名	成员简称	总面额（亿元）	总笔数（笔）
371	三门峡银行	1.00	1
372	友邦保险深圳分公司	0.98	12
373	泰康资产管理公司	0.90	5
374	浙江农信联社	0.80	2
375	招商信诺人寿保险公司	0.80	3
376	福建南安农商行	0.80	1
377	浙江新昌农合行	0.70	3
378	江苏宜兴农商行	0.70	2
379	建信人寿保险公司	0.70	2
380	长江证券	0.70	2
381	曲沃县农信社	0.70	2
382	华泰产险	0.60	2
383	平顶山银行	0.60	1
384	中国人寿资产管理公司	0.60	2
385	漯河市源汇区农联社	0.60	1
386	临沂罗庄区农联社	0.60	2
387	华泰人寿保险	0.60	2
388	平安养老保险	0.60	1
389	中国再保险公司	0.60	3
390	广东华兴银行	0.50	1
391	长城证券	0.50	1
392	德国通用再保险上海	0.50	1
393	交银康联人寿保险	0.50	2
394	江苏镇江农商行	0.50	2
395	句容农村商业银行	0.50	2
396	遵义商行	0.50	1
397	安顺市商业银行	0.50	1
398	无锡农村商业银行	0.50	1
399	中美联泰大都会公司	0.50	1
400	仪陇县农联社	0.50	1
401	中国人寿财险股份公司	0.50	1
402	濮阳市市区农联社	0.50	1
403	新蔡县农联社	0.50	1
404	龙湾农商银行	0.50	2
405	德州德城区农联社	0.50	1
406	中国人民人寿保险公司	0.40	2
407	阳光人寿保险公司	0.40	1

续表

排　名	成员简称	总面额（亿元）	总笔数（笔）
408	华安证券	0.40	4
409	中国人民健康保险	0.40	2
410	盐城黄海农商行	0.40	1
411	中国东方资产管理公司	0.35	2
412	友邦保险江苏分公司	0.35	11
413	廊坊城郊农联社	0.30	1
414	韩亚银行（中国）	0.30	1
415	夏县农村信用联社	0.30	1
416	姜堰农村商业银行	0.20	2
417	财富证券	0.20	2
418	福建省农联社	0.20	1
419	佛山高明顺银村镇银行	0.20	1
420	中国财产再保险	0.20	1
421	山西榆次农村商业银行	0.20	1
422	中融人寿保险	0.20	2
423	百年人寿保险股份公司	0.20	1
424	友邦保险东莞支公司	0.19	11
425	友邦保险江门支公司	0.19	11
426	湖南星沙农商行	0.10	1
427	日本三井住友银行上海	0.10	1
428	马来亚银行上海分行	0.10	1
429	数字博识（北京）公司	0.10	1
430	湖南宁乡农商行	0.10	1
汇总		108051.38	75435

数据来源：中央国债登记结算有限责任公司

注：排名顺序按总面额。

2013 年上海证券交易所国债交易情况月度统计表

月份	国债现货成交额（亿元）	质押式回购成交金额（亿元）
201301	71. 63	35212. 97
201302	61. 07	26536. 85
201303	68. 37	39442. 75
201304	75. 93	34718. 01
201305	57. 86	48690. 56
201306	68. 54	43951. 63
201307	78. 77	62294. 19
201308	43. 85	59714. 63
201309	50. 17	49331. 56
201310	41. 37	49533. 45
201311	62. 24	61683. 51
201312	91. 31	69114. 66
合计	771. 10	580224. 77

数据来源：上海证券交易所；以上质押式回购成交金额仅包括上海证券交易所撮合系统质押式回购成交量。

2013 年上海证券交易所国债指数与现券日交易量统计表

交易日期	成交量（手）	成交金额（万元）	收盘指数
2013－1－4	104468	10644.09	135.84
2013－1－7	161682	16270.84	135.875
2013－1－8	75316	7710.25	135.879
2013－1－9	211363	21689.06	135.892
2013－1－10	164652	16787.46	135.895
2013－1－11	165153	16588.26	135.882
2013－1－14	184269	18281.05	135.925
2013－1－15	293303	29041.79	135.939
2013－1－16	528466	53254.75	135.956
2013－1－17	551785	54699.89	135.988
2013－1－18	318816	32738.36	135.983
2013－1－21	312466	32332.50	136.01
2013－1－22	166261	17154.93	136.029
2013－1－23	1896750	189695.73	136.041
2013－1－24	408431	41961.82	136.056
2013－1－25	177944	18147.64	136.068
2013－1－28	751213	75197.92	136.099
2013－1－29	266929	26979.86	136.118
2013－1－30	272139	27242.12	136.126
2013－1－31	97965	9898.67	136.121
2013－2－1	129296	12937.71	136.145
2013－2－4	211220	21503.55	136.184
2013－2－5	78208	8072.80	136.199
2013－2－6	270167	27557.89	136.258
2013－2－7	519315	52281.40	136.273
2013－2－8	238640	24533.55	136.19
2013－2－18	133047	13363.85	136.468
2013－2－19	123348	12537.82	136.447
2013－2－20	282683	28610.50	136.463
2013－2－21	843423	85568.53	136.487
2013－2－22	438951	44720.46	136.498
2013－2－25	379218	38102.29	136.541
2013－2－26	1414075	141257.95	136.552
2013－2－27	682147	68043.74	136.578
2013－2－28	314429	31562.17	136.586
2013－3－1	276028	28057.21	136.599
2013－3－4	332126	34487.07	136.657

续表

交易日期	成交量（手）	成交金额（万元）	收盘指数
2013-3-5	384746	38799.36	136.672
2013-3-6	138217	14000.91	136.683
2013-3-7	76778	7840.67	136.681
2013-3-8	350215	35431.24	136.695
2013-3-11	147126	15023.54	136.727
2013-3-12	95856	9979.12	136.74
2013-3-13	288113	29060.35	136.764
2013-3-14	156963	16007.62	136.779
2013-3-15	398689	40086.81	136.788
2013-3-18	146076	15101.17	136.82
2013-3-19	173923	17610.75	136.825
2013-3-20	272216	27335.49	136.855
2013-3-21	136932	13886.29	136.869
2013-3-22	574912	57793.17	136.883
2013-3-25	160689	16237.18	136.909
2013-3-26	1317695	131450.46	136.911
2013-3-27	721125	72207.92	136.844
2013-3-28	374487	38237.61	136.944
2013-3-29	248164	25027.89	136.959
2013-4-1	238000	24093.47	137.009
2013-4-2	319836	32271.90	137.029
2013-4-3	170842	17521.58	136.983
2013-4-8	430027	44671.82	137.078
2013-4-9	682822	69062.19	137.112
2013-4-10	170967	17780.80	137.133
2013-4-11	445170	45201.01	137.157
2013-4-12	342070	34620.17	137.181
2013-4-15	429768	43745.41	137.222
2013-4-16	232872	24001.18	137.267
2013-4-17	136762	14277.47	137.286
2013-4-18	665297	67075.05	137.286
2013-4-19	662681	66704.41	137.296
2013-4-22	914099	91854.27	137.305
2013-4-23	429693	43803.00	137.334
2013-4-24	352570	35388.02	137.365
2013-4-25	393091	39325.14	137.374

续表

交易日期	成交量（手）	成交金额（万元）	收盘指数
2013－4－26	474718	47910.78	137.385
2013－5－2	112125	11639.82	137.454
2013－5－3	198457	19879.65	137.473
2013－5－6	60348	6303.50	137.539
2013－5－7	256448	26399.95	137.571
2013－5－8	127826	13400.08	137.584
2013－5－9	184892	19127.72	137.594
2013－5－10	203550	21148.86	138.301
2013－5－13	104043	10652.77	138.327
2013－5－14	519659	52177.36	138.246
2013－5－15	631388	63357.65	137.634
2013－5－16	417700	42009.96	137.63
2013－5－17	243007	24904.78	137.646
2013－5－20	470589	47350.28	137.638
2013－5－21	170824	17123.64	137.634
2013－5－22	107203	11103.10	137.649
2013－5－23	306679	31072.33	137.659
2013－5－24	157741	16178.48	137.485
2013－5－27	149963	15308.88	137.521
2013－5－28	352983	36217.33	137.58
2013－5－29	594435	60326.57	137.591
2013－5－30	78302	8105.24	137.602
2013－5－31	246779	24799.02	137.618
2013－6－3	119931	12135.55	137.654
2013－6－4	419370	42247.77	137.874
2013－6－5	443135	44658.37	137.874
2013－6－6	214312	21819.78	137.882
2013－6－7	147137	15130.97	137.898
2013－6－13	218975	22464.69	137.981
2013－6－14	207698	21367.34	137.988
2013－6－17	214463	21608.17	138.035
2013－6－18	516313	52059.33	138.061
2013－6－19	222614	22365.65	138.063
2013－6－20	782400	80050.77	138.053
2013－6－21	427352	43087.92	138.052
2013－6－24	715300	71719.59	138.028

续表

交易日期	成交量（手）	成交金额（万元）	收盘指数
2013-6-25	541934	54456.03	138.032
2013-6-26	931388	94128.66	138.067
2013-6-27	231900	23507.97	138.084
2013-6-28	424538	42611.40	138.099
2013-7-1	444156	44574.95	138.139
2013-7-2	85427	8857.90	138.167
2013-7-3	530319	52612.47	138.181
2013-7-4	221575	22213.82	138.149
2013-7-5	309490	31156.23	138.168
2013-7-8	291773	29195.72	138.199
2013-7-9	165304	16817.32	138.227
2013-7-10	203048	21018.93	138.236
2013-7-11	286507	28980.61	138.234
2013-7-12	1348792	135376.73	138.244
2013-7-15	311325	31159.16	138.272
2013-7-16	409350	40944.21	138.245
2013-7-17	412356	41444.58	138.237
2013-7-18	346835	34959.26	138.263
2013-7-19	78854	7947.91	138.275
2013-7-22	213303	21636.85	138.239
2013-7-23	106004	10735.24	138.199
2013-7-24	493106	49120.30	138.167
2013-7-25	309668	31163.19	138.195
2013-7-26	336257	33638.47	138.212
2013-7-29	210043	20970.25	138.308
2013-7-30	546003	54644.41	138.314
2013-7-31	184545	18513.71	138.317
2013-8-1	389433	38953.75	138.331
2013-8-2	484988	48614.47	138.344
2013-8-5	179149	17968.70	138.377
2013-8-6	85753	8617.33	138.405
2013-8-7	55117	5565.98	138.416
2013-8-8	287435	28636.28	138.395
2013-8-9	82892	8498.50	138.4
2013-8-12	238998	23830.95	138.436
2013-8-13	229132	22894.23	138.441

续表

交易日期	成交量（手）	成交金额（万元）	收盘指数
2013 - 8 - 14	185959	18534. 30	138. 459
2013 - 8 - 15	63964	6409. 25	138. 449
2013 - 8 - 16	430169	42975. 49	138. 464
2013 - 8 - 19	243416	24303. 33	138. 5
2013 - 8 - 20	154552	15406. 36	138. 5
2013 - 8 - 21	269283	26867. 46	138. 52
2013 - 8 - 22	127623	12720. 31	138. 539
2013 - 8 - 23	186097	18581. 83	138. 465
2013 - 8 - 26	276708	27532. 53	138. 512
2013 - 8 - 27	149195	14642. 67	138. 548
2013 - 8 - 28	163594	16365. 05	138. 611
2013 - 8 - 29	59831	5980. 21	138. 622
2013 - 8 - 30	45952	4596. 20	138. 646
2013 - 9 - 2	90464	9061. 67	138. 505
2013 - 9 - 3	85401	8559. 46	138. 478
2013 - 9 - 4	159752	16123. 16	138. 509
2013 - 9 - 5	167049	16779. 93	138. 522
2013 - 9 - 6	210012	21143. 64	138. 533
2013 - 9 - 9	245836	24111. 84	138. 567
2013 - 9 - 10	177037	17654. 46	138. 533
2013 - 9 - 11	312264	31120. 40	138. 474
2013 - 9 - 12	130767	12948. 50	138. 49
2013 - 9 - 13	85000	8518. 27	138. 49
2013 - 9 - 16	131890	13170. 71	138. 521
2013 - 9 - 17	423189	41603. 68	138. 474
2013 - 9 - 18	173606	17154. 87	138. 48
2013 - 9 - 23	1169511	116351. 45	138. 545
2013 - 9 - 24	68026	6910. 54	138. 578
2013 - 9 - 25	164028	16518. 70	138. 604
2013 - 9 - 26	740975	74011. 53	138. 622
2013 - 9 - 27	399942	39635. 93	138. 615
2013 - 9 - 30	103019	10349. 21	138. 648
2013 - 10 - 8	390333	38566. 39	138. 749
2013 - 10 - 9	157568	15699. 61	138. 765
2013 - 10 - 10	105331	10446. 39	138. 73
2013 - 10 - 11	583133	57004. 65	138. 745

续表

交易日期	成交量（手）	成交金额（万元）	收盘指数
2013-10-14	100312	10035.40	138.786
2013-10-15	83720	8427.50	138.793
2013-10-16	301398	30121.38	138.871
2013-10-17	111531	11162.08	138.862
2013-10-18	76002	7427.30	138.878
2013-10-21	513662	50991.10	138.916
2013-10-22	44220	4423.00	138.934
2013-10-23	315452	31299.05	138.942
2013-10-24	171702	17214.21	138.954
2013-10-25	207965	20784.89	138.968
2013-10-28	491396	47556.34	138.917
2013-10-29	180839	17958.61	138.885
2013-10-30	136493	13503.04	138.861
2013-10-31	212472	21045.06	138.869
2013-11-1	160144	15887.11	138.878
2013-11-4	133611	13200.20	138.914
2013-11-5	157023	15455.47	138.927
2013-11-6	767965	74909.74	138.969
2013-11-7	165252	16465.84	138.964
2013-11-8	23743	2322.52	138.949
2013-11-11	182195	18013.09	138.97
2013-11-12	277029	25820.78	138.959
2013-11-13	219663	21694.32	138.958
2013-11-14	230698	22900.55	138.964
2013-11-15	413884	41313.92	138.682
2013-11-18	230500	22794.59	138.783
2013-11-19	506434	47648.90	138.775
2013-11-20	459427	44964.42	138.972
2013-11-21	341641	33644.35	138.882
2013-11-22	121357	11940.81	138.898
2013-11-25	297104	29294.39	138.939
2013-11-26	680707	67027.88	139.049
2013-11-27	513369	49987.81	139.064
2013-11-28	294684	28968.55	139.061
2013-11-29	183646	18148.20	139.064
2013-12-2	575675	56892.61	139.084

续表

交易日期	成交量（手）	成交金额（万元）	收盘指数
2013－12－3	832119	82377.54	139.115
2013－12－4	922582	91256.98	139.082
2013－12－5	942188	93139.12	139.144
2013－12－6	187538	18447.18	139.175
2013－12－9	1246793	124145.14	139.224
2013－12－10	539307	53194.46	139.215
2013－12－11	739874	73365.60	139.224
2013－12－12	174076	16808.55	139.23
2013－12－13	115689	11406.22	139.287
2013－12－16	166125	16340.73	139.315
2013－12－17	156984	15346.99	139.335
2013－12－18	319780	31456.86	139.354
2013－12－19	293328	28923.93	139.425
2013－12－20	221683	21556.92	139.493
2013－12－23	50997	4955.36	139.51
2013－12－24	109343	10637.58	139.526
2013－12－25	232301	22337.57	139.433
2013－12－26	217216	21064.29	139.449
2013－12－27	551412	54299.75	139.491
2013－12－30	481785	47119.73	139.557
2013－12－31	184131	18031.70	139.516
合计	76979179	7711027.12	

数据来源：上海证券交易所

2013年上海证券交易所机构投资者国债现券交易额排名

排 名	会员名称	交易金额（百万元）
1	海通证券股份有限公司	29850.27
2	瑞银证券有限责任公司	15456.23
3	中信证券股份有限公司	15130.91
4	中国国际金融有限公司	10392.29
5	国泰君安证券股份有限公司	10200.01
6	招商证券股份有限公司	4186.11
7	中信建投证券股份有限公司	2885.66
8	平安证券有限责任公司	2733.58
9	国信证券股份有限公司	2532.88
10	华夏基金管理公司	2302.39
11	华鑫证券有限责任公司	2124.17
12	广发基金管理有限公司	1823.21
13	中银国际证券有限责任公司	1546.70
14	南京证券股份有限公司	1342.15
15	中国人寿资产管理有限公司	1301.08
16	东方证券股份有限公司	1245.58
17	富国基金管理公司	1222.67
18	海富通基金管理有限公司	1209.40
19	中国人保资产管理有限公司	1201.48
20	长盛基金管理有限公司	1179.93
21	工银瑞信基金管理有限公司	1083.19
22	大成基金管理公司	1054.40
23	招商基金管理有限公司	1049.84
24	嘉实基金管理有限公司	883.67
25	国泰基金管理公司	873.64
26	华安基金管理公司	848.64
27	浦银安盛基金管理有限公司	820.293
28	上投摩根基金管理有限公司	797.354
29	泰达宏利基金管理有限公司	758.016
30	银华基金管理有限公司	709.198
31	北京高华证券有限责任公司	669.902
32	国联安基金管理有限公司	668.086
33	长城基金管理有限公司	634.064
34	申银万国证券股份有限公司	615.694
35	华商基金管理有限公司	603.59
36	天治基金管理有限公司	597.731
37	国投瑞银基金管理有限公司	569.655

续表

排　名	会员名称	交易金额（百万元）
38	信诚基金管理有限公司	554.364
39	光大保德信基金管理有限公司	550.736
40	鹏华基金管理公司	546.27
41	广发证券股份有限公司	528.945
42	长城证券有限责任公司	501.444
43	中国银河证券股份有限公司	458.866
44	建信基金管理有限责任公司	444.061
45	汇添富基金管理有限公司	433.211
46	华宝兴业基金管理有限公司	404.97
47	博时基金管理有限公司	337.907
48	太平资产管理有限公司	337.026
49	南方基金管理公司	327.484
50	民生证券股份有限公司	308.31
51	宝盈基金管理有限公司	294.049
52	申万菱信基金管理有限公司	286.984
53	中海基金管理有限公司	264.64
54	万家基金管理有限公司	251.387
55	新华资产管理股份有限公司	238.838
56	金鹰基金管理有限公司	217.79
57	光大证券股份有限公司	212.088
58	美国友邦保险有限公司上海分公司	208.881
59	中邮创业基金管理有限公司	207.96
60	华泰柏瑞基金管理有限公司	206.831
61	平安大华基金管理有限公司	185.196
62	财通基金管理有限公司	172.721
63	长信基金管理有限责任公司	139.904
64	安信证券股份有限公司	139.856
65	富安达基金管理有限公司	126.293
66	摩根士丹利华鑫基金管理有限公司	123.068
67	财通证券股份有限公司	120.046
68	国海富兰克林基金管理有限公司	112.918
69	中原证券股份有限公司	110.96
70	中欧基金管理有限公司	108.129
71	新华基金管理有限公司	107.733
72	宏信证券有限责任公司	105.629
73	信达澳银基金管理有限公司	99.168
74	中山证券有限责任公司	98.558
75	诺德基金管理有限公司	98.375
76	中银基金管理有限公司	98.212

续表

排　名	会员名称	交易金额（百万元）
77	东北证券股份有限公司	96.078
78	华泰证券股份有限公司	95.273
79	信达证券股份有限公司	91.872
80	益民基金管理有限公司	81.538
81	交银施罗德基金管理有限公司	78.734
82	太平洋证券股份有限公司	74.999
83	第一创业证券股份有限公司	74.689
84	天风证券股份有限公司	65.479
85	农银汇理基金管理有限公司	64.308
86	东吴基金管理有限公司	61.386
87	渤海证券股份有限公司	58.2
88	华泰资产管理有限公司	56.43
89	金元惠理基金管理有限公司	56.181
90	银河基金管理有限公司	53.324
91	纽银梅隆西部基金管理有限公司	50.878
92	平安资产管理有限责任公司	48.863
93	泰信基金管理有限公司	47.59
94	泰康资产管理有限责任公司	44.847
95	世纪证券有限责任公司	44.239
96	华宸未来基金管理有限公司	43.86
97	华润元大基金管理有限公司	41.302
98	民生加银基金管理有限公司	40.766
99	西部证券股份有限公司	39.927
100	长江证券股份有限公司	39.694
101	景顺长城基金管理有限公司	36.904
102	诺安基金管理有限公司	33.424
103	易方达基金管理公司	32.516
104	中国太平洋保险（集团）股份有限公司	30.739
105	华富基金管理有限公司	29.973
106	西南证券股份有限公司	29.016
107	天弘基金管理有限公司	20.926
108	中信万通证券有限责任公司	19.707
109	东方基金管理有限责任公司	19.496
110	东吴证券股份有限公司	16.9
111	兴业全球基金管理有限公司	16.587
112	宏源证券股份有限公司	15.415
113	湘财证券有限责任公司	15.111
114	安信基金管理有限责任公司	14.991
115	英大基金管理有限公司	14.154

续表

排　名	会员名称	交易金额（百万元）
116	融通基金管理有限公司	13.725
117	财达证券有限责任公司	13.042
118	汇丰晋信基金管理有限公司	12.216
119	广州证券有限责任公司	10.05
120	山西证券股份有限公司	10.016
121	国金通用基金管理有限公司	9.176
122	方正富邦基金管理有限公司	7.496
123	浙商基金管理有限公司	6.835
124	德邦证券有限责任公司	1.945
125	中国民族证券有限责任公司	1.63
126	华宝证券有限责任公司	1.267
127	浙商证券股份有限公司	0.997
128	中再资产管理股份有限公司	0.083
129	金元证券股份有限公司	0.009
130	西藏同信证券有限责任公司	0.001
合计		135058.21

数据来源：上海证券交易所

2013 年上海证券交易所国债质押式回购日交易情况统计表

单位：万元，%

交易日期	GC001		GC002		GC003		GC004		GC007		GC014		GC028		GC091		GC182		合计
	成交量	收盘价	成交量	收盘价	成交量	收盘价	成交量	收盘价	成交量	收盘价	成交量	收盘价	成交量	收盘价	成交量	收盘价	成交量	收盘价	
2013－01－04	18552440	4.005	124770	1.260	142100	0.995	451730	1.800	4375990	4.210	174410	4.050	26060	3.900	250	3.750	360	3.850	23848110
2013－01－07	15896920	1.575	243470	1.940	533610	2.285	1929470	3.300	2298790	3.200	142720	3.300	13970	3.510	830	3.720	170	3.850	21059950
2013－01－08	13973740	1.940	109530	2.175	1181910	2.565	353400	3.200	1026140	2.810	69160	2.910	10600	3.410	630	3.700	900	3.850	16726010
2013－01－09	13595820	1.730	555790	2.960	400470	3.035	101420	2.400	593270	2.755	103850	3.000	10110	3.300	130	3.500	0	0.000	15360860
2013－01－10	13389320	1.995	387670	2.545	45500	1.600	106240	2.000	906230	2.600	53670	2.870	12510	3.300	580	3.500	160	3.700	14901880
2013－01－11	16959660	2.160	46460	0.800	93930	0.515	366760	1.200	2499030	2.730	422960	2.910	207370	3.800	5690	3.500	690	3.650	20602550
2013－01－14	15655160	1.325	140360	1.820	352790	2.130	2098880	2.525	2486610	2.510	119730	2.810	141860	4.200	2530	3.510	1780	3.700	20999700
2013－01－15	14272570	0.995	233360	1.385	937950	2.160	375380	2.800	1088290	2.520	100740	2.800	51190	3.805	1310	3.600	630	3.700	17061420
2013－01－16	13085600	1.425	676220	2.265	193860	2.900	43510	2.200	832650	2.555	178950	2.765	11880	3.725	3720	3.500	2640	3.700	15029030
2013－01－17	13692210	3.335	163180	3.600	32850	2.010	117110	1.980	981400	2.525	132950	2.810	22130	3.505	180	3.550	190	3.720	15142200
2013－01－18	16226350	2.020	40650	1.260	119310	0.525	145950	1.435	2301750	2.505	272480	2.850	141030	3.550	1770	3.500	790	3.700	19250080
2013－01－21	15002240	2.000	174280	2.145	157170	2.275	1858700	2.605	2058150	2.595	101050	3.050	127200	3.250	3220	3.510	420	3.700	19482430
2013－01－22	13984010	1.885	178000	2.520	1060690	3.115	404990	3.000	1003900	2.560	63190	2.665	77670	3.400	400	3.540	800	3.720	16773650
2013－01－23	12941650	2.000	552810	3.100	421480	3.560	168540	2.525	1249800	2.700	62250	2.900	36530	3.300	410	3.550	250	3.750	15433720
2013－01－24	13073560	3.415	406210	3.455	100410	2.320	47510	1.850	992400	2.840	22790	3.000	40260	3.225	350	3.560	20	3.750	14683510
2013－01－25	15420450	2.600	36280	1.010	59670	0.715	86460	1.230	1747290	2.805	699610	4.410	156200	3.010	480	3.770	60	3.750	18206500
2013－01－28	15095960	2.245	211600	2.570	193360	2.700	1416660	4.500	2007730	3.650	271320	5.560	149390	3.400	120	3.620	580	3.800	19346720
2013－01－29	14494320	2.370	137820	2.780	853550	4.200	170860	4.500	1010930	3.200	211940	5.260	65310	3.745	730	3.700	110	3.830	16945570
2013－01－30	13267940	2.935	950840	3.940	303250	5.000	108670	4.500	869040	3.430	202410	5.060	85650	3.700	850	3.700	120	3.850	15788770
2013－01－31	13454870	2.185	339170	3.020	127860	1.220	120440	2.440	1070550	3.315	259800	4.605	113060	3.600	1130	3.705	170	4.200	15487050
2013－02－01	14729970	3.835	22950	1.740	82690	1.310	164350	1.005	2491360	6.530	587120	3.920	106540	3.310	110	3.600	590	3.810	18185680
2013－02－04	14096960	3.080	134950	3.515	133360	3.575	1519950	12.100	2473250	8.500	1069630	4.070	54740	3.720	800	3.700	60	3.820	19483700
2013－02－05	11823590	3.675	61380	3.915	1108460	12.685	151790	12.250	1489000	7.000	760670	3.615	42260	3.700	210	3.705	110	3.840	15437470
2013－02－06	10663090	3.095	1105450	17.540	155590	14.910	11350	10.165	1181620	5.180	1026850	3.710	14570	3.410	70	3.700	180	3.850	14158770

续表

交易日期	GC001		GC002		GC003		GC004		GC007		GC014		GC028		GC091		GC182		合计
	成交量	收盘价	成交量	收盘价	成交量	收盘价	成交量	收盘价	成交量	收盘价	成交量	收盘价	成交量	收盘价	成交量	收盘价	成交量	收盘价	
2013-02-07	9856970	3.320	259320	4.000	27270	3.240	14320	3.065	2013790	1.045	703040	1.800	33850	3.300	1030	3.600	3330	3.800	12912920
2013-02-08	12702410	3.110	19790	1.170	32060	0.815	25110	0.435	989760	0.450	1251800	0.370	81080	1.360	5100	3.100	1090	3.300	15108200
2013-02-18	16248490	2.870	235620	3.000	443610	2.920	2419400	3.760	3654700	3.260	312580	3.320	68980	3.200	450	3.310	160	3.600	23383990
2013-02-19	13781930	1.545	182590	2.200	1172390	2.490	309070	3.200	1573240	2.600	150610	2.950	9130	3.000	400	3.330	130	3.600	17179490
2013-02-20	12653700	1.520	731130	2.500	187110	2.500	53860	2.430	766340	2.575	227310	2.500	55210	2.970	1170	3.350	290	3.600	14676120
2013-02-21	13224830	3.165	320800	2.985	103540	2.250	80070	1.500	1292070	2.605	136690	2.720	73700	3.005	630	3.360	390	3.600	15232720
2013-02-22	16561310	2.135	59910	1.365	118660	0.535	186770	1.430	1302540	2.910	296660	2.950	87300	3.000	2180	3.300	650	3.500	18615980
2013-02-25	16619680	2.755	258310	2.750	324130	2.810	2118950	4.000	2838100	3.450	108530	3.155	51860	3.300	3450	3.410	2450	3.600	22325460
2013-02-26	17677130	4.800	103820	5.100	1454270	6.815	260320	5.515	1674300	5.070	121390	4.310	33490	4.000	600	3.600	630	3.700	21325950
2013-02-27	15884000	5.600	1322800	8.000	202000	5.570	83940	4.000	1217420	3.795	153170	3.600	12510	3.700	470	3.600	910	3.800	18877220
2013-02-28	15975470	8.960	426530	7.150	291930	4.810	156350	3.150	1406930	4.250	181410	4.000	25780	3.875	60	3.650	340	3.810	18464800
2013-03-01	18564070	5.070	135780	2.305	131390	1.100	282890	1.710	1876140	3.790	144360	3.520	40640	3.605	110	3.500	20	3.600	21175400
2013-03-04	16997670	2.365	293660	3.525	373530	3.850	2301140	4.310	2410170	3.645	255920	3.920	46550	3.770	530	3.625	620	3.700	22679790
2013-03-05	15644690	1.100	102540	2.000	1447290	3.000	308610	2.830	1435210	2.900	98670	3.350	23480	3.600	120	3.600	10	3.720	19060620
2013-03-06	14738510	1.035	867200	3.100	277570	3.200	76810	2.075	1119060	2.650	183510	3.100	19310	3.300	380	3.600	250	3.750	17282600
2013-03-07	14598480	2.280	427000	2.540	26940	1.505	70180	1.670	1330320	2.505	457490	3.000	19840	3.350	840	3.600	100	3.750	16931190
2013-03-08	17246090	1.230	67640	0.350	91230	0.305	154440	1.060	1685380	2.505	754980	3.010	58070	3.300	2550	3.500	2220	3.700	20062600
2013-03-11	15186460	1.060	326620	1.605	363960	1.915	1592860	2.500	2861150	2.625	334880	3.010	42470	3.150	750	3.510	770	3.700	20709920
2013-03-12	13439850	0.980	179250	1.035	872330	2.000	545350	3.110	1495180	2.750	312470	3.050	29040	3.300	570	3.550	170	3.700	16874210
2013-03-13	12593590	0.965	349750	2.285	425990	2.390	83150	2.175	1806760	3.030	103670	3.100	24300	3.160	140	3.500	340	3.700	15387690
2013-03-14	14608410	6.910	450490	5.125	284690	4.005	137670	2.885	3536050	2.990	132990	3.160	5570	3.300	210	3.510	270	3.705	19156350
2013-03-15	16213020	3.855	41180	1.560	88230	0.550	77400	1.000	2127150	3.020	103410	3.200	9660	3.200	200	3.500	510	3.600	18660760
2013-03-18	16136760	2.895	250470	3.125	320220	2.960	2020500	4.235	2408430	3.515	283480	3.400	20400	3.300	2430	3.500	800	3.700	21443490
2013-03-19	15265130	1.035	113870	2.180	1025300	3.000	192880	3.800	1210870	2.830	96630	3.100	6560	3.300	3050	3.600	330	3.720	17914620
2013-03-20	12809110	1.100	561860	2.255	300730	2.725	102320	2.000	1301610	2.420	551090	3.400	7770	3.355	1710	3.600	840	3.750	15637040
2013-03-21	13174480	1.070	296780	1.670	173150	1.500	169260	1.120	1658930	2.305	373680	3.175	29150	3.400	1070	3.600	1050	3.800	15877550
2013-03-22	16966500	2.030	47390	0.990	77450	0.250	209850	0.770	1579920	2.705	444170	3.000	74880	3.250	1600	3.500	1660	3.700	19403420
2013-03-25	16435210	1.980	442400	2.295	324580	2.395	1723360	3.600	2127920	2.895	190600	3.180	36910	3.350	2080	3.510	560	3.700	21283620

续表

交易日期	GC001		GC002		GC003		GC004		GC007		GC014		GC028		GC091		GC182		合计
	成交量	收盘价	成交量	收盘价	成交量	收盘价	成交量	收盘价	成交量	收盘价	成交量	收盘价	成交量	收盘价	成交量	收盘价	成交量	收盘价	
2013-03-26	15601800	1.505	267080	1.865	510430	3.600	437400	3.300	1330230	3.150	123260	3.010	19660	3.350	1300	3.540	340	3.720	18291500
2013-03-27	14756790	2.070	788190	5.135	229350	5.225	63260	5.000	1754950	4.600	368700	3.500	18020	3.445	840	3.600	320	3.800	17980420
2013-03-28	15488710	9.245	316550	7.910	182540	2.995	89090	3.555	1799130	4.735	484270	3.310	38040	3.595	450	3.600	820	3.810	18399600
2013-03-29	16829160	3.550	95810	0.310	108210	0.135	82830	2.080	2488620	3.000	550840	3.100	58710	3.300	470	3.500	460	3.700	20215110
2013-04-01	12851900	1.130	2366200	5.065	1702520	4.280	482500	3.480	3006460	2.590	175750	3.150	40770	3.350	840	3.550	1130	3.750	20628070
2013-04-02	13365940	6.200	330830	6.440	78950	4.150	86880	3.205	1855460	2.555	116590	2.815	22960	3.200	1490	3.600	810	3.800	15859910
2013-04-03	15247230	2.980	59950	1.275	95570	0.950	84090	0.305	925890	1.300	192790	2.305	35470	2.455	3560	3.400	940	3.700	16645490
2013-04-08	16922850	2.450	265320	2.180	320450	2.915	2921530	4.100	4196520	3.095	485330	3.080	90900	3.200	5460	3.500	2420	3.700	25210780
2013-04-09	15892130	2.050	207630	2.265	1089280	2.325	457620	3.800	1508840	2.830	209130	3.000	9520	3.150	5620	3.500	700	3.700	19380470
2013-04-10	14790400	1.605	918290	2.245	267180	3.150	135420	2.300	1187170	2.650	259560	2.930	27190	3.100	1240	3.510	1010	3.750	17587460
2013-04-11	14499030	3.875	320170	3.135	63320	2.450	115620	1.700	1252320	2.580	107960	2.755	19840	2.850	1360	3.510	520	3.700	16380140
2013-04-12	16514520	2.135	51800	1.075	48550	0.795	212640	0.955	1425720	2.650	620690	3.200	31880	3.010	2640	3.400	1300	3.600	18909740
2013-04-15	16241730	2.260	203900	2.110	166330	2.285	2345670	3.180	3272360	2.325	584130	3.200	44620	3.010	3180	3.490	2760	3.700	22864680
2013-04-16	14804310	2.315	181110	2.275	922810	2.800	373270	2.925	1881600	2.455	165200	3.000	25950	3.000	840	3.400	270	3.600	18355360
2013-04-17	14525440	2.470	492730	2.940	317890	2.895	61270	2.230	1386480	2.515	104830	2.850	31030	3.000	1060	3.300	270	3.600	16921000
2013-04-18	15574770	6.110	255860	3.990	79180	3.000	64360	2.000	1186180	3.140	111090	2.850	27300	3.000	110	3.350	60	3.600	17298910
2013-04-19	16969260	2.590	60350	2.280	74840	0.700	162540	1.000	3453590	3.260	167810	3.185	50900	3.500	120	3.400	40	3.900	20939450
2013-04-22	16500020	3.695	196600	3.730	178750	3.825	2173640	6.000	3008800	4.725	953080	3.000	101300	3.600	340	3.900	3420	3.800	23115950
2013-04-23	15501230	1.990	179940	2.600	1117440	4.280	609510	7.150	1539350	4.865	696680	3.500	86310	3.600	220	3.700	1570	3.850	19732250
2013-04-24	14414790	5.080	806390	10.155	582070	10.200	82440	7.010	1635560	4.310	426460	4.000	68270	3.500	850	3.720	1000	3.900	18017830
2013-04-25	14084750	25.445	312430	13.560	103850	9.250	53000	7.000	2120950	3.965	422360	3.800	15810	3.600	160	3.730	790	3.900	17114100
2013-04-26	17029610	3.650	110460	1.000	137300	0.940	159310	1.130	4051560	2.000	626930	2.505	96410	3.010	4660	3.400	2280	3.700	22218520
2013-05-02	20444970	2.165	988940	3.620	481550	2.645	288080	1.520	4120220	1.985	449950	2.855	73510	3.100	420	3.400	980	3.700	26848620
2013-05-03	21455530	3.505	71540	1.625	81560	0.830	138380	1.560	2689780	2.900	202560	3.070	45120	3.185	530	3.400	260	3.600	24685260
2013-05-06	18581610	2.235	313180	2.410	212680	2.515	2676980	3.005	2321470	3.090	234680	3.100	57950	3.330	1190	3.500	850	3.700	24400590
2013-05-07	16546330	2.300	177900	2.595	873290	3.305	373730	3.500	1600170	2.800	97970	2.655	29170	3.250	570	3.500	420	3.720	19699550
2013-05-08	15371640	2.410	581140	3.200	314460	3.400	58120	2.420	976180	2.700	112560	2.880	33280	3.250	410	3.510	110	3.700	17447900
2013-05-09	17241630	5.360	297160	3.980	104170	2.530	154540	2.075	2635840	2.850	294270	2.800	81360	3.250	2900	3.510	790	3.720	20812660

续表

交易日期	GC001		GC002		GC003		GC004		GC007		GC014		GC028		GC091		GC182		合计
	成交量	收盘价	成交量	收盘价	成交量	收盘价	成交量	收盘价	成交量	收盘价	成交量	收盘价	成交量	收盘价	成交量	收盘价	成交量	收盘价	
2013-05-10	20699770	2.515	42070	0.975	87730	0.415	118710	0.825	2787320	1.540	148780	2.815	151240	3.450	2060	3.400	2120	3.600	24039800
2013-05-13	18223810	2.255	304480	2.570	256290	2.730	2455120	3.130	2803150	2.605	148680	2.900	53380	3.410	1030	3.500	460	3.700	24246400
2013-05-14	16671040	2.270	104650	2.265	807380	2.750	357470	2.510	1652820	2.465	77400	2.950	40490	3.380	1100	3.510	210	3.700	19712560
2013-05-15	15908590	2.320	620960	3.205	160750	3.490	82080	2.500	1433730	2.700	93390	2.905	14260	3.200	560	3.500	520	3.720	18314840
2013-05-16	17096080	7.470	355000	5.765	81170	4.000	109030	2.860	2793920	3.050	359010	3.400	24530	3.350	710	3.600	1140	4.200	20820590
2013-05-17	19719190	6.500	120140	2.920	153950	1.870	158590	2.900	3699860	3.805	216580	3.830	7980	3.500	440	3.600	350	3.800	24077080
2013-05-20	18411750	2.550	275480	3.085	249550	3.525	1935260	5.095	3269560	3.655	488150	4.000	82530	3.900	630	3.870	290	3.810	24713200
2013-05-21	17075460	4.405	131870	4.195	1060800	4.185	207320	5.530	1935690	4.400	303730	4.075	56790	4.000	130	3.770	40	3.850	20771830
2013-05-22	16077490	4.190	1133690	5.500	258550	4.420	101390	3.870	1549870	4.230	152400	4.000	47730	4.000	460	3.805	1000	3.900	19322580
2013-05-23	16824360	4.835	440170	4.365	181750	3.425	172540	2.530	1995470	3.710	366470	3.350	13330	3.750	1350	3.800	320	4.000	19995760
2013-05-24	20386390	4.205	50750	1.955	144700	1.020	173250	2.055	2213090	4.000	957590	4.250	12620	3.610	320	3.700	470	3.800	23939180
2013-05-27	19901650	2.315	309460	2.010	246570	2.605	1867550	4.015	2927730	3.285	465330	4.300	18940	3.610	580	3.750	340	3.850	25738150
2013-05-28	18553200	2.925	113140	2.925	949690	3.400	335710	4.735	1886310	3.300	108470	3.850	11340	3.650	410	3.700	140	3.850	21958410
2013-05-29	17411210	3.705	1339690	5.225	252600	5.550	155570	3.470	1707820	3.890	123260	3.650	24370	3.500	120	3.700	20	3.800	21014660
2013-05-30	17126160	3.050	490080	4.305	84530	3.800	164590	2.800	2417330	3.300	235400	3.350	29150	3.500	100	3.700	10	3.810	20547350
2013-05-31	18812740	5.030	88260	1.840	125120	1.305	311200	2.270	4084280	4.295	339110	3.600	36580	3.550	720	3.720	610	3.850	23798620
2013-06-03	17193330	3.985	226130	3.705	148880	3.915	2557300	6.660	3227230	5.000	707780	3.605	42260	3.965	70	3.800	1160	3.900	24104140
2013-06-04	15478210	2.685	172470	3.355	1434270	6.565	528140	7.710	1480600	5.295	527270	4.215	17570	4.040	10	3.750	100	3.910	19638640
2013-06-05	14537120	3.020	1314390	9.830	395820	10.600	55680	7.900	1782670	4.690	511470	4.310	38150	4.300	200	3.800	160	3.950	18635660
2013-06-06	15003790	12.745	486490	9.775	87370	7.315	113300	6.100	3036610	3.485	749080	4.025	50860	4.410	140	3.900	1400	4.000	19529040
2013-06-07	17326440	12.680	126710	5.300	143950	2.945	160780	1.990	6384860	2.710	1140510	3.980	193670	4.000	200	3.800	1830	3.900	25478950
2013-06-13	22095550	12.940	890230	10.005	490240	8.980	715810	3.875	5497690	6.400	670900	6.300	165050	5.600	870	4.300	40	4.000	30526380
2013-06-14	22783090	4.030	143600	1.815	356540	1.500	531520	2.250	5481620	5.515	566290	5.400	259220	5.400	1150	4.300	0	0.000	30123030
2013-06-17	20954040	3.585	383590	4.450	235390	4.600	1807520	4.300	2430890	5.320	477540	5.195	170280	5.020	1600	4.325	670	4.050	26461520
2013-06-18	19521550	4.605	214700	4.690	1124240	6.705	410010	4.930	1557450	4.565	229750	5.405	111350	5.420	6960	4.420	1020	4.430	23177030
2013-06-19	18007450	4.285	1579420	8.500	449420	8.000	160220	5.900	1740260	5.600	393810	6.560	135990	5.960	2350	4.560	910	4.450	22469830
2013-06-20	20141170	6.330	636800	12.800	286550	6.600	563360	5.065	3993990	6.410	1129940	7.110	532120	7.000	12070	5.105	570	4.530	27296570
2013-06-21	24401320	11.215	182040	5.865	345040	4.030	617250	4.900	4276110	6.530	1000670	7.290	363460	6.350	20180	4.450	430	4.500	31206500

续表

交易日期	GC001		GC002		GC003		GC004		GC007		GC014		GC028		GC091		GC182		合计
	成交量	收盘价	成交量	收盘价	成交量	收盘价	成交量	收盘价	成交量	收盘价	成交量	收盘价	成交量	收盘价	成交量	收盘价	成交量	收盘价	
2013-06-24	23466740	3.975	543160	4.755	443380	3.900	1944770	7.000	3686880	7.130	927810	7.100	397540	6.400	17030	5.020	570	4.600	31427880
2013-06-25	22048530	4.205	283280	5.825	1176360	9.510	522880	11.060	2398190	8.450	686790	8.945	191560	6.385	13100	5.150	1100	4.700	27321790
2013-06-26	21064300	5.490	1093940	9.990	536250	9.815	95170	6.300	2100840	8.050	412850	7.000	136280	5.500	12750	4.850	1040	4.600	25453420
2013-06-27	21863080	26.550	484050	15.840	161730	10.230	254490	7.000	2771200	9.230	413880	6.990	303970	5.900	23410	4.900	600	4.600	26276410
2013-06-28	23516410	1.515	244740	0.700	539050	0.360	489440	1.680	4555590	4.275	658970	4.300	367000	4.135	17360	4.820	930	4.500	30389490
2013-07-01	23197230	1.470	342580	2.835	376450	2.505	2570950	3.120	3114280	4.155	299330	4.220	120150	4.200	7860	4.700	710	4.500	30029540
2013-07-02	20374800	1.515	212920	2.270	1693160	3.500	494350	3.040	1780910	3.500	291500	3.900	27140	3.810	6530	4.200	2130	4.200	24883440
2013-07-03	18712840	2.455	944190	2.965	440610	2.810	113550	3.000	1684830	3.495	140390	3.300	31240	3.875	6500	4.100	950	4.200	22075100
2013-07-04	19884780	1.935	683460	2.780	123630	2.800	184160	1.525	2092800	3.585	153870	3.310	55650	3.870	1400	4.100	1590	4.200	23181340
2013-07-05	24805260	2.520	198960	0.545	175160	0.365	268070	1.040	3322330	0.305	340240	3.180	134730	3.300	8320	3.700	5080	3.600	29258150
2013-07-08	23594870	3.130	435470	2.765	279630	3.315	3191130	3.285	3080200	2.635	156880	3.500	67870	3.510	100	3.600	3950	4.000	30810100
2013-07-09	21440580	1.635	220540	2.230	1372860	2.930	549740	3.060	2117440	2.610	114070	3.500	45520	3.610	1370	4.010	1670	4.200	25863790
2013-07-10	20094150	1.395	1364800	3.300	578290	3.010	209660	1.805	1829630	3.095	179490	3.505	45780	3.750	3830	4.060	2630	4.200	24308260
2013-07-11	19941010	3.975	487300	3.950	192760	2.250	163230	2.350	2030430	3.000	169930	3.235	44330	3.600	1160	4.005	1430	4.260	23031580
2013-07-12	24151900	2.710	56350	0.800	242800	0.510	175500	1.200	4058240	2.850	426650	3.210	60280	3.610	5990	4.000	3210	4.205	29180920
2013-07-15	22575820	2.065	364150	2.270	468750	2.300	3187000	3.460	2860940	3.510	304650	2.990	57100	3.750	8930	4.060	1200	4.230	29828540
2013-07-16	20721480	1.890	260310	2.860	1279420	3.000	475640	3.580	2044250	3.005	193320	3.010	38240	3.710	2130	4.030	2300	4.250	25017090
2013-07-17	19246500	2.770	1137770	4.020	547350	3.665	105190	2.950	2138500	3.250	125940	3.315	26030	3.655	1680	4.030	7920	4.300	23336880
2013-07-18	19767740	2.525	388490	3.030	218880	2.050	244820	2.180	2691380	3.180	386460	3.765	51560	3.550	3160	4.060	2020	4.300	23754510
2013-07-19	24266770	3.765	154930	1.860	174440	0.930	265120	1.645	4000570	3.725	368860	3.585	35930	3.510	7280	4.050	6730	4.300	29280630
2013-07-22	22766490	1.845	394070	2.745	427640	2.930	3371330	3.495	3079500	3.805	334190	4.000	41470	3.710	2970	4.130	2100	4.310	30419760
2013-07-23	21363260	2.235	251900	3.165	1670340	4.500	563700	4.400	2174200	4.100	246290	4.200	66790	4.300	950	4.140	830	4.340	26338260
2013-07-24	19721430	2.240	1691550	4.165	517720	4.820	252310	4.300	2321420	4.400	269880	4.300	95720	4.505	260	4.400	1030	4.400	24871320
2013-07-25	21511850	13.660	644410	9.360	295800	5.470	380640	4.145	2899570	5.905	320510	4.300	188590	4.720	30	4.230	510	4.410	26241910
2013-07-26	27133720	7.450	186680	2.005	284510	2.015	500950	2.045	4163400	4.730	593700	4.700	186020	4.100	890	4.250	1270	4.400	33051140
2013-07-29	25402450	2.035	568560	3.000	581020	3.505	2946030	4.125	4090480	4.700	378560	4.500	147430	4.465	1090	4.340	4470	4.500	34120090
2013-07-30	23106360	5.410	245690	5.120	1532490	6.035	609100	5.425	2305310	4.415	229580	4.020	146310	4.370	360	4.350	1630	4.525	28176830
2013-07-31	20482360	1.230	1935570	3.180	602700	3.555	177520	2.305	2386020	3.560	221550	3.800	75190	3.800	1290	4.200	520	4.400	25882720

续表

交易日期	GC001		GC002		GC003		GC004		GC007		GC014		GC028		GC091		GC182		合 计
	成交量	收盘价	成交量	收盘价	成交量	收盘价	成交量	收盘价	成交量	收盘价	成交量	收盘价	成交量	收盘价	成交量	收盘价	成交量	收盘价	
2013－08－01	20955870	2.870	564710	3.140	162080	1.805	153310	1.005	2075400	3.175	228360	3.550	12160	3.700	600	4.010	420	4.400	24152910
2013－08－02	25830410	2.545	102170	0.965	167590	0.525	274530	1.150	4066720	3.295	347750	3.075	51600	3.620	3200	4.020	1170	4.260	30845140
2013－08－05	23882460	4.060	440190	3.805	433680	3.400	3257950	3.755	3431290	3.765	320650	3.700	64870	3.780	2590	4.000	370	4.250	31834050
2013－08－06	21703500	2.130	255870	2.240	1822950	3.170	968410	3.555	1975300	3.500	249290	3.755	43610	3.900	1110	4.100	1530	4.300	27021570
2013－08－07	19977670	2.330	1614460	3.930	401790	3.660	204080	3.200	2258330	3.500	192740	3.600	56940	3.800	740	4.120	930	4.300	24707680
2013－08－08	19944540	5.710	404640	4.030	89180	3.160	251810	2.605	2259970	3.600	242830	3.630	73480	3.900	850	4.105	2890	4.350	23270190
2013－08－09	24497320	3.545	122280	1.255	161330	0.965	329120	2.000	4237850	3.500	438490	3.660	95370	3.715	3710	4.020	4530	4.250	29890000
2013－08－12	23104050	3.450	398220	3.125	322600	3.875	3610100	4.605	3320330	4.240	244410	4.000	34040	3.955	3710	4.100	690	4.300	31038150
2013－08－13	21224390	2.295	268870	1.965	1690350	3.685	611020	4.000	2031040	3.600	171090	3.800	68090	3.925	590	4.125	1170	4.320	26066610
2013－08－14	20086360	2.205	1140690	3.100	412530	3.610	149400	2.420	1852680	3.510	244420	3.700	60490	3.920	1280	4.120	1060	4.300	23948910
2013－08－15	20277070	4.965	431290	3.580	91670	1.590	302440	2.200	2281740	3.500	162290	3.700	71720	3.800	870	4.125	530	4.320	23619620
2013－08－16	24608540	2.390	158900	0.475	197830	0.800	234840	0.900	4875240	3.500	275620	3.800	55680	3.900	6560	4.125	1550	4.300	30414760
2013－08－19	22561160	2.920	319460	3.545	395510	3.580	3435830	4.800	3526900	3.950	374540	4.100	45230	4.100	1130	4.210	810	4.310	30660570
2013－08－20	21159610	2.780	315510	3.735	1346370	4.100	880250	4.420	2172810	3.410	329240	4.000	41110	4.100	1340	4.225	890	4.330	26247130
2013－08－21	19581520	3.900	1229130	5.005	596960	4.500	134180	3.460	2113390	3.800	328320	4.100	58610	4.020	920	4.235	420	4.350	24043450
2013－08－22	20502410	7.140	469790	6.140	143620	4.000	144780	3.835	2251640	3.920	271130	4.010	90480	4.000	700	4.200	930	4.400	23875480
2013－08－23	26146550	5.125	67030	2.470	185360	1.600	295750	2.120	4331630	4.230	437450	4.065	66790	4.005	850	4.200	480	4.300	31531890
2013－08－26	24086210	2.590	381540	3.750	454200	3.030	3495230	3.945	3447030	3.600	186640	4.100	78240	4.100	1940	4.150	850	4.320	32131880
2013－08－27	21295720	2.450	206020	3.310	1560530	4.515	570680	4.725	2460900	3.945	164360	4.000	40620	4.000	220	4.160	850	4.350	26299900
2013－08－28	19626110	2.440	974380	4.055	484200	5.550	172510	4.200	2475450	3.540	169190	4.000	68500	4.000	1370	4.210	510	4.360	23972220
2013－08－29	19081460	3.205	438170	3.610	119510	3.390	157950	2.020	2273450	3.620	220760	3.845	52450	3.900	2640	4.200	430	4.350	22346820
2013－08－30	24085010	3.275	69680	1.625	154830	1.200	274550	1.680	4148870	3.510	427600	3.835	60250	3.900	2270	4.100	4320	4.300	29227380
2013－09－02	22726090	3.225	381110	3.075	350240	3.350	3020160	4.005	3197620	3.800	273850	3.800	263410	4.400	840	4.130	700	4.300	30214020
2013－09－03	21260940	2.530	194750	2.775	1238730	3.175	590600	4.400	1993370	3.650	246680	3.615	282780	4.740	2030	4.160	1080	4.320	25810960
2013－09－04	19982470	2.590	602050	3.410	514730	4.050	76970	3.030	2111540	3.400	939790	4.175	122090	4.615	610	4.170	450	4.350	24350700
2013－09－05	20356600	4.000	293780	4.185	101860	2.250	75800	2.000	2043170	3.900	518670	4.250	118590	4.700	2390	4.200	520	4.360	23511380
2013－09－06	23672740	3.070	106060	1.850	253100	1.350	213310	1.990	3785360	3.760	578380	3.805	292440	4.150	1580	4.100	1880	4.300	28904850
2013－09－09	21234990	3.410	253810	3.685	433100	4.005	3593910	4.670	3374280	3.825	253980	3.870	82520	4.085	500	4.100	630	4.310	29227720

续表

交易日期	GC001		GC002		GC003		GC004		GC007		GC014		GC028		GC091		GC182		合计
	成交量	收盘价	成交量	收盘价	成交量	收盘价	成交量	收盘价	成交量	收盘价	成交量	收盘价	成交量	收盘价	成交量	收盘价	成交量	收盘价	
2013-09-10	19382740	3.030	199370	3.675	974610	3.800	618350	4.900	2242830	3.600	257230	3.805	126610	4.070	3020	4.120	200	4.300	23804960
2013-09-11	18503100	3.045	737310	4.040	282780	4.685	109730	3.270	2595270	4.400	410840	4.025	67150	4.300	80	4.130	190	4.320	22706450
2013-09-12	18967760	7.075	397530	6.760	89210	4.145	211660	3.490	1991470	5.300	408360	4.025	111390	4.300	110	4.150	80	4.350	22177570
2013-09-13	21889320	3.040	94690	1.375	156880	1.005	313610	1.850	4080640	4.260	786050	4.120	270410	4.010	350	4.100	110	4.300	27592060
2013-09-16	16765560	2.835	3887270	6.130	1519430	6.045	1056180	6.625	3602810	3.645	643050	5.670	84900	4.125	50	4.155	340	4.400	27559590
2013-09-17	17578370	2.185	429150	5.410	112080	4.000	163900	2.745	2278730	2.850	369130	6.000	134350	4.010	700	4.200	210	4.410	21066620
2013-09-18	20557300	5.290	154550	2.245	119500	1.200	235410	0.910	2283720	2.115	650970	5.055	252340	4.000	2540	4.000	360	4.300	24256690
2013-09-23	23867410	6.230	484260	5.960	967380	6.105	1806470	7.720	6124500	10.135	2117180	5.100	266150	4.850	1100	4.300	4040	4.450	35638490
2013-09-24	20531750	1.490	350590	2.650	913510	5.970	1813750	13.660	2494310	10.205	1479190	5.165	135560	4.830	580	4.300	230	4.400	27719470
2013-09-25	18789860	2.990	546950	6.000	1149820	11.345	269570	12.005	1954410	9.005	1481730	4.510	112260	4.500	1970	4.320	1020	4.500	24307590
2013-09-26	17294440	18.185	863120	20.005	310830	12.815	196850	12.000	1953270	9.995	1101290	4.770	56440	4.420	1450	4.350	11690	4.500	21789380
2013-09-27	18898140	35.465	163600	12.045	241040	9.030	192970	11.425	1736330	6.915	1035100	4.410	81940	4.500	800	4.300	210	4.400	22350130
2013-09-30	24394040	19.850	233950	9.685	159640	5.475	157360	3.155	4136930	2.965	1198880	3.000	42960	3.300	1870	4.020	1380	4.200	30327010
2013-10-08	26494810	22.770	471940	12.000	5549410	11.120	1868280	9.945	6889540	7.985	581360	6.915	128390	5.000	12540	4.800	1510	4.400	41997780
2013-10-09	20692650	0.965	1913190	3.250	568070	2.665	360800	3.050	3489630	3.435	503820	3.520	118910	4.100	5750	4.820	290	4.500	27653110
2013-10-10	19386100	1.730	323950	3.100	277390	4.000	246520	2.020	2046960	3.150	328700	3.810	32360	4.015	1770	4.520	270	4.505	22644020
2013-10-11	23760540	2.305	214930	0.620	156740	0.400	209160	1.010	2577150	3.400	220410	3.625	115090	4.180	5090	4.410	430	4.400	27259540
2013-10-14	21338380	2.645	440850	2.820	410420	3.045	3410370	4.465	2807620	3.500	300750	4.055	44920	4.300	1130	4.405	3250	4.500	28757690
2013-10-15	20497500	2.105	321590	2.825	1592460	3.600	747020	4.405	3909700	3.325	390340	3.600	108150	4.210	7590	4.480	2190	4.500	27576540
2013-10-16	19452660	2.100	1373250	2.905	477510	4.195	100910	3.000	2406370	3.000	387270	3.505	89080	4.050	1770	4.405	2110	4.500	24290930
2013-10-17	19515560	2.940	425860	3.340	73570	2.175	125780	1.705	1881360	3.185	231830	3.700	35770	4.000	5310	4.530	160	4.410	22295200
2013-10-18	23682790	2.535	54400	0.705	198060	0.240	293170	1.135	3122690	3.585	568410	3.920	86120	3.950	4200	4.220	520	4.400	28010360
2013-10-21	20846790	2.595	485250	2.830	460360	2.710	2980700	3.295	2746800	3.315	464920	3.880	84280	3.990	5070	4.400	2980	4.500	28077150
2013-10-22	19522390	2.385	355100	2.805	1600710	3.500	634730	4.390	3540470	3.675	469680	4.050	91070	4.000	2330	4.300	2190	4.500	26218670
2013-10-23	18470910	1.620	1255890	3.050	674160	3.065	111500	2.400	2673090	3.680	443390	4.120	162230	4.150	950	4.330	830	4.500	23792950

续表

交易日期	GC001		GC002		GC003		GC004		GC007		GC014		GC028		GC091		GC182		合　计
	成交量	收盘价	成交量	收盘价	成交量	收盘价	成交量	收盘价	成交量	收盘价	成交量	收盘价	成交量	收盘价	成交量	收盘价	成交量	收盘价	
2013－10－24	20009420	3.250	768010	5.575	344870	4.000	253300	3.100	2412610	4.350	307460	3.615	102960	4.200	230	4.350	380	4.500	24199240
2013－10－25	24038170	4.445	269730	1.555	190360	0.815	401990	3.200	3804170	4.620	384740	4.500	99360	4.300	4230	4.310	1410	4.505	29194160
2013－10－28	23858310	4.635	394680	4.155	514270	4.465	2854990	5.980	3003430	4.575	220460	4.500	91740	4.450	1520	4.380	530	4.500	30939930
2013－10－29	23608270	6.800	252640	5.700	1453580	6.230	586900	8.150	3088380	5.400	209970	5.000	59470	4.505	240	4.360	300	4.500	29259750
2013－10－30	21753790	1.830	2097310	5.100	531960	5.830	251130	3.990	2823940	5.650	218110	4.970	117270	4.555	1140	4.620	270	4.600	27794920
2013－10－31	21923220	4.425	564320	4.345	235090	2.865	284320	2.120	2126760	3.185	167080	4.050	66990	4.600	4760	4.605	30	4.510	25372570
2013－11－01	26266140	4.945	165650	2.070	181350	1.305	327620	1.675	4673730	3.800	416190	4.070	42800	4.200	10180	4.620	820	4.510	32084480
2013－11－04	23560190	2.665	498210	3.530	508400	3.590	3614510	3.565	3270210	3.800	174800	4.100	49930	4.320	9370	4.680	240	4.505	31685860
2013－11－05	21321260	2.160	299910	3.280	1768720	4.800	515240	4.470	2985280	3.630	263170	4.160	131520	4.300	12260	4.680	590	4.515	27297950
2013－11－06	20051770	2.215	1233260	3.690	395960	3.805	110680	2.900	2449960	3.610	275770	3.950	90740	4.100	5390	4.620	350	4.520	24613880
2013－11－07	19929240	2.845	525600	3.130	191250	2.125	253780	1.385	2103070	3.585	228550	3.870	82950	4.105	6020	4.620	220	4.520	23320680
2013－11－08	25410510	2.585	128860	0.705	146740	0.800	352940	1.415	4107030	3.700	683580	3.600	222100	4.000	9570	4.560	560	4.500	31061890
2013－11－11	23133590	2.715	608630	3.870	683830	3.700	3309140	4.005	3527180	4.200	338910	4.350	85950	4.410	4020	4.615	130	4.500	31691380
2013－11－12	21400690	2.910	315410	3.430	1572370	3.635	669080	4.180	2936170	3.960	283660	4.200	51230	4.300	4010	4.610	200	4.500	27232820
2013－11－13	21201900	3.795	1151510	6.200	479830	5.250	127120	4.005	2662060	3.995	201930	4.260	51160	4.350	4930	4.665	100	4.550	25880540
2013－11－14	22100720	5.550	698910	5.180	165890	3.130	241010	3.720	2371730	4.500	299630	4.550	22680	4.405	1370	4.700	10	4.500	25901950
2013－11－15	26352090	9.670	142830	3.600	201310	2.015	316450	2.850	4881770	5.600	492680	5.300	134170	4.880	1730	4.750	170	4.550	32523200
2013－11－18	25295800	3.220	574060	4.595	442410	4.385	2931440	5.440	3597710	5.415	347600	4.650	112080	5.100	2260	4.915	590	4.835	33303950
2013－11－19	23705550	2.825	212400	3.830	1601870	5.015	492820	7.690	3359060	5.800	363800	5.975	93250	5.400	3750	5.200	150	4.800	29832650
2013－11－20	21390120	2.690	1819320	5.600	904670	7.900	214130	5.285	3133330	5.700	262160	5.680	98460	5.300	2180	5.005	270	4.900	27824640
2013－11－21	21813260	10.180	660010	8.550	132320	5.520	394620	4.305	3040670	6.000	151730	5.510	47430	5.105	1390	5.100	180	4.900	26241610
2013－11－22	27238180	3.645	186890	1.820	209390	1.050	615460	1.725	4034220	4.720	341620	4.805	115690	5.045	7120	5.050	4150	4.910	32752720
2013－11－25	26269610	5.290	514550	4.470	466310	4.850	2833150	6.245	3485480	5.780	355960	4.855	91750	5.220	8860	5.215	450	5.005	34026120
2013－11－26	24788650	5.290	309330	5.740	1680820	8.050	951070	8.305	2872330	6.060	231680	6.110	97400	5.350	5340	5.105	3120	5.150	30939740
2013－11－27	22912800	2.535	1461290	4.670	952910	5.030	226860	3.975	2961570	5.015	235180	4.520	141360	5.220	11230	5.435	1640	5.300	28904840

续表

交易日期	GC001		GC002		GC003		GC004		GC007		GC014		GC028		GC091		GC182		合 计
	成交量	收盘价	成交量	收盘价	成交量	收盘价	成交量	收盘价	成交量	收盘价	成交量	收盘价	成交量	收盘价	成交量	收盘价	成交量	收盘价	
2013-11-28	22967420	8.860	740370	6.815	196970	5.200	275840	4.010	2450560	5.100	322300	4.605	78920	5.000	7600	5.400	3960	5.385	27043940
2013-11-29	26852580	4.790	133360	1.530	204500	0.935	339930	1.510	4705460	4.645	308260	4.790	95410	4.635	24260	5.000	6540	5.105	32670300
2013-12-02	25817160	2.730	596540	3.510	405950	3.990	3578710	4.420	3753710	5.400	315020	5.070	72170	5.310	7440	5.410	3140	5.300	34549840
2013-12-03	23547370	2.590	279110	2.970	1843360	3.925	565790	5.635	2978750	4.700	256030	5.000	58140	5.165	13900	5.410	3060	5.300	29545510
2013-12-04	22278030	3.900	1015990	5.000	643560	5.200	212420	3.625	2922120	4.515	267730	4.655	192530	5.450	8120	5.200	2020	5.010	27542520
2013-12-05	21807550	3.845	773900	3.545	85410	2.495	148960	1.210	2550550	3.830	308320	4.400	93060	5.200	5530	5.305	1270	5.200	25774550
2013-12-06	26671710	1.945	140180	0.600	214670	0.305	362200	1.550	4102580	3.850	402370	4.400	487160	5.250	11630	5.260	3240	5.200	32395740
2013-12-09	25110920	4.000	438270	3.960	524250	3.740	3259050	5.150	3718700	4.400	397150	4.515	155350	5.290	18430	5.345	2540	5.250	33624660
2013-12-10	23259770	1.200	247910	2.530	1105430	3.395	824830	3.810	2774780	4.050	362130	4.420	162160	5.115	5390	5.300	680	5.150	28743080
2013-12-11	22632150	3.910	984730	5.025	485640	4.850	97170	3.710	2796420	4.220	254420	4.670	157040	5.500	3490	5.305	2590	5.320	27413650
2013-12-12	22606470	4.245	769540	4.100	163890	2.020	104290	2.805	2436970	4.970	242980	4.960	104210	5.510	3410	5.300	1800	5.340	26433560
2013-12-13	26933750	3.615	136000	1.620	206670	0.600	283340	1.610	3795580	4.200	239700	4.250	216860	5.300	10530	5.280	4210	5.250	31826640
2013-12-16	26495240	4.665	401270	4.910	420780	3.835	3752930	5.525	3955360	5.060	316130	5.410	119360	5.485	3550	5.315	3920	5.300	35468540
2013-12-17	24010360	2.750	298770	4.520	1829290	5.545	668050	5.435	3067270	5.160	334470	6.405	77990	5.955	8830	5.405	3420	5.365	30298450
2013-12-18	23100080	5.760	1442890	7.710	639430	6.435	221610	5.100	3036080	6.480	383930	6.975	112850	6.280	13230	5.500	2750	5.460	28952850
2013-12-19	24254130	3.545	786450	6.070	339030	3.080	428730	4.500	2620420	5.195	328070	6.515	170800	6.230	11590	5.700	4470	5.480	28943690
2013-12-20	29129930	7.170	106590	3.120	217040	2.020	658740	3.205	4099380	6.620	862630	6.505	176220	6.120	41940	5.830	19900	5.800	35312370
2013-12-23	28994790	6.560	428260	6.210	532210	6.095	3180990	8.700	2859300	7.100	513860	6.910	271340	6.410	37230	5.940	18460	5.800	36836440
2013-12-24	28046700	6.320	552430	5.945	1675290	8.175	475240	6.370	2012980	7.100	399400	6.030	108360	5.350	45810	5.875	17730	5.700	33333940
2013-12-25	26699020	5.235	1670340	8.540	585980	8.700	184460	6.000	2501340	7.200	299060	6.175	134950	6.100	16950	5.510	3870	5.330	32095970
2013-12-26	26503690	2.705	786240	3.580	182550	2.010	428200	2.480	2317420	5.530	371140	5.555	64130	5.310	14440	5.530	4340	5.400	30672150
2013-12-27	29712530	20.250	153990	9.965	306800	5.000	780050	7.180	4676360	7.630	453800	6.500	168360	6.500	27960	5.950	4630	5.580	36284480
2013-12-30	27030250	7.160	1417170	9.505	713390	6.855	2012040	7.615	3398980	6.835	248980	5.765	165900	5.610	24880	5.920	5190	5.680	35016780
2013-12-31	23613180	1.375	355430	0.435	2241630	1.460	494830	3.300	2898850	3.310	289490	4.545	155790	5.095	28600	5.310	3350	5.200	30081150
合 计																			5802247720

数据来源：上海证券交易所；以上质押式回购成交量仅包括上海证券交易所撮合系统质押式回购成交量。

2013 年上海证券交易所机构投资者国债质押式回购交易额排名

排　名	会员名称	交易金额（百万元）
1	新华资产管理股份有限公司	3624190.90
2	鹏华基金管理公司	2878616.70
3	博时基金管理有限公司	2706536.50
4	中信证券股份有限公司	2540457.30
5	海通证券股份有限公司	2407242.30
6	平安证券有限责任公司	2074914.90
7	中国人寿资产管理有限公司	1758070.70
8	泰康资产管理有限责任公司	1615186.90
9	中银基金管理有限公司	1579441.30
10	嘉实基金管理有限公司	1554735.90
11	国泰君安证券股份有限公司	1526709.40
12	富国基金管理公司	1525138.30
13	中国人保资产管理有限公司	1423285.90
14	安邦资产管理有限责任公司	1304808.00
15	南方基金管理公司	1263535.20
16	东方证券股份有限公司	1253093.00
17	生命人寿保险股份有限公司	1188917.50
18	中信建投证券股份有限公司	1114104.70
19	华夏基金管理公司	1112963.70
20	工银瑞信基金管理有限公司	1082674.90
21	银华基金管理有限公司	1047925.10
22	上投摩根基金管理有限公司	1042814.20
23	招商证券股份有限公司	954660.60
24	广州证券有限责任公司	897952.00
25	易方达基金管理公司	873906.20
26	国信证券股份有限公司	793596.90
27	长江证券股份有限公司	632561.70
28	招商基金管理有限公司	630183.70
29	长盛基金管理有限公司	563580.60
30	浦银安盛基金管理有限公司	563466.00
31	西南证券股份有限公司	549239.30
32	金鹰基金管理有限公司	476185.20
33	中国国际金融有限公司	463382.80
34	华泰资产管理有限公司	459145.30
35	红塔证券股份有限公司	450774.30
36	汇添富基金管理有限公司	443845.20
37	国联安基金管理有限公司	431222.50

续表

排　名	会员名称	交易金额（百万元）
38	上海证券有限责任公司	411710.70
39	广发基金管理有限公司	399487.90
40	长城证券有限责任公司	394669.70
41	信诚基金管理有限公司	376179.30
42	国泰基金管理公司	375414.60
43	建信基金管理有限责任公司	371035.90
44	华安基金管理公司	366718.30
45	交银施罗德基金管理有限公司	352166.30
46	渤海证券股份有限公司	343781.60
47	诺安基金管理有限公司	341012.20
48	太平资产管理有限公司	335460.70
49	民生加银基金管理有限公司	334344.20
50	广发证券股份有限公司	332891.20
51	中国太平洋保险（集团）股份有限公司	332209.00
52	生命保险资产管理有限公司	330366.20
53	平安资产管理有限责任公司	302588.20
54	第一创业证券股份有限公司	296410.10
55	宏源证券股份有限公司	290760.40
56	华泰证券股份有限公司	277246.20
57	天弘基金管理有限公司	256227.10
58	恒泰证券股份有限公司	251680.30
59	中再资产管理股份有限公司	244249.20
60	国联证券股份有限公司	242951.00
61	光大证券股份有限公司	236313.40
62	金元证券股份有限公司	234369.50
63	首创证券有限责任公司	230202.90
64	融通基金管理有限公司	215372.60
65	华创证券有限责任公司	210159.50
66	兴业证券股份有限公司	210079.40
67	民生证券股份有限公司	209039.20
68	东北证券股份有限公司	203962.50
69	中国银河证券股份有限公司	196966.90
70	安信证券股份有限公司	194875.10
71	国金证券股份有限公司	192333.20
72	美国友邦保险有限公司上海分公司	184267.90
73	银河基金管理有限公司	181646.20

续表

排　名	会员名称	交易金额（百万元）
74	中山证券有限责任公司	167687.40
75	大成基金管理公司	167313.20
76	北京高华证券有限责任公司	164934.20
77	中原证券股份有限公司	154715.60
78	大通证券股份有限公司	153258.00
79	齐鲁证券有限公司	146984.70
80	国投瑞银基金管理有限公司	146197.40
81	太平洋资产管理有限责任公司	144694.50
82	阳光人寿保险股份有限公司	144611.20
83	华西证券有限责任公司	139219.30
84	泰达宏利基金管理有限公司	131651.40
85	华富基金管理有限公司	128319.30
86	方正证券股份有限公司	126142.10
87	中海基金管理有限公司	120913.10
88	申银万国证券股份有限公司	120713.70
89	中航证券有限公司	119763.60
90	英大证券有限责任公司	117215.40
91	财通证券股份有限公司	108337.40
92	中天证券有限责任公司	106621.10
93	中欧基金管理有限公司	105715.70
94	海富通基金管理有限公司	102524.90
95	中国民族证券有限责任公司	101965.10
96	国盛证券有限责任公司	99365.00
97	国元证券股份有限公司	98538.60
98	东海证券股份有限公司	94624.30
99	泰信基金管理有限公司	92317.70
100	摩根士丹利华鑫基金管理有限公司	91431.20
101	光大永明资产管理股份有限公司	90052.90
102	天安保险股份有限公司	86564.30
103	万家基金管理有限公司	85704.50
104	东吴基金管理有限公司	84915.50
105	华融证券股份有限公司	83547.40
106	新华基金管理有限公司	81704.70
107	中国中投证券有限责任公司	81218.20
108	华商基金管理有限公司	78952.60
109	益民基金管理有限公司	77693.50

续表

排　名	会员名称	交易金额（百万元）
110	景顺长城基金管理有限公司	64579.30
111	华泰柏瑞基金管理有限公司	62795.60
112	西藏同信证券有限责任公司	61736.10
113	合众资产管理股份有限公司	61545.60
114	长信基金管理有限责任公司	60426.10
115	中邮创业基金管理有限公司	59256.50
116	光大保德信基金管理有限公司	57927.10
117	东吴证券股份有限公司	56945.60
118	安信基金管理有限责任公司	55095.90
119	财富证券有限责任公司	54938.60
120	财达证券有限责任公司	54250.20
121	东方基金管理有限责任公司	53998.20
122	湘财证券有限责任公司	53096.90
123	华安证券有限责任公司	52593.70
124	山西证券股份有限公司	52412.90
125	农银汇理基金管理有限公司	51750.10
126	华鑫证券有限责任公司	50347.20
127	太平洋证券股份有限公司	45979.10
128	兴业全球基金管理有限公司	45267.00
129	长城基金管理有限公司	42814.50
130	诺德基金管理有限公司	41986.30
131	华宝兴业基金管理有限公司	37903.60
132	东莞证券有限责任公司	37765.40
133	天风证券股份有限公司	37298.20
134	国都证券有限责任公司	37227.40
135	阳光财产保险股份有限公司	36979.10
136	中银国际证券有限责任公司	35772.90
137	西部证券股份有限公司	34595.00
138	宏信证券有限责任公司	33561.40
139	财通基金管理有限公司	33332.30
140	世纪证券有限责任公司	33049.50
141	江海证券有限公司	32647.80
142	华龙证券有限责任公司	31016.10
143	东兴证券股份有限公司	30914.90
144	信达证券股份有限公司	30477.60
145	国开证券有限责任公司	30024.50

续表

排　名	会员名称	交易金额（百万元）
146	民生通惠资产管理有限公司	29926.60
147	国海证券股份有限公司	27921.40
148	浙商证券股份有限公司	27297.30
149	南京证券股份有限公司	27283.50
150	国海富兰克林基金管理有限公司	27142.50
151	信达澳银基金管理有限公司	23790.50
152	申万菱信基金管理有限公司	20836.10
153	万联证券有限责任公司	19903.00
154	银泰证券有限责任公司	18818.50
155	华林证券有限责任公司	18048.00
156	民生人寿保险股份有限公司	17645.90
157	永安财产保险	15632.50
158	平安大华基金管理有限公司	15166.20
159	金元惠理基金管理有限公司	14521.00
160	天治基金管理有限公司	14071.50
161	德邦证券有限责任公司	14033.60
162	瑞银证券有限责任公司	13721.90
163	汇丰晋信基金管理有限公司	13529.40
164	天源证券有限公司	13067.80
165	华夏人寿保险股份有限公司	12644.70
166	国华人寿保险股份有限公司	12630.00
167	华宝证券有限责任公司	9872.90
168	德邦基金管理有限公司	8016.30
169	华福证券有限责任公司	6944.60
170	日信证券有限责任公司	6876.30
171	富安达基金管理有限公司	5989.60
172	宝盈基金管理有限公司	5947.20
173	纽银梅隆西部基金管理有限公司	5671.80
174	中邮证券有限责任公司	4712.30
175	方正富邦基金管理有限公司	3805.10
176	英大基金管理有限公司	3468.40
177	华英证券有限责任公司	3404.70
178	长江养老保险股份有限公司	3183.20
179	开源证券有限责任公司	3062.20
180	华润元大基金管理有限公司	2998.70
181	浙商基金管理有限公司	2564.90

续表

排　名	会员名称	交易金额（百万元）
182	新时代证券有限责任公司	2324.00
183	联讯证券有限责任公司	2279.70
184	华宸未来基金管理有限公司	1789.40
185	英大泰和财产保险股份有限公司	1751.30
186	大同证券经纪有限责任公司	1479.00
187	长安基金管理有限公司	1470.10
188	平安养老保险股份有险公司	970.10
189	道富基金管理有限公司	908.50
190	国金通用基金管理有限公司	866.80
191	航天证券有限责任公司	708.20
192	海际大和证券有限责任公司	454.50
193	中国人寿养老保险股份有限公司	386.70
194	川财证券有限责任公司	346.1
195	天安保险股份有限公司	290.4
196	万和证券有限责任公司	249.6
197	爱建证券有限责任公司	178
198	新华人寿保险股份有限公司	150.2
199	中加基金管理有限公司	107.8
合计		63357511.60

数据来源：上海证券交易所；以上成交金额仅包括上海证券交易所撮合系统质押式回购成交量

2013 年深圳证券交易所国债现券交易情况月度统计表

月份	债券种类	现券交易额	回购金额
1	国债	127486060.00	
2	国债	84936566.00	
3	国债	202992973.00	
4	国债	130254775.00	
5	国债	5795356.00	
6	国债	6999287.00	
7	国债	274241904.00	
8	国债	172972738.00	
9	国债	229090121.00	
10	国债	412117381.00	
11	国债	1099334106.00	
12	国债	518642246.00	
小　计		3264863513.00	

注：因 2012 年 12 月 10 日深市启动企业债和国债回购并库，故从 2012 年 12 月起无法单独区分国债的回购交易金额。

2013年深圳证券交易所机构投资者国债现券交易额排名

会员名称	交易金额（元）	会员名称	交易金额（元）
中信证券股份有限公司	3432106812.89	国联证券股份有限公司	1506670.63
中国国际金融有限公司	1538434700.00	国开证券有限责任公司	1368085.69
中信建投证券股份有限公司	651639205.71	齐鲁证券有限公司	1248904.32
华泰证券股份有限公司	331201490.80	华林证券有限责任公司	1128859.36
国泰君安证券股份有限公司	90475922.48	华安证券股份有限公司	1096181.59
广发证券股份有限公司	84454586.15	长城证券有限责任公司	1069407.85
华宝证券有限责任公司	54514239.82	东兴证券股份有限公司	1059968.83
德邦证券有限责任公司	49049145.58	华创证券有限责任公司	1030993.97
海通证券股份有限公司	49039012.64	方正证券股份有限公司	990551.59
招商证券股份有限公司	46310384.60	长江证券股份有限公司	945087.53
金元证券股份有限公司	20308457.86	国海证券股份有限公司	937458.32
平安证券有限责任公司	20120699.70	信达证券股份有限公司	875742.94
民生证券股份有限公司	19079212.73	其他	810779.71
第一创业证券股份有限公司	16570742.41	兴业证券股份有限公司	778126.62
申银万国证券股份有限公司	10427021.16	华西证券有限责任公司	754612.89
东莞证券有限责任公司	10237051.43	渤海证券股份有限公司	736056.23
西南证券股份有限公司	9847825.85	万联证券有限责任公司	666423.96
华鑫证券有限责任公司	9495859.02	中信证券（浙江）有限责任公司	603159.55
国信证券股份有限公司	7599173.14	宏源证券股份有限公司	594931.31
大同证券经纪有限责任公司	7322497.68	中天证券有限责任公司	553997.92
东方证券股份有限公司	6618963.26	厦门证券有限公司	493102.73
安信证券股份有限公司	6538484.37	宏信证券有限责任公司	466913.11
湘财证券有限责任公司	6250074.68	大通证券股份有限公司	460637.97
中国银河证券股份有限公司	4035469.17	南京证券股份有限公司	454347.60
中国中投证券有限责任公司	3908974.59	西藏同信证券有限责任公司	442936.60
光大证券股份有限公司	3867266.13	东海证券股份有限公司	397245.09
国元证券股份有限公司	3848409.43	新时代证券有限责任公司	344013.56
山西证券股份有限公司	3445818.23	国金证券股份有限公司	343735.65
广州证券有限责任公司	2103677.85	华福证券有限责任公司	329057.58
财富证券有限责任公司	1992859.64	中国民族证券有限责任公司	327202.31
中信万通证券有限责任公司	1962085.23	中原证券股份有限公司	300392.11

续表

会员名称	交易金额（元）	会员名称	交易金额（元）
联讯证券有限责任公司	293362.17	万和证券有限责任公司	60974.00
东北证券股份有限公司	292823.56	财通证券股份有限公司	53551.27
东吴证券股份有限公司	282998.36	中航证券有限公司	51505.48
华龙证券有限责任公司	270676.33	恒泰长财证券有限责任公司	49072.16
财达证券有限责任公司	268939.61	江海证券有限公司	43520.54
西部证券股份有限公司	267876.30	世纪证券有限责任公司	40958.92
恒泰证券股份有限公司	214208.73	日信证券有限责任公司	38990.64
浙商证券股份有限公司	201506.94	天风证券股份有限公司	37169.70
中银国际证券有限责任公司	186367.41	银泰证券有限责任公司	15961.33
华融证券股份有限公司	186202.01	天源证券有限公司	9674.00
众成证券经纪有限公司	180057.80	摩根士丹利华鑫证券有限责任公司	3928.65
太平洋证券股份有限公司	173187.26	开源证券有限责任公司	3904.54
上海证券有限责任公司	124814.26	爱建证券有限责任公司	3805.38
国都证券有限责任公司	121852.47	川财证券有限责任公司	3769.00
中邮证券有限责任公司	102371.21	瑞银证券有限责任公司	1975.51
国盛证券有限责任公司	85699.80	首创证券有限责任公司	991.04
红塔证券股份有限公司	66558.61	中山证券有限责任公司	975.20
诚浩证券有限责任公司	65087.06	小　　计	6529727026.55

数据来源：深圳证券交易所

第四篇

政府债券管理制度

一、中华人民共和国财政部公告

（一）记账式附息国债发行类

中华人民共和国财政部公告

2013 年 1 月 9 日　2013 年第 1 号

2013 年记账式国债发行工作即将开始，现将 2013 年记账式国债发行有关事宜公告如下：

一、财政部通过记账式国债承销团向社会各类投资者发行记账式国债。

二、记账式国债承销团成员（以下简称承销团成员）可以通过场内挂牌、场外签订分销合同的方式，将承销国债分销给在中国证券登记结算有限责任公司开立股票和基金账户、在中央国债登记结算有限责任公司开立债券账户的各类投资者。

三、记账式国债自上市日起在证券交易所债券市场、全国银行间债券市场上市交易，交易方式为现券买卖和回购。

四、对于首次发行期限为 1、3、5、7、10 年期的关键期限国债，同时可以由试点商业银行在全国已经开通国债柜台交易系统的分支机构，通过柜台销售的方式分销给在试点商业银行开立债券账户的各类投资者，并自上市日起通过柜台上市交易，交易方式为现券买卖。试点商业银行包括中国工商银行股份有限公司、中国农业银行股份有限公司、中国银行股份有限公司、中国建设银行股份有限公司、招商银行股份有限公司、中国民生银行股份有限公司、北京银行股份有限公司和南京银行股份有限公司。通过试点商业银行柜台购买的国债，可以在债权托管银行质押贷款，具体办法由各试点商业银行制订。

特此公告。

中华人民共和国财政部公告 2013 年

2013 年 1 月 9 日　2013 年第 2 号

根据国家国债发行的有关规定，财政部决定发行 2013 年记账式附息（一期）国债（以下简称本期国债），现将有关事项公告如下：

一、本期国债计划发行 260 亿元，实际发行面值金额 260 亿元。

二、本期国债期限 5 年，经招标确定的票面年利率为 3.15%，2013 年 1 月 10 日开始计息，1 月 10 日至 1 月 14 日进行分销，1 月 16 日起上市交易。

三、本期国债为固定利率附息债，利息按年支付，利息支付日为每年的 1 月 10 日（节假日顺延，下同），2018 年 1 月 10 日偿还本金并支付最后一次利息。

其他事宜按《中华人民共和国财政部公告》（2013 年第 1 号）规定执行。

特此公告。

中华人民共和国财政部公告

2013 年 1 月 16 日 2013 年第 3 号

根据国家国债发行的有关规定，财政部决定发行 2013 年记账式附息（二期）国债（以下简称本期国债），现将有关事项公告如下：

一、本期国债计划发行 300 亿元，实际发行面值金额 300 亿元。

二、本期国债期限 1 年，经招标确定的票面年利率为 2.81%，2013 年 1 月 17 日开始计息，1 月 17 日至 1 月 21 日进行分销，1 月 23 日起上市交易。

三、本期国债为固定利率附息债，到期一次还本付息，2014 年 1 月 17 日（节假日顺延）偿还本金并支付利息。

其他事宜按《中华人民共和国财政部公告》（2013 年第 1 号）规定执行。

特此公告。

中华人民共和国财政部公告

2013 年 1 月 23 日　2013 年第 4 号

根据国家国债发行的有关规定，财政部决定发行 2013 年记账式附息（三期）国债（以下简称本期国债），现将有关事项公告如下：

一、本期国债计划发行 300 亿元，实际发行面值金额 300 亿元。

二、本期国债期限 7 年，经招标确定的票面年利率为 3.42%，2013 年 1 月 24 日开始计息，1 月 24 日至 1 月 28 日进行分销，1 月 30 日起上市交易。

三、本期国债为固定利率附息债，利息按年支付，利息支付日为每年的 1 月 24 日（节假日顺延，下同），2020 年 1 月 24 日偿还本金并支付最后一次利息。

其他事宜按《中华人民共和国财政部公告》（2013 年第 1 号）规定执行。

特此公告。

中华人民共和国财政部公告

2013 年 1 月 30 日 2013 年第 5 号

根据国家国债发行的有关规定，财政部决定发行 2013 年记账式附息（四期）国债（以下简称本期国债），已完成招标工作。现将有关事项公告如下：

一、本期国债计划发行 260 亿元，实际发行面值金额 260 亿元。

二、本期国债期限 3 年，经招标确定的票面年利率为 3.1%，2013 年 1 月 31 日开始计息，1 月 31 日至 2 月 4 日进行分销，2 月 6 日起上市交易。

三、本期国债为固定利率附息债，利息按年支付，利息支付日为每年的 1 月 31 日（节假日顺延，下同），2016 年 1 月 31 日偿还本金并支付最后一次利息。

其他事宜按《中华人民共和国财政部公告》（2013 年第 1 号）规定执行。

特此公告。

中华人民共和国财政部公告

2013 年 2 月 6 日 2013 年第 7 号

根据国家国债发行的有关规定，财政部决定第一次续发行 2013 年记账式附息（三期）国债（以下简称本期国债），已完成招标工作。现将有关事项公告如下：

一、本次国债计划续发行 300 亿元，实际续发行面值金额 300 亿元。

二、本次国债续发行部分起息时间、票面利率等要素均与 2013 年记账式附息（三期）国债相同，即起息日为 2013 年 1 月 24 日，票面年利率为 3.42%，按年付息，每年 1 月 24 日（节假日顺延，下同）支付利息，2020 年 1 月 24 日偿还本金并支付最后一次利息。经招标确定的续发行价格为 100.17 元，折合年收益率为 3.43%。本期国债续发行部分从 2 月 20 日起与原发行部分 300 亿元合并上市交易。

其他事宜按《中华人民共和国财政部公告》（2013 年第 1 号）规定执行。

特此公告。

中华人民共和国财政部公告

2013 年 2 月 20 日 2013 年第 8 号

根据国家国债发行的有关规定，财政部决定发行2013 年记账式附息（五期）国债（以下简称本期国债），已完成招标工作。现将有关事项公告如下：

一、本期国债计划发行 260 亿元，实际发行面值金额 260 亿元。

二、本期国债期限 10 年，经招标确定的票面年利率为 3.52%，2013 年 2 月 21 日开始计息，2 月 21 日至 2 月 25 日进行分销，2 月 27 日起上市交易。

三、本期国债为固定利率附息债，利息按半年支付，利息支付日为每年的 2 月 21 日、8 月 21 日（节假日顺延，下同），2023 年 2 月 21 日偿还本金并支付最后一次利息。

其他事宜按《中华人民共和国财政部公告》（2013 年第 1 号）规定执行。

特此公告。

中华人民共和国财政部公告

2013 年 2 月 27 日　2013 年第 9 号

根据国家国债发行的有关规定，财政部决定第二次续发行 2013 年记账式附息（三期）国债（以下简称本期国债），已完成招标工作。现将有关事项公告如下：

一、本次国债计划续发行 220 亿元，实际续发行面值金额 220 亿元。

二、本次国债续发行部分起息时间、票面利率等要素均与 2013 年记账式附息（三期）国债相同，即起息日为 2013 年 1 月 24 日，票面年利率为 3.42%，按年付息，每年 1 月 24 日（节假日顺延，下同）支付利息，2020 年 1 月 24 日偿还本金并支付最后一次利息。经招标确定的续发行价格为 100.32 元，折合年收益率为 3.43%。本期国债续发行部分从 3 月 6 日起与原发行部分 600 亿元合并上市交易。

其他事宜按《中华人民共和国财政部公告》（2013 年第 1 号）规定执行。

特此公告。

中华人民共和国财政部公告

2013 年 3 月 6 日 2013 年第 12 号

根据国家国债发行的有关规定，财政部决定第一次续发行 2013 年记账式附息（一期）国债（以下简称本期国债），已完成招标工作。现将有关事项公告如下：

一、本次国债计划续发行 220 亿元，实际续发行面值金额 220 亿元。

二、本次国债续发行部分起息时间、票面利率等要素均与 2013 年记账式附息（一期）国债相同，即起息日为 2013 年 1 月 10 日，票面年利率为 3.15%，按年付息，每年 1 月 10 日（节假日顺延，下同）支付利息，2018 年 1 月 10 日偿还本金并支付最后一次利息。经招标确定的续发行价格为 100.3 元，折合年收益率为 3.2%。本期国债续发行部分从 3 月 13 日起与原发行部分 260 亿元合并上市交易。

其他事宜按《中华人民共和国财政部公告》（2013 年第 1 号）规定执行。

特此公告。

中华人民共和国财政部公告

2013 年 3 月 20 日　2013 年第 13 号

根据国家国债发行的有关规定，财政部决定第一次续发行 2013 年记账式附息（五期）国债（以下简称本期国债），已完成招标工作。现将有关事项公告如下：

一、本次国债计划续发行 220 亿元，实际续发行面值金额 220 亿元。

二、本次国债续发行部分起息时间、票面利率等要素均与 2013 年记账式附息（五期）国债相同，即起息日为 2013 年 2 月 21 日，票面年利率为 3.52%，按半年付息，每年 2 月 21 日、8 月 21 日（节假日顺延，下同）支付利息，2023 年 2 月 21 日偿还本金并支付最后一次利息。经招标确定的续发行价格为 100.31 元，折合年收益率为 3.52%。本期国债续发行部分从 3 月 27 日起与原发行部分 260 亿元合并上市交易。

其他事宜按《中华人民共和国财政部公告》（2013 年第 1 号）规定执行。

特此公告。

中华人民共和国财政部公告

2013 年 4 月 3 日　2013 年第 16 号

根据国家国债发行的有关规定，财政部决定发行 2013 年记账式附息（六期）国债（以下简称本期国债），已完成招标工作。现将有关事项公告如下：

一、本期国债计划发行 260 亿元，实际发行面值金额 260 亿元。

二、本期国债期限 2 年，经招标确定的票面年利率为 2.92%，2013 年 4 月 7 日开始计息，4 月 7 日至 4 月 8 日进行分销，4 月 10 日起上市交易。

三、本期国债为固定利率附息债，利息按年支付，利息支付日为每年的 4 月 7 日（节假日顺延，下同），2015 年 4 月 7 日偿还本金并支付最后一次利息。

其他事宜按《中华人民共和国财政部公告》（2013 年第 1 号）规定执行。

特此公告。

中华人民共和国财政部公告

2013 年 4 月 10 日 2013 年第 17 号

根据国家国债发行的有关规定，财政部决定发行 2013 年记账式附息（七期）国债（以下简称本期国债），已完成招标工作。现将有关事项公告如下：

一、本期国债计划发行 300 亿元，实际发行面值金额 300 亿元。

二、本期国债期限 1 年，经招标确定的票面年利率为 2.62%，2013 年 4 月 11 日开始计息，4 月 11 日至 4 月 15 日进行分销，4 月 17 日起上市交易。

三、本期国债为固定利率附息债，到期一次还本付息，2014 年 4 月 11 日（节假日顺延）偿还本金并支付利息。

其他事宜按《中华人民共和国财政部公告》（2013 年第 1 号）规定执行。

特此公告。

中华人民共和国财政部公告

2013 年 4 月 17 日　2013 年第 19 号

根据国家国债发行的有关规定，财政部决定发行 2013 年记账式附息（八期）国债（以下简称本期国债），已完成招标工作。现将有关事项公告如下：

一、本期国债计划发行 300 亿元，实际发行面值金额 303.2 亿元。

二、本期国债期限 7 年，经招标确定的票面年利率为 3.29%，2013 年 4 月 18 日开始计息，4 月 18 日至 4 月 22 日进行分销，4 月 24 日起上市交易。

三、本期国债为固定利率附息债，利息按年支付，利息支付日为每年的 4 月 18 日（节假日顺延，下同），2020 年 4 月 18 日偿还本金并支付最后一次利息。

其他事宜按《中华人民共和国财政部公告》（2013 年第 1 号）规定执行。

特此公告。

中华人民共和国财政部公告

2013 年 4 月 19 日　2013 年第 20 号

根据国家国债发行的有关规定，财政部决定发行 2013 年记账式附息（九期）国债（以下简称本期国债），已完成招标工作。现将有关事项公告如下：

一、本期国债计划发行 260 亿元，实际发行面值金额 260 亿元。

二、本期国债期限 20 年，经招标确定的票面年利率为 3.99%，2013 年 4 月 22 日开始计息，4 月 22 日至 4 月 24 日进行分销，4 月 26 日起上市交易。

三、本期国债为固定利率附息债，利息按半年支付，利息支付日为每年的 4 月 22 日、10 月 22 日（节假日顺延，下同），2033 年 4 月 22 日偿还本金并支付最后一次利息。

其他事宜按《中华人民共和国财政部公告》（2013 年第 1 号）规定执行。

特此公告。

中华人民共和国财政部公告

2013 年 4 月 24 日　2013 年第 22 号

根据国家国债发行的有关规定，财政部决定第二次续发行 2013 年记账式附息（五期）国债（以下简称本期国债），已完成招标工作。现将有关事项公告如下：

一、本次国债计划续发行 300 亿元，实际续发行面值金额 307.9 亿元。

二、本次国债续发行部分起息时间、票面利率等要素均与 2013 年记账式附息（五期）国债相同，即起息日为 2013 年 2 月 21 日，票面年利率为 3.52%，按半年付息，每年 2 月 21 日、8 月 21 日（节假日顺延，下同）支付利息，2023 年 2 月 21 日偿还本金并支付最后一次利息。经招标确定的续发行价格为 101.44 元，折合年收益率为 3.42%。本期国债续发行部分从 5 月 2 日起与原发行部分 480 亿元合并上市交易。

其他事宜按《中华人民共和国财政部公告》（2013 年第 1 号）规定执行。

特此公告。

中华人民共和国财政部公告

2013年5月8日 2013年第24号

根据国家国债发行的有关规定，财政部决定第一次续发行2013年记账式附息（四期）国债（以下简称本期国债），已完成招标工作。现将有关事项公告如下：

一、本次国债计划续发行300亿元，实际续发行面值金额300亿元。

二、本次国债续发行部分起息时间、票面利率等要素均与2013年记账式附息（四期）国债相同，即起息日为2013年1月31日，票面年利率为3.1%，按年付息，每年1月31日（节假日顺延，下同）支付利息，2016年1月31日偿还本金并支付最后一次利息。经招标确定的续发行价格为101.15元，折合年收益率为2.99%。本期国债续发行部分从5月15日起与原发行部分260亿元合并上市交易。

其他事宜按《中华人民共和国财政部公告》（2013年第1号）规定执行。

特此公告。

中华人民共和国财政部公告

2013 年 5 月 15 日　2013 年第 26 号

根据国家国债发行的有关规定，财政部决定第一次续发行 2013 年记账式附息（八期）国债（以下简称本期国债），已完成招标工作。现将有关事项公告如下：

一、本次国债计划续发行 300 亿元，实际续发行面值金额 300 亿元。

二、本次国债续发行部分起息时间、票面利率等要素均与 2013 年记账式附息（八期）国债相同，即起息日为 2013 年 4 月 18 日，票面年利率为 3.29%，按年付息，每年 4 月 18 日（节假日顺延，下同）支付利息，2020 年 4 月 18 日偿还本金并支付最后一次利息。经招标确定的续发行价格为 100.35 元，折合年收益率为 3.28%。本期国债续发行部分从 5 月 22 日起与原发行部分 303.2 亿元合并上市交易。

其他事宜按《中华人民共和国财政部公告》（2013 年第 1 号）规定执行。

特此公告。

中华人民共和国财政部公告

2013 年 5 月 17 日　2013 年第 27 号

根据国家国债发行的有关规定，财政部决定发行 2013 年记账式附息（十期）国债（以下简称本期国债），已完成招标工作。现将有关事项公告如下：

一、本期国债计划发行 200 亿元，实际发行面值金额 200 亿元。

二、本期国债期限 50 年，经招标确定的票面年利率为 4.24%，2013 年 5 月 20 日开始计息，5 月 20 日至 5 月 22 日进行分销，5 月 24 日起上市交易。

三、本期国债为固定利率附息债，利息按半年支付，利息支付日为每年的 5 月 20 日、11 月 20 日（节假日顺延，下同），2063 年 5 月 20 日偿还本金并支付最后一次利息。

其他事宜按《中华人民共和国财政部公告》（2013 年第 1 号）规定执行。

特此公告。

中华人民共和国财政部公告

2013 年 5 月 22 日　2013 年第 28 号

根据国家国债发行的有关规定，财政部决定发行 2013 年记账式附息（十一期）国债（以下简称本期国债），已完成招标工作。现将有关事项公告如下：

一、本期国债计划发行 300 亿元，实际发行面值金额 300 亿元。

二、本期国债期限 10 年，经招标确定的票面年利率为 3.38%，2013 年 5 月 23 日开始计息，5 月 23 日至 5 月 27 日进行分销，5 月 29 日起上市交易。

三、本期国债为固定利率附息债，利息按半年支付，利息支付日为每年的 5 月 23 日、11 月 23 日（节假日顺延，下同），2023 年 5 月 23 日偿还本金并支付最后一次利息。

其他事宜按《中华人民共和国财政部公告》（2013 年第 1 号）规定执行。

特此公告。

中华人民共和国财政部公告

2013 年 5 月 24 日　2013 年第 29 号

根据国家国债发行的有关规定，财政部决定发行 2013 年记账式附息（十二期）国债（以下简称本期国债），已完成招标工作。现将有关事项公告如下：

一、本期国债计划发行 260 亿元，实际发行面值金额 260 亿元。

二、本期国债期限 2 年，经招标确定的票面年利率为 2.98%，2013 年 5 月 27 日开始计息，5 月 27 日至 5 月 29 日进行分销，5 月 31 日起上市交易。

三、本期国债为固定利率附息债，利息按年支付，利息支付日为每年的 5 月 27 日（节假日顺延，下同），2015 年 5 月 27 日偿还本金并支付最后一次利息。

其他事宜按《中华人民共和国财政部公告》（2013 年第 1 号）规定执行。

特此公告。

中华人民共和国财政部公告

2013年5月29日 2013年第31号

根据国家国债发行的有关规定，财政部决定发行2013年记账式附息（十三期）国债（以下简称本期国债），已完成招标工作。现将有关事项公告如下：

一、本期国债计划发行300亿元，实际发行面值金额300亿元。

二、本期国债期限5年，经招标确定的票面年利率为3.09%，2013年5月30日开始计息，5月30日至6月3日进行分销，6月5日起上市交易。

三、本期国债为固定利率附息债，利息按年支付，利息支付日为每年的5月30日（节假日顺延，下同），2018年5月30日偿还本金并支付最后一次利息。

其他事宜按《中华人民共和国财政部公告》（2013年第1号）规定执行。

特此公告。

中华人民共和国财政部公告

2013年6月5日 2013年第33号

根据国家国债发行的有关规定，财政部决定第二次续发行2013年记账式附息（八期）国债（以下简称本期国债），已完成招标工作。现将有关事项公告如下：

一、本次国债计划续发行300亿元，实际续发行面值金额314亿元。

二、本次国债续发行部分起息时间、票面利率等要素均与2013年记账式附息（八期）国债相同，即起息日为2013年4月18日，票面年利率为3.29%，按年付息，每年4月18日（节假日顺延，下同）支付利息，2020年4月18日偿还本金并支付最后一次利息。经招标确定的续发行价格为100.08元，折合年收益率为3.35%。本期国债续发行部分从6月13日起与原发行部分603.2亿元合并上市交易。

其他事宜按《中华人民共和国财政部公告》（2013年第1号）规定执行。

特此公告。

中华人民共和国财政部公告

2013 年 6 月 19 日　2013 年第 37 号

根据国家国债发行的有关规定，财政部决定第一次续发行 2013 年记账式附息（十一期）国债（以下简称本期国债），已完成招标工作。现将有关事项公告如下：

一、本次国债计划续发行 300 亿元，实际续发行面值金额 300 亿元。

二、本次国债续发行部分起息时间、票面利率等要素均与 2013 年记账式附息（十一期）国债相同，即起息日为 2013 年 5 月 23 日，票面年利率为 3.38%，按半年付息，每年 5 月 23 日、11 月 23 日（节假日顺延，下同）支付利息，2023 年 5 月 23 日偿还本金并支付最后一次利息。经招标确定的续发行价格为 99.3 元，折合年收益率为 3.5%。本期国债续发行部分从 6 月 26 日起与原发行部分 300 亿元合并上市交易。

其他事宜按《中华人民共和国财政部公告》（2013 年第 1 号）规定执行。

特此公告。

中华人民共和国财政部公告

2013 年 7 月 3 日　2013 年第 40 号

根据国家国债发行的有关规定，财政部决定发行 2013 年记账式附息（十四期）国债（以下简称本期国债），已完成招标工作。现将有关事项公告如下：

一、本期国债计划发行 260 亿元，实际发行面值金额 260 亿元。

二、本期国债期限 1 年，经招标确定的票面年利率为 3.48%，2013 年 7 月 4 日开始计息，7 月 4 日至 7 月 8 日进行分销，7 月 10 日起上市交易。

三、本期国债为固定利率附息债，到期一次还本付息，2014 年 7 月 4 日（节假日顺延）偿还本金并支付利息。

其他事宜按《中华人民共和国财政部公告》（2013 年第 1 号）规定执行。

特此公告。

中华人民共和国财政部公告

2013 年 7 月 10 日 2013 年第 41 号

根据国家国债发行的有关规定，财政部决定发行 2013 年记账式附息（十五期）国债（以下简称本期国债），已完成招标工作。现将有关事项公告如下：

一、本期国债计划发行 300 亿元，实际发行面值金额 300 亿元。

二、本期国债期限 7 年，经招标确定的票面年利率为 3.46%，2013 年 7 月 11 日开始计息，7 月 11 日至 7 月 15 日进行分销，7 月 17 日起上市交易。

三、本期国债为固定利率附息债，利息按年支付，利息支付日为每年的 7 月 11 日（节假日顺延，下同），2020 年 7 月 11 日偿还本金并支付最后一次利息。

其他事宜按《中华人民共和国财政部公告》（2013 年第 1 号）规定执行。

特此公告。

中华人民共和国财政部公告

2013 年 7 月 17 日　2013 年第 43 号

根据国家国债发行的有关规定，财政部决定第二次续发行 2013 年记账式附息（十一期）国债（以下简称本期国债），已完成招标工作。现将有关事项公告如下：

一、本次国债计划续发行 300 亿元，实际续发行面值金额 300 亿元。

二、本次国债续发行部分起息时间、票面利率等要素均与 2013 年记账式附息（十一期）国债相同，即起息日为 2013 年 5 月 23 日，票面年利率为 3.38%，按半年付息，每年 5 月 23 日、11 月 23 日（节假日顺延，下同）支付利息，2023 年 5 月 23 日偿还本金并支付最后一次利息。经招标确定的续发行价格为 98.02 元，折合年收益率为 3.69%。本期国债续发行部分从 7 月 24 日起与原发行部分 600 亿元合并上市交易。

其他事宜按《中华人民共和国财政部公告》（2013 年第 1 号）规定执行。

特此公告。

中华人民共和国财政部公告

2013 年 7 月 24 日　2013 年第 44 号

根据国家国债发行的有关规定，财政部决定第一次续发行 2013 年记账式附息（十三期）国债（以下简称本期国债），已完成招标工作。现将有关事项公告如下：

一、本次国债计划续发行 300 亿元，实际续发行面值金额 300 亿元。

二、本次国债续发行部分起息时间、票面利率等要素均与 2013 年记账式附息（十三期）国债相同，即起息日为 2013 年 5 月 30 日，票面年利率为 3.09%，按年付息，每年 5 月 30 日（节假日顺延，下同）支付利息，2018 年 5 月 30 日偿还本金并支付最后一次利息。经招标确定的续发行价格为 97.83 元，折合年收益率为 3.7%。本期国债续发行部分从 7 月 31 日起与原发行部分 300 亿元合并上市交易。

其他事宜按《中华人民共和国财政部公告》（2013 年第 1 号）规定执行。

特此公告。

中华人民共和国财政部公告

2013年8月7日 2013年第48号

根据国家国债发行的有关规定，财政部决定第一次续发行2013年记账式附息（十五期）国债（以下简称本期国债），已完成招标工作。现将有关事项公告如下：

一、本次国债计划续发行300亿元，实际续发行面值金额300亿元。

二、本次国债续发行部分起息时间、票面利率等要素均与2013年记账式附息（十五期）国债相同，即起息日为2013年7月11日，票面年利率为3.46%，按年付息，每年7月11日（节假日顺延，下同）支付利息，2020年7月11日偿还本金并支付最后一次利息。经招标确定的续发行价格为98.76元，折合年收益率为3.72%。本期国债续发行部分从8月14日起与原发行部分300亿元合并上市交易。

其他事宜按《中华人民共和国财政部公告》（2013年第1号）规定执行。

特此公告。

中华人民共和国财政部公告

2013 年 8 月 9 日　2013 年第 49 号

根据国家国债发行的有关规定，财政部决定发行 2013 年记账式附息（十六期）国债（以下简称本期国债），已完成招标工作。现将有关事项公告如下：

一、本期国债计划发行 260 亿元，实际发行面值金额 260 亿元。

二、本期国债期限 20 年，经招标确定的票面年利率为 4.32%，2013 年 8 月 12 日开始计息，8 月 12 日至 8 月 14 日进行分销，8 月 16 日起上市交易。

三、本期国债为固定利率附息债，利息按半年支付，利息支付日为每年的 2 月 12 日、8 月 12 日（节假日顺延，下同），2033 年 8 月 12 日偿还本金并支付最后一次利息。

其他事宜按《中华人民共和国财政部公告》（2013 年第 1 号）规定执行。

特此公告。

中华人民共和国财政部公告

2013年8月14日 2013年第50号

根据国家国债发行的有关规定，财政部决定发行2013年记账式附息（十七期）国债（以下简称本期国债），已完成招标工作。现将有关事项公告如下：

一、本期国债计划发行300亿元，实际发行面值金额300亿元。

二、本期国债期限3年，经招标确定的票面年利率为3.77%，2013年8月15日开始计息，8月15日至8月19日进行分销，8月21日起上市交易。

三、本期国债为固定利率附息债，利息按年支付，利息支付日为每年的8月15日（节假日顺延，下同），2016年8月15日偿还本金并支付最后一次利息。

其他事宜按《中华人民共和国财政部公告》（2013年第1号）规定执行。

特此公告。

中华人民共和国财政部公告

2013 年 8 月 21 日　2013 年第 54 号

根据国家国债发行的有关规定，财政部决定发行 2013 年记账式附息（十八期）国债（以下简称本期国债），已完成招标工作。现将有关事项公告如下：

一、本期国债计划发行 300 亿元，实际发行面值金额 317.3 亿元。

二、本期国债期限 10 年，经招标确定的票面年利率为 4.08%，2013 年 8 月 22 日开始计息，8 月 22 日至 8 月 26 日进行分销，8 月 28 日起上市交易。

三、本期国债为固定利率附息债，利息按半年支付，利息支付日为每年的 2 月 22 日、8 月 22 日（节假日顺延，下同），2023 年 8 月 22 日偿还本金并支付最后一次利息。

其他事宜按《中华人民共和国财政部公告》（2013 年第 1 号）规定执行。

特此公告。

中华人民共和国财政部公告

2013年9月4日 2013年第58号

根据国家国债发行的有关规定，财政部决定第一次续发行2013年记账式附息（十七期）国债（以下简称本期国债），已完成招标工作。现将有关事项公告如下：

一、本次国债计划续发行300亿元，实际续发行面值金额300.2亿元。

二、本次国债续发行部分起息时间、票面利率等要素均与2013年记账式附息（十七期）国债相同，即起息日为2013年8月15日，票面年利率为3.77%，按年付息，每年8月15日（节假日顺延，下同）支付利息，2016年8月15日偿还本金并支付最后一次利息。经招标确定的续发行价格为99.86元，折合年收益率为3.92%。本期国债续发行部分从9月11日起与原发行部分300亿元合并上市交易。

其他事宜按《中华人民共和国财政部公告》（2013年第1号）规定执行。

特此公告。

中华人民共和国财政部公告

2013 年 9 月 11 日　2013 年第 61 号

根据国家国债发行的有关规定，财政部决定第二次续发行 2013 年记账式附息（十五期）国债（以下简称本期国债），已完成招标工作。现将有关事项公告如下：

一、本次国债计划续发行 300 亿元，实际续发行面值金额 301.5 亿元。

二、本次国债续发行部分起息时间、票面利率等要素均与 2013 年记账式附息（十五期）国债相同，即起息日为 2013 年 7 月 11 日，票面年利率为 3.46%，按年付息，每年 7 月 11 日（节假日顺延，下同）支付利息，2020 年 7 月 11 日偿还本金并支付最后一次利息。经招标确定的续发行价格为 96.76 元，折合年收益率为 4.12%。本期国债续发行部分从 9 月 18 日起与原发行部分 600 亿元合并上市交易。

其他事宜按《中华人民共和国财政部公告》（2013 年第 1 号）规定执行。

特此公告。

中华人民共和国财政部公告

2013 年 9 月 13 日 2013 年第 62 号

根据国家国债发行的有关规定，财政部决定发行 2013 年记账式附息（十九期）国债（以下简称本期国债），已完成招标工作。现将有关事项公告如下：

一、本期国债计划发行 260 亿元，实际发行面值金额 260 亿元。

二、本期国债期限 30 年，经招标确定的票面年利率为 4.76%，2013 年 9 月 16 日开始计息，9 月 16 日至 9 月 18 日进行分销，9 月 23 日起上市交易。

三、本期国债为固定利率附息债，利息按半年支付，利息支付日为每年的 3 月 16 日、9 月 16 日（节假日顺延，下同），2043 年 9 月 16 日偿还本金并支付最后一次利息。

其他事宜按《中华人民共和国财政部公告》（2013 年第 1 号）规定执行。

特此公告。

中华人民共和国财政部公告

2013 年 10 月 16 日　2013 年第 66 号

根据国家国债发行的有关规定，财政部决定发行 2013 年记账式附息（二十期）国债（以下简称本期国债），已完成招标工作。现将有关事项公告如下：

一、本期国债计划发行 300 亿元，实际发行面值金额 315.5 亿元。

二、本期国债期限 7 年，经招标确定的票面年利率为 4.07%，2013 年 10 月 17 日开始计息，10 月 17 日至 10 月 21 日进行分销，10 月 23 日起上市交易。

三、本期国债为固定利率附息债，利息按年支付，利息支付日为每年的 10 月 17 日（节假日顺延，下同），2020 年 10 月 17 日偿还本金并支付最后一次利息。

其他事宜按《中华人民共和国财政部公告》（2013 年第 1 号）规定执行。

特此公告。

中华人民共和国财政部公告

2013年10月18日 2013年第67号

根据国家国债发行的有关规定，财政部决定发行2013年记账式附息（二十一期）国债（以下简称本期国债），已完成招标工作。现将有关事项公告如下：

一、本期国债计划发行240亿元，实际发行面值金额240亿元。

二、本期国债期限2年，经招标确定的票面年利率为3.77%，2013年10月21日开始计息，10月21日至10月23日进行分销，10月25日起上市交易。

三、本期国债为固定利率附息债，利息按年支付，利息支付日为每年的10月21日（节假日顺延，下同），2015年10月21日偿还本金并支付最后一次利息。

其他事宜按《中华人民共和国财政部公告》（2013年第1号）规定执行。

特此公告。

中华人民共和国财政部公告

2013 年 10 月 23 日 2013 年第 69 号

根据国家国债发行的有关规定，财政部决定第一次续发行 2013 年记账式附息（十八期）国债（以下简称本期国债），已完成招标工作。现将有关事项公告如下：

一、本次国债计划续发行 280 亿元，实际续发行面值金额 280 亿元。

二、本次国债续发行部分起息时间、票面利率等要素均与 2013 年记账式附息（十八期）国债相同，即起息日为 2013 年 8 月 22 日，票面年利率为 4.08%，按半年付息，每年 2 月 22 日、8 月 22 日（节假日顺延，下同）支付利息，2023 年 8 月 22 日偿还本金并支付最后一次利息。经招标确定的续发行价格为 100.25 元，折合年收益率为 4.14%。本期国债续发行部分从 10 月 30 日起与原发行部分 317.3 亿元合并上市交易。

其他事宜按《中华人民共和国财政部公告》（2013 年第 1 号）规定执行。

特此公告。

中华人民共和国财政部公告

2013 年 10 月 30 日　2013 年第 72 号

根据国家国债发行的有关规定，财政部决定发行 2013 年记账式附息（二十二期）国债（以下简称本期国债），已完成招标工作。现将有关事项公告如下：

一、本期国债计划发行 280 亿元，实际发行面值金额 282.5 亿元。

二、本期国债期限 1 年，经招标确定的票面年利率为 4.01%，2013 年 10 月 31 日开始计息，10 月 31 日至 11 月 4 日进行分销，11 月 6 日起上市交易。

三、本期国债为固定利率附息债，到期一次还本付息，2014 年 10 月 31 日（节假日顺延）偿还本金并支付利息。

其他事宜按《中华人民共和国财政部公告》（2013 年第 1 号）规定执行。

特此公告。

中华人民共和国财政部公告

2013 年 11 月 6 日　2013 年第 73 号

根据国家国债发行的有关规定，财政部决定发行 2013 年记账式附息（二十三期）国债（以下简称本期国债），已完成招标工作。现将有关事项公告如下：

一、本期国债计划发行 280 亿元，实际发行面值金额 290 亿元。

二、本期国债期限 5 年，经招标确定的票面年利率为 4.13%，2013 年 11 月 7 日开始计息，11 月 7 日至 11 月 11 日进行分销，11 月 13 日起上市交易。

三、本期国债为固定利率附息债，利息按年支付，利息支付日为每年 11 月 7 日（节假日顺延，下同），2018 年 11 月 7 日偿还本金并支付最后一次利息。

其他事宜按《中华人民共和国财政部公告》（2013 年第 1 号）规定执行。

特此公告。

中华人民共和国财政部公告

2013 年 11 月 13 日　2013 年第 74 号

根据国家国债发行的有关规定，财政部决定第一次续发行 2013 年记账式附息（二十期）国债（以下简称本期国债），已完成招标工作。现将有关事项公告如下：

一、本次国债计划续发行 280 亿元，实际续发行面值金额 280.6 亿元。

二、本次国债续发行部分起息时间、票面利率等要素均与 2013 年记账式附息（二十期）国债相同，即起息日为 2013 年 10 月 17 日，票面年利率为 4.07%，按年付息，每年 10 月 17 日（节假日顺延，下同）支付利息，2020 年 10 月 17 日偿还本金并支付最后一次利息。经招标确定的续发行价格为 98.12 元，折合年收益率为 4.45%。本期国债续发行部分从 11 月 20 日起与原发行部分 315.5 亿元合并上市交易。

其他事宜按《中华人民共和国财政部公告》（2013 年第 1 号）规定执行。

特此公告。

中华人民共和国财政部公告

2013 年 11 月 15 日　2013 年第 75 号

根据国家国债发行的有关规定，财政部决定发行 2013 年记账式附息（二十四期）国债（以下简称本期国债），已完成招标工作。现将有关事项公告如下：

一、本期国债计划发行 200 亿元，实际发行面值金额 200 亿元。

二、本期国债期限 50 年，经招标确定的票面年利率为 5.31%，2013 年 11 月 18 日开始计息，11 月 18 日至 11 月 20 日进行分销，11 月 22 日起上市交易。

三、本期国债为固定利率附息债，利息按半年支付，利息支付日为每年的 5 月 18 日、11 月 18 日（节假日顺延，下同），2063 年 11 月 18 日偿还本金并支付最后一次利息。

其他事宜按《中华人民共和国财政部公告》（2013 年第 1 号）规定执行。

特此公告。

中华人民共和国财政部公告

2013 年 11 月 20 日　2013 年第 76 号

根据国家国债发行的有关规定，财政部决定第二次续发行 2013 年记账式附息（十八期）国债（以下简称本期国债），已完成招标工作。现将有关事项公告如下：

一、本次国债计划续发行 280 亿元，实际续发行面值金额 281.5 亿元。

二、本次国债续发行部分起息时间、票面利率等要素均与 2013 年记账式附息（十八期）国债相同，即起息日为 2013 年 8 月 22 日，票面年利率为 4.08%，按半年付息，每年 2 月 22 日、8 月 22 日（节假日顺延，下同）支付利息，2023 年 8 月 22 日偿还本金并支付最后一次利息。经招标确定的续发行价格为 96.15 元，折合年收益率为 4.71%。本次国债续发行部分从 11 月 27 日起与原发行部分 597.3 亿元合并上市交易。

其他事宜按《中华人民共和国财政部公告》（2013 年第 1 号）规定执行。

特此公告。

中华人民共和国财政部公告

2013 年 12 月 4 日 2013 年第 77 号

根据国家国债发行的有关规定，财政部决定第一次续发行 2013 年记账式附息（二十三期）国债（以下简称本期国债），已完成招标工作。现将有关事项公告如下：

一、本次国债计划续发行 280 亿元，实际续发行面值金额 282.1 亿元。

二、本次国债续发行部分起息时间、票面利率等要素均与 2013 年记账式附息（二十三期）国债相同，即起息日为 2013 年 11 月 7 日，票面年利率为 4.13%，按年付息，每年 11 月 7 日（节假日顺延，下同）支付利息，2018 年 11 月 7 日偿还本金并支付最后一次利息。经招标确定的续发行价格为 99.69 元，折合年收益率为 4.28%。本期国债续发行部分从 12 月 11 日起与原发行部分 290 亿元合并上市交易。

其他事宜按《中华人民共和国财政部公告》（2013 年第 1 号）规定执行。

中华人民共和国财政部公告

2013 年 12 月 6 日 2013 年第 78 号

根据国家国债发行的有关规定，财政部决定发行 2013 年记账式附息（二十五期）国债（以下简称本期国债），已完成招标工作。现将有关事项公告如下：

一、本期国债计划发行 240 亿元，实际发行面值金额 240 亿元。

二、本期国债期限 30 年，经招标确定的票面年利率为 5.05%，2013 年 12 月 9 日开始计息，12 月 9 日至 12 月 11 日进行分销，12 月 13 日起上市交易。

三、本期国债为固定利率附息债，利息按半年支付，利息支付日为每年的 6 月 9 日、12 月 9 日（节假日顺延，下同），2043 年 12 月 9 日偿还本金并支付最后一次利息。

其他事宜按《中华人民共和国财政部公告》（2013 年第 1 号）规定执行。

特此公告。

中华人民共和国财政部公告

2013 年 12 月 11 日 2013 年第 79 号

根据国家国债发行的有关规定，财政部决定第二次续发行 2013 年记账式附息（二十期）国债（以下简称本期国债），已完成招标工作。现将有关事项公告如下：

一、本次国债计划续发行 280 亿元，实际续发行面值金额 292.8 亿元。

二、本次国债续发行部分起息时间、票面利率等要素均与 2013 年记账式附息（二十期）国债相同，即起息日为 2013 年 10 月 17 日，票面年利率为 4.07%，按年付息，每年 10 月 17 日（节假日顺延，下同）支付利息，2020 年 10 月 17 日偿还本金并支付最后一次利息。经招标确定的续发行价格为 97.51 元，折合年收益率为 4.62%。本次国债续发行部分从 12 月 18 日起与原发行部分 596.1 亿元合并上市交易。

其他事宜按《中华人民共和国财政部公告》（2013 年第 1 号）规定执行。

特此公告。

（二）记账式贴现国债发行类

中华人民共和国财政部公告

2013 年 4 月 12 日　2013 年第 18 号

根据国家国债发行的有关规定，财政部决定发行 2013 年记账式贴现（一期）国债（以下简称本期国债），已完成招标工作。现将有关事项公告如下：

一、本期国债计划发行 150 亿元，实际发行面值金额 150 亿元。

二、本期国债期限 273 天，经招标确定的发行价格为 98.016 元，折合年收益率 2.73%，2013 年 4 月 15 日开始计息，4 月 15 日至 4 月 17 日进行分销，4 月 19 日起上市交易。

三、本期国债低于票面面值贴现发行，2014 年 1 月 13 日（节假日顺延）按面值偿还。

其他事宜按《中华人民共和国财政部公告》（2013 年第 1 号）规定执行。

特此公告。

中华人民共和国财政部公告

2013 年 4 月 19 日　2013 年第 21 号

根据国家国债发行的有关规定，财政部决定发行 2013 年记账式贴现（二期）国债（以下简称本期国债），已完成招标工作。现将有关事项公告如下：

一、本期国债计划发行 150 亿元，实际发行面值金额 150 亿元。

二、本期国债期限 273 天，经招标确定的发行价格为 97.912 元，折合年收益率 2.87%，2013 年 4 月 22 日开始计息，4 月 22 日至 4 月 24 日进行分销，4 月 26 日起上市交易。

三、本期国债低于票面面值贴现发行，2014 年 1 月 20 日（节假日顺延）按面值偿还。

其他事宜按《中华人民共和国财政部公告》（2013 年第 1 号）规定执行。

特此公告。

中华人民共和国财政部公告

2013 年 5 月 10 日　2013 年第 25 号

根据国家国债发行的有关规定，财政部决定发行 2013 年记账式贴现（三期）国债（以下简称本期国债），已完成招标工作。现将有关事项公告如下：

一、本期国债计划发行 150 亿元，实际发行面值金额 150 亿元。

二、本期国债期限 273 天，经招标确定的发行价格为 97.903 元，折合年收益率 2.89%，2013 年 5 月 13 日开始计息，5 月 13 日至 5 月 15 日进行分销，5 月 17 日起上市交易。

三、本期国债低于票面面值贴现发行，2014 年 2 月 10 日（节假日顺延）按面值偿还。

其他事宜按《中华人民共和国财政部公告》（2013 年第 1 号）规定执行。

特此公告。

中华人民共和国财政部公告

2013 年 6 月 14 日　2013 年第 34 号

根据国家国债发行的有关规定，财政部决定发行 2013 年记账式贴现（四期）国债（以下简称本期国债），已完成招标工作。现将有关事项公告如下：

一、本期国债计划发行 150 亿元，实际发行面值金额 95.3 亿元。

二、本期国债期限 273 天，经招标确定的发行价格为 97.283 元，折合年收益率 3.76%，2013 年 6 月 17 日开始计息，6 月 17 日至 6 月 19 日进行分销，6 月 21 日起上市交易。

三、本期国债低于票面面值贴现发行，2014 年 3 月 17 日（节假日顺延）按面值偿还。

其他事宜按《中华人民共和国财政部公告》（2013 年第 1 号）规定执行。

特此公告。

中华人民共和国财政部公告

2013 年 8 月 16 日　2013 年第 51 号

根据国家国债发行的有关规定，财政部决定发行 2013 年记账式贴现（五期）国债（以下简称本期国债），已完成招标工作。现将有关事项公告如下：

一、本期国债计划发行 150 亿元，实际发行面值金额 150 亿元。

二、本期国债期限 182 天，经招标确定的发行价格为 98.108 元，折合年收益率 3.91%，2013 年 8 月 19 日开始计息，8 月 19 日至 8 月 21 日进行分销，8 月 23 日起上市交易。

三、本期国债低于票面面值贴现发行，2014 年 2 月 17 日（节假日顺延）按面值偿还。

其他事宜按《中华人民共和国财政部公告》（2013 年第 1 号）规定执行。

特此公告。

中华人民共和国财政部公告

2013 年 9 月 6 日　2013 年第 59 号

根据国家国债发行的有关规定，财政部决定发行 2013 年记账式贴现（六期）国债（以下简称本期国债），已完成招标工作。现将有关事项公告如下：

一、本期国债计划发行 150 亿元，实际发行面值金额 150 亿元。

二、本期国债期限 182 天，经招标确定的发行价格为 98.126 元，折合年收益率 3.87%，2013 年 9 月 9 日开始计息，9 月 9 日至 9 月 11 日进行分销，9 月 13 日起上市交易。

三、本期国债低于票面面值贴现发行，2014 年 3 月 10 日（节假日顺延）按面值偿还。

其他事宜按《中华人民共和国财政部公告》（2013 年第 1 号）规定执行。

特此公告。

中华人民共和国财政部公告

2013 年 10 月 11 日　2013 年第 64 号

根据国家国债发行的有关规定，财政部决定发行 2013 年记账式贴现（七期）国债（以下简称本期国债），已完成招标工作。现将有关事项公告如下：

一、本期国债计划发行 150 亿元，实际发行面值金额 150 亿元。

二、本期国债期限 91 天，经招标确定的发行价格为 99.083 元，折合年收益率 3.79%，2013 年 10 月 14 日开始计息，10 月 14 日至 10 月 16 日进行分销，10 月 18 日起上市交易。

三、本期国债低于票面面值贴现发行，2014 年 1 月 13 日（节假日顺延）按面值偿还。

其他事宜按《中华人民共和国财政部公告》（2013 年第 1 号）规定执行。

特此公告。

中华人民共和国财政部公告

2013年12月13日 2013年第80号

根据国家国债发行的有关规定，财政部决定发行2013年记账式贴现（八期）国债（以下简称本期国债），已完成招标工作。现将有关事项公告如下：

一、本期国债计划发行150亿元，实际发行面值金额150亿元。

二、本期国债期限91天，经招标确定的发行价格为98.827元，折合年收益率4.87%，2013年12月16日开始计息，12月16日至12月18日进行分销，12月20日起上市交易。

三、本期国债低于票面面值贴现发行，2014年3月17日（节假日顺延）按面值偿还。

四、其他事宜按《中华人民共和国财政部公告》（2013年第1号）规定执行。

本期国债为2013年最后一期国债，至此全年国债发行已全部结束。

特此公告。

(三) 凭证式国债发行类

中华人民共和国财政部公告

2013年3月4日 2013年第10号

2013年凭证式国债发行工作即将开始，现将2013年凭证式国债发行等有关事宜公告如下：

一、凭证式国债为记名国债，记名方式采用实名制，可以挂失，但不能更名，不能流通转让。

二、凭证式国债在发行期内通过2012—2014年储蓄国债承销团成员（以下简称承销团成员，名单详见附件），按面值面向个人发行，发行面值以100元为单位。承销团成员应向投资者提供“中华人民共和国凭证式国债收款凭证”。

三、投资者购买的凭证式国债从购买之日开始计息，到期一次还本付息，不计复利，逾期兑付不加计利息。各期凭证式国债发行公告日至发行结束日，如遇中国人民银行调整金融机构人民币存款基准利率，利率调整日（含）以后发行的当期凭证式国债利率按同期限整存整取定期存款基准利率调整的百分点作同向调整，提前兑取分档利率的调整情况另行通知。

四、投资者购买凭证式国债后，可到原购买国债的承销团成员办理提前兑取、质押贷款。投资者办理提前兑取，按当期国债实际持有时间和相应的利率档次计息，同时需按提前兑取本金的1‰向承销团成员支付手续费。

特此公告。

中华人民共和国财政部公告

2013 年 3 月 6 日 2013 年第 11 号

根据国家国债发行的有关规定，财政部决定发行 2013 年凭证式（一期）国债（以下简称本期国债），现将发行等有关事宜公告如下：

一、本期国债最大发行总额 300 亿元，其中，3 年期 180 亿元，票面年利率 5%；5 年期 120 亿元，票面年利率 5.41%。

二、本期国债发行期为 2013 年 3 月 10 日至 3 月 19 日。

三、投资者提前兑取本期国债按实际持有时间和相对应的分档利率计付利息，具体为：从购买之日起，3 年期和 5 年期本期国债持有时间不满半年不计付利息，满半年不满 1 年按 0.35% 计息，满 1 年不满 2 年按 2.70% 计息，满 2 年不满 3 年按 3.69% 计息；5 年期本期国债持有时间满 3 年不满 4 年按 4.77% 计息，满 4 年不满 5 年按 5.13% 计息。

其他事宜按《中华人民共和国财政部公告》（2013 年第 10 号）规定执行。

特此公告。

中华人民共和国财政部公告

2013 年 5 月 31 日 2013 年第 32 号

根据国家国债发行的有关规定，财政部决定发行 2013 年凭证式（二期）国债（以下简称本期国债），现将发行等有关事宜公告如下：

一、本期国债最大发行总额 500 亿元，其中，3 年期 300 亿元，票面年利率 5.00%；5 年期 200 亿元，票面年利率 5.41%。

二、本期国债发行期为 2013 年 6 月 10 日至 2013 年 6 月 19 日。

三、投资者提前兑取本期国债按实际持有时间和相对应的分档利率计付利息，具体为：从购买之日起，3 年期和 5 年期本期国债持有时间不满半年不计付利息，满半年不满 1 年按 0.35% 计息，满 1 年不满 2 年按 2.70% 计息，满 2 年不满 3 年按 3.69% 计息；5 年期本期国债持有时间满 3 年不满 4 年按 4.77% 计息，满 4 年不满 5 年按 5.13% 计息。

其他事宜按《中华人民共和国财政部公告》（2013 年第 10 号）规定执行。

中华人民共和国财政部公告

2013 年 9 月 2 日　2013 年第 57 号

根据国家国债发行的有关规定，财政部决定发行 2013 年凭证式（三期）国债（以下简称本期国债），现将发行等有关事宜公告如下：

一、本期国债最大发行总额 400 亿元，其中，3 年期 240 亿元，票面年利率 5.00%；5 年期 160 亿元，票面年利率 5.41%。

二、本期国债发行期为 2013 年 9 月 10 日至 2013 年 9 月 19 日。

三、投资者提前兑取本期国债按实际持有时间和相对应的分档利率计付利息，具体为：从购买之日起，3 年期和 5 年期本期国债持有时间不满半年不计付利息，满半年不满 1 年按 0.35% 计息，满 1 年不满 2 年按 2.70% 计息，满 2 年不满 3 年按 3.69% 计息；5 年期本期国债持有时间满 3 年不满 4 年按 4.77% 计息，满 4 年不满 5 年按 5.13% 计息。

其他事宜按《中华人民共和国财政部公告》（2013 年第 10 号）规定执行。

特此公告。

中华人民共和国财政部公告

2013年10月30日 2013年第71号

根据国家国债发行的有关规定，财政部决定发行2013年凭证式（四期）国债（以下简称本期国债），现将发行等有关事宜公告如下：

一、本期国债最大发行总额200亿元，其中，3年期120亿元，票面年利率5.00%；5年期80亿元，票面年利率5.41%。

二、本期国债发行期为2013年11月10日至2013年11月19日。

三、投资者提前兑取本期国债按实际持有时间和相对应的分档利率计付利息，具体为：从购买之日起，3年期和5年期本期国债持有时间不满半年不计付利息，满半年不满1年按0.35%计息，满1年不满2年按2.70%计息，满2年不满3年按3.69%计息；5年期本期国债持有时间满3年不满4年按4.77%计息，满4年不满5年按5.13%计息。

其他事宜按《中华人民共和国财政部公告》（2013年第10号）规定执行。

特此公告。

（四）储蓄国债（电子式）发行类

中华人民共和国财政部公告

2013 年 3 月 29 日 2013 年第 14 号

2013 年储蓄国债（电子式）发行即将开始，现将 2013 年储蓄国债（电子式）发行等有关事宜公告如下：

一、储蓄国债（电子式）在发行期内按面值向个人发行，以 100 元为单位办理各项相关业务。储蓄国债（电子式）不可流通转让，可按照相关规定提前兑取、质押贷款和非交易过户。

二、各期储蓄国债（电子式）发行公告日至发行开始日前一日，如遇中国人民银行调整同期限金融机构存款基准利率，当期国债取消发行。各期储蓄国债（电子式）发行期内，如遇中国人民银行调整同期限金融机构人民币存款基准利率，当期国债从调息之日起停止发行。

三、投资者可通过 2012—2014 年储蓄国债承销团成员（以下简称承销团成员，名单详见附件）在全国已经开通储蓄国债（电子式）业务处理系统的营业网点柜台认购储蓄国债（电子式），并办理其他各项业务；同时，还可通过储蓄国债（电子式）网上银行销售试点银行（以下简称网银试点银行）的网上银行认购储蓄国债（电子式），并办理个人国债账户开户和查询业务。

四、投资者需使用个人国债账户和对应的资金清算账户（存折或银行卡）认购储蓄国债（电子式），单一个人国债账户购买单期储蓄国债（电子式）最高限额为 500 万元。

个人国债账户实行实名制，不收开户费和托管服务费用，开立后可以重复使用。投资者通过承销团成员营业网点柜台开立个人国债账户，需出示本人有效身份证件；投资者通过网银试点银行网上银行开立个人国债账户、认购储蓄国债（电子式）时所使用的资金清算账户的网上银行功能必须通过营业网点柜台开通。如投资者已在承销团成员开有个人国债账户用于记账式国债柜台交易，可直接使用该账户办理储蓄国债（电子式）业务，无需重复开户。

五、投资者可于发行期结束后的规定时间内，到原购买国债的承销团成员提前兑取其持有的部分或全部当期储蓄国债（电子式）。投资者办理提前兑取，按当期国债提前兑取条件计息，同时需按提前兑取本金的 1‰向承销团成员支付手续费。付息日或到期日前 7 个法定工作日（不含）起，停止办理当期国债提前兑取、非交易过户等与债权转移相关业务和国债质押，付息日起恢复办理。

六、财政部于付息日或还本日通过承销团成员将当期储蓄国债（电子式）利息或本金支付至投资者资金清算账户。

七、投资者可通过个人国债账户所在承销团成员营业网点柜台和服务电话查询个人国债账户储蓄国债（电子式）变动情况及余额，还可通过中央国债登记结算有限责任公司语音复核查询电话（400 - 666 - 5000）查询个人国债账户截至上一日的储蓄国债（电子式）余额。

八、投资者对储蓄国债（电子式）余额有

疑问的，可先向个人国债账户所在的承销团成员提出咨询；未能解决的，可向当地财政部门和中国人民银行当地分支机构反映；仍未能解决的，可向财政部、中国人民银行总行反映。

特此公告。

中华人民共和国财政部公告

2013 年 4 月 2 日　2013 年第 15 号

根据国家国债发行有关规定，财政部决定发行 2013 年第一期储蓄国债（电子式）（以下简称第一期）和 2013 年第二期储蓄国债（电子式）（以下简称第二期）。现将第一期和第二期（以下简称两期国债）发行等有关事宜公告如下：

一、两期国债均为固定利率、固定期限品种，最大发行总额 500 亿元。第一期期限 3 年，票面年利率 5%，最大发行额 300 亿元；第二期期限 5 年，票面年利率 5.41%，最大发行额 200 亿元。

二、两期国债发行期均为 2013 年 4 月 10 日至 4 月 19 日，2013 年 4 月 10 日起息，按年付息，每年 4 月 10 日支付利息。第一期和第二期分别于 2016 年 4 月 10 日和 2018 年 4 月 10 日偿还本金并支付最后一年利息。

三、从 2013 年 4 月 10 日开始计算，投资者持有两期国债不满 6 个月提前兑取不计付利息，满 6 个月不满 24 个月按发行利率计息并扣除 180 天利息，满 24 个月不满 36 个月按发行利率计息并扣除 90 天利息；持有第二期满 36 个月不满 60 个月按发行利率计息并扣除 60 天利息。

四、投资者可通过中国工商银行、中国建设银行、交通银行网上银行办理两期国债认购、个人国债账户开户和查询业务。

其他事宜按《中华人民共和国财政部公告》（2013 年第 14 号）规定执行。

特此公告。

中华人民共和国财政部公告

2013 年 5 月 2 日　2013 年第 23 号

根据国家国债发行有关规定，财政部决定发行2013年第三期储蓄国债（电子式）（以下简称第三期）和2013年第四期储蓄国债（电子式）（以下简称第四期）。现将第三期和第四期（以下简称两期国债）发行等有关事宜公告如下：

一、两期国债均为固定利率、固定期限品种，最大发行总额500亿元。第三期期限3年，票面年利率5%，最大发行额300亿元；第四期期限5年，票面年利率5.41%，最大发行额200亿元。

二、两期国债发行期均为2013年5月10日至5月19日，2013年5月10日起息，按年付息，每年5月10日支付利息。第三期和第四期分别于2016年5月10日和2018年5月10日偿还本金并支付最后一年利息。

三、从2013年5月10日开始计算，投资者持有两期国债不满6个月提前兑取不计付利息，满6个月不满24个月按发行利率计息并扣除180天利息，满24个月不满36个月按发行利率计息并扣除90天利息；持有第四期满36个月不满60个月按发行利率计息并扣除60天利息。

四、投资者可通过中国工商银行、中国农业银行、中国银行、中国建设银行、交通银行和广东发展银行网上银行办理两期国债认购、个人国债账户开户和查询业务。

其他事宜按《中华人民共和国财政部公告》（2013年第14号）规定执行。

特此公告。

中华人民共和国财政部公告

2013 年 7 月 2 日　2013 年第 39 号

根据国家国债发行有关规定，财政部决定发行 2013 年第五期储蓄国债（电子式）（以下简称第五期）和 2013 年第六期储蓄国债（电子式）（以下简称第六期）。现将第五期和第六期（以下简称两期国债）发行等有关事宜公告如下：

一、两期国债均为固定利率、固定期限品种，最大发行总额 400 亿元。第五期期限 3 年，票面年利率 5%，最大发行额 240 亿元；第六期期限 5 年，票面年利率 5.41%，最大发行额 160 亿元。

二、两期国债发行期均为 2013 年 7 月 10 日至 7 月 19 日，2013 年 7 月 10 日起息，按年付息，每年 7 月 10 日支付利息。第五期和第六期分别于 2016 年 7 月 10 日和 2018 年 7 月 10 日偿还本金并支付最后一年利息。

三、从 2013 年 7 月 10 日开始计算，投资者持有两期国债不满 6 个月提前兑取不计付利息，满 6 个月不满 24 个月按发行利率计息并扣除 180 天利息，满 24 个月不满 36 个月按发行利率计息并扣除 90 天利息；持有第六期满 36 个月不满 60 个月按发行利率计息并扣除 60 天利息。

四、投资者可通过中国工商银行、中国农业银行、中国银行、中国建设银行、交通银行和广东发展银行网上银行办理两期国债认购、个人国债账户开户和查询业务。

其他事宜按《中华人民共和国财政部公告》（2013 年第 14 号）规定执行。

特此公告。

中华人民共和国财政部公告

2013年8月5日　2013年第47号

根据国家国债发行有关规定，财政部决定发行2013年第七期储蓄国债（电子式）（以下简称第七期）和2013年第八期储蓄国债（电子式）（以下简称第八期）。现将第七期和第八期（以下简称两期国债）发行等有关事宜公告如下：

一、两期国债均为固定利率、固定期限品种，最大发行总额400亿元。第七期期限3年，票面年利率5%，最大发行额240亿元；第八期期限5年，票面年利率5.41%，最大发行额160亿元。

二、两期国债发行期均为2013年8月10日至8月19日，2013年8月10日起息，按年付息，每年8月10日支付利息。第七期和第八期分别于2016年8月10日和2018年8月10日偿还本金并支付最后一年利息。

三、从2013年8月10日开始计算，投资者持有两期国债不满6个月提前兑取不计付利息，满6个月不满24个月按发行利率计息并扣除180天利息，满24个月不满36个月按发行利率计息并扣除90天利息；持有第八期满36个月不满60个月按发行利率计息并扣除60天利息。

四、投资者可通过中国工商银行、中国农业银行、中国银行、中国建设银行、交通银行、招商银行、北京银行、上海银行和广东发展银行网上银行办理两期国债认购、个人国债账户开户和查询业务。

其他事宜按《中华人民共和国财政部公告》（2013年第14号）规定执行。

特此公告。

中华人民共和国财政部公告

2013 年 9 月 26 日　2013 年第 63 号

根据国家国债发行有关规定，财政部决定发行 2013 年第九期储蓄国债（电子式）（以下简称第九期）和 2013 年第十期储蓄国债（电子式）（以下简称第十期）。现将第九期和第十期（以下简称两期国债）发行等有关事宜公告如下：

一、两期国债均为固定利率、固定期限品种，最大发行总额 400 亿元。第九期期限 3 年，票面年利率 5%，最大发行额 240 亿元；第十期期限 5 年，票面年利率 5.41%，最大发行额 160 亿元。

二、两期国债发行期均为 2013 年 10 月 10 日至 10 月 19 日，2013 年 10 月 10 日起息，按年付息，每年 10 月 10 日支付利息。第九期和第十期分别于 2016 年 10 月 10 日和 2018 年 10 月 10 日偿还本金并支付最后一年利息。

三、从 2013 年 10 月 10 日开始计算，投资者持有两期国债不满 6 个月提前兑取不计付利息，满 6 个月不满 24 个月按发行利率计息并扣除 180 天利息，满 24 个月不满 36 个月按发行利率计息并扣除 90 天利息；持有第十期满 36 个月不满 60 个月按发行利率计息并扣除 60 天利息。

四、投资者可通过中国工商银行、中国农业银行、中国银行、中国建设银行、交通银行、招商银行、北京银行、上海银行和广东发展银行网上银行办理两期国债认购、个人国债账户开户和查询业务。

其他事宜按《中华人民共和国财政部公告》（2013 年第 14 号）规定执行。

特此公告。

（五）财政部代理地方政府债发行类

中华人民共和国财政部公告

2013 年 6 月 14 日　2013 年第 35 号

根据 2013 年地方政府债券发行安排，经与安徽、福建、新疆、甘肃省（区）人民政府协商，财政部决定代理发行 2013 年地方政府债券（一期）（以下简称本期债券），已完成招标工作。现将有关事项公告如下：

一、本期债券通过全国银行间债券市场和证券交易所债券市场（以下简称各交易场所）面向社会各类投资者发行。

二、本期债券计划发行面值为 210 亿元，实际发行面值为 210 亿元。其中安徽、福建、新疆、甘肃省（区）额度分别为 76 亿元、41 亿元、47 亿元、46 亿元。各省（区）额度以 2013 年地方政府债券（一期）名称合并发行、合并托管上市交易。

三、本期债券期限 3 年，经投标确定的票面年利率为 3.53%，2013 年 6 月 17 日开始计息，6 月 17 日至 19 日进行分销，6 月 21 日起在各交易场所以现券买卖和回购的方式上市交易。

四、本期债券为固定利率附息债，利息按年支付，利息支付日为每年的 6 月 17 日（节假日顺延，下同），2016 年 6 月 17 日偿还本金并支付最后一年利息。本期债券还本付息事宜由财政部代为办理。

五、本期债券采取场内挂牌和场外签订分销合同的方式分销，分销对象为在中国证券登记结算有限责任公司开立股票和基金账户及在中央国债登记结算有限责任公司开立债券账户的各类投资者。通过各交易场所分销部分，由承销机构根据市场情况自定价格。

特此公告。

中华人民共和国财政部公告

2013 年 6 月 14 日　2013 年第 36 号

根据2013 年地方政府债券发行安排，经与安徽、福建、新疆、甘肃省（区）人民政府协商，财政部决定代理发行 2013 年地方政府债券（二期）（以下简称本期债券），已完成招标工作。现将有关事项公告如下：

一、本期债券通过全国银行间债券市场和证券交易所债券市场（以下简称各交易场所）面向社会各类投资者发行。

二、本期债券计划发行面值为 212 亿元，实际发行面值为 212 亿元。其中安徽、福建、新疆、甘肃省（区）额度分别为 76 亿元、42 亿元、48 亿元、46 亿元。各省（区）额度以 2013 年地方政府债券（二期）名称合并发行、合并托管上市交易。

三、本期债券期限 5 年，经投标确定的票面年利率为 3.66%，2013 年 6 月 17 日开始计息，6 月 17 日至 19 日进行分销，6 月 21 日起在各交易场所以现券买卖和回购的方式上市交易。

四、本期债券为固定利率附息债，利息按年支付，利息支付日为每年的 6 月 17 日（节假日顺延，下同），2018 年 6 月 17 日偿还本金并支付最后一年利息。本期债券还本付息事宜由财政部代为办理。

五、本期债券采取场内挂牌和场外签订分销合同的方式分销，分销对象为在中国证券登记结算有限责任公司开立股票和基金账户及在中央国债登记结算有限责任公司开立债券账户的各类投资者。通过各交易场所分销部分，由承销机构根据市场情况自定价格。

特此公告。

中华人民共和国财政部公告

2013 年 6 月 28 日　2013 年第 38 号

根据 2013 年地方政府债券发行安排，经与湖北、海南、重庆、四川省（市）人民政府协商，财政部决定代理发行 2013 年地方政府债券（三期）（以下简称本期债券），已完成招标工作。现将有关事项公告如下：

一、本期债券通过全国银行间债券市场和证券交易所债券市场（以下简称各交易场所）面向社会各类投资者发行。

二、本期债券计划发行面值为 242 亿元，实际发行面值为 242 亿元。其中湖北、海南、重庆、四川省（市）额度分别为 68 亿元、30 亿元、44 亿元、100 亿元。各省（市）额度以 2013 年地方政府债券（三期）名称合并发行、合并托管上市交易。

三、本期债券期限 3 年，经投标确定的票面年利率为 3.79%，2013 年 7 月 1 日开始计息，7 月 1 日至 3 日进行分销，7 月 5 日起在各交易场所以现券买卖和回购的方式上市交易。

四、本期债券为固定利率附息债，利息按年支付，利息支付日为每年的 7 月 1 日（节假日顺延，下同），2016 年 7 月 1 日偿还本金并支付最后一年利息。本期债券还本付息事宜由财政部代为办理。

五、本期债券采取场内挂牌和场外签订分销合同的方式分销，分销对象为在中国证券登记结算有限责任公司开立股票和基金账户及在中央国债登记结算有限责任公司开立债券账户的各类投资者。通过各交易场所分销部分，由承销机构根据市场情况自定价格。

特此公告。

中华人民共和国财政部公告

2013 年 7 月 12 日　2013 年第 42 号

根据2013 年地方政府债券发行安排，经与湖北、海南、重庆、四川省（市）人民政府协商，财政部决定代理发行 2013 年地方政府债券（四期）（以下简称本期债券），已完成招标工作。现将有关事项公告如下：

一、本期债券通过全国银行间债券市场和证券交易所债券市场（以下简称各交易场所）面向社会各类投资者发行。

二、本期债券计划发行面值为 243 亿元，实际发行面值为 243 亿元。其中湖北、海南、重庆、四川省（市）额度分别为 69 亿元、30 亿元、44 亿元、100 亿元。各省（市）额度以 2013 年地方政府债券（四期）名称合并发行、合并托管上市交易。

三、本期债券期限 5 年，经投标确定的票面年利率为 3.82%，2013 年 7 月 15 日开始计息，7 月 15 日至 17 日进行分销，7 月 19 日起在各交易场所以现券买卖和回购的方式上市交易。

四、本期债券为固定利率附息债，利息按年支付，利息支付日为每年的 7 月 15 日（节假日顺延，下同），2018 年 7 月 15 日偿还本金并支付最后一年利息。本期债券还本付息事宜由财政部代为办理。

五、本期债券采取场内挂牌和场外签订分销合同的方式分销，分销对象为在中国证券登记结算有限责任公司开立股票和基金账户及在中央国债登记结算有限责任公司开立债券账户的各类投资者。通过各交易场所分销部分，由承销机构根据市场情况自定价格。

特此公告。

中华人民共和国财政部公告

2013年7月26日　2013年第45号

根据2013年地方政府债券发行安排，经与黑龙江、厦门、湖南、广西、西藏、青海省（区、市）人民政府协商，财政部决定代理发行2013年地方政府债券（五期）（以下简称本期债券），已完成招标工作。现将有关事项公告如下：

一、本期债券通过全国银行间债券市场和证券交易所债券市场（以下简称各交易场所）面向社会各类投资者发行。

二、本期债券计划发行面值为236亿元，实际发行面值为236亿元。其中黑龙江、厦门、湖南、广西、西藏、青海省（区、市）额度分别为56亿元、7亿元、77亿元、47亿元、6亿元、43亿元。各省（区、市）额度以2013年地方政府债券（五期）名称合并发行、合并托管上市交易。

三、本期债券期限3年，经投标确定的票面年利率为3.92%，2013年7月29日开始计息，7月29日至31日进行分销，8月2日起在各交易场所以现券买卖和回购的方式上市交易。

四、本期债券为固定利率附息债，利息按年支付，利息支付日为每年的7月29日（节假日顺延，下同），2016年7月29日偿还本金并支付最后一年利息。本期债券还本付息事宜由财政部代为办理。

五、本期债券采取场内挂牌和场外签订分销合同的方式分销，分销对象为在中国证券登记结算有限责任公司开立股票和基金账户及在中央国债登记结算有限责任公司开立债券账户的各类投资者。通过各交易场所分销部分，由承销机构根据市场情况自定价格。

特此公告。

中华人民共和国财政部公告

2013 年 8 月 2 日　2013 年第 46 号

根据 2013 年地方政府债券发行安排，经与黑龙江、厦门、湖南、广西、西藏、青海省（区、市）人民政府协商，财政部决定代理发行 2013 年地方政府债券（六期）（以下简称本期债券），已完成招标工作。现将有关事项公告如下：

一、本期债券通过全国银行间债券市场和证券交易所债券市场（以下简称各交易场所）面向社会各类投资者发行。

二、本期债券计划发行面值为 238 亿元，实际发行面值为 238 亿元。其中黑龙江、厦门、湖南、广西、西藏、青海省（区、市）额度分别为 56 亿元、7 亿元、77 亿元、48 亿元、7 亿元、43 亿元。各省（区、市）额度以 2013 年地方政府债券（六期）名称合并发行、合并托管上市交易。

三、本期债券期限 5 年，经投标确定的票面年利率为 3.87%，2013 年 8 月 5 日开始计息，8 月 5 日至 7 日进行分销，8 月 9 日起在各交易场所以现券买卖和回购的方式上市交易。

四、本期债券为固定利率附息债，利息按年支付，利息支付日为每年的 8 月 5 日（节假日顺延，下同），2018 年 8 月 5 日偿还本金并支付最后一年利息。本期债券还本付息事宜由财政部代为办理。

五、本期债券采取场内挂牌和场外签订分销合同的方式分销，分销对象为在中国证券登记结算有限责任公司开立股票和基金账户及在中央国债登记结算有限责任公司开立债券账户的各类投资者。通过各交易场所分销部分，由承销机构根据市场情况自定价格。

特此公告。

中华人民共和国财政部公告

2013 年 8 月 19 日　2013 年第 52 号

根据 2013 年地方政府债券发行安排，经与天津、河南、云南、陕西省（市）人民政府协商，财政部决定代理发行 2013 年地方政府债券（七期）（以下简称本期债券），已完成招标工作。现将有关事项公告如下：

一、本期债券通过全国银行间债券市场和证券交易所债券市场（以下简称各交易场所）面向社会各类投资者发行。

二、本期债券计划发行面值为 253 亿元，实际发行面值为 253 亿元。其中天津、河南、云南、陕西省（市）额度分别为 22 亿元、75 亿元、96 亿元、60 亿元。各省（市）额度以 2013 年地方政府债券（七期）名称合并发行、合并托管上市交易。

三、本期债券期限 3 年，经投标确定的票面年利率为 4.29%，2013 年 8 月 20 日开始计息，8 月 20 日至 22 日进行分销，8 月 26 日起在各交易场所以现券买卖和回购的方式上市交易。

四、本期债券为固定利率附息债，利息按年支付，利息支付日为每年的 8 月 20 日（节假日顺延，下同），2016 年 8 月 20 日偿还本金并支付最后一年利息。本期债券还本付息事宜由财政部代为办理。

五、本期债券采取场内挂牌和场外签订分销合同的方式分销，分销对象为在中国证券登记结算有限责任公司开立股票和基金账户及在中央国债登记结算有限责任公司开立债券账户的各类投资者。通过各交易场所分销部分，由承销机构根据市场情况自定价格。

特此公告。

中华人民共和国财政部公告

2013 年 8 月 19 日　2013 年第 53 号

根据2013年地方政府债券发行安排，经与天津、河南、云南、陕西省（市）人民政府协商，财政部决定代理发行2013年地方政府债券（八期）（以下简称本期债券），已完成招标工作。现将有关事项公告如下：

一、本期债券通过全国银行间债券市场和证券交易所债券市场（以下简称各交易场所）面向社会各类投资者发行。

二、本期债券计划发行面值为255亿元，实际发行面值为255亿元。其中天津、河南、云南、陕西省（市）额度分别为23亿元、75亿元、97亿元、60亿元。各省（市）额度以2013年地方政府债券（八期）名称合并发行、合并托管上市交易。

三、本期债券期限5年，经投标确定的票面年利率为4.43%，2013年8月20日开始计息，8月20日至22日进行分销，8月26日起在各交易场所以现券买卖和回购的方式上市交易。

四、本期债券为固定利率附息债，利息按年支付，利息支付日为每年的8月20日（节假日顺延，下同），2018年8月20日偿还本金并支付最后一年利息。本期债券还本付息事宜由财政部代为办理。

五、本期债券采取场内挂牌和场外签订分销合同的方式分销，分销对象为在中国证券登记结算有限责任公司开立股票和基金账户及在中央国债登记结算有限责任公司开立债券账户的各类投资者。通过各交易场所分销部分，由承销机构根据市场情况自定价格。

特此公告。

中华人民共和国财政部公告

2013 年 9 月 2 日　2013 年第 56 号

根据 2013 年地方政府债券发行安排，经与江西、贵州、北京、内蒙古、山西省（区、市）人民政府协商，财政部决定代理发行 2013 年地方政府债券（九期）（以下简称本期债券），已完成招标工作。现将有关事项公告如下：

一、本期债券通过全国银行间债券市场和证券交易所债券市场（以下简称各交易场所）面向社会各类投资者发行。

二、本期债券计划发行面值为 260 亿元，实际发行面值为 260 亿元。其中江西、贵州、北京、内蒙古、山西省（区、市）额度分别为 63 亿元、50 亿元、46 亿元、56 亿元、45 亿元。各省（区、市）额度以 2013 年地方政府债券（九期）名称合并发行、合并托管上市交易。

三、本期债券期限 3 年，经投标确定的票面年利率为 4.34%，2013 年 9 月 3 日开始计息，9 月 3 日至 5 日进行分销，9 月 9 日起在各交易场所以现券买卖和回购的方式上市交易。

四、本期债券为固定利率附息债，利息按年支付，利息支付日为每年的 9 月 3 日（节假日顺延，下同），2016 年 9 月 3 日偿还本金并支付最后一年利息。本期债券还本付息事宜由财政部代为办理。

五、本期债券采取场内挂牌和场外签订分销合同的方式分销，分销对象为在中国证券登记结算有限责任公司开立股票和基金账户及在中央国债登记结算有限责任公司开立债券账户的各类投资者。通过各交易场所分销部分，由承销机构根据市场情况自定价格。

特此公告。

中华人民共和国财政部公告

2013年9月9日　2013年第60号

根据2013年地方政府债券发行安排，经与江西、贵州、北京、内蒙古、山西省（区、市）人民政府协商，财政部决定代理发行2013年地方政府债券（十期）（以下简称本期债券），已完成招标工作。现将有关事项公告如下：

一、本期债券通过全国银行间债券市场和证券交易所债券市场（以下简称各交易场所）面向社会各类投资者发行。

二、本期债券计划发行面值为262亿元，实际发行面值为262亿元。其中江西、贵州、北京、内蒙古、山西省（区、市）额度分别为64亿元、50亿元、47亿元、55亿元、46亿元。各省（区、市）额度以2013年地方政府债券（十期）名称合并发行、合并托管上市交易。

三、本期债券期限5年，经投标确定的票面年利率为4.45%，2013年9月10日开始计息，9月10日至12日进行分销，9月16日起在各交易场所以现券买卖和回购的方式上市交易。

四、本期债券为固定利率附息债，利息按年支付，利息支付日为每年的9月10日（节假日顺延，下同），2018年9月10日偿还本金并支付最后一年利息。本期债券还本付息事宜由财政部代为办理。

五、本期债券采取场内挂牌和场外签订分销合同的方式分销，分销对象为在中国证券登记结算有限责任公司开立股票和基金账户及在中央国债登记结算有限责任公司开立债券账户的各类投资者。通过各交易场所分销部分，由承销机构根据市场情况自定价格。

特此公告。

中华人民共和国财政部公告

2013年10月14日　2013年第65号

根据2013年地方政府债券发行安排，经与河北、辽宁、大连、吉林、宁波、青岛、宁夏省（区、市）人民政府协商，财政部决定代理发行2013年地方政府债券（十一期）（以下简称本期债券），已完成招标工作。现将有关事项公告如下：

一、本期债券通过全国银行间债券市场和证券交易所债券市场（以下简称各交易场所）面向社会各类投资者发行。

二、本期债券计划发行面值为216亿元，实际发行面值为216亿元。其中河北、辽宁、大连、吉林、宁波、青岛、宁夏省（区、市）额度分别为64亿元、42亿元、10亿元、54亿元、12亿元、10亿元、24亿元。各省（区、市）额度以2013年地方政府债券（十一期）名称合并发行、合并托管上市交易。

三、本期债券期限3年，经投标确定的票面年利率为4.25%，2013年10月15日开始计息，10月15日至17日进行分销，10月21日起在各交易场所以现券买卖和回购的方式上市交易。

四、本期债券为固定利率附息债，利息按年支付，利息支付日为每年的10月15日（节假日顺延，下同），2016年10月15日偿还本金并支付最后一年利息。本期债券还本付息事宜由财政部代为办理。

五、本期债券采取场内挂牌和场外签订分销合同的方式分销，分销对象为在中国证券登记结算有限责任公司开立股票和基金账户及在中央国债登记结算有限责任公司开立债券账户的各类投资者。通过各交易场所分销部分，由承销机构根据市场情况自定价格。

特此公告。

中华人民共和国财政部公告

2013 年 10 月 21 日　2013 年第 68 号

根据 2013 年地方政府债券发行安排，经与河北、辽宁、大连、宁波、青岛、宁夏、吉林省（区、市）人民政府协商，财政部决定代理发行 2013 年地方政府债券（十二期）（以下简称本期债券），已完成招标工作。现将有关事项公告如下：

一、本期债券通过全国银行间债券市场和证券交易所债券市场（以下简称各交易场所）面向社会各类投资者发行。

二、本期债券计划发行面值为 221 亿元，实际发行面值为 221 亿元。其中河北、辽宁、大连、宁波、青岛、宁夏、吉林省（区、市）额度分别为 65 亿元、42 亿元、11 亿元、13 亿元、11 亿元、25 亿元、54 亿元。各省（区、市）额度以 2013 年地方政府债券（十二期）名称合并发行、合并托管上市交易。

三、本期债券期限 5 年，经投标确定的票面年利率为 4.33%，2013 年 10 月 22 日开始计息，10 月 22 日至 24 日进行分销，10 月 28 日起在各交易场所以现券买卖和回购的方式上市交易。

四、本期债券为固定利率附息债，利息按年支付，利息支付日为每年的 10 月 22 日（节假日顺延，下同），2018 年 10 月 22 日偿还本金并支付最后一年利息。本期债券还本付息事宜由财政部代为办理。

五、本期债券采取场内挂牌和场外签订分销合同的方式分销，分销对象为在中国证券登记结算有限责任公司开立股票和基金账户及在中央国债登记结算有限责任公司开立债券账户的各类投资者。通过各交易场所分销部分，由承销机构根据市场情况自定价格。

特此公告。

二、财政部文件

财政部　中国人民银行关于印发《储蓄国债（电子式）管理办法》的通知

2013年1月22日　财库［2013］7号

各省、自治区、直辖市、计划单列市财政厅（局），人民银行上海总部、各分行、营业管理部、省会（首府）城市中心支行、副省级城市中心支行，储蓄国债承销团成员，中央国债登记结算有限责任公司：

为规范储蓄国债（电子式）管理工作，维护投资人和承销团成员的合法权益，根据国家有关法律法规，财政部、中国人民银行制订了《储蓄国债（电子式）管理办法》。现印发给你们，请按照执行。

附件：储蓄国债（电子式）管理办法

附件

储蓄国债（电子式）管理办法

第一章　总　　则

第一条　为了规范储蓄国债（电子式）管理，维护投资者和储蓄国债承销团成员（以下简称承销团成员）合法权益，根据国家有关法律法规，制定本办法。

第二条　本办法所称储蓄国债（电子式），是指财政部在中华人民共和国境内发行，通过承销团成员面向个人销售的、以电子方式记录债权的不可流通人民币国债。

第三条　财政部会同中国人民银行负责制订储蓄国债（电子式）相关政策。

第四条　财政部委托中央国债登记结算有限责任公司（以下简称国债登记公司）为财政部开发和维护储蓄国债（电子式）业务管理信息系统，用于管理储蓄国债（电子式）发行额度分配和接收、核对、记录承销团成员销售和持有储蓄国债（电子式）数据；制定数据传输规范，下发系统参数；协助财政部完成资金清算；提供管理信息和投资者储蓄国债（电子式）托管余额复核查询服务等。

第二章　一般规定

第五条　储蓄国债（电子式）发行对象为个人。承销团成员不得向政府机关、企事业单位和社会团体等任何机构销售储蓄国债（电子式），可按照本办法等规定持有投资者提前兑取的储蓄国债（电子式）。

第六条 储蓄国债（电子式）以100元面值单位发行和办理相关业务。

第七条 储蓄国债（电子式）从开始发行之日起计息，付息方式分为到期一次还本付息和定期付息。财政部于付息日或还本日通过承销团成员向投资者支付利息或本金。

第八条 储蓄国债（电子式）按实际天数计息，不计复利（具体计息规则见附1）。本办法生效前发行的各期储蓄国债（电子式）计息规则按原办法执行。

第九条 储蓄国债（电子式）不可流通转让，可提前兑取、质押贷款、非交易过户等。

第十条 储蓄国债（电子式）实行两级托管，国债登记公司为一级托管机构，承销团成员为二级托管机构。国债登记公司和承销团成员分别对一级和二级托管账务的真实性、准确性、完整性和安全性负责。

第十一条 储蓄国债（电子式）实行两级资金清算，财政部与承销团成员进行一级资金清算，承销团成员与投资者进行二级资金清算。二级资金清算通过投资者指定的人民币结算账户进行。

第三章 储蓄国债（电子式）业务

第十二条 承销团成员通过各自营业网点柜台和其他经批准的渠道，为投资者办理以下储蓄国债（电子式）业务：

（一）为投资者开立个人国债二级托管账户（以下简称个人国债账户），办理储蓄国债（电子式）托管和个人国债账户相关业务。

（二）为投资者办理储蓄国债（电子式）相关资金清算。

（三）为投资者办理储蓄国债（电子式）认购、付息、还本、提前兑取、非交易过户、质押贷款等业务，为投资者开立储蓄国债（电子式）持有证明（财产证明）。

（四）进行储蓄国债（电子式）政策宣传，为投资者提供储蓄国债（电子式）发行条件、业务操作规程等信息咨询和国债托管余额查询等服务。

承销团成员应开发储蓄国债（电子式）业务处理系统（以下简称业务处理系统）用于支持上述业务的办理。

第十三条 投资者首次购买储蓄国债（电子式），需持有效身份证件在承销团成员开立个人国债账户，用于记载投资者持有储蓄国债（电子式）的期次、数量及变动等情况。投资者在同一承销团成员只能开立一个个人国债账户。

如投资者已经在承销团成员开有个人国债账户用于记账式国债柜台交易，投资者可以直接使用该账户办理储蓄国债（电子式）业务，无需重复开户。

第十四条 个人国债账户比照《个人存款账户实名制规定》（中华人民共和国国务院令第285号）实行实名制，不得出租、出借或转让。

第十五条 国债登记公司和承销团成员应依法为投资者个人国债账户信息以及账户内的储蓄国债（电子式）托管情况保密。

第十六条 投资者可到账户所在的承销团成员注销本人托管余额为零的个人国债账户。对于连续5年余额为零的只办理储蓄国债（电子式）业务的个人国债账户，承销团成员有权予以注销。

第十七条 投资者不可在承销团成员之间办理储蓄国债（电子式）转托管。

第十八条 投资者开立个人国债账户时，需在同一承销团成员指定一个人民币个人银行结算账户作为个人国债账户的资金清算账户。投资者可变更资金清算账户。资金清算账户与个人国债账户的开户人须为同一人。

第十九条 投资者可于发行期内到个人国债账户所在的承销团成员认购当期储蓄国债（电子式），单一个人国债账户认购的单期储蓄国债（电子式）数量不得超过当期国债个人国债账户最高购买限额。

第二十条 投资者成功认购储蓄国债（电子式）后，承销团成员应向投资者提供《中华人民共和国储蓄国债（电子式）认购确认书》

(标准单据格式见附2)。

第二十一条 投资者可在发行期结束后的规定时间内到原购买国债的承销团成员提前兑取其持有的部分或全部储蓄国债(电子式)。投资者办理提前兑取只能按照当期国债提前兑取条件计息,并且要按照提前兑取本金的一定比例向承销团成员支付手续费。承销团成员确认储蓄国债(电子式)数量及相关手续无误后,应立即向投资者支付资金。

第二十二条 承销团成员应于付息日或还本日营业开始前向投资者资金清算账户足额划付利息或本金。

第二十三条 由于个人资金清算账户注销或者账户信息错误导致无法正常完成二级资金清算,承销团成员应将无法支付的资金设专户保留,待投资者补齐相关手续后再行支付。

第二十四条 因法院判决而扣划给其他个人的储蓄国债(电子式),承销团成员应依据有关规定和判决结果办理非交易过户;因法院判决扣划给非个人的储蓄国债(电子式),应按照有关规定和判决结果变现后划转资金。

第二十五条 投资者在办理开户、认购、提前兑取、质押贷款、非交易过户等业务时,承销团成员应及时在其业务处理系统中准确记录个人国债账户和账户内储蓄国债(电子式)变动情况,并保留完整的指令记录。

如投资者通过营业网点柜台办理上述业务,承销团成员应在办理完上述业务后向投资者提供纸质业务单据,并保留投资者书面指令备查。

第二十六条 承销团成员应至少通过营业网点柜台和电话为投资者提供个人国债账户内储蓄国债(电子式)变动情况及托管余额查询服务,承销团成员记载的并经国债登记公司核查通过的个人国债账户内储蓄国债(电子式)托管余额为投资者持有的储蓄国债(电子式)数额。国债登记公司应建立电话语音查询系统,为投资者提供储蓄国债(电子式)托管余额复核查询服务。

第二十七条 投资者对储蓄国债(电子式)托管余额有疑问的,应先向个人国债账户所在的承销团成员提出咨询;未能解决的,可向当地财政部门和中国人民银行当地分支机构反映;仍未能解决的,可向财政部、中国人民银行总行反映。

第二十八条 法定节假日承销团成员应办理提前兑取和还本付息业务。如法定节假日在发行期内,承销团成员还应办理个人国债账户开户和储蓄国债(电子式)认购业务。

第二十九条 储蓄国债(电子式)付息日和还本日前若干个工作日起,停止办理当期国债提前兑取、非交易过户等与债权转移相关业务和国债质押,付息日起恢复办理。

第三十条 承销团成员不得就个人国债账户开户及储蓄国债(电子式)托管服务收取费用。投资者申请开通个人国债账户的记账式国债柜台交易功能,承销团成员按照有关规定收取费用。

承销团成员办理提前兑取、非交易过户、个人国债账户凭证的挂失补办和开立财产证明可收取手续费,其中,提前兑取手续费率由财政部、中国人民银行统一规定,其他三项收费标准由各承销团成员根据相关监管要求执行。办理其他储蓄国债(电子式)业务如需收费,须报财政部和中国人民银行批准。承销团成员不得因办理储蓄国债(电子式)资金清算而对相关资金清算账户增加收费。

第四章 储蓄国债(电子式)发行兑付管理

第三十一条 储蓄国债(电子式)采用代销方式发行,每期储蓄国债(电子式)的发行数量不超过当期国债最大发行额。发行期内,承销团成员在取得的发行额度内对投资者销售,不得委托其他机构代理销售。发行期结束后,承销团成员未售出的发行额度由财政部收回注销。

第三十二条 储蓄国债(电子式)发行额度分为基本代销额度和机动代销额度,分别按照计划分配和竞争性抓取的方式分配给承销团成员。具体方式为:

（一）发行开始前，财政部将当期储蓄国债（电子式）最大发行额的全部或部分作为基本代销额度，按比例分配给承销团成员。未分配的发行额度作为机动代销额度供承销团成员在发行期内抓取。

（二）发行期内，承销团成员可在规定时间内通过系统联网方式按有关规则抓取机动代销额度。抓取申请按时间优先原则进行处理，处理结果向承销团成员反馈。承销团成员违反规则抓取机动代销额度将被暂停或终止当期国债发行额度抓取。

（三）发行期每日日终，如承销团成员当日实际销售量大于日初未售出基本代销额度，应将未售出发行额度全部退回财政部；如承销团成员当日实际销售量小于或等于日初未售出基本代销额度，应将当日抓取机动代销额度全部退回财政部。

（四）发行期内，财政部会同中国人民银行有权调减销售进度缓慢的承销团成员未售出基本代销额度，调减出的发行额度作为机动代销额度供竞争性抓取。

第三十三条 财政部储蓄国债（电子式）发行公告日至发行开始日前一日，如遇中国人民银行调整同期限金融机构存款基准利率，当期储蓄国债（电子式）取消发行。发行期内，如遇中国人民银行调整同期限金融机构存款基准利率，当期国债从调息之日起停止发行，未售出发行额度由财政部收回注销。

第三十四条 承销团成员应按要求向财政部及时足额缴纳发行款，财政部按双方约定向承销团成员支付手续费。

第三十五条 投资者提前兑取的各期储蓄国债（电子式）一级资金清算方式分为定期清算和不清算两种。定期清算指，投资者提前兑取储蓄国债（电子式）由承销团成员暂时持有，财政部在指定日期与承销团成员清算资金，并注销相应债权。不清算指，投资者提前兑取储蓄国债（电子式）由承销团成员持有到期。

第三十六条 财政部不晚于付息日或还本日前一个工作日向承销团成员支付储蓄国债（电子式）利息或本金。

第三十七条 承销团成员应于每日营业结束后按有关规定将储蓄国债（电子式）业务数据传送至储蓄国债（电子式）业务管理信息系统。国债登记公司应对承销团成员传送的业务数据进行核查，并于次日向承销团成员反馈核查结果。承销团成员应于收到反馈当日完成全部数据核对和账务调整工作。

第三十八条 承销团成员首次办理储蓄国债（电子式）业务前，应将下列材料报财政部、中国人民银行备案：

（一）本单位业务处理系统开发方案。

（二）业务处理系统内部测试报告和国债登记公司出具的联网测试报告。

（三）储蓄国债（电子式）业务单据和相关收费标准。

（四）财政部和中国人民银行要求的其他资料。

如上述各项材料内容发生变更，承销团成员应及时向财政部、中国人民银行备案。

第三十九条 不再具备承销团成员资格的机构，对其托管的尚未到期的储蓄国债（电子式），应按规定继续办理除储蓄国债（电子式）认购以外的各项业务，并做好相关国债托管和资金清算工作。

第五章 监督检查

第四十条 财政部会同中国人民银行对承销团成员和国债登记公司的储蓄国债（电子式）相关业务进行监督检查，各级财政部门、人民银行当地分支机构对承销团成员当地分支网点办理储蓄国债（电子式）业务情况进行监督检查。

第四十一条 经财政部会同中国人民银行授权，国债登记公司可对承销团成员的二级托管账务进行核查，承销团成员应予以配合。

第四十二条 承销团成员在办理储蓄国债（电子式）业务过程中有违反相关法律、法规、规章及本办法规定的行为，或者未按照与财政部签订的国债承销协议执行，情节严重的，财政部将会同中国人民银行予以通报，并按照国债承销协议的规定暂停或者终止其执行协议。

在作出最终处理决定前，财政部有权要求承销团成员暂停办理储蓄国债（电子式）认购业务。

第四十三条 国债登记公司办理储蓄国债（电子式）相关业务过程中有违反相关法律、法规、规章及本办法规定的行为，情节严重的，财政部将会同中国人民银行予以通报，并建议主管部门对主要负责人和直接责任人给予纪律处分。

第六章 附 则

第四十四条 以下术语在本办法中的含义是：

（一）发行期：指对于具体期次的储蓄国债（电子式），财政部、中国人民银行规定承销团成员向投资者销售当期国债的时间。

（二）提前兑取：指投资者于发行期结束后至还本日前的规定时间内，到原购买储蓄国债（电子式）的承销团成员兑取未到期国债的行为。

（三）质押贷款：指投资者以持有的储蓄国债（电子式）为质押品，向原购买国债的承销团成员贷款的行为。

（四）非交易过户：指投资者或相关利益方因法院扣划、抵债、赠予、遗产继承等非交易原因，按照相关法律法规程序，通过承销团成员办理个人间储蓄国债（电子式）所有权转移的行为。

第四十五条 国债登记公司根据本办法制定《储蓄国债（电子式）相关业务实施细则》，报财政部、中国人民银行批准后实施。

第四十六条 本办法由财政部、中国人民银行负责解释。

第四十七条 本办法自2013年2月1日起施行。

已按照《财政部 中国人民银行关于印发〈储蓄国债（电子式）管理办法（试行）〉的通知》（财库［2009］73号）发行的储蓄国债（电子式），仍执行财库［2009］73号文件有关规定。

附：1. 计息规则

2. 中华人民共和国储蓄国债（电子式）认购确认书标准单据格式

附1

计息规则

一、一般原则

1. 一年按当年实际天数计算。

2. 票面年利率和由此计算出的提前兑取执行利率的小数保留位数均按以下规定执行：计算过程保留14位，计算结果保留2位（指百分数，例：2.51%），保留位数以下4舍5入。

3. 付息日应计利息、还本日应还本金、提前兑取应计利息和应扣利息以元为单位，计算过程保留14位小数，计算结果保留2位小数（至分），保留位数以下4舍5入。

4. 提前兑取执行利率和应扣除天数根据实际持有时间（从起息日计算至资金清算日，算头不算尾）和当期国债发行通知规定的分档执行。

5. 对于提前兑取一级资金清算，提前兑取结算金额＝提前兑取面值金额＋提前兑取应计利息－提前兑取应扣利息

对于提前兑取二级资金清算，提前兑取结算金额＝提前兑取面值金额＋提前兑取应计利息－提前兑取应扣利息－提前兑取手续费

二、固定利率定期付息储蓄国债（电子式）计息公式

付息日应计利息（元）=持有总面值金额（元）×$\frac{\text{票面年利率（\%）}}{f}$

其中，f为每年付息次数。

提前兑取应计利息（元）=提前兑取面值金额（元）×$\frac{\text{执行利率（\%）}}{\text{当前计息年度实际天数}}$×从上一付息日起实际持有天数

其中，执行利率根据实际持有时间，可取0或者票面年利率，下同。

当前计息年度实际天数为自起息日起对月对日算一年计算的第N+1个整年度的实际天数（N为起息日起对月对日算一年计算的持有整年数，如持有不满一年，N=0）。从上一付息日起实际持有天数为从上一付息日（含）至资金清算日（不含）的实际天数。如提前兑取资金清算前该期国债从未付过息，上述计算时，上一付息日为起息日。

提前兑取应扣利息（元）=提前兑取面值金额（元）×$\frac{\text{票面年利率（\%）}}{\text{当前计息年度实际天数}}$×应扣除的天数

其中，当前计息年度实际天数为自起息日起对月对日算一年计算的第N+1个整年度的实际天数（N为起息日起对月对日算一年计算的持有整年数，如持有不满一年，N=0）。

三、固定利率到期一次还本付息储蓄国债（电子式）计息公式

到期一次付息额（元）=持有总面值金额（元）×票面年利率（%）×期限（年）

提前兑取应计利息（元）=提前兑取面值金额（元）×执行利率（%）×N（年）+提前兑取面值金额（元）×$\frac{\text{执行利率（\%）}}{\text{当前计息年度实际天数}}$×当前计息年度实际持有天数

其中：N为起息日起对月对日算一年计算的持有整年数，如持有不满一年，N=0。当前计息年度实际天数为自起息日起对月对日算一年计算的第N+1个整年度的实际天数。当前计息年度实际持有天数为自起息日起对月对日算一年计算的第N+1年首日（含）计算至资金清算日（不含）的实际天数。

提前兑取应扣利息（元）=提前兑取面值金额（元）×$\frac{\text{票面年利率（\%）}}{\text{当前计息年度实际天数}}$×应扣除的天数

其中：当前计息年度实际天数为自起息日起对月对日算一年计算的第N+1个整年度的实际天数（N为起息日起对月对日算一年计算的持有整年数，如持有不满1年，N=0）。

附 2

中华人民共和国储蓄国债（电子式）认购确认书标准单据格式

一、单据正面式样

中华人民共和国储蓄国债（电子式）认购确认书

XXXX 银行　　　　年　月　日　　　　流水号：XX0000000000

个人信息	户　名			
	托管账号		资金账号	
债券基本信息	债券代码		期　限	年
	起 息 日		到 期 日	
	付息方式		认购面额	元
	计息方式			
提兑	持有区间：　月——　月，适用利率：　0　，扣除利息天数：　天； 持有区间：　月——　月，适用利率：执行利率，扣除利息天数：　天； 持有区间：　月——　月，适用利率：执行利率，扣除利息天数：　天； 持有区间：　月——　月，适用利率：执行利率，扣除利息天数：　天。			

经办：　　复核：　　银行签章：　　客户签字：　（参考）

二、单据背面文字

客 户 须 知

一、本确认书并非债权凭证，仅用于账务核对，丢失并不影响对国债的所有权。

二、本国债实行实名制，不可流通转让，但可在规定期限内提前兑取或质押贷款。

三、提前兑取要做一定的利益扣除并交纳相应的手续费。

四、付息日和还本日前若干个工作日起开始停止办理提前兑取业务，付息日起恢复办理。

五、若计息方式为固定利率，则执行利率为票面利率。

六、客户可通过在柜台打印对账单或者拨通承办银行客户服务电话查询自己国债余额变动情况。

七、客户可在认购次日起通过中央国债登记结算公司语音复核查询电话（400－666－5000）查询自己国债余额变动情况。

三、印制说明

1. 凭单规格：175×100（mm）

2. 边距：左 10mm，右 10mm，上 0mm，下 3mm。

3. 行标：××××银行为各行印制行标之处。

4. 颜色：字体颜色除各银行行标之外均为黑色，纸张颜色统一为白色。

5. 字体：表单标题为隶书小三加粗，其余为宋体五号，最左侧一列加粗。

四、打印说明

1. 若计息方式为固定利率，则该栏打印：固定利率，票面利率：x%。

2. 最后一栏由银行自行选择打印要素，银行签章为必选项，可选项包括经办、复核和客户签字等。

3. 需要复写打印多联的银行第一联（客户联）必须按统一要求，银行留存各联字体颜色和纸张颜色各行自定。

五、使用说明

各承销团成员可在 2013 年 12 月 31 日前继续使用符合《财政部　中国人民银行关于印发〈储蓄国债（电子式）管理办法（试行）〉的通知》（财库［2009］73 号）规定格式的认购确认书为客户办理业务。从 2014 年 1 月 1 日起，所有认购确认书格式必须符合本办法规定。

财政部　中国人民银行关于印发《2013 年储蓄国债发行额度管理办法》的通知

2013 年 1 月 22 日　财库［2013］8 号

2012 - 2014 年储蓄国债承销团成员，中央国债登记结算有限责任公司：

为加强储蓄国债发行额度管理，促进储蓄国债顺利发行，根据国家法律法规和《财政部　中国人民银行关于印发〈储蓄国债（电子式）管理办法〉的通知》（财库［2013］7 号）有关规定，财政部、中国人民银行制定了《2013 年储蓄国债发行额度管理办法》。现印发给你们，请按照执行。

附件：2013 年储蓄国债发行额度管理办法

附件

2013 年储蓄国债发行额度管理办法

第一章　总则

第一条　为加强储蓄国债发行额度管理，促进储蓄国债顺利发行，制定本办法。

第二条　本办法所称储蓄国债指储蓄国债（电子式）和凭证式国债。

第三条　本办法适用于 2013 年储蓄国债（电子式）和凭证式国债发行额度分配管理。国债发行通知另有规定的除外。

第四条　储蓄国债（电子式）发行额度分为基本代销额度和机动代销额度，分别按照计划分配和竞争性抓取的方式分配给 2012 - 2014 年储蓄国债承销团成员（以下简称承销团成员）。凭证式国债发行额度按照计划分配方式分配给承销团成员。

第五条　本办法所称储蓄国债（电子式）基本代销额度比例和凭证式国债代销额度比例分别指，财政部会同中国人民银行分配储蓄国债（电子式）基本代销额度和凭证式国债发行额度时，使用的各承销团成员占比。

第六条　财政部会同中国人民银行以半年为周期，分别调整各承销团成员储蓄国债（电子式）基本代销额度比例和凭证式国债代销额度比例。调整结果分别在 2013 年第一季度和第三季度首期储蓄国债（电子式）和凭证式国债发行通知中公布。

第七条　调整各承销团成员储蓄国债（电子式）基本代销额度比例和凭证式国债代销额度比例，分别以之前半年储蓄国债（电子式）和凭证式国债销售数据为依据。

第八条　储蓄国债（电子式）和凭证式国债销售数据，分别以中央国债登记结算有限责任公司（以下简称国债登记公司）储蓄国债（电子式）发行统计报表数据和中国人民银行汇总整理的承销团成员凭证式国债发售数据为准。

第二章　储蓄国债（电子式）发行额度管理

第九条　储蓄国债（电子式）发行额度分

配方式为：

（一）发行开始前，财政部会同中国人民银行根据发行通知规定，将当期储蓄国债（电子式）的最大发行额的全部或部分，作为基本代销额度，按照各承销团成员基本代销额度比例分配给承销团成员。其余发行额度作为机动代销额度在发行期内供各承销团成员抓取。

（二）发行期内，承销团成员可于每日8：30—16：30通过与财政部储蓄国债（电子式）业务管理信息系统（以下简称国债系统）联网方式申请抓取机动代销额度。承销团成员申请机动代销额度的单笔上限为自身当期国债基本代销额度的10%，同一期国债两次申请时间间隔不少于1分钟。国债系统按照接收时间优先原则处理机动代销额度抓取申请，并向承销团成员反馈处理结果。如财政部未分配机动代销额度大于承销团成员申请抓取额，按该承销团成员申请额向其分配；如财政部未分配机动代销额度小于或等于承销团成员申请抓取额，将未分配机动代销额度全部分配给该承销团成员。

（三）发行期每日日终，如承销团成员当日实际销售量大于日初未售出基本代销额度，应将未售出发行额度全部退回财政部；如承销团成员当日实际销售量小于或等于日初未售出基本代销额度，应将当日抓取机动代销额度全部退回财政部。

第十条 储蓄国债（电子式）发行期内，财政部会同中国人民银行有权调减销售进度缓慢的承销团成员尚未售出的基本代销额度，调减出的发行额度纳入未分配机动代销额度，于调整日次日起供承销团成员抓取。调减出的发行额度不列入各承销团成员日初未售出基本代销额度。具体调整方式为：

（一）定期调整。国债发行通知中规定基本代销额度统一调整日期，各承销团成员在调整日次日营业开始前将未售出的基本代销额度全部退回财政部。

（二）不定期调整。财政部会同中国人民银行根据各承销团成员销售情况，决定调减部分承销团成员未售出基本代销额度的比例，实际调整数额按万元为单位取整，尾数舍去，采用电话和传真的方式通知被调减的承销团成员和国债登记公司。被调减的承销团成员应按上述比例和收到通知当日日终的未销售基本代销额度计算调减基本代销额度，并于收到通知次日营业开始前将调减的基本代销额度退回财政部。

第十一条 除财政部调减承销团成员基本代销额度而退回的发行额度外，承销团成员当日退回的某期储蓄国债（电子式）发行额度，不得超过其当期国债基本代销额度的7%。如发行期内承销团成员首次发生退回某期国债发行额度超限，国债系统将停止受理该承销团成员次日当期国债机动代销额度抓取申请；如累计两次发生退回某期国债发行额度超限，国债系统于第二次超限的次日起不再受理该承销团成员当期国债机动代销额度抓取申请。

第十二条 发行期内如发生基本代销额度调整，各承销团成员在执行第九条第二项和第十一条时，当期国债基本代销额度仍按初始分配值计算。

第十三条 储蓄国债（电子式）发行期结束后，各承销团成员与国债登记公司核对账务无误后，将未售出的发行额度全部退回财政部。

第十四条 如储蓄国债（电子式）因遇中国人民银行调整金融机构同期限存款基准利率取消发行，各承销团成员于调整生效日营业开始前将已分配的基本代销额度全部退回财政部。如储蓄国债（电子式）因遇中国人民银行调整金融机构同期限存款基准利率停止发行，各承销团成员与国债登记公司核对账务无误后，于调整生效日营业开始前将未售出的发行额度全部退回财政部。

第十五条 储蓄国债（电子式）基本代销额度比例调整方法为：

（一）计算新基本代销额度比例。

$$\text{承销团成员新基本代销额度比例}=\frac{\sum \text{该成员前半年各期储蓄国债(电子式)售出量}}{\sum \begin{matrix}\text{参与调整的承销团成员前半年}\\ \text{各期储蓄国债(电子式)售出量}\end{matrix}}\times\sum \begin{matrix}\text{参与调整的承销团}\\ \text{成员原基本代销额度比例}\end{matrix}\times 100\%$$

新基本代销额度比例如有尾数，四舍五入后以百分数为单位保留 1 位小数。如四舍五入后不足 0.1%，按照 0.1% 计算。

（二）尾差调整。

如调整后承销团成员基本代销额度比例合计大于 100%，从基本代销额度比例调增幅度最大的机构开始，从高至低依次调减 0.1%，直至承销团成员基本代销额度比例合计为 100% 止。

如调整后承销团成员基本代销额度比例合计小于 100%，从基本代销额度比例调增幅度最大的机构开始，从高至低依次调增 0.1%，直至承销团成员基本代销额度比例合计为 100% 止。

第十六条 如承销团成员前半年发生影响国债信誉的违规事件，且按照第十五条第一项计算出的该承销团成员新基本代销额度比例大于原比例，则该成员不参加储蓄国债（电子式）基本代销额度比例调整。

第三章 凭证式国债发行额度管理

第十七条 凭证式国债发行额度分配方式为：

（一）发行开始前，财政部会同中国人民银行将当期凭证式国债最大发行额按发行通知中规定的代销额度分配比例分配给承销团成员。

（二）凭证式国债发行期间，原则上不调整承销团成员的发行额度。

（三）凭证式国债发行期结束后，各承销团成员应准确计算当期凭证式国债的实际发售金额，将未售出的发行额度注销。

第十八条 凭证式国债代销额度比例调整方法为：

（一）计算新代销额度比例。

$$\text{承销团成员新代销额度比例}=\frac{\sum \text{该成员前半年各期凭证式国债售出量}}{\sum \begin{matrix}\text{参与调整的承销团成员前半年}\\ \text{各期凭证式国债售出量}\end{matrix}}\times\sum \begin{matrix}\text{参与调整的承销团}\\ \text{成员原代销额度比例}\end{matrix}\times 100\%$$

新代销额度比例如有尾数，四舍五入后以百分数为单位保留 1 位小数。如四舍五入后不足 0.1%，按照 0.1% 计算。

（二）尾差调整。

如调整后承销团成员代销额度比例合计大于 100%，从代销额度比例调增幅度最大的机构开始，从高至低依次调减 0.1%，直至承销团成员代销额度比例合计为 100% 止。

如调整后承销团成员代销额度比例合计小于 100%，从代销额度比例调增幅度最大的机构开始，从高至低依次调增 0.1%，直至承销团成员代销额度比例合计为 100% 止。

第十九条 如承销团成员前半年发生影响国债信誉的违规事件，且按照第十八条第一项计算出的该承销团成员新代销额度比例大于原比例，则该成员不参加凭证式国债代销额度比例调整。

第四章 附则

第二十条 本办法由财政部会同中国人民银行负责解释。

第二十一条 本办法自 2013 年 1 月 1 日起实施，有效期至 2013 年 12 月 31 日。

财政部　中国人民银行关于2013年扩大储蓄国债（电子式）网上银行销售试点范围有关事宜的通知

2013年1月28日　财库［2013］13号

2012—2014年储蓄国债承销团成员：

为进一步丰富储蓄国债（电子式）销售渠道，方便投资者购买，提高储蓄国债（电子式）销售管理水平，根据《财政部、中国人民银行关于开展储蓄国债（电子式）网上银行销售试点有关事宜的通知》（财库［2012］86号，以下简称《试点通知》）等有关规定，财政部、中国人民银行决定于2013年扩大储蓄国债（电子式）网上银行销售试点范围。现将有关事项通知如下：

一、2013年分两批扩大试点范围。第一批、第二批试点开始时间分别为2013年5月和8月。

二、纳入2013年第一批、第二批新增试点范围的银行，应分别于2013年2月20日、5月20日前向财政部、中国人民银行提出正式书面申请。如某银行已按要求申请参加第一批试点，但未获得批准，其申请适用于第二批（明确不申请参加第二批试点的除外）。

三、财政部、中国人民银行根据《2013年储蓄国债（电子式）网上银行销售新增试点银行办法》（详见附件），分别于2013年3月、6月确定第一批和第二批新增试点银行名单。

四、试点银行应切实加强组织领导，严格按照《试点通知》要求做好相关工作，并进一步加大宣传、培训力度，确保试点工作顺利开展。

五、本通知自印发之日起开始执行。

附件：2013年储蓄国债（电子式）网上银行销售新增试点银行办法

附件

2013年储蓄国债（电子式）网上银行销售新增试点银行办法

一、新增试点银行的基本条件

（一）2012年综合考评排名前20。

（二）2012年1月1日至相应批次试点申请截止日（以下简称申请截止日），在办理储蓄国债（电子式）业务中未发生影响国债信誉的违规事件。

（三）截至申请截止日，个人网上银行业务开办时间5年以上。

（四）2012年1月1日至申请截止日，个人网上银行业务没有发生《银行业重要信息系统突发事件应急管理规范》规定的2起（含）以上较大突发事件或1起重大（含）以上突发事件。

（五）申请材料真实准确。

二、新增试点银行方法

按照上述基本条件，在申请参加 2013 年相应批次试点的银行中进行选择，每批次新增试点银行数量不超过 3 家。

（一）如满足基本条件的银行不超过 3 家，则全部新增为试点银行。

（二）如满足基本条件的银行超出 3 家，根据相关指标总得分进行排序，前 3 名新增为试点银行。

$$\text{某银行总得分} = \sum\left(\frac{\text{该银行单项考评指标数值}}{\text{所有符合条件的申请银行在本项考评指标中的最大值}} \times \text{本项考评指标的权重} \times 100\right)$$

各项评分指标及权重分别为：

1. 考评得分。即 2012 年综合考评得分，权重 30%；

2. 个人网上银行业务量。即 2012 年个人网上银行业务总量（以万笔为单位），权重 30%；

3. 个人网上银行业务替代率。即 2012 年个人网上银行业务总量占本单位业务总量的比重，权重 30%；

4. 个人网上银行业务开办时间。即开办个人网上银行业务起始时间至申请截止日的时长（以年为单位），权重 10%。

总得分及各指标保留小数点后 1 位（业务替代率指标在百分数形式下保留 1 位小数），尾数四舍五入。

三、其他事项

新增试点银行名单确定后，如新增的试点银行在试点开始前发生影响国债信誉的违规事件或个人网上银行突发事件等导致基本条件无法满足的，其将暂停参加 2013 年储蓄国债（电子式）网上银行销售试点。

财政部关于同意相关机构退出 2012—2014 年记账式国债承销团的通知

2013 年 2 月 7 日 财库［2013］20 号

盛京银行股份有限公司、长江证券股份有限公司、中国平安人寿股份有限公司：

你公司关于退出 2012—2014 年记账式国债承销团的申请收悉。按照财政部与你公司签订的国债承销主协议有关约定，同意你公司自本通知印发之日起退出 2012—2014 年记账式国债承销团。财政部与你公司签订的 2012—2014 年记账式国债承销主协议同时终止。

特此通知。

财政部关于开展国债预发行试点的通知

2013 年 3 月 13 日 财库［2013］28 号

全国银行间同业拆借中心，中央国债登记结算有限责任公司，上海证券交易所、深圳证券交易所，中国证券登记结算有限责任公司，记账式国债承销团成员：

为促进国债市场健康发展，决定开展国债预发行试点。现将有关事宜通知如下：

一、国债预发行，是指以即将发行的记账式国债为标的进行的债券买卖行为。

国债招标日前 4 个法定工作日至招标日前 1 个法定工作日可进行国债预发行交易。国债预发行必须于上市日前完成结算。

二、全国银行间债券市场、证券交易所债券市场为开展国债预发行试点的指定交易场所。

三、财政部会同中国人民银行、中国证券监督管理委员会提前公布开展国债预发行试点的具体券种。

四、国债预发行参与者应当具备一定的证券投资经验和风险承担能力。

五、每家记账式国债承销团甲类成员国债预发行净卖出余额不得超过当期国债当次计划发行量的 6%。每家记账式国债承销团乙类成员国债预发行净卖出余额不得超过当期国债当次计划发行量的 1.5%。非记账式国债承销团成员不得在国债预发行中净卖出。

六、国债预发行交易实行履约担保制度。

七、国债预发行原则上应实际交割标的国债。在无法实际交割的情况下，各市场可按相关规则进行处理。

八、禁止以任何形式操纵国债预发行价格。

九、国债预发行交易场所、登记托管结算机构应当建立健全参与者持仓限额等风险管理制度。

十、国债预发行交易场所、登记托管结算机构负责国债预发行交易、结算的日常监控工作，出现异常情况或财政部、市场主管部门规定的其他情况，应及时处理并向财政部、市场主管部门报告；每期国债预发行结束后，向财政部、市场主管部门书面报告有关情况。

十一、如当次国债发行取消，已发生的国债预发行交易作无效处理，全国银行间债券市场交易双方另有约定的除外。

十二、国债预发行交易场所、登记托管结算机构依照本通知和市场有关规定制定国债预发行业务规则，上报财政部、市场主管部门同意后组织实施。

十三、任何单位或个人从事国债预发行应当遵守本通知规定。本通知未尽事宜参照财政部、中国人民银行、中国证券监督管理委员会有关规定执行。

财政部 中国人民银行关于确定2013年第一批新增储蓄国债（电子式）网上银行销售试点银行名单的通知

2013年3月27日 财库［2013］33号

2012—2014年储蓄国债承销团成员：

为推进2013年储蓄国债（电子式）网上银行销售试点工作，根据《财政部、中国人民银行关于2013年扩大储蓄国债（电子式）网上银行销售试点范围有关事宜的通知》（财库［2013］13号，以下简称《试点通知》）有关规定，财政部、中国人民银行决定2013年第一批新增储蓄国债（电子式）网上银行销售试点银行为农业银行、中国银行、广发银行。

上述3家银行要高度重视销售试点工作，切实加强组织领导，严格执行《试点通知》要求。同时，要进一步加大宣传和业务培训力度，确保试点工作顺利开展。

财政部关于印发《财政部代理发行2013年地方政府债券发行兑付办法》的通知

2013年5月24日 财库［2013］63号

各省、自治区、直辖市、计划单列市财政厅（局），2012—2014年记账式国债承销团成员，中央国债登记结算有限责任公司，中国证券登记结算有限责任公司，上海证券交易所，深圳证券交易所：

为做好2013年财政部代理发行地方政府债券工作，根据相关法律法规，财政部制定了《财政部代理发行2013年地方政府债券发行兑付办法》，现印发给你们，请遵照执行。

附件：财政部代理发行2013年地方政府债券发行兑付办法

附件

财政部代理发行2013年地方政府债券发行兑付办法

第一章 总　　则

第一条 为规范财政部代理发行2013年地方政府债券（以下简称地方债）管理，根据有关法律法规，制定本办法。

第二条 本办法所称地方债，是指以省、自治区、直辖市和计划单列市人民政府（以下简称地方政府）作为债务人承担按期支付利息和归还本金责任，由财政部代理发行、代为办理还本付息和拨付发行费的可流通记账式债券。地方债期限为3年、5年，利息按年支付，发行后可按规定在全国银行间债券市场和证券交易所市场（以下简称交易场所）上市流通。

第三条 地方债发行实行年度发行额管理，全年债券发行总额不得超过国务院批准的当年发行额度。

第四条 地方债每期发行数额、发行时间等要素，由地方政府与财政部协商确定。财政部代理发行地方债涉及地方政府的相关业务由地方政府财政部门（以下简称地方财政部门）负责办理。

第二章 地方债的发行与上市

第五条 财政部代理发行地方债采用市场化招标方式。参与投标机构为2012—2014年记账式国债承销团成员。

第六条 每期地方债招标日5个工作日前（含第5个工作日），财政部通过财政部网站、中国债券信息网等渠道向社会公布地方债发行文件。发行文件包括债券招标日、发行日、缴款日、上市日、还本付息日等内容。

第七条 财政部于招标日通过“财政部国债发行招投标系统”组织招投标工作，地方财政部门应当指派地方政府观察员现场观察招投标过程。

第八条 招投标结束后，财政部通过财政部网站、中国债券信息网等渠道向社会公布中标结果。

第九条 招投标结束至缴款日为地方债发行分销期。中标的承销团成员可于分销期内在交易场所采取场内挂牌和场外签订分销合同等方式向符合规定的投资者分销。

第十条 地方债债权确立实行见款付券方式。承销团成员不晚于缴款日将发行款缴入国家金库××省（自治区、直辖市、计划单列市）分库。地方财政部门于债权登记日（即缴款日次一个工作日）中午12:00前，将发行款入库情况告知财政部（国库司）。如地方财政部门在发行款缴款截止日期前未足额收到中标承销团成员应缴发行款，财政部（国库司）将不晚于债权登记日15:00通知中央国债登记结算有限责任公司（以下简称国债登记公司）。国债登记公司办理债权登记和托管时对地方财政部门未收到发行款的相应债权暂不办理债权登记和托管；对涉及中国证券登记结算有限责任公司（以下简称证券登记公司）上海、深圳分公司分托管的部分，国债登记公司应不晚于债权登记日16:00书面通知证券登记公司上海、深圳分公司，后者办理债权登记和托管时对地方财政部门未收到发行款的相应债权暂不办理债权登记和托管。对于未办理债权确认的部分，财政部根据地方财政部门发行款收到情况另行通知国债登记公司处理。国债登记公司如在债权登记日15:00前未收到财政部关于不办理全部或部分债权登记的通知，证券登记公司上海分公司、深圳分公司未在债权登记日16:00前收到国债登记公司关于不办理全部或部分分托管债权的通知，即办理全部债权登记和托管手续。

第十一条 财政部代理发行地方债，除代为收取向承销团成员支付的发行费，不向地方政府收取其他费用。3年、5年期地方债发行费分别为发行面值的0.5‰、1‰。

第十二条 财政部于招标日日终前通知地方财政部门当期地方债应支付的发行费金额。地方财政部门于缴款日后1个工作日足额将发行费缴入财政部在中国农业银行总行营业部开立的“财政部代理发行地方政府债券往来资金专户”（以下简称中央财政专户），并及时报告发行费缴纳情况。地方财政部门因故不能按时缴纳发行费的，应及时报告。

第十三条 财政部确认中央财政专户足额收到地方财政部门缴纳的发行费后，若承销团成员已足额缴纳发行款，财政部不晚于缴款日后5个工作日代为办理发行费拨付；若承销团成员未按时、足额缴纳发行款，财政部不晚于收到地方财政部门确认该承销团成员发行款足额入库报告后5个工作日代为办理发行费拨付。地方财政部门未按时足额向中央财政专户缴纳发行费的，财政部采取中央财政垫付方式代为办理发行费拨付。

第十四条 地方债于上市日起，按规定在交易场所上市流通。

第三章 地方债的还本付息

第十五条 地方财政部门应当于规定时间将还本付息资金足额上缴中央财政专户。财政部按照有关规定代为办理地方债还本付息。

第十六条 国债登记公司应当不晚于还本付息日前11个工作日向财政部（国库司）报送还本付息信息。

第十七条 财政部应当不晚于还本付息日前10个工作日通知地方财政部门还本付息信息。

第十八条 地方财政部门应当不晚于还本付息日前5个工作日将债券还本付息资金缴入中央财政专户，并及时报告还本付息资金缴纳情况。地方财政部门因故不能按时缴纳还本付息资金的，应及时报告。

第十九条 财政部应当不晚于还本付息日前2个工作日将债券还本付息资金划至国债登记公司账户。国债登记公司应当于还本付息日前第2个工作日日终前将证券交易所市场债券还本付息资金划至证券登记公司账户。国债登记公司、证券登记公司应按时拨付还本付息资金，确保还本付息资金于还本付息日足额划至各债券持有人账户。

第二十条　地方财政部门未按时足额向中央财政专户缴纳还本付息资金的，财政部采取中央财政垫付方式代为办理地方债还本付息。

第四章　法律责任和罚则

第二十一条　各相关机构应当按照有关法律法规和本办法规定，履行相关职责，承担相关法律责任。财政部负责对发行地方债各相关机构进行管理和监督。

第二十二条　承销团成员违反本办法第十条规定，未按时缴纳地方债发行款的，按逾期支付额和逾期天数，以当期债券票面利率的两倍折成日息向对应的地方政府支付违约金。违约金计算公式为：

违约金＝逾期支付额×（票面利率×2÷当前计息年度实际天数）×逾期天数

其中，当前计息年度实际天数指自起息日起对月对日算一年所包括的实际天数，下同。

第二十三条　国债登记公司、证券登记公司等机构，应当严格按照国家有关法律法规和本办法规定，履行相关工作职责。因管理不善或操作不当，给其他方造成经济损失的，应当承担赔偿责任，并追究相关责任人法律责任。

第二十四条　地方政府应当严格履行发债和偿债主体的相关职责。地方财政部门违反本办法第十二条、第十八条规定，未按时足额向中央财政专户缴纳发行费、应还本息等资金的，按逾期支付额和逾期天数，以当期债券票面利率的两倍折成日息向财政部支付罚息。罚息计算公式为：

罚息＝逾期支付额×（票面利率×2÷当前计息年度实际天数）×逾期天数

中央财政垫付资金和罚息最迟在办理中央与地方财政结算时如数扣缴。

第二十五条　财政部违反本办法第十三条、第十九条规定，未按时向相关机构支付地方债发行费、应付本息等资金的，按逾期支付额和逾期天数，以当期债券票面利率的两倍折成日息向债券持有人支付违约金。违约金计算公式为：

违约金＝逾期支付额×（票面利率×2÷当前计息年度实际天数）×逾期天数

第五章　附　　则

第二十六条　本办法下列用语的含义：

（一）招标日，是指地方债发行文件规定的财政部组织发行招投标的日期。

（二）缴款日，是指地方债发行文件规定的承销团成员将认购地方债资金缴入规定的国家金库××省（自治区、市）分库的日期。

（三）上市日，是指地方债发行文件规定的地方债开始在交易场所上市流通的日期。

（四）还本付息日，是指地方债发行文件规定的投资者应当收到本金或利息的日期。

第二十七条　地方财政部门应当指定专门机构和人员负责财政部代理发行地方债相关工作，同时应当制定相关业务实施办法，并报财政部（国库司）备案。

第二十八条　本办法自发布之日起施行。

财政部关于印发《财政部代理发行 2013 年地方政府债券招标发行规则》的通知

2013 年 5 月 24 日 财库［2013］64 号

各省、自治区、直辖市、计划单列市财政厅（局），2012—2014 年记账式国债承销团成员，中央国债登记结算有限责任公司，中国证券登记结算有限责任公司，上海证券交易所，深圳证券交易所：

为规范代理发行 2013 年地方政府债券招标发行工作，财政部制定了《财政部代理发行 2013 年地方政府债券招标发行规则》，现予以公布，请遵照执行。

附件：财政部代理发行 2013 年地方政府债券招标发行规则

附件

财政部代理发行 2013 年地方政府债券招标发行规则

为规范财政部代理发行地方政府债券发行程序，根据有关法律法规，制定本规则。

第一条 2013 年地方政府债券（以下简称地方债）通过“财政部国债发行招投标系统”（以下简称招标系统）面向 2012—2014 年记账式国债承销团成员（以下简称承销团成员）招标发行，采用单一价格招标方式，招标标的为利率。全场最高中标利率为当期地方债票面利率，各中标承销团成员按面值承销。招标时间为招标日上午 9:50 至 10:30。

第二条 投标限定。

（一）投标标位限定。投标标位变动幅度为 0.01%。每一承销团成员最高、最低标位差为 30 个标位，无需连续投标。投标标位区间为招标日前 1—5 个工作日（含第 1 和第 5 个工作日）待偿期为 3 年或 5 年的国债收益率算数平均值上下各浮动 15%（四舍五入计算到 0.01%）。

（二）投标量和承销量限定。

最高投标量。承销团甲、乙类成员最高投标限额分别为当期地方债招标额的 30%、10%。

最低投标、承销义务。承销团甲、乙类成员最低投标量为当期地方债招标额的 4%、1%；承销团甲、乙类成员最低承销额为当期地方债招标额的 1%、0.2%。

单一标位投标量。单一标位最低投标限额为 0.2 亿元，投标量变动幅度为 0.1 亿元的整数倍，最高投标限额为 30 亿元。

上述比例均计算至 0.1 亿元，0.1 亿元以下四舍五入。

第三条 中标原则。

（一）中标募入顺序。按照低利率优先的原则对投标逐笔募入，直到募满招标额或将全部投标募完为止。

（二）最高中标利率标位中标分配顺序。以各承销团成员在最高中标利率标位投标量为权数平均分配，最小中标单位为 0.1 亿元，分配后仍有尾数时，按投标时间优先原则分配。

第四条　债权登记和托管。

（一）在招标结束后15分钟内，各中标承销团成员应通过招标系统填制“债权托管申请书”，在中央国债登记结算有限责任公司（以下简称国债登记公司），中国证券登记结算有限责任公司（以下简称证券登记公司）上海、深圳分公司选择托管。逾时未填制的，系统默认全部在国债登记公司托管。

（二）券种注册和承销额度注册。国债登记公司，证券登记公司上海、深圳分公司根据招标结果办理券种注册，根据各中标承销团成员选择的债券托管数据为各中标机构办理承销额度注册。

（三）如多个省（自治区、直辖市、计划单列市）地方债合并招标发行，招投标和债权托管选择结束后，财政部将通知各中标承销团成员向各省（自治区、直辖市、计划单列市）应缴发行款数额。

（四）地方债债权确立实行见款付券方式。承销团成员不晚于缴款日将发行款缴入国家金库××省（自治区、直辖市、计划单列市）分库。地方财政部门于债权登记日（即缴款日次一个工作日）中午12:00前，将发行款入库情况告知财政部（国库司）。如地方财政部门在发行款缴款截止日期前未足额收到中标承销团成员应缴发行款，财政部（国库司）将不晚于债权登记日15:00通知国债登记公司。国债登记公司办理债权登记和托管时对地方财政部门未收到发行款的相应债权暂不办理债权登记和托管；对涉及证券登记公司上海、深圳分公司分托管的部分，国债登记公司应不晚于债权登记日16:00书面通知证券登记公司上海、深圳分公司，后者办理债权登记和托管时对地方财政部门未收到发行款的相应债权暂不办理债权登记和托管。对于未办理债权确认的部分，财政部根据地方财政部门发行款收到情况另行通知国债登记公司处理。国债登记公司如在债权登记日15:00前未收到财政部关于不办理全部或部分债权登记的通知，证券登记公司上海分公司、深圳分公司未在债权登记日16:00前收到国债登记公司关于不办理全部或部分分托管债权的通知，即办理全部债权登记和托管手续。

第五条　应急处理。

招标系统客户端出现技术问题，承销团成员可以将内容齐全的“财政部代理发行2013年地方政府债券应急投标书”或“财政部代理发行2013年地方政府债券债权托管应急申请书”（格式见附件）传真至国债登记公司，委托国债登记公司代为投标或托管债权。

（一）承销团成员如需进行应急投标（或债权托管），应及时通过拨打招标室电话向财政部招标人员报告。

（二）应急时间以国债登记公司收到应急投标书（或债权托管应急申请书）的时间为准。应急投标截止时间为当期地方债投标截止时间，债权托管应急申请截止时间为当期地方债债权托管截止时间。

（三）应急投标书（或债权托管应急申请书）录入招标系统后，申请应急的承销团成员将无法通过招标系统投标（或托管债权）。应急投标书（或债权托管应急申请书）录入招标系统前，该承销团成员仍可通过招标系统投标或托管债权。

（四）如承销团成员既通过招标系统投标（或托管债权），又进行应急投标（或债权托管），或进行多次应急投标（或债权托管），以最后一次有效投标（或债权托管）为准；如承销团成员应急投标（或债权托管）内容与通过招标系统投标（或托管债权）的内容一致，不做应急处理。

（五）除财政部通知延长应急投标时间外，晚于投标截止时间的应急投标为无效投标。

（六）国债登记公司确认招标时间内其负责维护的招标系统或通讯主干线运行出现问题时，财政部将通过中债发行业务短信平台（010－88170678）和“gz01@mof.gov.cn”电子邮箱，通知经报备的承销团成员常规联系人、投标操作人，延长招标应急投标时间至投标截止时间后半小时。通知内容为“［招标室通知］201×年×月×日地方债招标应急投标时间延长半小时”。

第六条 分销。地方债分销，是指在规定的分销期内，中标承销团成员将中标的全部或部分地方债债权额度转让给非国债承销团成员的行为。

（一）分销方式。地方债采取场内挂牌、场外签订分销合同等方式分销。具体分销方式以当期发行文件规定为准。

（二）分销对象。地方债分销对象为在国债登记公司开立债券账户及在证券登记公司开立股票和基金账户的各类投资者。国债承销团成员间不得分销。非国债承销团成员通过分销获得的地方债债权额度，在分销期内不得转让。

（三）分销价格。国债承销团成员根据市场情况自定价格分销。

第七条 其他。

（一）成员在2013年地方债发行投标中，未达到最低投标量或最低承销量的情况累计达到4次的，将不得继续参与2013年地方债发行招投标。承销团成员承销2013年地方债情况，将作为记账式国债承销团考核的重要参考。

（二）执行中如有变动，以当期地方债发行文件为准。

（三）本规则自发布之日起施行，有效期截至2013年12月31日。

附1：财政部代理发行2013年地方政府债券应急投标书

附2：财政部代理发行2013年地方政府债券债权托管应急申请书

附1

财政部代理发行2013年地方政府债券应急投标书

业务凭单号：A01

财政部：

由于国债招投标远程终端系统出现故障，现以书面形式发送________债券发行应急投标书。我单位承诺：本应急投标书由我单位授权经办人填写，内容真实、准确、完整，具有与系统投标同等效力，我单位自愿承担应急投标所产生风险。

投标方名称：______________________

自营托管账号：□□□□□□□□□□□□□□□

投标日期：____年____月____日【要素1】

债券代码：____________【要素2】

投标标位（%）		投标量（亿元）	
标位1【要素3】		投标量【要素4】	
标位2		投标量	
标位3		投标量	
标位4		投标量	
标位5		投标量	
标位6		投标量	
合计			

（注：标位不够可自行添加）

电子密押：________ ________ ________ ________（16位数字）
联 系 人：__________________
联系电话：__________________　　　　单位印章

注意事项：

1. 应急投标书填写须清晰，不得涂改。

2. 本应急投标书进行电子密押计算时共有4项要素，其中要素1在电子密押器中已默认显示，如与应急投标书不符时，请手工修正密押器的要素1；要素2—4按应急投标书所填内容顺序输入密押器，输入内容与应急投标书填写内容必须完全一致。

3. 发行室电话：010－66061801、1802、1803、1804
发行室传真：010－66061805、1821、1822、1823

附2

财政部代理发行2013年地方政府债券债权托管应急申请书

业务凭单号：A02

财政部：

由于国债招投标远程终端系统出现故障，现以书面形式发送______________债券债权托管应急申请书。我单位承诺：本债权托管应急申请书由我单位授权经办人填写，内容真实、准确、完整，具有与系统托管同等效力，我单位自愿承担应急托管所产生风险。

申请方名称：______________________________

自营托管账号：□□□□□□□□□□□□□

申请日期：______年____月____日【要素1】

债券代码：______________【要素2】

托管机构	债权托管面额（亿元）
中央债券登记公司【要素3】	
证券登记公司（上海）	
证券登记公司（深圳）	
合计【要素4】	

电子密押：________ ________ ________ ________（16位数字）
联 系 人：__________________
联系电话：__________________　　　　单位印章

注意事项：

1. 应急申请书填写须清晰，不得涂改。

2. 本应急申请书进行电子密押计算时共有4项要素，其中要素1在电子密押器中已默认显示，如与应急申请书不符时，请手工修正密押器的要素1；要素2—4按应急申请书所填内容顺序输入密押器，输入内容与应急申请书填写内容必须完全一致。

3. 发行室电话：010－66061801、1802、1803、1804
发行室传真：010－66061805、1821、1822、1823

财政部关于同意中银国际退出 2012—2014 年记账式国债承销团的通知

2013 年 6 月 13 日　财库［2013］72 号

中银国际证券有限责任公司：

你公司关于退出 2012—2014 年记账式国债承销团的申请收悉。按照财政部与你公司签订的国债承销主协议有关约定，同意你公司自本通知印发之日起退出 2012 - 2014 年记账式国债承销团。财政部与你公司签订的 2012—2014 年记账式国债承销主协议同时终止。

特此通知。

财政部关于印发《2013 年地方政府自行发债试点办法》的通知

2013 年 6 月 25 日　财库［2013］77 号

上海、浙江、广东、深圳、江苏、山东省（市）财政厅（局、委）：

经国务院批准，2013 年适当扩大自行发债试点范围。现确定，2013 年上海市、浙江省、广东省、深圳市、江苏省、山东省开展自行发债试点。为加强对 2013 年自行发债试点工作的指导，我们制定了《2013 年地方政府自行发债试点办法》。现印发给你们，请遵照执行。

附件：2013 年地方政府自行发债试点办法

附件

2013 年地方政府自行发债试点办法

第一条　为建立规范的地方政府举债融资机制，加强对 2013 年地方政府自行发债试点省（市）（以下简称试点省（市））的指导，规范试点省（市）自行发债行为，制定本办法。

第二条　自行发债是指试点省（市）在国务院批准的发债规模限额内，自行组织发行本省（市）政府债券的发债机制。2013 年试点省（市）政府债券由财政部代办还本付息。

第三条　试点省（市）发行政府债券实行年度发行额管理，全年发债总额不得超过国务院批准的当年发债规模限额。2013 年度发债规模限额当年有效，不得结转下年。

第四条　试点省（市）发行的政府债券为记账式固定利率附息债券。2013 年政府债券期限为 3 年、5 年和 7 年，试点省（市）最多可以发行三种期限债券，每种期限债券发行规模不得超过本地区发债规模限额的 50%（含 50%）。

第五条　试点省（市）应当按照公开、公平、公正原则，组建本省（市）政府债券承销团，其成员应当是 2012—2014 年记账式国债承销团成员，原则上不得超过 20 家。

试点省（市）政府债券承销团成员资格有效期不超过 2014 年。

第六条　试点省（市）应当根据 2012—2014 年记账式国债承销团成员变化情况和财政部有关地方政府自行发债试点的规定等及时调整本省（市）政府债券承销团成员。

第七条　试点省（市）财政厅（局、委）应当与本省（市）政府债券承销商签署债券承销协议，明确双方权利和义务。承销商可以委托其在试点省（市）的分支机构代理签署并履行债券承销协议。

第八条　试点省（市）可以在本省（市）政府债券承销商中择优选择主承销商，主承销商为试点省（市）提供发债定价、登记托管、上市交易等咨询服务。

第九条 试点省（市）发行政府债券应当以新发国债发行利率及市场利率为定价基准，采用单一利率发债定价机制确定债券发行利率。

第十条 发债定价机制包括承销和招标，具体发债定价机制由试点省（市）确定。

承销是指试点省（市）与主承销商商定债券承销利率（或利率区间），要求各承销商（包括主承销商）在规定时间报送债券承销额（或承销利率及承销额），按市场化原则确定债券发行利率及各承销商债券承销额的发债机制。承销总额小于发债额的差额部分，主承销商予以包销。

招标是指试点省（市）要求各承销商在规定时间报送债券投标额及投标利率，按利率从低到高原则确定债券发行利率及各承销商债券中标额的发债机制。

第十一条 试点省（市）采用招标方式发行政府债券时，应制定招标规则，明确招标方式、投标限定和中标原则等，单个承销团成员的最高投标限额不得超过每期债券招标额的30%。

第十二条 试点省（市）应当加强发债定价现场管理，确保发债定价过程公平、规范、有序进行。

第十三条 试点省（市）政府债券应当在中央国债登记结算有限责任公司进行集中登记、托管，债券发行结束后应当及时在全国银行间债券市场和证券交易所债券市场上市交易。

第十四条 试点省（市）自行发债收支实行预算管理，具体事项参照《2009年地方政府债券预算管理办法》（财预［2009］21号）有关规定办理。

第十五条 试点省（市）政府债券会计核算参照《财政部代理发行地方政府债券财政总预算会计核算办法》（财库［2009］19号）有关规定办理。

第十六条 试点省（市）应当建立偿债保障机制，在规定时间将财政部代办债券还本付息资金足额上缴中央财政，具体事项参照有关财政部代理发行2013年地方政府债券发行兑付的规定办理。

第十七条 试点省（市）应当通过中国债券信息网和本省（市）财政厅（局、委）网站等媒体，及时披露本省（市）经济运行和财政收支状况等指标。试点省（市）在发债定价结束后应当及时公布债券发行结果。

第十八条 试点省（市）根据本办法制定本省（市）政府债券发行兑付办法，并报财政部备案。试点省（市）应当提前两周向财政部报送债券发行计划，并于发行结束后两周内报送债券发行情况。如地方政府债券发行利率低于招标日前1至5个工作日相同待偿期国债收益率，试点省（市）须在债券发行情况中进行重点说明。

第十九条 试点省（市）应当加强自行发债试点宣传工作，并积极创造条件，逐步推进建立信用评级制度。

第二十条 本办法自印发之日起施行。

财政部关于确定2013年第二批新增储蓄国债（电子式）网上银行销售试点银行名单的通知

2013年7月1日　财库［2013］78号

2012—2014年储蓄国债承销团成员：

为推进2013年储蓄国债（电子式）网上银行销售试点工作，根据《财政部 中国人民银行关于2013年扩大储蓄国债（电子式）网上银行销售试点范围有关事宜的通知》（财库［2013］13号，以下简称《试点通知》）有关规定，财政部、中国人民银行决定2013年第二批新增储蓄国债（电子式）网上银行销售试点银行为招商银行、北京银行、上海银行。

上述3家银行要高度重视销售试点工作，切实加强组织领导，严格执行《试点通知》要求。同时，要进一步加大宣传和业务培训力度，确保试点工作顺利开展。

财政部关于7年期国债开展预发行试点的通知

2013年7月3日 财库［2013］82号

全国银行间同业拆借中心，中央国债登记结算有限责任公司，上海证券交易所、深圳证券交易所，中国证券登记结算有限责任公司，记账式国债承销团成员：

为促进国债市场健康发展，根据《财政部、中国人民银行、中国证券监督管理委员会关于开展国债预发行试点的通知》（财库［2013］28号，以下简称《试点通知》），经研究，决定将7年期记账式国债作为首批开展预发行试点的券种。交易场所符合《试点通知》规定后即可开展7年期记账式国债预发行交易。

特此通知。

财政部关于调整5、7年期记账式国债招标安排有关事宜的通知

2013年9月10日　财库［2013］175号

2012—2014年记账式国债承销团成员，中央国债登记结算有限责任公司、中国证券登记结算有限责任公司、中国外汇交易中心、上海证券交易所、深圳证券交易所、中国金融期货交易所：

2013年9月11日（含）起，2013年招标发行的5、7年期记账式国债（含续发行，下同）竞争性招标时间调整为招标日上午10:35至11:35，追加投标、债权托管时间顺延。财政部国债发行室于5、7年期记账式国债招标日12:30前通过中国债券信息网（www.chinabond.com.cn）向社会公告招标结果。请中央国债登记结算有限责任公司做好支持工作。

三、财政部办公厅文件

财政部关于印发2014年记账式国债招标发行规则的通知

2013 年 12 月 26 日　财库［2013］222 号

2012—2014 年记账式国债承销团成员，中央国债登记结算有限责任公司、中国证券登记结算有限责任公司、中国外汇交易中心、上海证券交易所、深圳证券交易所：

为规范记账式国债招标发行程序，促进国债市场健康发展，财政部制定了《2014 年记账式国债招标发行规则》，现予以公布，请照此执行。

附件：2014 年记账式国债招标发行规则

附件

2014 年记账式国债招标发行规则

为规范记账式国债招标发行程序，促进国债市场健康发展，根据《中华人民共和国预算法》等法律法规，制定本规则。

第一条　本规则所称记账式国债，是指财政部通过记账式国债承销团向社会各类投资者发行的以电子方式记录债权的可流通国债。本规则所称关键期限国债是指首次发行期限为 1、3、5、7、10 年期的记账式国债。

第二条　记账式国债发行招标通过财政部国债发行招投标系统（以下简称招标系统）进行。招标系统包括中心端和客户端。2012—2014 年记账式国债承销团成员（以下简称国债承销团成员）通过客户端远程投标。

第三条　竞争性招标。

（一）属于国债期货可交割国债期限范围的记账式国债竞争性招标时间为招标日上午 10:35 至 11:35，其余期限记账式国债竞争性招标时间为招标日上午 9:30 至 10:30。

（二）竞争性招标方式包括单一价格、多重价格和单一价格与多重价格结合的混合式（以下简称混合式），招标标的为利率或价格。

10 年期（不含）以上记账式国债采用单一价格招标方式。标的为利率时，全场最高中标利率为当期国债票面利率，各中标国债承销团成员（以下简称中标机构）均按面值承销；标的为价格时，全场最低中标价格为当次国债发行价格，各中标机构均按发行价格承销。

1 年期（不含）以下记账式国债采用多重价格招标方式。标的为利率时，全场加权平均中标利率为当期国债票面利率，中标机构按各自中标标位利率与票面利率折算的价格承销；标的为价格时，全场加权平均中标价格为当次国债发行价格，中标机构按各自中标标位的价格承销。

1—10年期（含）采用混合式招标方式。标的为利率时，全场加权平均中标利率为当期国债票面利率，低于或等于票面利率的中标标位，按面值承销；高于票面利率的中标标位，按各中标标位的利率与票面利率折算的价格承销。标的为价格时，全场加权平均中标价格为当次国债发行价格，高于或等于发行价格的中标标位，按发行价格承销；低于发行价格的中标标位，按各中标标位的价格承销。

（三）投标限定。

投标标位变动幅度。利率招标时，标位变动幅度为0.01%。价格招标时，91天、182天、273天国债标位变动幅度为0.002元、0.004元、0.007元；3年、5年、7年、10年期国债标位变动幅度为0.025元、0.05元、0.06元、0.08元。

投标标位差。每一国债承销团成员最高、最低投标标位差不得大于当次财政部记账式国债发行通知（以下简称当次发行通知）中规定的投标标位差。

投标剔除。背离全场加权平均投标利率或价格一定数量的标位为无效投标，全部落标，不参与全场加权平均中标利率或价格的计算。

中标剔除。标的为利率时，高于全场加权平均中标利率一定数量以上的标位，全部落标；标的为价格时，低于全场加权平均中标价格一定数量以上的标位，全部落标。

单一标位最低投标限额为0.2亿元，最高投标限额为30亿元。投标量变动幅度为0.1亿元的整数倍。

最高投标限额。国债承销团甲类成员不可追加的记账式国债最高投标限额为当次国债竞争性招标额的30%，可追加的记账式国债最高投标限额为当次国债竞争性招标额的25%。国债承销团乙类成员1年期（不含）以上最高投标限额为当次国债竞争性招标额的10%，1年期（含）以下最高投标限额为当次国债竞争性招标额的20%。上述比例均计算至0.1亿元，0.1亿元以下4舍5入。

（四）中标原则。

按照低利率或高价格优先的原则对有效投标逐笔募入，直到募满招标额或将全部有效标位募完为止。

最高中标利率标位或最低中标价格标位上的投标额大于剩余招标额，以国债承销团成员在该标位投标额为权重平均分配，取整至0.1亿元，尾数按投标时间优先原则分配。

第四条 追加投标。

（一）对于关键期限国债，竞争性招标结束后20分钟内，国债承销团甲类成员有权通过投标追加承销当期国债。

（二）追加投标为数量投标，国债承销团甲类成员按照竞争性招标确定的票面利率或发行价格承销。

（三）国债承销团甲类成员追加承销额上限为该成员当次国债竞争性中标额的25%，计算至0.1亿元，0.1亿元以下4舍5入。追加承销额应为0.1亿元的整数倍。

第五条 国债承销团成员最低投标、承销义务。以下比例均计算至0.1亿元，0.1亿元以下4舍5入。

（一）国债承销团甲类成员最低投标为当次国债竞争性招标额的4%；乙类为1%。

（二）国债承销团甲类成员最低承销额（含追加承销部分）为当次国债竞争性招标额的1%；乙类为0.2%。

第六条 债权登记、托管。

（一）债权托管机构选择。不可追加投标的国债在竞争性招标结束后15分钟内、可以追加投标的国债在追加投标结束后15分钟内，各中标机构应通过招标系统填制“债权托管申请书”，在中央国债登记结算有限责任公司（以下简称国债登记公司），中国证券登记结算有限责任公司（以下简称证券登记公司）上海、深圳分公司选择托管。逾时未填制的，系统默认全部在国债登记公司托管。

（二）券种注册和承销额度注册。国债登记公司，证券登记公司上海、深圳分公司根据招标结果办理券种注册，根据各中标机构选择的债券托管数据为各中标机构办理承销额度注册。

（三）债权确立。财政部收到发行款后，通知国债登记公司确立债权。具体按以下方式处理：

债权登记日，国债登记公司办理总债权登记、为认购人办理债权托管，证券登记公司上海、深圳分公司为认购人办理分托管部分的债权登记和托管。债权登记日为发行款缴款截止日次一个工作日。

财政部收到发行款后债权债务关系确立。财政部如在发行款缴款截止日期前未足额收到中标机构应缴发行款，将不迟于债权登记日下午三点通知国债登记公司。国债登记公司办理债权登记和托管时对财政部未收到发行款的相应债权暂不办理债权登记和托管；对涉及证券登记公司上海、深圳分公司分托管的部分，国债登记公司应不迟于当日下午四点书面通知证券登记公司上海、深圳分公司，后者办理债权登记和托管时对财政部未收到发行款的相应债权暂不办理债权登记和托管。对于未办理债权确认的部分，财政部根据发行款收到情况另行通知国债登记公司处理。国债登记公司如在债权登记日下午三点未收到财政部关于不办理全部或部分债权登记的通知，证券登记公司上海分公司、深圳分公司未在债权登记日下午四点收到国债登记公司关于不办理全部或部分托管债权的通知，即办理全部债权登记和托管手续。

第七条 应急投标和应急债权托管。

招标系统客户端出现技术问题，国债承销团成员可以将内容齐全的“记账式国债发行应急投标书”（以下简称应急投标书）或“记账式国债债权托管应急申请书”（以下简称应急申请书）（格式见附件）传真至国债登记公司，委托国债登记公司代为投标或债权托管。

（一）国债承销团成员如需进行应急投标或应急债权托管，应及时通过招标室电话向财政部国债招标人员报告。

（二）应急投标、应急债权托管时间分别以国债登记公司收到应急投标书、应急申请书的时间为准。竞争性应急投标、追加应急投标、债权托管应急申请的截止时间分别为当次国债竞争性投标、追加投标和债权托管截止时间。

（三）应急投标书或应急申请书录入招标系统后，申请应急的国债承销团成员将无法通过招标系统投标或债权托管。应急投标书或应急申请书录入招标系统前，该国债承销团成员仍可通过招标系统投标或债权托管。

（四）如国债承销团成员既通过招标系统投标（债权托管），又进行应急投标（应急债权托管），或进行多次应急投标（应急债权托管），以最后一次有效投标（债权托管申请）为准；如国债承销团成员应急投标（应急债权托管）内容与通过招标系统投标（债权托管）的内容一致，不做应急处理。

（五）除财政部通知延长应急投标时间外，晚于投标截止时间的应急投标为无效投标。

（六）国债登记公司确认竞争性招标时间内其负责维护的招标系统或通讯主干线运行出现问题时，财政部将通过中债发行业务短信平台（010－88170678）和“gz01@ mof. gov. cn”电子邮箱，通知经报备的国债承销团成员常规联系人、投标操作人，延长竞争性招标应急投标时间至投标截止时间后半小时。通知内容为“［国债招标室通知］2014 年×月×日记账式国债竞争性招标应急投标时间延长半小时”。

第八条 分销。记账式国债分销，是指招标结束后至缴款日（含缴款日），中标机构转让中标的全部或部分国债债权额度的行为。

（一）关键期限国债分销方式为场内挂牌、场外签订分销合同、试点商业银行柜台销售。非关键期限国债分销方式为场内挂牌、场外签订分销合同。

（二）分销对象为在证券登记公司开立股票和基金账户，在国债登记公司、试点商业银行开立债券账户的各类投资者。

（三）国债承销团成员间不得分销。

（四）非国债承销团成员通过分销获得的国债债权额度，在分销期内不得转让。

（五）国债承销团成员根据市场情况自定分销价格。

第九条　上市安排。

（一）关键期限国债在全国银行间债券市场（含试点商业银行柜台）、证券交易所债券市场上市交易。非关键期限国债在全国银行间债券市场（不含试点商业银行柜台）、证券交易所债券市场上市交易。

（二）交易方式为现券买卖和回购，其中试点商业银行柜台为现券买卖。

（三）上市后，各期国债可在各交易场所间相互转托管。

（四）通过试点商业银行柜台购买的国债，可以在债权托管银行质押贷款，具体办法由各试点商业银行制订。

第十条　财政部委托国债登记公司、证券登记公司上海、深圳分公司以及试点商业银行办理利息支付及到期偿还本金等事宜。

第十一条　其他。

（一）本规则未作规定的，或者规定的内容与当次发行通知不一致的，以当次发行通知为准。

（二）本规则自公布之日起施行，有效期截至2014年12月31日。

附：1. 记账式国债发行应急投标书

2. 记账式国债债权托管应急申请书

附1

记账式国债发行应急投标书

业务凭单号：A01

财政部：

由于国债招投标系统客户端出现故障，现以书面形式发送____年记账式（附息/贴现）（____期）国债发行（竞争性/追加）应急投标书。我单位承诺：本应急投标书由我单位授权经办人填写，内容真实、准确、完整，具有与系统投标同等效力，我单位自愿承担应急投标所产生风险。

投标方名称：____________________

自营托管账号：□□□□□□□□□□□□□

投标日期：______年____月____日【要素1】

债券代码：____________【要素2】

投标标位（　%或　元/百元面值）		投标量（亿元）	
标位1【要素3】		投标量【要素4】	
标位2		投标量	
标位3		投标量	
标位4		投标量	
标位5		投标量	
标位6		投标量	
合计			

（注：标位不够可自行添加）

电子密押：________　________　________　________（16位数字）

联 系 人：________________

联系电话：________________　　单位印章

注意事项：

1. 应急投标书填写须清晰，不得涂改。

2. 本应急投标书进行电子密押计算时共有 4 项要素，其中要素 1 在电子密押器中已默认显示，如与应急投标书不符时，请手工修正密押器的要素 1；要素 2—4 按应急投标书所填内容顺序输入密押器，输入内容与应急投标书填写内容必须完全一致。

3. 发行室电话：010－66061801、1802、1803、1804

发行室传真：010－63949558

附 2

记账式国债债权托管应急申请书

业务凭单号：A02

财政部：

由于国债招投标系统客户端出现故障，现以书面形式发送____年记账式（附息/贴现）（____期）国债发行债权托管应急申请书。我单位承诺：本债权托管应急申请书由我单位授权经办人填写，内容真实、准确、完整，具有与系统投标同等效力，我单位自愿承担应急投标所产生风险。

投标方名称：________________

自营托管账号：□□□□□□□□□□□□□

申请日期：______ 年____ 月____ 日【要素 1】

债券代码：__________【要素 2】

托管机构	债权托管面额（亿元）
中央国债登记公司【要素 3】	
证券登记公司（上海）	
证券登记公司（深圳）	
合计【要素 4】	

电子密押：______ ______ ______ ______（16 位数字）

联 系 人：__________

联系电话：__________ 单位印章

注意事项：

1. 应急申请书填写须清晰，不得涂改。

2. 本应急申请书进行电子密押计算时共有 4 项要素，其中要素 1 在电子密押器中已默认显示，如与应急申请书不符时，请手工修正密押器的要素 1；要素 2—4 按应急申请书所填内容顺序输入密押器，输入内容与应急申请书填写内容必须完全一致。

3. 发行室电话：010－66061801、1802、1803、1804

发行室传真：010－63949558

财政部关于公布2013年第1次地方政府债券代理发行计划的通知

2013年6月5日 财办库［2013］99号

记账式国债承销团成员，中央国债登记结算有限责任公司、中国证券登记结算有限责任公司、中国外汇交易中心、上海证券交易所、深圳证券交易所：

现公布新疆、安徽、福建、甘肃4省（区）政府债券代理发行计划。执行中如有变动，以届时地方政府债券发行文件为准。

附件：新疆等4省（区）政府债券代理发行计划表

附件

新疆等4省（区）政府债券代理发行计划表

地区	3年期债券		5年期债券	
	发行额（亿元）	招标日期	发行额（亿元）	招标日期
新疆	47	6月14日（周五）	48	6月14日（周五）
安徽	76		76	
福建	41		42	
甘肃	46		46	
合计	210		212	

财政部关于公布2013年第三季度国债发行计划的通知

2013年6月28日 财办库［2013］179号

储蓄国债承销团成员、记账式国债承销团成员，中国外汇交易中心、上海证券交易所、深圳证券交易所，中央国债登记结算有限责任公司、中国证券登记结算有限责任公司：

现公布2013年第三季度国债发行计划（见附件）。执行中如有变动，以届时国债发行文件为准。

附件：2013年第三季度国债发行计划表

附件

2013年第三季度国债发行计划表

储蓄国债发行计划

月份	品种	期限（年）	发行起始日	付息方式
7月	电子式	3	7月10日	按年付息
		5		
8月	电子式	3	8月10日	按年付息
		5		
9月	凭证式	3	9月10日	到期一次还本付息
		5		

财政部关于公布2013年第3次地方政府债券代理发行计划的通知

2013年7月19日 财办库［2013］229号

记账式国债承销团成员，中央国债登记结算有限责任公司、中国证券登记结算有限责任公司、中国外汇交易中心、上海证券交易所、深圳证券交易所：

现公布广西、青海、厦门、西藏、湖南、黑龙江6省（区、市）政府债券代理发行计划。执行中如有变动，以届时地方政府债券发行文件为准。

附件：广西等6省（区、市）政府债券代理发行计划表

附件

广西等6省（区、市）政府债券代理发行计划表

地区	3年期债券		5年期债券	
	发行额（亿元）	招标日期	发行额（亿元）	招标日期
广西	47	7月26日（周五）	48	8月2日（周五）
青海	43		43	
厦门	7		7	
西藏	6		7	
湖南	77		77	
黑龙江	56		56	
合计	236		238	

财政部关于公布 2013 年第 4 次地方政府债券代理发行计划的通知

2013 年 8 月 8 日 财办库［2013］326 号

记账式国债承销团成员，中央国债登记结算有限责任公司、中国证券登记结算有限责任公司、中国外汇交易中心、上海证券交易所、深圳证券交易所：

现公布陕西、天津、云南、河南省（市）政府债券代理发行计划。执行中如有变动，以届时地方政府债券发行文件为准。

附件：陕西等 4 省（市）政府债券代理发行计划表

附件

陕西等 4 省（市）政府债券代理发行计划表

地区	3 年期债券		5 年期债券	
	发行额（亿元）	招标日期	发行额（亿元）	招标日期
陕西	60	8 月 19 日（周一）	60	8 月 19 日（周一）
天津	22		23	
云南	96		97	
河南	75		75	
合计	253		255	

财政部关于停止参与 2013 年财政部代理发行地方债招投标的通知

2013 年 8 月 16 日　财办库［2013］329 号

安信证券股份有限公司、平安证券有限责任公司、国海证券股份有限公司：

你公司在 2013 年地方债发行投标中，未达到最低投标量或最低承销量的情况累计已达到 4 次。按照《财政部代理发行 2013 年地方政府债券招标发行规则》（财库［2013］64 号）相关规定，现通知你公司自本通知印发之日起，停止参与 2013 年财政部代理发行地方债招投标。

财政部关于公布2013年第四季度国债发行计划的通知

2013 年 10 月 8 日　财办库［2013］352 号

储蓄国债承销团成员、记账式国债承销团成员，中国外汇交易中心、上海证券交易所、深圳证券交易所，中央国债登记结算有限责任公司、中国证券登记结算有限责任公司：

现公布 2013 年第四季度国债发行计划（见附件）。执行中如有变动，以届时国债发行文件为准。

附件：1. 2013 年第四季度储蓄国债发行计划
2. 2013 年第四季度记账式贴现国债发行计划
3. 2013 年第四季度记账式附息国债发行计划

附件 1

2013 年第四季度储蓄国债发行计划

月份	品种	期限（年）	发行起始日	付息方式
10 月	电子式	3	10 月 10 日	按年付息
		5		
11 月	凭证式	3	11 月 10 日	到期一次还本付息
		5		

附件 2

2013 年第四季度记账式贴现国债发行计划

月份	期限（天）	招标日期	付息方式
10 月	91	10 月 11 日	到期一次还本付息
12 月	91	12 月 13 日	到期一次还本付息

附件 3

2013 年第四季度记账式附息国债发行计划

月份	期限（年）	招标日期	新发/续发	付息方式
10 月	7	10 月 16 日	新发	按年付息
	2	10 月 18 日	新发	按年付息
	10	10 月 23 日	续发	按半年付息
	1	10 月 30 日	新发	按年付息
11 月	5	11 月 6 日	新发	按年付息
	7	11 月 13 日	续发	按年付息
	50	11 月 15 日	新发	按半年付息
	10	11 月 20 日	续发	按半年付息
12 月	5	12 月 4 日	续发	按年付息
	30	12 月 6 日	新发	按半年付息
	7	12 月 11 日	续发	按年付息

财政部关于公布2014年关键期限国债、50年期国债、储蓄国债和第一季度国债发行计划的通知

2013年12月30日 财办库［2013］408号

现公布2014年关键期限国债、50年期国债、储蓄国债和第一季度国债发行计划（见附件1、2、3）。执行中如有变动，以届时国债发行文件为准。

附件：1. 2014年关键期限和50年期国债发行计划表

2. 2014年储蓄国债发行计划表

3. 2014年第一季度国债发行计划表

附件1

2014年关键期限和50年期国债发行计划表

期限（年）	招标日期	新发/续发	付息方式
1	1月8日	新发	按年付息
	4月11日	新发	
	6月11日	新发	
	7月9日	新发	
	8月13日	新发	
	9月19日	新发	
	10月17日	新发	
	12月10日	新发	
3	3月12日	新发	按年付息
	4月9日	续发	
	5月7日	续发	
	9月10日	新发	
	11月5日	续发	
5	1月6日	新发	按年付息
	2月12日	续发	
	4月23日	新发	
	5月28日	续发	
	10月29日	新发	
	11月26日	续发	

续表

期限（年）	招标日期	新发/续发	付息方式
7	1 月 15 日	新发	按年付息
	2 月 19 日	续发	
	3 月 5 日	续发	
	4 月 2 日	新发	
	5 月 14 日	续发	
	6 月 4 日	续发	
	7 月 2 日	新发	
	8 月 6 日	续发	
	9 月 3 日	续发	
	10 月 22 日	新发	
	11 月 12 日	续发	
	12 月 3 日	续发	
10	1 月 22 日	续发	按半年付息
	3 月 19 日	新发	
	4 月 16 日	续发	
	5 月 21 日	续发	
	6 月 18 日	新发	
	7 月 16 日	续发	
	8 月 20 日	续发	
	9 月 17 日	新发	
	10 月 15 日	续发	
	11 月 19 日	续发	
	12 月 17 日	新发	
50	5 月 23 日	新发	按半年付息
	11 月 21 日	新发	

附件 2

2014 年储蓄国债发行计划表

品种	期限（年）	发行起始日	付息方式
凭证式	3	3 月 10 日	到期一次还本付息
	5		
电子式	3	4 月 10 日	每年付息一次
	5		
凭证式	3	5 月 10 日	到期一次还本付息
	5		

续表

品种	期限（年）	发行起始日	付息方式
电子式	3	6月10日	每年付息一次
	5		
电子式	3	7月10日	每年付息一次
	5		
电子式	3	8月10日	每年付息一次
	5		
凭证式	3	9月10日	到期一次还本付息
	5		
电子式	3	10月10日	每年付息一次
	5		
凭证式	3	11月10日	到期一次还本付息
	5		

附件3

2014年第一季度国债发行计划表

品种	月份	招标日/发行起始日	期限（年）	新发/续发	付息方式
记账式国债	1月	1月6日	5	新发	按年付息
		1月8日	1	新发	按年付息
		1月15日	7	新发	按年付息
		1月22日	10	续发	按半年付息
	2月	2月12日	5	续发	按年付息
		2月19日	7	续发	按年付息
	3月	3月5日	7	续发	按年付息
		3月12日	3	新发	按年付息
		3月19日	10	新发	按半年付息
储蓄国债（凭证式）	3月	3月10日	3		到期一次还本付息
			5		

四、地方政府债券公告

2013年上海市政府债券（一期）发行结果公告

2013年9月6日

经国务院批准，2013年上海市开展自行发债试点。根据财政部《关于印发〈2013年地方政府自行发债试点办法〉的通知》（财库[2013]77号）规定，经上海市人民政府同意，上海市财政局于2013年9月6日招标发行了2013年上海市政府债券（一期）（以下简称“本期债券”）。现将有关事项公告如下：

一、本期债券通过2013—2014年上海市政府债券承销团面向社会各类投资者发行。

二、本期债券计划发行面值为56亿元，实际发行面值为56亿元。

三、本期债券期限5年，经投标确定的票面年利率为3.94%，2013年9月9日开始计息，9月9日至11日进行分销。

四、本期债券为固定利率附息债，利息按年支付，利息支付日为每年的9月9日（节假日顺延，下同），2018年9月9日偿还本金并支付最后一年利息。本期债券还本付息事宜由财政部代为办理。

五、本期债券可以进行分销。承销机构间不得分销。承销机构根据市场情况自定分销价格。

特此公告。

2013 年上海市政府债券（二期）发行结果公告

2013 年 9 月 6 日

经国务院批准，2013 年上海市开展自行发债试点。根据财政部《关于印发〈2013 年地方政府自行发债试点办法〉的通知》（财库［2013］77 号）规定，经上海市人民政府同意，上海市财政局于 2013 年 9 月 6 日招标发行了 2013 年上海市政府债券（二期）（以下简称“本期债券”）。现将有关事项公告如下：

一、本期债券通过 2013—2014 年上海市政府债券承销团面向社会各类投资者发行。

二、本期债券计划发行面值为 56 亿元，实际发行面值为 56 亿元。

三、本期债券期限 7 年，经投标确定的票面年利率为 4.01%，2013 年 9 月 9 日开始计息，9 月 9 日至 11 日进行分销。

四、本期债券为固定利率附息债，利息按年支付，利息支付日为每年的 9 月 9 日（节假日顺延，下同），2020 年 9 月 9 日偿还本金并支付最后一年利息。本期债券还本付息事宜由财政部代为办理。

五、本期债券可以进行分销。承销机构间不得分销。承销机构根据市场情况自定分销价格。

特此公告。

2013年深圳市政府债券（一期）发行结果的公告

2013年11月8日

经国务院批准，2013年深圳市开展地方政府自行发债试点。根据财政部《2013年地方政府自行发债试点办法》（财库［2013］77号）的规定，经深圳市人民政府同意，深圳市财政委员会于2013年11月8日招标发行了2013年深圳市政府债券（一期）（以下简称“本期债券”）。现将有关事项公告如下：

一、本期债券通过2013年深圳市政府债券承销团面向社会各类投资者发行。

二、本期债券为记账式固定利率附息债，计划发行面值为18亿元，实际发行面值为18亿元。

三、本期债券期限为5年，经招标确定的票面年利率为4.11%。2013年11月11日开始计息，11月13日发行结束。

四、本期债券利息按年支付，利息支付为每年11月11日（节假日顺延，下同），2018年11月11日偿还本金并支付最后一年利息。本期债券还本付息事宜由财政部代为办理。

五、本期债券可以于11月11日至11月13日进行分销，承销机构间不得分销。分销机构根据市场情况自定分销价格。

特此公告。

2013 年深圳市政府债券（二期）发行结果的公告

2013 年 11 月 14 日

经国务院批准，2013 年深圳市开展地方政府自行发债试点。根据财政部《2013 年地方政府自行发债试点办法》（财库［2013］77 号）的规定，经深圳市人民政府同意，深圳市财政委员会于 2013 年 11 月 8 日招标发行了 2013 年深圳市政府债券（二期）（以下简称“本期债券”）。现将有关事项公告如下：

一、本期债券通过 2013 年深圳市政府债券承销团面向社会各类投资者发行。

二、本期债券为记账式固定利率附息债，计划发行面值为 18 亿元，实际发行面值为 18 亿元。

三、本期债券期限为 7 年，经招标确定的票面年利率为 4.18%。2013 年 11 月 11 日开始计息，11 月 13 日发行结束。

四、本期债券利息按年支付，利息支付为每年 11 月 11 日（节假日顺延，下同），2020 年 11 月 11 日偿还本金并支付最后一年利息。本期债券还本付息事宜由财政部代为办理。

五、本期债券可以于 11 月 11 日至 11 月 13 日进行分销，承销机构间不得分销。分销机构根据市场情况自定分销价格。

特此公告。

2013 年浙江省政府债券（一期）发行结果公告

2013 年 10 月 25 日

经国务院批准，2013 年浙江省地方继续开展地方政府自行发债试点。根据财政部《2013 年地方政府自行发债试点办法》（财库［2013］77 号）的规定，经浙江省人民政府同意，浙江省财政厅于 2013 年 10 月 25 日招标发行了 2013 年浙江省政府债券（一期）（以下简称“本期债券”），现将有关事项公告如下：

一、本期债券为记账式固定利率附息债，计划发行面值为 59 亿元，实际发行面值为 59 亿元，投标量为 114.4 亿元。

二、本期债券期限 5 年，经招投标确定的票面利率为 3.96%。

三、本期债券通过 2013 年浙江省政府债券承销团面向社会各类投资者发行。本期债券可以于 10 月 28 日至 11 月 1 日进行分销，承销机构间不得分销，分销机构根据市场情况自定分销价格。2013 年 11 月 1 日发行结束。

四、本期债券利息按年支付，自 2013 年 10 月 28 日开始计息，利息支付日为每年的 10 月 28 日（节假日顺延，下同），2018 年 10 月 28 日偿还本金并支付最后一年利息。本期债券还本付息事宜由财政部代为办理。

特此公告。

2013 年浙江省政府债券（二期）发行结果公告

2013 年 10 月 25 日

经国务院批准，2013 年浙江省地方继续开展地方政府自行发债试点。根据财政部《2013 年地方政府自行发债试点办法》（财库［2013］77 号）的规定，经浙江省人民政府同意，浙江省财政厅于 2013 年 10 月 25 日招标发行了 2013 年浙江省政府债券（二期）（以下简称“本期债券”），现将有关事项公告如下：

一、本期债券为记账式固定利率附息债，计划发行面值为 59 亿元，实际发行面值为 59 亿元，投标量为 105.4 亿元。

二、本期债券期限 7 年，经招投标确定的票面利率为 4.17%。

三、本期债券通过 2013 年浙江省政府债券承销团面向社会各类投资者发行。本期债券可以于 10 月 28 日至 11 月 1 日进行分销，承销机构间不得分销，分销机构根据市场情况自定分销价格。2013 年 11 月 1 日发行结束。

四、本期债券利息按年支付，自 2013 年 10 月 28 日开始计息，利息支付日为每年的 10 月 28 日（节假日顺延，下同），2020 年 10 月 28 日偿还本金并支付最后一年利息。本期债券还本付息事宜由财政部代为办理。

特此公告。

2013年江苏省政府债券（一期）发行结果的公告

2013年10月10日

经国务院批准，2013年江苏省地方继续开展地方政府自行发债试点。根据财政部《2013年地方政府自行发债试点办法》（财库［2013］77号）的规定，经江苏省人民政府同意，江苏省财政厅于2013年10月10日招标发行了2013年江苏省政府债券（一期）（以下简称“本期债券”），现将有关事项公告如下：

一、本期债券通过2013年江苏省政府债券承销团面向社会各类投资者发行。

二、本期债券为记账式固定利率附息债，计划发行面值为76.5亿元，实际发行面值为76.5亿元。

三、本期债券期限为5年，经招标确定的票面利率为3.88%。2013年10月11日开始计息，10月14日发行结束。

四、本期债券利息按年支付，利息支付为每年10月11日（节假日顺延，下同），2018年10月11日偿还本金并支付最后一年利息。本期债券还本付息事宜由财政部代为办理。

五、本期债券可以于10月11日至10月14日进行分销，承销机构间不得分销。分销机构根据市场情况自定分销价格。

特此公告。

2013 年江苏省政府债券（二期）发行结果的公告

2013 年 10 月 10 日

经国务院批准，2013 年江苏省地方继续开展地方政府自行发债试点。根据财政部《2013 年地方政府自行发债试点办法》（财库［2013］77 号）的规定，经江苏省人民政府同意，江苏省财政厅于 2013 年 10 月 10 日招标发行了 2013 年江苏省政府债券（二期）（以下简称“本期债券”），现将有关事项公告如下：

一、本期债券通过 2013 年江苏省政府债券承销团面向社会各类投资者发行。

二、本期债券为记账式固定利率附息债，计划发行面值为 76.5 亿元，实际发行面值为 76.5 亿元。

三、本期债券期限为 7 年，经招标确定的票面利率为 4%。2013 年 10 月 11 日开始计息，10 月 14 日发行结束。

四、本期债券利息按年支付，利息支付为每年 10 月 11 日（节假日顺延，下同），2020 年 10 月 11 日偿还本金并支付最后一年利息。本期债券还本付息事宜由财政部代为办理。

五、本期债券可以于 10 月 11 日至 10 月 14 日进行分销，承销机构间不得分销。分销机构根据市场情况自定分销价格。

特此公告。

2013 年广东省政府债券（一期）发行结果的公告

2013 年 9 月 16 日

经国务院批准，2013 年广东省地方继续开展地方政府自行发债试点。根据财政部《2013 年地方政府自行发债试点办法》（财库［2013］77 号）的规定，经广东省人民政府同意，广东省财政厅于 2013 年 9 月 16 日招标发行了 2013 年广东省政府债券（一期）（以下简称“本期债券”），现将有关事项公告如下：

一、本期债券通过 2013—2014 年广东省政府债券承销团面向社会各类投资者发行。

二、本期债券为记账式固定利率附息债，计划发行面值为 60.5 亿元，实际发行面值为 60.5 亿元。

三、本期债券期限为 5 年，经招标确定的票面利率为 4.00%。2013 年 9 月 17 日开始计息，9 月 23 日发行结束。

四、本期债券利息按年支付，利息支付为每年 9 月 17 日（节假日顺延，下同），2018 年 9 月 17 日偿还本金并支付最后一年利息。本期债券还本付息事宜由财政部代为办理。

五、本期债券可以于 9 月 17 日至 9 月 23 日进行分销，承销机构间不得分销。分销机构根据市场情况自定分销价格。

特此公告。

2013 年广东省政府债券（二期）发行结果的公告

2013 年 9 月 16 日

经国务院批准，2013 年广东省地方继续开展地方政府自行发债试点。根据财政部《2013 年地方政府自行发债试点办法》（财库［2013］77 号）的规定，经广东省人民政府同意，广东省财政厅于 2013 年 9 月 16 日招标发行了 2013 年广东省政府债券（二期）（以下简称“本期债券”），现将有关事项公告如下：

一、本期债券通过 2013－2014 年广东省政府债券承销团面向社会各类投资者发行。

二、本期债券为记账式固定利率附息债，计划发行面值为 60.5 亿元，实际发行面值为 60.5 亿元。

三、本期债券期限为 5 年，经招标确定的票面利率为 4.10%。2013 年 9 月 17 日开始计息，9 月 23 日发行结束。

四、本期债券利息按年支付，利息支付为每年 9 月 17 日（节假日顺延，下同），2020 年 9 月 17 日偿还本金并支付最后一年利息。本期债券还本付息事宜由财政部代为办理。

五、本期债券可以于 9 月 17 日至 9 月 23 日进行分销，承销机构间不得分销。分销机构根据市场情况自定分销价格。

特此公告。

2013年山东省政府债券（一期）发行结果的公告

2013年8月23日

经国务院批准，2013年山东省地方继续开展地方政府自行发债试点。根据财政部《2013年地方政府自行发债试点办法》（财库［2013］77号）的规定，经山东省人民政府同意，山东省财政厅于2013年9月16日招标发行了2013年山东省政府债券（二期）（以下简称“本期债券”），现将有关事项公告如下：

一、本期债券通过2013年山东省政府债券承销团面向社会各类投资者发行。

二、本期债券为记账式固定利率附息债，计划发行面值为56亿元，实际发行面值为56亿元。

三、本期债券期限为7年，经招标确定的票面利率为3.94%。2013年8月26日开始计息，8月28日发行结束。

四、本期债券利息按年支付，利息支付为每年8月26日（节假日顺延，下同），2020年8月26日偿还本金并支付最后一年利息。本期债券还本付息事宜由财政部代为办理。

五、本期债券可以于8月26日至8月28日进行分销，承销机构间不得分销。分销机构根据市场情况自定分销价格。

特此公告。

2013 年山东省政府债券（二期）发行结果的公告

2013 年 8 月 23 日

经国务院批准，2013 年山东省地方继续开展地方政府自行发债试点。根据财政部《2013 年地方政府自行发债试点办法》（财库［2013］77 号）的规定，经山东省人民政府同意，山东省财政厅于 2013 年 8 月 23 日招标发行了 2013 年山东省政府债券（一期）（以下简称“本期债券”），现将有关事项公告如下：

一、本期债券通过 2013 年山东省政府债券承销团面向社会各类投资者发行。

二、本期债券为记账式固定利率附息债，计划发行面值为 56 亿元，实际发行面值为 56 亿元。

三、本期债券期限为 7 年，经招标确定的票面利率为 4.00%。2013 年 8 月 26 日开始计息，8 月 28 日发行结束。

四、本期债券利息按年支付，利息支付为每年 8 月 26 日（节假日顺延，下同），2020 年 8 月 26 日偿还本金并支付最后一年利息。本期债券还本付息事宜由财政部代为办理。

五、本期债券可以于 8 月 26 日至 8 月 28 日进行分销，承销机构间不得分销。分销机构根据市场情况自定分销价格。

特此公告。

第五篇

附　　录

2013 年地方政府债市场年度分析报告

一、中债地方政府债指数大幅下跌，收益率曲线先降后升

2013 年是中国债券市场历史上不平凡的一年。从国际环境看，伴随着美国、欧洲经济日益明显的复苏态势，美联储退出量化宽松政策的举动一直牵动着国内债券市场的神经；从国内的宏观环境看，中国经济继续保持弱复苏态势，在利率市场化加速推进的大政策背景下，各种金融创新层出不穷，市场监管力度之大为近年所罕见，“流动性”显得弥足珍贵，货币市场利率一年内出现两次大幅波动，债券市场收益率整体抬升了一个较大的台阶。特别在 2013 年国家审计署公布了截至 2013 年 6 月底的全国各级政府性债务数据，引起了市场的广泛关注。总体来看，地方政府债市场价格在上半年小幅上行后快速下跌，中债地方政府债指数（净价）年末收在 96.105 点，较上年末下跌 2.84%。

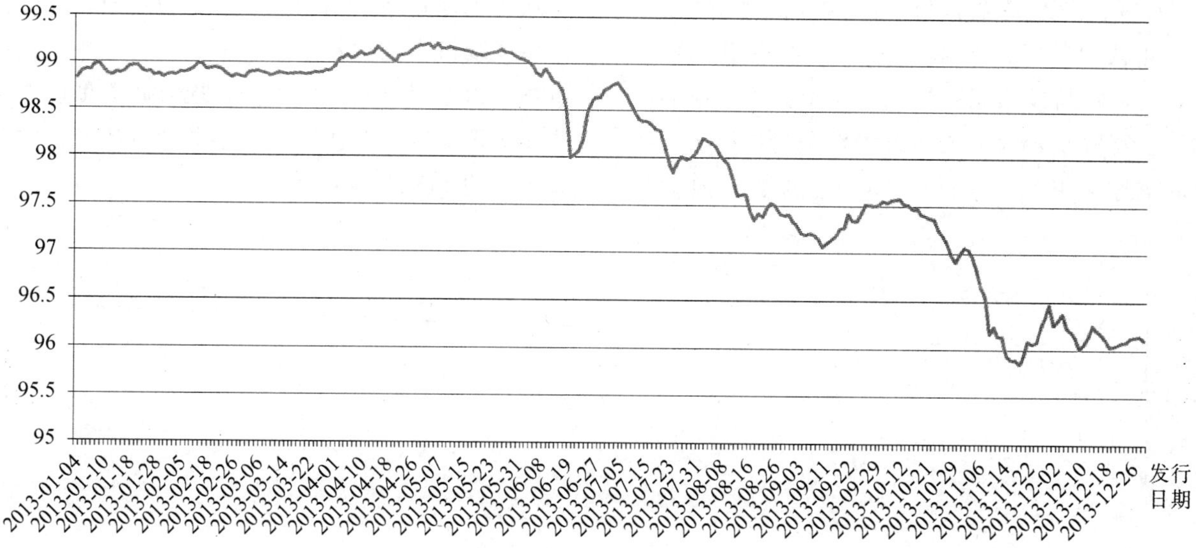

图 1　2013 年中债地方政府债指数（净价）

数据来源：中央结算公司

全年来看，地方政府债市场价格走势基本呈现两个阶段的特征：第一阶段，1—5 月份，中债地方政府债指数平稳上升；第二阶段，6—12 月份，中债地方政府债指数大幅下降。两阶段地方政府债收益率曲线变化特征如下：

第一阶段：1—5 月份，中债地方政府债收益率曲线缓慢下行。

年初，在巨量外汇占款的影响下，流动性亦显温和，在经济下行预期推动下，地方政府债收益率曲线整个 1 月到 4 月都是震荡下行状态，5 年期地方政府债收益率下行约 7BP 至 3.47%。

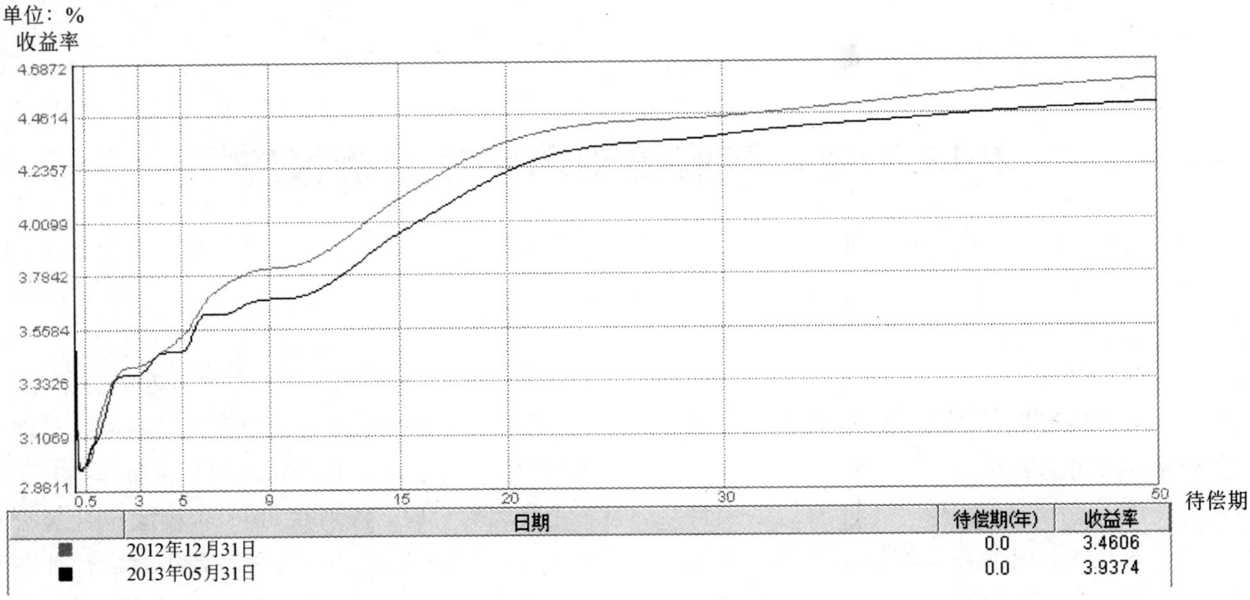

图 2　中债地方政府债收益率曲线变化（1－5 月份）

数据来源：中央结算公司

第二阶段：6—12 月份，中债地方政府债收益率曲线大幅抬升。

6 月，在准备金备付、国内外流动性收缩、财政缴款延后以及季末因素等多重原因的影响下，流动性持续紧张，短端收益率在资金面的影响下上行幅度较大，长端收益率在宏观经济基本面的支撑下相对稳定。7—10 月，地方政府债收益率曲线平坦化上移，整体来看，地方政府债收益率曲线大幅上行，地方政府债净价指数悬崖式下跌，二级市场交投大幅萎缩。11—12 月资金面继续维持中性偏紧格局，基本面也不利于债券市场，由于年末资金面紧张，地方政府债收益率曲线缓慢上行。总体来看 5 年期地方政府债收益率上行约 143BP 至 4.90%。

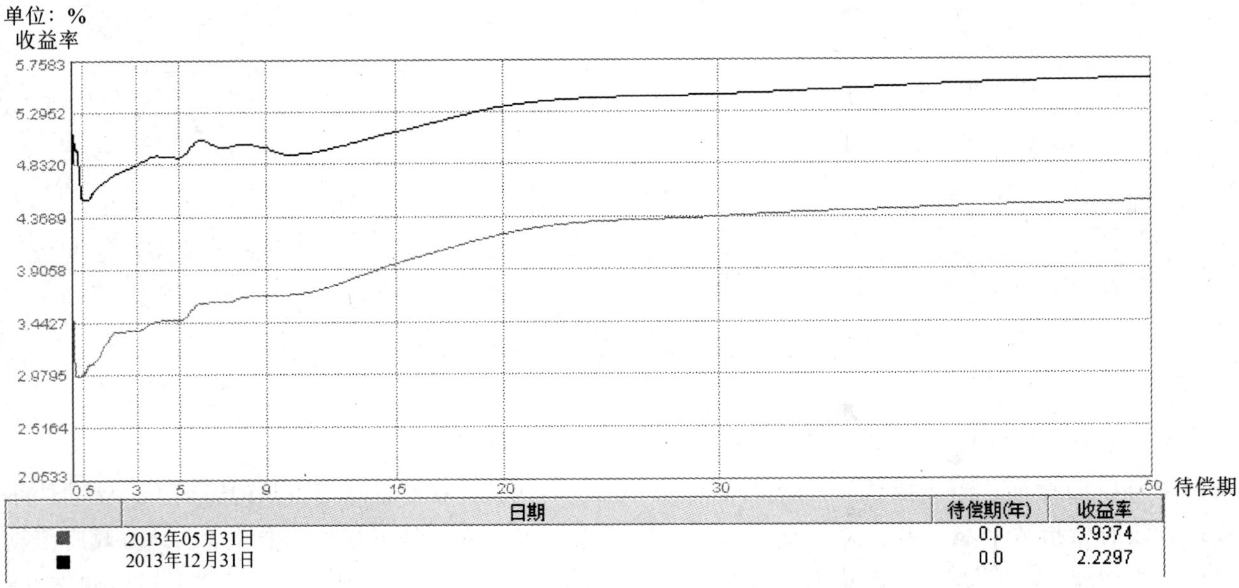

图 3　中债地方政府债收益率曲线变化（6—12 月份）

数据来源：中央结算公司

二、地方政府债发行量较上年增加，发行利率普遍上升

2013 年，财政部代理发行以及地方政府自行发行地方政府债共 24 次，发行量达到 3500 亿元，较 2012 年增长了 40%。从发行的期限结构来看，中短期品种发行量占比继续下降，长期品种发行量占比明显增长。其中，3 年期及 5 年期债券的发行量占比分别由 2012 年的 43.92% 及 50.30% 下降到 40.49% 及 50.20%，而 7 年期品种的发行量占比则由 2012 年的 5.78% 提高到 9.31%。

表 1　**2012、2013 年地方政府债发行期限结构比较**

发行期限	2012 年		2013 年	
	发行量（亿元）	占比（%）	发行量（亿元）	占比（%）
3 年期	1098	43.92	1417	40.49
5 年期	1257.5	50.30	1757	50.20
7 年期	144.5	5.78	326	9.31
总计	2500		3500	

数据来源：中央结算公司

从发行利率的角度看，2013 年共发行地方政府债 24 次/3500 亿元，整个发行利率的区间在 3.53% -4.45%，从各期限平均利率来看，2013 年各期限品种发行的平均利率普遍高于 2012 年。从各期限品种发行频率来看，2013 年各期限品种发行频率也普遍高于 2012 年。

表 2　**2012、2013 年发行频率和发行利率比较**

期限	发行频率		利率区间		平均利率	
	2012 年	2013 年	2012 年	2013 年	2012 年	2013 年
3 年	5	6	2.74% -3.47%	3.53% -4.34%	2.94%	4.02%
5 年	9	12	3.02% -3.58%	3.66% -4.45%	3.24%	4.03%
7 年	4	6	3.39% -3.47%	4% -4.18%	3.42%	4.08%
合计	18	24	2.74% -3.58%	3.53% -4.45%	3.20%	4.04%

数据来源：中央结算公司

相比财政部代理发行的地方政府债，地方政府自行发债的发行利率较易走低，从图 4 的 2012 -2013 年的 5 年期品种发行利率走势来看，明显走低的期次均为地方政府自行发债。

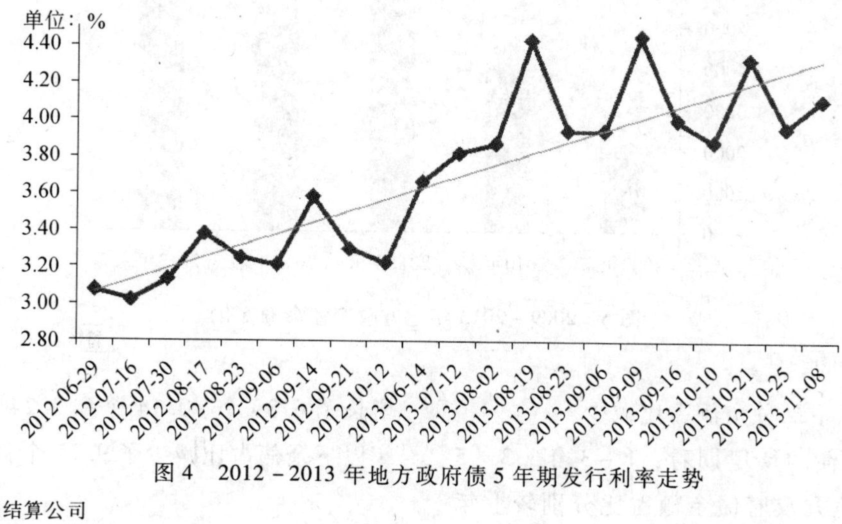

图 4　2012 -2013 年地方政府债 5 年期发行利率走势

数据来源：中央结算公司

从2013年各省市地方政府债的发债规模与当地GDP的比较来看，相比其他发债省市，广东、山东、江苏的证券化程度相对较低。

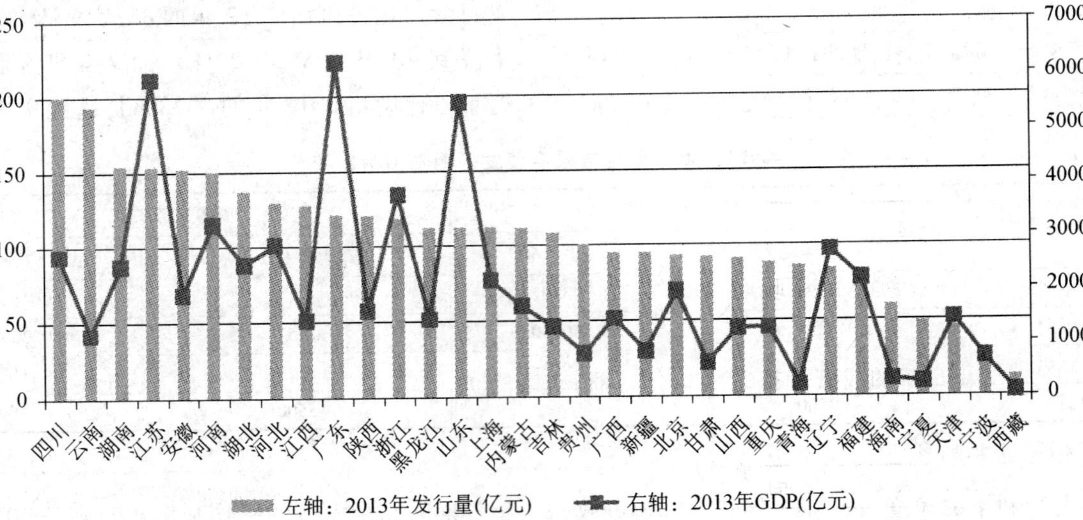

图5　2013年地方政府债发行规模与当地GDP比较

数据来源：中央结算公司、万得资讯

注：由于大连、青岛、深圳、厦门的2013年GDP数据尚未披露，故此处未对上述四地区进行比较。

三、地方政府债余额继续增长

2013年末，在中央结算公司托管的地方政府债余额达到8616亿元，比上年末增长32.55%。

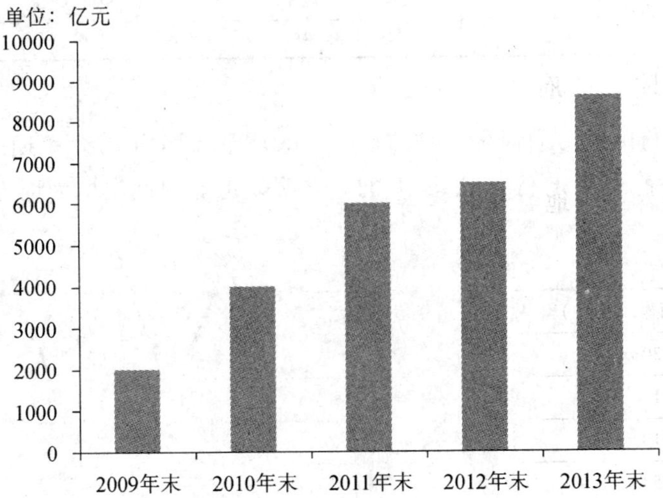

图6　2009－2013年地方政府债余额变化

数据来源：中央结算公司

（一）1年以下品种余额占比减少

从地方政府债的待偿期看，1－3年、3－5年和5－7年的地方政府债余额占比分别较上年增长了6.39个、0.14个和3.24个百分点，而1年以下余额占比减少了9.77个百分点。

表 3　　2012、2013 年地方政府债托管量期限比较表

剩余期限	2012 年末		2013 年末	
	托管量（亿元）	占比（%）	托管量（亿元）	占比（%）
1 年以下	1384	21.29	992.5	11.52
1－3 年	2706.5	41.64	4138.5	48.03
3－5 年	2265	34.85	3014.5	34.99
5－7 年	144.5	2.22	470.5	5.46
合计	6500		8616	

数据来源：中央结算公司

（二）商业银行持续是地方政府债的最大持有者

从 2012 及 2013 年的投资者持有结构看，商业银行是地方政府债的最大持有者，持有占比高达 98% 以上，其余类型机构的持有量均较小。

表 4　　2012、2013 年各机构持有量占比

成员属性	2012 年末（亿元）	占比（%）	2013 年末（亿元）	占比（%）	2013 年末较 2012 年末持有量增幅（%）
商业银行	6439.8	99.07	8482.2	98.45	31.72
特殊结算成员	40.8	0.63	84.2	0.98	106.37
信用社	3.8	0.06	22.8	0.26	500.00
保险机构	10.9	0.17	8.7	0.10	－20.18
基金	1.1	0.02	1.1	0.01	0.00
证券公司	0.3	0.00	0.3	0.00	0.00
交易所	3.3	0.05	16.7	0.19	406.06
总计	6500		8616		

数据来源：中央结算公司、万得资讯

四、银行间市场地方政府债交易结算量减少 46.23%

2013 年，银行间债券市场地方政府债结算笔数 5294 笔，较 2012 年增长 7.65%；结算面额 1.76 万亿元，较 2012 年减少 46.23%。

表 5　　2013 年地方政府债交易结算量

业务类别	结算面额（亿元）	结算笔数（笔）	面额同比增长（%）	笔数同比增长（%）
现券交易	2308.2	1038	－89.03	－58.55
买断式回购	178.09	140	1103.3	566.67
质押式回购	15100.45	4116	29.73	72
合计	17586.73	5294	－46.23	7.65

数据来源：中央结算公司

1. 现券交易结算量降幅达 89.03%。2013 年，银行间债券市场地方政府债现券交易结算笔数 1038 笔，较 2012 年减少 58.55%；结算面额 0.23 万亿元，较 2012 年减少 89.03%。在参与地方政府债现券交易的各类机构中，商业银行的交易占比为 88.82%，其次是证券公司，其占比为 9.33%。从债券流向来看，商业银行、信用社和基金类是净买入机构，分别净买入 131 亿

元、0.5 亿元和 0.1 亿元；证券公司、特殊结算成员类和保险机构是净卖出机构，分别净卖出 108.8 亿元、13.3 亿元和 9.5 亿元。

2. 质押式回购中商业银行是资金净融入方。2013 年，地方政府债质押式回购交易结算 4116 笔，较 2012 年增长 72.00%；结算面额 1.51 万亿元，较 2012 年增长 29.73%。在参与质押式回购交易的各类机构中，商业银行的交易占比为 70.46%，其次是基金类和保险机构，两者的占比分别为 17.55% 和 7.72%。

3. 买断式回购大幅增长，无远期交易。2013 年，地方政府债买断式回购交易结算 140 笔，较 2012 年增长 566.67%；结算面额 178.09 亿元，较 2012 年增长 1103.30%。

4. 从换手率来看，2013 年广义换手率较 2012 年下降 193.45 个百分点，狭义换手率较 2012 年下降 170 个百分点。

表 6　　2013、2012 年广义换手率和狭义换手率比较　　单位：%

券种	广义换手率	狭义换手率	广义换手率与 2012 年同期相比	狭义换手率与 2012 年同期相比
记账式国债	880.67	75.6	73.71	-60.98
地方政府债	243.59	31.97	-318.45	-329.78
央行票据	808.05	114.76	-523.08	-364.25
政策性银行债	863.39	155.39	-211.86	-160.81
政府支持机构债券	661.48	139.95	-236.4	-248.39
商业银行债券	227.47	22.48	-102.75	-48.06
资本工具	82.67	26.67	——	——
非银行金融机构债券	168.43	17.22	-44.31	-38.26
企业债券	840.67	315.6	-378	-242.58
资产支持证券	2.23	0	-0.13	-1.18
中期票据	831.68	325.51	-537.98	-389.24
集合票据	469.04	132.87	-679.06	-285.89
外国债券	702.42	702.42	60.5	64.42
合计	800.15	151	-193.45	-170

数据来源：中央结算公司

注：广义换手率 = 全年交易结算量/日均托管量 ×100

狭义换手率 = 全年现券交易结算量/日均托管量 ×100

五、进一步完善地方政府债市场的发展建议

（一）进一步完善一级市场定价机制

相对于财政部所代理发行的地方债，地方政府自行发债的发行利率普遍走低，甚至出现过与国债倒挂的反常现象。通过对 2013 年的 12 次地方政府自行发债的发行利率与同期限国债发行利率进行比较，5 年期和 7 年期品种各有一个期次的地方政府自行发债的发行利率分别低于同时期所发国债 2BP 及 7BP。另外，从发行利率与收益率曲线的比较来看，在 2013 年，除 3 年期品种外、5 年期和 7 年期品种的发行利率普遍低于中债地方政府债收益率曲线，平均低于同期限曲线收益率分别达到 19BP 及 42BP。

机构投资者愿意以较低的利率认购地方政府债的行为，普遍被认为是非市场定价因素主导的结果，即承销商为维护和增强与地方政府的良好关系，以便从中获得更多的优惠政策，从而对投资收益作出的让步。如此会对定价机制的健康运行造成负面影响，并会导致信用风险加大。因

此，需要从监管角度，进一步确立并完善地方政府自行发债的定价运行机制，通过引入考核机制加强承销团队伍的规范化管理；引导建立市场化的信用评级机制，使“资质”不同的地方政府的举债成本差别化、市场化；并通过引入市场公允价格，建立异常发行利率的判断标尺，为监管部门的市场监测或窗口指导提供依据。从而促使形成更加市场化的、更加理性的地方政府债发行水平。

（二）引入地方政府债信用评级体系，进一步完善信息披露制度，并构建债务风险预警系统

虽然目前作为自行发债试点的各省份，均属财政和经济大省，实力雄厚，并且有中央财政担保，故被认为安全性与国债相仿。但随着地方政府债规模的较快增长、举债热情的逐步提高、自行发债试点范围的扩大，应引入相适应的信用评级制度、构建能够反映地方政府债特点的评价指标体系等，并进一步加大地方政府的财政透明度、完善会计核算办法等，加强政府在财政收支、预决算方面的信息披露举措，以便充分区分及揭示各地方债的信用风险。另外还应通过引入风险预警机制，对地方政府的负债水平、偿债压力、资金运用情况等设立警戒线，尽可能在早期对风险进行识别和预警。一方面有助于保障投资者的投资权益和提高其风险管理水平，另一方面也便于建立更加健康、完善的地方政府债市场。

（三）合理控制地方政府债的市场规模，优化地方融资方式

审计署于 2013 年公布的《全国政府性债务审计结果》显示，目前地方债务的增长较快、远高于地方经济和财政收入的增速，虽然地方债的系统性风险总体可控、但局部的流动性风险和偿债压力不容忽视。为达到总量规模适度增长，债务风险合理可控的目的，进一步转变、优化地方政府的融资方式是关键举措。

一是改变目前地方政府债“代发代还”或“自发代还”的举债方式，通过合理划分中央、地方事权、财权，逐渐过渡到“自发自还”，以地方政府税收等一般财政收入作为偿债来源，切断中央财政的隐性兜底，使地方政府成为独立的举债、偿债主体。缓解城镇化建设过程中资金困难的同时，也能约束地方政府为出政绩而盲目举债的行为。

二是随着近几年地方政府融资平台的数量和融资规模不断增加，各级地方政府的债务负担越来越重，长期投资对应较短期债务且极度依赖土地出让等问题，导致流动性风险加剧。政府债务问题已被广泛关注，市场对于建立以市政债为主体的地方融资模式呼声较高，以具有一定现金流的项目收益作为偿债来源，明晰债务主体的权责，以及地方政府在举债行为中所承担的偿还或担保或救助责任。以便达到合理控制债务总量、充分揭示信用风险、发挥市场化的价格发现作用。

（四）进一步出台鼓励措施，提高对于地方政府债的做市积极性，丰富投资者结构

从二级市场的交易活跃度来看，地方政府债的报价和成交较为冷清，流动性较低，投资主体较为单一，主要局限于自身流动性较为充裕的大中型银行，根据表 3 的统计结果，每年超过 98% 的地方政府债是被商业银行所持有。因此，建议通过各种鼓励、考核措施，如将地方政府债纳入至国库现金管理抵押品品种，将对于地方政府债的做市频率、做市的期限品种以及做市量综合纳入做市商的年度考核指标中，提高做市积极性，增加流动性，最大程度的促进地方政府债市场的价格发现功能。

（五）加强对于地方政府债曲线的宣传和应用，充分发挥其对于发行定价、投资管理以及风险控制的作用

地方政府债收益率曲线是衡量和反应地方政府债一级、二级市场整体情况的重要依据。在推进利率市场化、建立健康完善的地方政府债市场的大背景下，将地方政府债曲线深度应用至政策监管、价格发现、风险控制等各方面，将有助于该市场的进一步合理、有序发展。

（中央国债登记结算有限责任公司供稿）

2013 年地方政府债券发行情况表

品　种	面　值（亿元）		期　限	发行价格（元）	票面利率（%）	发行时间	发行场所	发债地区
	计划发行	实际发行						
一期	210.00	210.00	3 年	100.000	3.53	6 月 17 日	银行间、交易所	安徽、福建、新疆、甘肃
二期	212.00	212.00	5 年	100.000	3.66	6 月 17 日	银行间、交易所	安徽、福建、新疆、甘肃
三期	242.00	242.00	3 年	100.000	3.79	7 月 1 日	银行间、交易所	湖北、海南、重庆、四川
四期	243.00	243.00	5 年	100.000	3.82	7 月 15 日	银行间、交易所	湖北、海南、重庆、四川
五期	236.00	236.00	3 年	100.000	3.92	7 月 29 日	银行间、交易所	黑龙江、厦门、湖南、广西、西藏、青海
六期	238.00	238.00	5 年	100.000	3.87	8 月 5 日	银行间、交易所	黑龙江、厦门、湖南、广西、西藏、青海
七期	253.00	253.00	3 年	100.000	4.29	8 月 20 日	银行间、交易所	天津、河南、云南、陕西
八期	255.00	255.00	5 年	100.000	4.43	8 月 20 日	银行间、交易所	天津、河南、云南、陕西
九期	260.00	260.00	3 年	100.000	4.34	9 月 3 日	银行间、交易所	江西、贵州、北京、内蒙古、山西
十期	262.00	262.00	5 年	100.000	4.45	9 月 10 日	银行间、交易所	江西、贵州、北京、内蒙古、山西
十一期	216.00	216.00	3 年	100.000	4.25	10 月 15 日	银行间、交易所	河北、辽宁、大连、吉林、宁波、青岛、宁夏
十二期	221.00	221.00	5 年	100.000	4.33	10 月 22 日	银行间、交易所	河北、辽宁、大连、宁波、青岛、宁夏、吉林
山东省政府债券（一期）	56.00	56.00	5 年	100.000	3.94	8 月 26 日	银行间、交易所	
山东省政府债券（二期）	56.00	56.00	7 年	100.000	4.00	8 月 26 日	银行间、交易所	
上海市政府债券（一期）	56.00	56.00	5 年	100.000	3.94	9 月 9 日	银行间、交易所	
上海市政府债券（二期）	56.00	56.00	7 年	100.000	4.01	9 月 9 日	银行间、交易所	
广东省政府债券（一期）	60.50	60.50	5 年	100.000	4.00	9 月 17 日	银行间、交易所	
广东省政府债券（二期）	60.50	60.50	7 年	100.000	4.10	9 月 17 日	银行间、交易所	
江苏省政府债券（一期）	76.50	76.50	5 年	100.000	3.88	10 月 11 日	银行间、交易所	
江苏省政府债券（二期）	76.50	76.50	7 年	100.000	4.00	10 月 11 日	银行间、交易所	
浙江省政府债券（一期）	59.00	59.00	5 年	100.000	3.96	10 月 28 日	银行间、交易所	
浙江省政府债券（二期）	59.00	59.00	7 年	100.000	4.17	10 月 28 日	银行间、交易所	
深圳市政府债券（一期）	18.00	18.00	5 年	100.000	4.11	11 月 11 日	银行间、交易所	
深圳市政府债券（二期）	18.00	18.00	7 年	100.000	4.18	11 月 11 日	银行间、交易所	
合计	3500.00	3500.00						

数据来源：根据发行文件整理

2013 年地方政府债券还本付息条件

以下地方政府债券于还本付息日（节假日顺延）归还本金并支付最后一次利息。

地方政府债券名称	还本付息日	期限	年利率
2010 年地方政府债券（一期）	6 月 21 日	3 年	2.77%
2010 年地方政府债券（三期）	7 月 19 日	3 年	2.33%
2010 年地方政府债券（四期）	8 月 10 日	3 年	2.37%
2010 年地方政府债券（六期）	8 月 24 日	3 年	2.37%
2010 年地方政府债券（七期）	9 月 7 日	3 年	2.36%
2010 年地方政府债券（九期）	11 月 15 日	3 年	3.23%

数据来源：财政部网站

1988 年以来银行储蓄存款利率变动表

单位:%

年度	活期	3 个月	6 个月	1 年	2 年	3 年	5 年	8 年
1988 年 9 月 1 日以前	2.88		6.12	7.20		8.28	9.36	10.44
1988 年 09 月 01 日	2.88		6.48	8.64	9.18	9.72	10.80	12.42
1989 年 02 月 01 日	2.88	7.56	9.00	11.34	12.24	13.14	14.94	17.64
1990 年 04 月 15 日	2.88	6.30	7.74	10.08	10.98	11.88	13.68	16.20
1990 年 08 月 21 日	2.16	4.32	6.48	8.64	9.36	10.08	11.52	13.68
1991 年 04 月 01 日	1.80	3.24	5.40	7.56	7.92	8.28	9.00	10.08
1993 年 05 月 15 日	2.16	4.86	7.20	9.18	9.90	10.80	12.06	14.58
1993 年 07 月 11 日	3.15	6.66	9.00	10.98	11.70	12.24	13.86	17.10
1996 年 05 月 01 日	2.97	4.86	7.20	9.18	9.90	10.80	12.06	
1996 年 08 月 23 日	1.98	3.33	5.40	7.47	7.92	8.28	9.00	
1997 年 10 月 23 日	1.71	2.88	4.14	5.67	5.94	6.21	6.66	
1998 年 03 月 25 日	1.71	2.88	4.14	5.22	5.58	6.21	6.66	
1998 年 07 月 01 日	1.44	2.79	3.96	4.77	4.86	4.95	5.22	
1998 年 12 月 07 日	1.44	2.79	3.33	3.78	3.96	4.14	4.50	
1999 年 06 月 10 日	0.99	1.98	2.16	2.25	2.43	2.70	2.88	
2002 年 02 月 21 日	0.72	1.71	1.89	1.98	2.25	2.52	2.79	
2004 年 10 月 29 日	0.72	1.71	2.07	2.25	2.70	3.24	3.60	
2006 年 08 月 19 日	0.72	1.80	2.25	2.52	3.06	3.69	4.14	
2007 年 03 月 18 日	0.72	1.98	2.43	2.79	3.33	3.96	4.41	
2007 年 05 月 19 日	0.72	2.07	2.61	3.06	3.69	4.41	4.95	
2007 年 07 月 21 日	0.81	2.34	2.88	3.33	3.96	4.68	5.22	
2007 年 08 月 22 日	0.81	2.61	3.15	3.60	4.23	4.95	5.49	
2007 年 09 月 15 日	0.81	2.88	3.42	3.87	4.50	5.22	5.76	
2007 年 12 月 21 日	0.72	3.33	3.78	4.14	4.68	5.40	5.85	
2008 年 10 月 09 日	0.72	3.15	3.51	3.87	4.41	5.13	5.58	
2008 年 10 月 30 日	0.72	2.88	3.24	3.60	4.14	4.77	5.13	
2008 年 11 月 27 日	0.36	1.98	2.25	2.52	3.06	3.60	3.87	
2008 年 12 月 23 日	0.36	1.71	1.98	2.25	2.79	3.33	3.60	
2010 年 10 月 20 日	0.36	1.91	2.20	2.50	3.25	3.85	4.20	
2010 年 12 月 26 日	0.36	2.25	2.50	2.75	3.55	4.15	4.55	
2011 年 02 月 09 日	0.40	2.60	2.80	3.00	3.90	4.50	5.00	
2011 年 04 月 06 日	0.50	2.85	3.05	3.25	4.15	4.75	5.25	
2011 年 07 月 07 日	0.50	3.10	3.30	3.50	4.40	5.00	5.50	
2012 年 06 月 08 日	0.40	2.85	3.05	3.25	4.10	4.65	5.10	
2012 年 07 年 06 日	0.35	2.60	2.80	3.00	3.75	4.25	4.75	

数据来源：中国人民银行相关公告

注：1999 年 11 月 1 日起开征利息所得税，税率为 20%；2007 年 8 月 15 日起，利息所得税调减为 5%；2008 年 10 月 9 日起，暂免征收利息所得税。

2013 年中国人民银行票据发行情况表

序号	债券简称	债券代码	实际发行量（亿元）	发行人简称	发行日期	付息方式	票面利率（%）	债券期限	起息日	到期日
	总计		5362.00							
1	10 央票 60 续	1001060N	1103.00	人总行	2013-07-15	附息式固定利率	3.3700	3 年	2013-07-16	2016-07-16
2	10 央票 65 续	1001065N	735.00	人总行	2013-07-29	附息式固定利率	3.5000	3 年	2013-07-30	2016-07-30
3	10 央票 69 续	1001069N	755.00	人总行	2013-08-12	附息式固定利率	3.5000	3 年	2013-08-13	2016-08-13
4	10 央票 74 续	1001074N	515.00	人总行	2013-08-26	附息式固定利率	3.5000	3 年	2013-08-27	2016-08-27
5	10 央票 79 续	1001079N	851.00	人总行	2013-09-09	附息式固定利率	3.5000	3 年	2013-09-10	2016-09-10
6	10 央票 84 续	1001084N	49.00	人总行	2013-09-26	附息式固定利率	3.5000	3 年	2013-09-27	2016-09-27
7	10 央票 89 续	1001089N	55.00	人总行	2013-10-14	附息式固定利率	3.5000	3 年	2013-10-15	2016-10-15
8	10 央票 94 续	1001094N	59.00	人总行	2013-10-28	附息式固定利率	3.5000	3 年	2013-10-29	2016-10-29
9	10 央票 99 续	1001099N	100.00	人总行	2013-11-11	附息式固定利率	3.5000	3 年	2013-11-12	2016-11-12
10	13 央行票据 01	1301001	100.00	人总行	2013-05-09	贴现		91 日	2013-05-10	2013-08-09
11	13 央行票据 02	1301002	270.00	人总行	2013-05-14	贴现		91 日	2013-05-15	2013-08-14
12	13 央行票据 03	1301003	170.00	人总行	2013-05-16	贴现		91 日	2013-05-17	2013-08-16
13	13 央行票据 04	1301004	100.00	人总行	2013-05-21	贴现		91 日	2013-05-22	2013-08-21
14	13 央行票据 05	1301005	60.00	人总行	2013-05-23	贴现		91 日	2013-05-24	2013-08-23
15	13 央行票据 06	1301006	70.00	人总行	2013-05-28	贴现		91 日	2013-05-29	2013-08-28
16	13 央行票据 07	1301007	150.00	人总行	2013-05-30	贴现		91 日	2013-05-31	2013-08-30
17	13 央行票据 08	1301008	70.00	人总行	2013-06-04	贴现		91 日	2013-06-05	2013-09-04
18	13 央行票据 09	1301009	110.00	人总行	2013-06-06	贴现		91 日	2013-06-07	2013-09-06
19	13 央行票据 10	1301010	20.00	人总行	2013-06-18	贴现		91 日	2013-06-19	2013-09-18
20	13 央行票据 11	1301011	20.00	人总行	2013-06-20	贴现		91 日	2013-06-21	2013-09-20

数据来源：中国债券信息网

2013 年国家开发银行金融债券（人民币）发行情况表

序号	债券简称	债券代码	实际发行量（亿元）	发行人简称	发行日期	付息方式	票面利率（%）	债券期限	起息日	到期日
	总计		11490.45							
1	13 国开 01	130201	360.00	国开行	2013-01-08	附息式固定利率	3.3200	1 年	2013-01-10	2014-01-10
2	13 国开美元 1	1302019	8.65	国开行	2013-04-28	附息式浮动利率	1.4868	5 年	2013-05-08	2018-05-08
3	13 国开 02	130202	380.00	国开行	2013-01-08	附息式固定利率	3.8934	3 年	2013-01-10	2016-01-10
4	13 国开 03	130203	370.00	国开行	2013-01-08	附息式固定利率	4.1617	5 年	2013-01-10	2018-01-10
5	13 国开 04	130204	360.00	国开行	2013-01-08	附息式固定利率	4.3251	7 年	2013-01-10	2020-01-10
6	13 国开 05	130205	350.00	国开行	2013-01-08	附息式固定利率	4.4300	10 年	2013-01-10	2023-01-10
7	13 国开 06	130206	150.00	国开行	2013-01-15	附息式浮动利率	3.9000	3 年	2013-01-17	2016-01-17
8	13 国开 07	130207	150.00	国开行	2013-01-15	附息式浮动利率	4.1200	5 年	2013-01-17	2018-01-17
9	13 国开 08	130208	150.00	国开行	2013-01-15	附息式浮动利率	4.2800	7 年	2013-01-17	2020-01-17
10	13 国开 09	130209	150.00	国开行	2013-01-15	附息式浮动利率	4.4500	10 年	2013-01-17	2023-01-17
11	13 国开 10	130210	90.00	国开行	2013-01-29	附息式浮动利率	4.2000	1 年	2013-02-01	2014-02-01
12	13 国开 11	130211	110.00	国开行	2013-01-29	附息式浮动利率	5.5900	3 年	2013-02-01	2016-02-01
13	13 国开 12	130212	120.00	国开行	2013-01-29	附息式浮动利率	5.7900	5 年	2013-02-01	2018-02-01
14	13 国开 13	130213	90.00	国开行	2013-01-29	附息式浮动利率	5.9800	7 年	2013-02-01	2020-02-01
15	13 国开 14	130214	140.00	国开行	2013-04-02	附息式浮动利率	4.9200	1 年	2013-04-08	2014-04-08
16	13 国开 15	130215	150.00	国开行	2013-04-02	附息式浮动利率	5.3800	3 年	2013-04-08	2016-04-08
17	13 国开 16	130216	160.00	国开行	2013-04-02	附息式浮动利率	5.5800	5 年	2013-04-08	2018-04-08
18	13 国开 17	130217	150.00	国开行	2013-04-02	附息式浮动利率	5.7600	7 年	2013-04-08	2020-04-08
19	13 国开 18	130218	360.00	国开行	2013-04-09	附息式固定利率	3.1500	1 年	2013-04-11	2014-04-11
20	13 国开 19	130219	280.00	国开行	2013-04-09	附息式固定利率	3.6790	3 年	2013-04-11	2016-04-11
21	13 国开 20	130220	280.00	国开行	2013-04-09	附息式固定利率	3.8900	5 年	2013-04-11	2018-04-11
22	13 国开 204	1302204	150.00	国开行	2013-03-29	附息式固定利率	5.1800	50 年	2013-04-19	2063-04-19
23	13 国开 205	1302205	250.00	国开行	2013-07-18	附息式固定利率	5.4000	50 年	2013-08-01	2063-08-01
24	13 国开 21	130221	330.00	国开行	2013-04-09	附息式固定利率	4.0662	7 年	2013-04-11	2020-04-11
25	13 国开 22	130222	300.00	国开行	2013-04-09	附息式固定利率	4.1500	10 年	2013-04-11	2023-04-11
26	13 国开 23	130223	100.00	国开行	2013-04-16	附息式浮动利率	3.7300	3 年	2013-04-18	2016-04-18

续表

序号	债券简称	债券代码	实际发行量（亿元）	发行人简称	发行日期	付息方式	票面利率（%）	债券期限	起息日	到期日
27	13 国开 24	130224	100.00	国开行	2013－04－16	附息式浮动利率	3.8800	5 年	2013－04－18	2018－04－18
28	13 国开 25	130225	100.00	国开行	2013－04－16	附息式浮动利率	4.0200	7 年	2013－04－18	2020－04－18
29	13 国开 26	130226	100.00	国开行	2013－04－16	附息式浮动利率	4.1500	10 年	2013－04－18	2023－04－18
30	13 国开 27	130227	370.00	国开行	2013－07－02	附息式固定利率	3.9100	1 年	2013－07－18	2014－07－18
31	13 国开 28	130228	400.00	国开行	2013－07－02	附息式固定利率	3.9799	3 年	2013－07－18	2016－07－18
32	13 国开 29	130229	350.00	国开行	2013－07－02	附息式固定利率	4.0205	5 年	2013－07－18	2018－07－18
33	13 国开 30	130230	250.00	国开行	2013－07－02	附息式固定利率	4.0866	7 年	2013－07－18	2020－07－18
34	13 国开 31	130231	350.00	国开行	2013－07－02	附息式固定利率	4.1700	10 年	2013－07－18	2023－07－18
35	13 国开 32	130232	50.00	国开行	2013－07－09	附息式浮动利率	4.9400	1 年	2013－07－23	2014－07－23
36	13 国开 33	130233	50.00	国开行	2013－07－09	附息式浮动利率	5.4900	3 年	2013－07－23	2016－07－23
37	13 国开 34	130234	100.00	国开行	2013－07－09	附息式浮动利率	5.5900	5 年	2013－07－23	2018－07－23
38	13 国开 35	130235	100.00	国开行	2013－07－09	附息式浮动利率	5.7300	7 年	2013－07－23	2020－07－23
39	13 国开 36	130236	340.00	国开行	2013－08－27	附息式固定利率	4.3700	1 年	2013－08－29	2014－08－29
40	13 国开 37	130237	330.00	国开行	2013－08－27	附息式固定利率	4.5000	3 年	2013－08－29	2016－08－29
41	13 国开 38	130238	350.00	国开行	2013－08－27	附息式固定利率	4.5800	5 年	2013－08－29	2018－08－29
42	13 国开 39	130239	240.00	国开行	2013－08－27	附息式固定利率	4.6900	7 年	2013－09－02	2020－09－02
43	13 国开 40	130240	320.00	国开行	2013－08－27	附息式固定利率	4.7200	10 年	2013－09－02	2023－09－02
44	13 国开 41	130241	100.00	国开行	2013－09－10	附息式浮动利率	5.6200	3 年	2013－09－12	2016－09－12
45	13 国开 42	130242	100.00	国开行	2013－09－10	附息式浮动利率	5.7100	5 年	2013－09－12	2018－09－12
46	13 国开 43	130243	280.00	国开行	2013－10－22	附息式固定利率	4.5500	1 年	2013－10－24	2014－10－24
47	13 国开 44	130244	450.00	国开行	2013－10－22	附息式固定利率	4.8900	3 年	2013－10－24	2016－10－24
48	13 国开 45	130245	460.00	国开行	2013－10－22	附息式固定利率	4.9700	5 年	2013－10－24	2018－10－24
49	13 国开 46	130246	310.00	国开行	2013－10－22	附息式固定利率	5.0130	7 年	2013－10－24	2020－10－24
50	13 国开 47	130247	251.80	国开行	2013－10－22	附息式固定利率	5.0400	10 年	2013－10－24	2023－10－24
51	13 国开 48	130248	50.00	国开行	2013－11－12	附息式固定利率	4.9000	6 月	2013－11－19	2014－05－19
52	13 国开 49	130249	50.00	国开行	2013－12－19	附息式浮动利率	5.9900	1 年	2013－12－24	2014－12－24
53	13 国开 50	130250	50.00	国开行	2013－12－19	附息式浮动利率	6.0500	3 年	2013－12－24	2016－12－24

数据来源：中国债券信息网

2013 年中国进出口银行金融债券发行情况表

序号	债券简称	债券代码	实际发行量（亿元）	发行人简称	发行日期	付息方式	票面利率（%）	债券期限	起息日	到期日
	总计		4141.10							
1	13 进出 01	130301	200.00	进出口行	2013-02-20	附息式固定利率	3.8500	5 年	2013-02-27	2018-02-27
2	13 进出 02	130302	200.00	进出口行	2013-02-20	附息式固定利率	3.6200	3 年	2013-03-08	2016-03-08
3	13 进出 03	130303	200.00	进出口行	2013-03-07	附息式固定利率	4.0800	7 年	2013-03-13	2020-03-13
4	13 进出 04	130304	196.00	进出口行	2013-03-07	附息式固定利率	3.8800	5 年	2013-03-21	2018-03-21
5	13 进出 05	130305	197.20	进出口行	2013-03-14	附息式固定利率	3.9300	5 年	2013-04-03	2018-04-03
6	13 进出 06	130306	150.00	进出口行	2013-04-12	附息式浮动利率	5.3800	3 年	2013-04-19	2016-04-19
7	13 进出 07	130307	200.00	进出口行	2013-04-12	附息式固定利率	4.0200	7 年	2013-04-24	2020-04-24
8	13 进出 08	130308	100.00	进出口行	2013-05-09	附息式固定利率	3.2000	1 年	2013-05-14	2014-05-14
9	13 进出 09	130309	150.00	进出口行	2013-05-09	附息式固定利率	4.0300	10 年	2013-05-16	2023-05-16
10	13 进出 10	130310	200.00	进出口行	2013-05-22	附息式固定利率	3.9700	7 年	2013-05-27	2020-05-27
11	13 进出 11	130311	100.00	进出口行	2013-05-22	附息式固定利率	3.2000	1 年	2013-06-03	2014-06-03
12	13 进出 12	130312	180.00	进出口行	2013-06-14	附息式固定利率	4.0000	5 年	2013-06-19	2018-06-19
13	13 进出 13	130313	180.00	进出口行	2013-06-14	附息式固定利率	4.1500	10 年	2013-06-21	2023-06-21
14	13 进出 14	130314	100.00	进出口行	2013-07-12	附息式固定利率	4.0400	1 年	2013-07-23	2014-07-23
15	13 进出 17	130317	139.40	进出口行	2013-07-31	附息式固定利率	4.1960	2 年	2013-08-06	2015-08-06
16	13 进出 18	130318	150.00	进出口行	2013-07-31	附息式固定利率	4.3500	7 年	2013-08-13	2020-08-13
17	13 进出 21	130321	80.00	进出口行	2013-08-15	附息式固定利率	4.7000	10 年	2013-08-26	2023-08-26
18	13 进出 22	130322	100.00	进出口行	2013-09-05	附息式固定利率	4.5800	1 年	2013-09-09	2014-09-09
19	13 进出 23	130323	140.00	进出口行	2013-09-05	附息式固定利率	4.7066	3 年	2013-09-13	2016-09-13
20	13 进出 24	130324	70.00	进出口行	2013-09-13	附息式固定利率	4.7446	3 年	2013-09-23	2016-09-23
21	13 进出 25	130325	190.00	进出口行	2013-09-13	附息式固定利率	4.8500	5 年	2013-09-25	2018-09-25
22	13 进出 26	130326	100.00	进出口行	2013-09-24	附息式固定利率	4.6757	2 年	2013-10-09	2015-10-09
23	13 进出 27	130327	50.00	进出口行	2013-10-11	附息式固定利率	4.4600	1 年	2013-10-15	2014-10-15
24	13 进出 28	130328	50.00	进出口行	2013-10-11	附息式固定利率	4.8700	7 年	2013-10-16	2020-10-16
25	13 进出 30	130330	110.00	进出口行	2013-10-16	附息式固定利率	4.8000	3 年	2013-10-18	2016-10-18
26	13 进出 31	130331	50.00	进出口行	2013-10-16	附息式固定利率	4.4900	1 年	2013-10-22	2014-10-22
27	13 进出 33	130333	120.00	进出口行	2013-10-21	附息式固定利率	4.8200	2 年	2013-10-24	2015-10-24
28	13 进出 34	130334	180.00	进出口行	2013-10-21	附息式固定利率	4.9400	5 年	2013-10-28	2018-10-28
29	13 进出 40	130340	120.00	进出口行	2013-11-11	附息式固定利率	5.3700	3 年	2013-11-15	2016-11-15
30	13 进出 42	130342	138.50	进出口行	2013-11-29	附息式固定利率	5.3250	2 年	2013-12-03	2015-12-03

数据来源：中国债券信息网

2013 年中国农业发展银行金融债券发行情况表

序号	债券简称	债券代码	实际发行量（亿元）	发行人简称	发行日期	付息方式	票面利率（%）	债券期限	起息日	到期日
	总计		4352.80							
1	13 农发 01	130401	200.00	农发行	2013-01-29	附息式固定利率	3.9500	5 年	2013-02-01	2018-02-01
2	13 农发 02	130402	310.60	农发行	2013-02-19	附息式固定利率	4.1000	7 年	2013-02-26	2020-02-26
3	13 农发 03	130403	250.00	农发行	2013-03-15	附息式固定利率	4.2400	10 年	2013-03-22	2023-03-22
4	13 农发 04	130404	250.00	农发行	2013-03-22	附息式固定利率	4.1100	7 年	2013-03-26	2020-03-26
5	13 农发 05	130405	173.20	农发行	2013-03-26	附息式固定利率	3.5800	2 年	2013-03-29	2015-03-29
6	13 农发 06	130406	204.10	农发行	2013-04-03	附息式固定利率	3.8200	5 年	2013-04-09	2018-04-09
7	13 农发 07	130407	189.10	农发行	2013-04-11	附息式固定利率	3.6600	3 年	2013-04-18	2016-04-18
8	13 农发 08	130408	200.00	农发行	2013-04-22	附息式固定利率	3.9100	5 年	2013-04-26	2018-04-26
9	13 农发 09	130409	236.10	农发行	2013-05-03	附息式固定利率	3.6700	3 年	2013-05-10	2016-05-10
10	13 农发 10	130410	115.10	农发行	2013-06-06	贴现		6 月	2013-06-14	2013-12-14
11	13 农发 11	130411	108.50	农发行	2013-06-18	附息式固定利率	3.9300	3 年	2013-06-24	2016-06-24
12	13 农发 12	130412	210.00	农发行	2013-06-18	附息式固定利率	4.0000	5 年	2013-06-24	2018-06-24
13	13 农发 13	130413	120.70	农发行	2013-07-11	附息式固定利率	4.2500	10 年	2013-07-16	2023-07-16
14	13 农发 14	130414	100.00	农发行	2013-07-22	附息式固定利率	4.3000	1 年	2013-07-26	2014-07-26
15	13 农发 15	130415	100.00	农发行	2013-07-22	附息式固定利率	4.3000	5 年	2013-07-26	2018-07-26
16	13 农发 16	130416	125.40	农发行	2013-08-08	附息式固定利率	4.2200	3 年	2013-08-16	2016-08-16
17	13 农发 18	130418	100.00	农发行	2013-08-22	附息式固定利率	4.4000	1 年	2013-08-28	2014-08-28
18	13 农发 20	130420	80.00	农发行	2013-09-12	附息式固定利率	4.7000	2 年	2013-09-17	2015-09-17
19	13 农发 21	130421	100.00	农发行	2013-09-12	附息式固定利率	4.8200	5 年	2013-09-17	2018-09-17
20	13 农发 22	130422	130.00	农发行	2013-09-16	附息式固定利率	4.8600	7 年	2013-09-26	2020-09-26
21	13 农发 23	130423	100.00	农发行	2013-09-25	附息式固定利率	4.7000	3 年	2013-10-09	2016-10-09
22	13 农发 24	130424	100.00	农发行	2013-10-10	附息式固定利率	4.6800	2 年	2013-10-16	2015-10-16
23	13 农发 25	130425	100.00	农发行	2013-10-10	附息式固定利率	4.8000	5 年	2013-10-17	2018-10-17
24	13 农发 26	130426	100.00	农发行	2013-10-16	附息式固定利率	4.7500	2 年	2013-10-23	2015-10-23
25	13 农发 27	130427	100.00	农发行	2013-10-16	附息式固定利率	4.9500	7 年	2013-10-24	2020-10-24
26	13 农发 28	130428	100.00	农发行	2013-10-24	附息式固定利率	4.8000	1 年	2013-10-30	2014-10-30
27	13 农发 29	130429	100.00	农发行	2013-10-24	附息式固定利率	4.9900	3 年	2013-10-31	2016-10-31
28	13 农发 31	130431	100.00	农发行	2013-11-12	附息式固定利率	5.3600	3 年	2013-11-18	2016-11-18
29	13 农发 32	130432	50.00	农发行	2013-12-02	附息式固定利率	5.3500	2 年	2013-12-09	2015-12-09
30	13 农发 33	130433	100.00	农发行	2013-12-02	附息式固定利率	5.3700	3 年	2013-12-10	2016-12-10
31	13 农发 34	130434	100.00	农发行	2013-12-02	附息式固定利率	5.4300	5 年	2013-12-11	2018-12-11

数据来源：中国债券信息网

2013 年商业银行债券发行情况表

序号	债券简称	债券代码	发行量（亿元）	发行人简称	发行日期	付息方式	票面利率（%）	债券期限	起息日	到期日
	总计		1117.00							
1	13 中信银行债	1312001	150.00	中信银行股份公司	2013-11-08	附息式固定利率	5.2000	5 年	2013-11-12	2018-11-12
2	13 交行 01	1315001	100.00	交通银行	2013-07-26	附息式固定利率	4.3700	5 年	2013-07-29	2018-07-29
3	13 乐山银行债 01	1320001	9.00	乐山商行	2013-01-18	附息式固定利率	5.8000	3 年	2013-01-21	2016-01-21
4	13 乐山银行债 02	1320002	6.00	乐山商行	2013-01-18	附息式固定利率	5.9000	5 年	2013-01-21	2018-01-21
5	13 民泰商行债 01	1320003	15.00	浙江民泰商业银行	2013-02-26	附息式固定利率	4.9900	3 年	2013-02-28	2016-02-28
6	13 青岛银行债 01	1320004	21.00	青岛银行	2013-03-01	附息式固定利率	4.6000	3 年	2013-03-05	2016-03-05
7	13 青岛银行债 02	1320005	29.00	青岛银行	2013-03-01	附息式固定利率	4.8000	5 年	2013-03-05	2018-03-05
8	13 北京银行债 01	1320006	200.00	北京银行股份有限公司	2013-02-28	附息式固定利率	4.3000	5 年	2013-03-04	2018-03-04
9	13 北京银行债 02	1320007	100.00	北京银行股份有限公司	2013-02-28	附息式浮动利率	4.3000	5 年	2013-03-04	2018-03-04
10	13 阜新银行债	1320008	2.00	阜新银行	2013-03-05	附息式固定利率	7.4500	10 年	2013-03-06	2023-03-06
11	13 徽商银行债 01	1320009	28.00	徽商银行	2013-03-19	附息式固定利率	4.3000	3 年	2013-03-21	2016-03-21
12	13 徽商银行债 02	1320010	22.00	徽商银行	2013-03-19	附息式固定利率	4.5000	5 年	2013-03-21	2018-03-21
13	13 泉州银行债	1320011	10.00	泉州银行	2013-03-18	附息式固定利率	5.3000	5 年	2013-03-19	2018-03-19
14	13 兰州银行债 01	1320012	11.80	兰州银行	2013-03-22	附息式固定利率	4.8000	3 年	2013-03-26	2016-03-26
15	13 兰州银行债 02	1320013	8.20	兰州银行	2013-03-22	附息式固定利率	4.9000	5 年	2013-03-26	2018-03-26
16	13 宁波银行债 01	1320014	50.00	宁波银行股份有限公司	2013-04-16	附息式固定利率	4.7000	5 年	2013-04-18	2018-04-18
17	13 宁波银行债 02	1320015	30.00	宁波银行股份有限公司	2013-04-16	附息式固定利率	5.1300	10 年	2013-04-18	2023-04-18
18	13 福建海峡银行债 01	1320016	10.00	福建海峡银行	2013-04-24	附息式固定利率	4.6500	3 年	2013-04-26	2016-04-26
19	13 福建海峡银行债 02	1320017	20.00	福建海峡银行	2013-04-24	附息式固定利率	4.9000	5 年	2013-04-26	2018-04-26
20	13 重庆银行债	1320018	30.00	重庆银行	2013-04-24	附息式固定利率	4.7800	5 年	2013-04-25	2018-04-25
21	13 民泰商行债 02	1320019	15.00	浙江民泰商业银行	2013-04-24	附息式固定利率	4.9400	3 年	2013-04-26	2016-04-26
22	13 南昌银行债 01	1320020	30.00	南昌银行股份有限公司	2013-05-07	附息式固定利率	4.6400	3 年	2013-05-09	2016-05-09
23	13 南昌银行债 02	1320021	20.00	南昌银行股份有限公司	2013-05-07	附息式固定利率	4.8000	5 年	2013-05-09	2018-05-09
24	13 石嘴山银行债	1320022	5.00	石嘴山银行	2013-05-22	附息式固定利率	4.9500	3 年	2013-05-24	2016-05-24
25	13 郑州银行债 01	1320023	24.00	郑州银行	2013-05-16	附息式固定利率	4.5800	3 年	2013-05-20	2016-05-20
26	13 郑州银行债 02	1320024	26.00	郑州银行	2013-05-16	附息式固定利率	4.8000	5 年	2013-05-20	2018-05-20
27	13 莱商银行债	1320025	20.00	莱商银行	2013-07-29	附息式固定利率	5.4000	5 年	2013-08-05	2018-08-05
28	13 北湾银行 01	1320026	20.00	广西北部湾银行	2013-08-23	附息式固定利率	5.7000	3 年	2013-08-26	2016-08-26
29	13 北湾银行 02	1320027	10.00	广西北部湾银行	2013-08-23	附息式固定利率	5.8000	5 年	2013-08-26	2018-08-26
30	13 浙商银行债	1320028	15.00	浙商银行股份公司	2013-09-11	附息式固定利率	5.0000	5 年	2013-09-12	2018-09-12
31	13 绍兴银行 01	1320029	5.00	绍兴银行	2013-11-20	附息式固定利率	5.6000	5 年	2013-11-21	2018-11-21
32	13 滨海农商 01	1321002	10.00	天津滨海农商行	2013-10-11	附息式固定利率	5.7000	5 年	2013-10-12	2018-10-12
33	13 星展银行债	1326001	15.00	星展银行中国公司	2013-01-04	附息式固定利率	4.6500	3 年	2013-01-07	2016-01-07
34	13 渣打银行债	1326002	50.00	渣打银行（中国）公司	2013-04-11	附息式固定利率	4.2000	3 年	2013-04-12	2016-04-12

数据来源：中国债券信息网